いちばんわかりやすい
妊娠と出産

監修 池川クリニック院長 池川明　湘南鎌倉総合病院副院長 井上裕美

成美堂出版

第1章 安産のための 妊娠生活10か月……25

妊娠0週から39週までの過ごし方

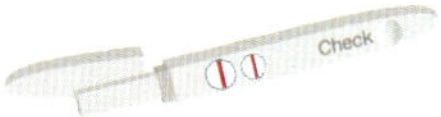

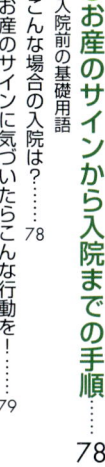

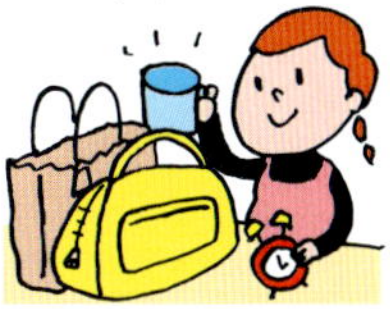

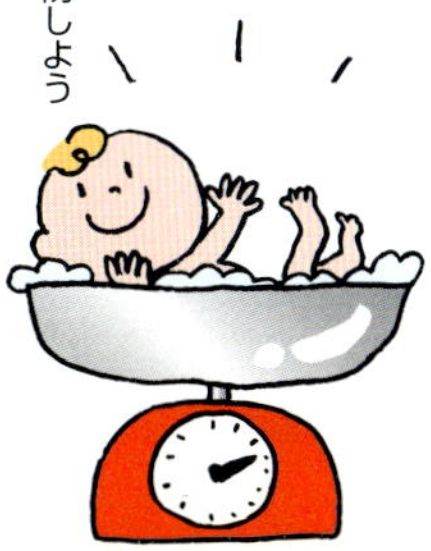

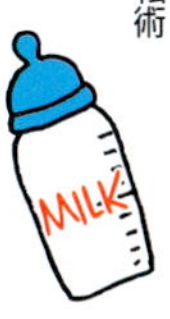
MILK

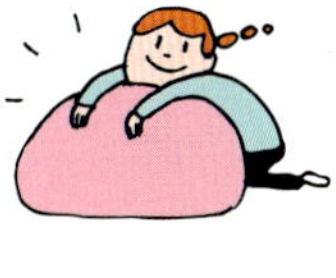

第4章 安産のための ヘルシー食生活……171

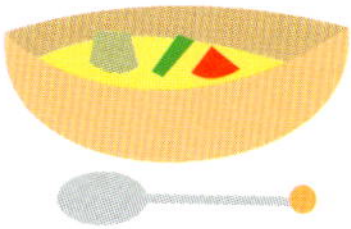

安心 安産レポート

私たちが赤ちゃんに出会うまで

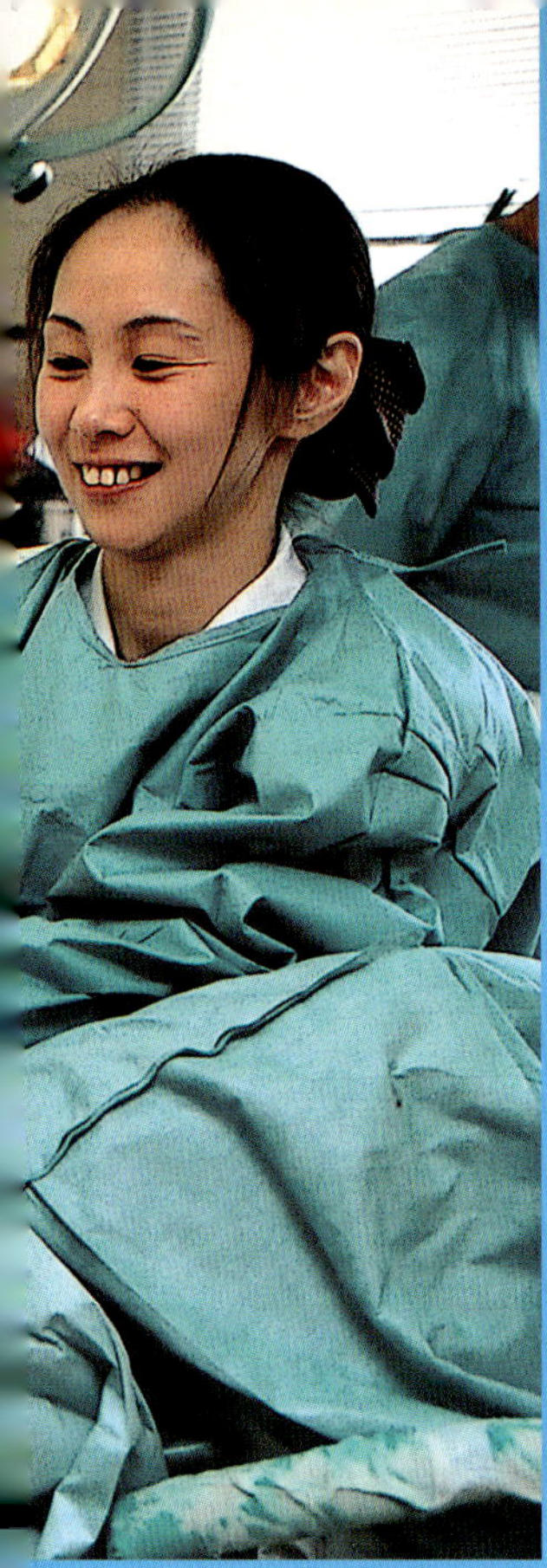

お産の間、分娩監視装置に表示される赤ちゃんの心拍数が見えるたびに「がんばらなくちゃ」と思っていました

Report 1
西村うづきさん

妊娠中期に頸管が短いと診断されたという西村さん。早産にならないよう、家事を控えて安静にする日々が続きました。第1子が36週目の出産だったため、「今回は正期産に」という気持ちが強かったそう。

臨月に入ってからは「いつ生まれてもおかしくない」と診断され、ご主人に家事を協力してもらい安静を心がける日々を送っていました。お産の兆候を感じたのは、予定日の数日前にあった「おしるし」でした。

西村さんは2人目のお産

家族構成 ご主人と長男・春飛《はるたか》くんの3人家族。今回の撮影は、プロカメラマンのご主人によるもの。春映くんが生まれ、4人に

病産院の種類 総合病院

選んだ理由 長男を出産した個人病院を希望。ところが、その病院がお産を行わなくなったため、妊娠中は個人病院に通い、お産は連携している総合病院ですることに

お産の方法 分娩台での自然分娩

お産への希望 夫の立ち会い、正期産での自然分娩

Hello Baby!

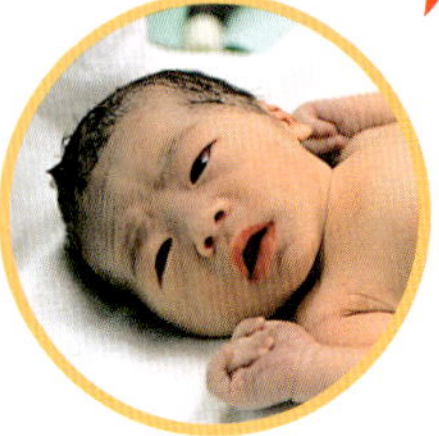

名前 春映《はるあき》くん

出生体重 3346g

お産のサイン

明け方4時20分にブチッとした感触が…

それが破水とわかるまでには、時間がかかりました。その後軽い生理痛のような痛みが。破水もしているので、病院へ連絡したところ、経産婦ということもあり入院が決まりました。子ども用のおむつをあて、ご主人の車で病院へ。車内で痛みはどんどん増しましたが、長男・春飛くんの「ママがんばってね！」という言葉が励みになりました。

入院

5時35分に病院へ到着。夜間救急の入り口から、車椅子で病棟へ

書類にサインをしている間にも陣痛がきます。すぐに陣痛室へ入って診察。子宮口の開きは5～6㎝で、赤ちゃんの位置もまだ高いとのこと。当日の担当が、妊婦健診でお世話になっている助産師さんで安心できました。

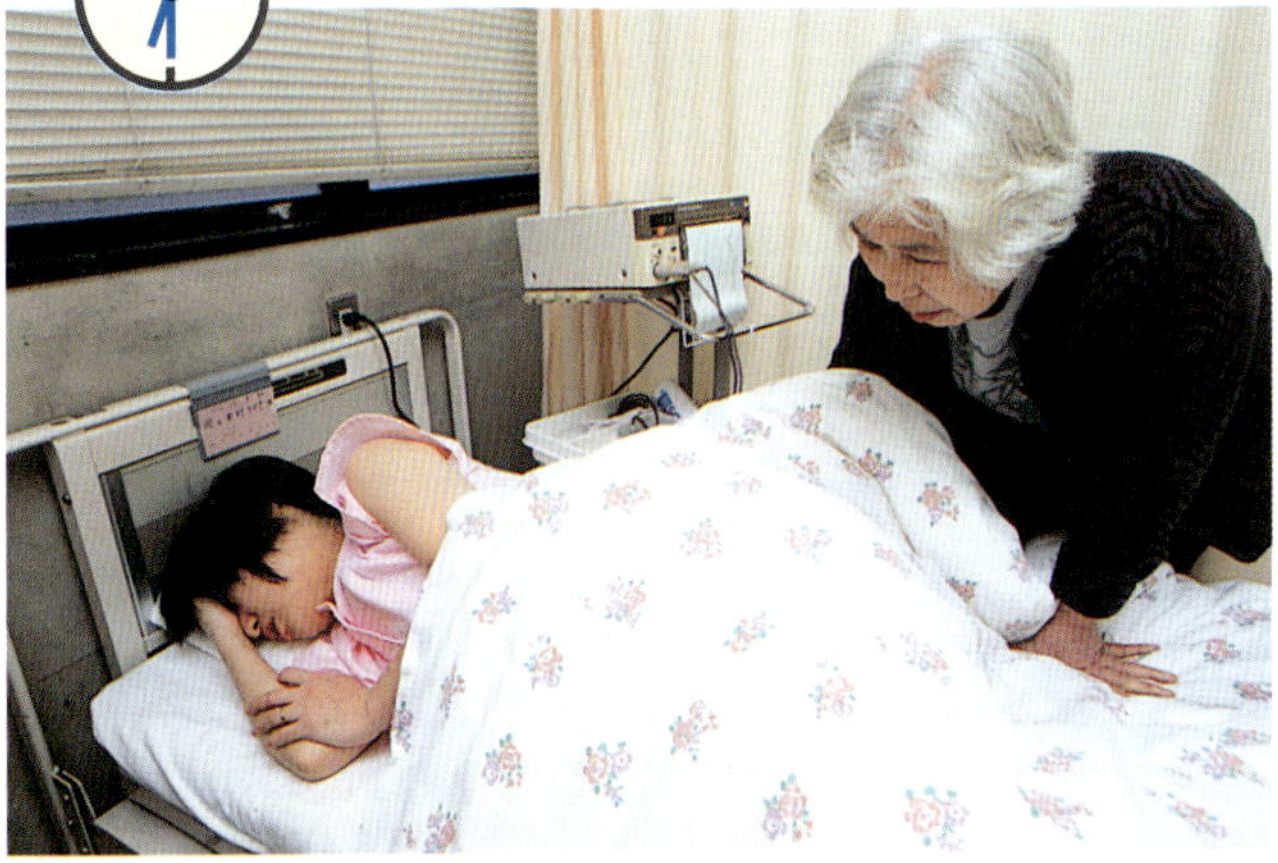

陣痛室では、ご主人とお母さんに腰や背中をマッサージしてもらいました。

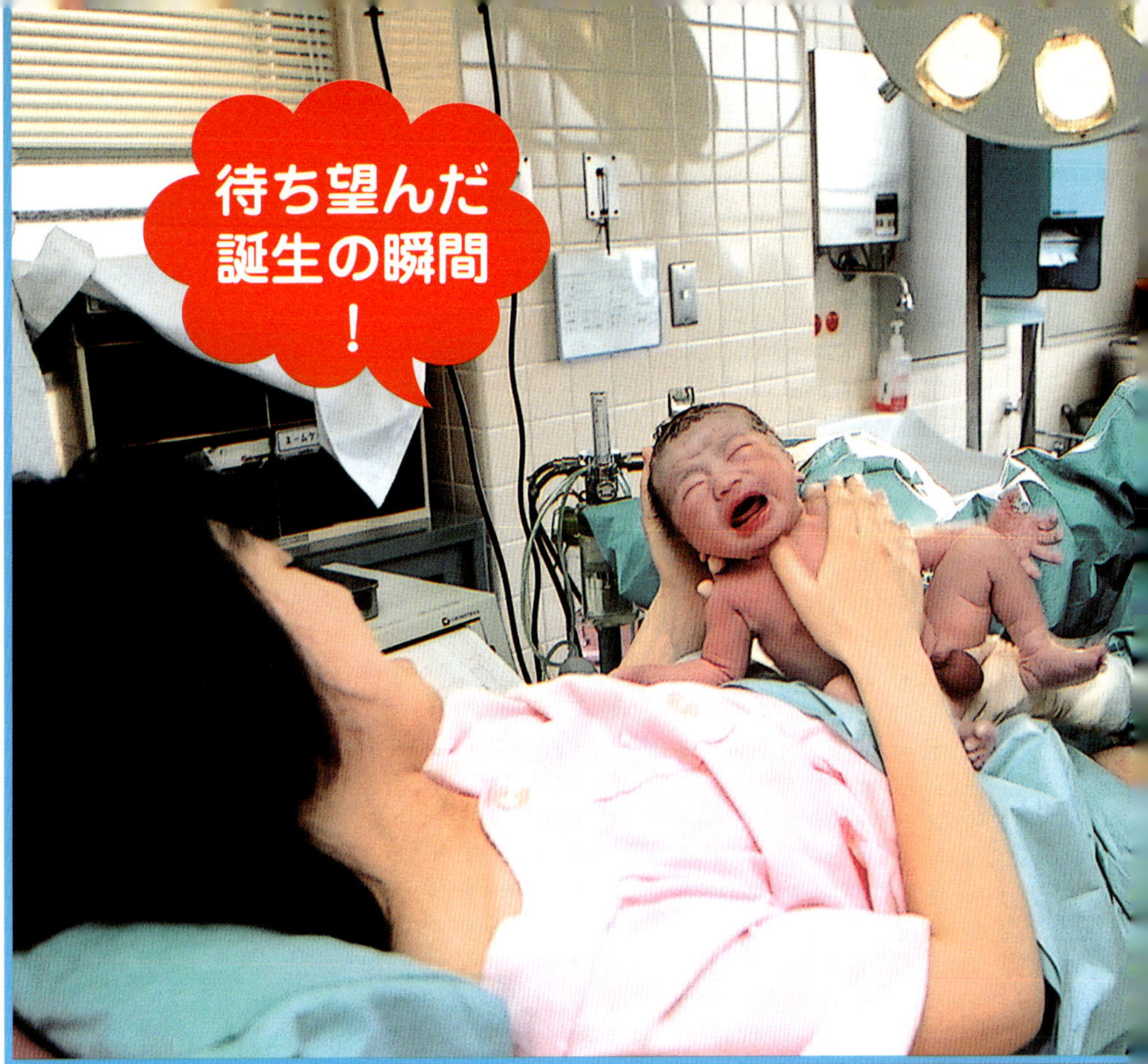

「元気に生まれてくれてありがとう！」と、へその緒がつながったまま、赤ちゃんとご対面。

陣痛室で

声を出して痛み逃し。家族の存在がうれしかった

陣痛間隔はごく短くなり、そのたびに強い痛みがやってきます。このころになると、声を出して痛みを逃すのが楽だとわかりました。子宮口が開くまで、我慢の時間が流れました。

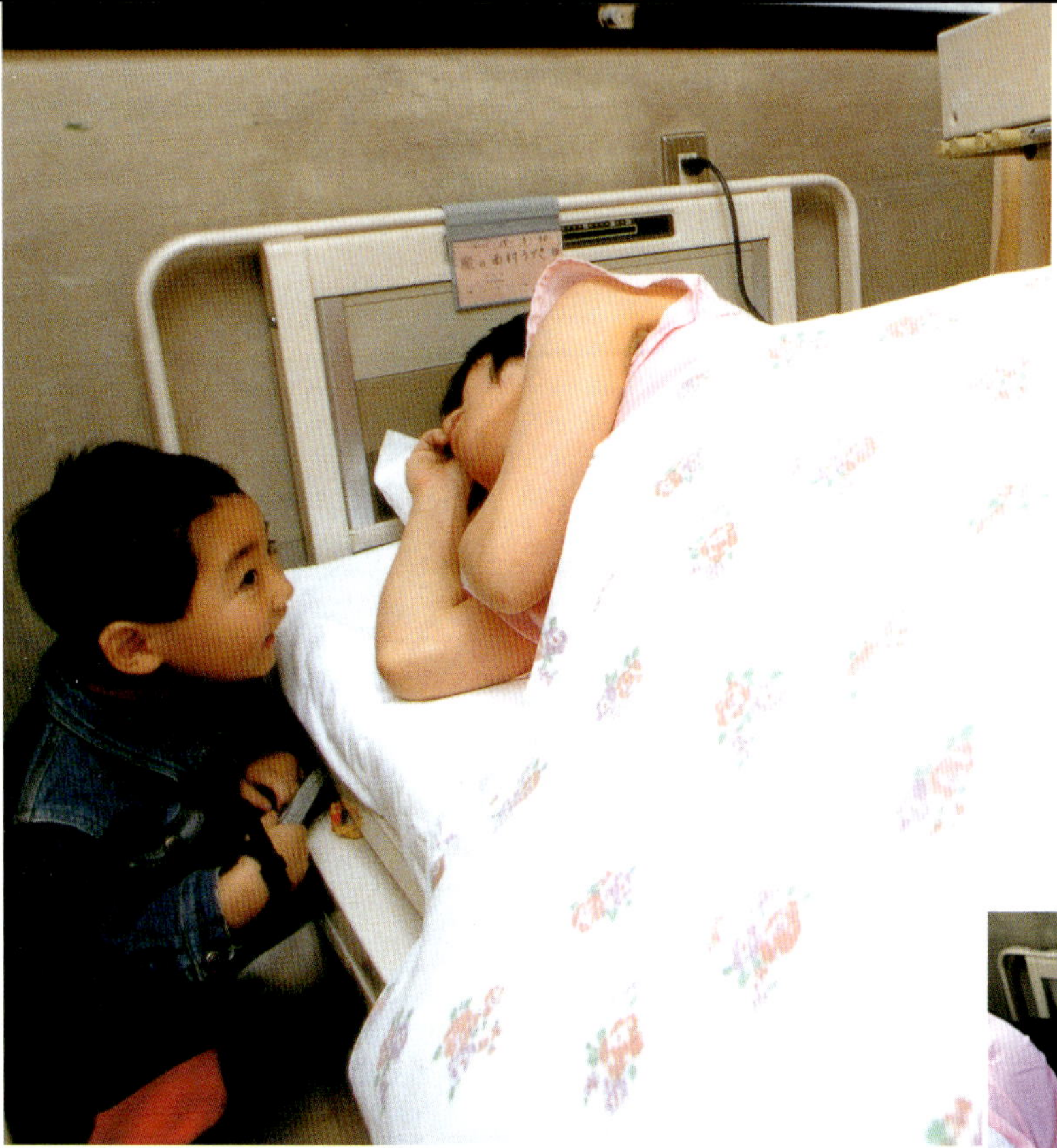

春飛くんとご主人が「ママがんばれ！」と手を握ってくれました。家族の応援は心強い。

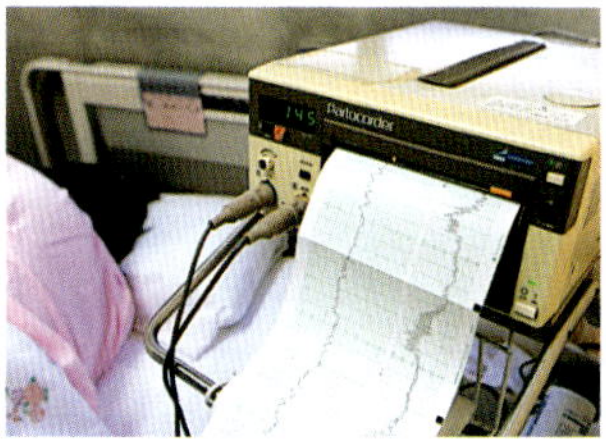

赤ちゃんの心拍数がわかる分娩監視装置。分娩台の上でもこの数字をずっと見ていたそう。

子宮口は8㎝開大。いきみ感も出て少し早めのタイミングで分娩室へ

7時ころにはいきみ感が出始めました。子宮口はまだ8㎝で、赤ちゃんの位置も高かったのですが、西村さんの「いきみたい」気持ちが強く、分娩室へ移動することになりました。

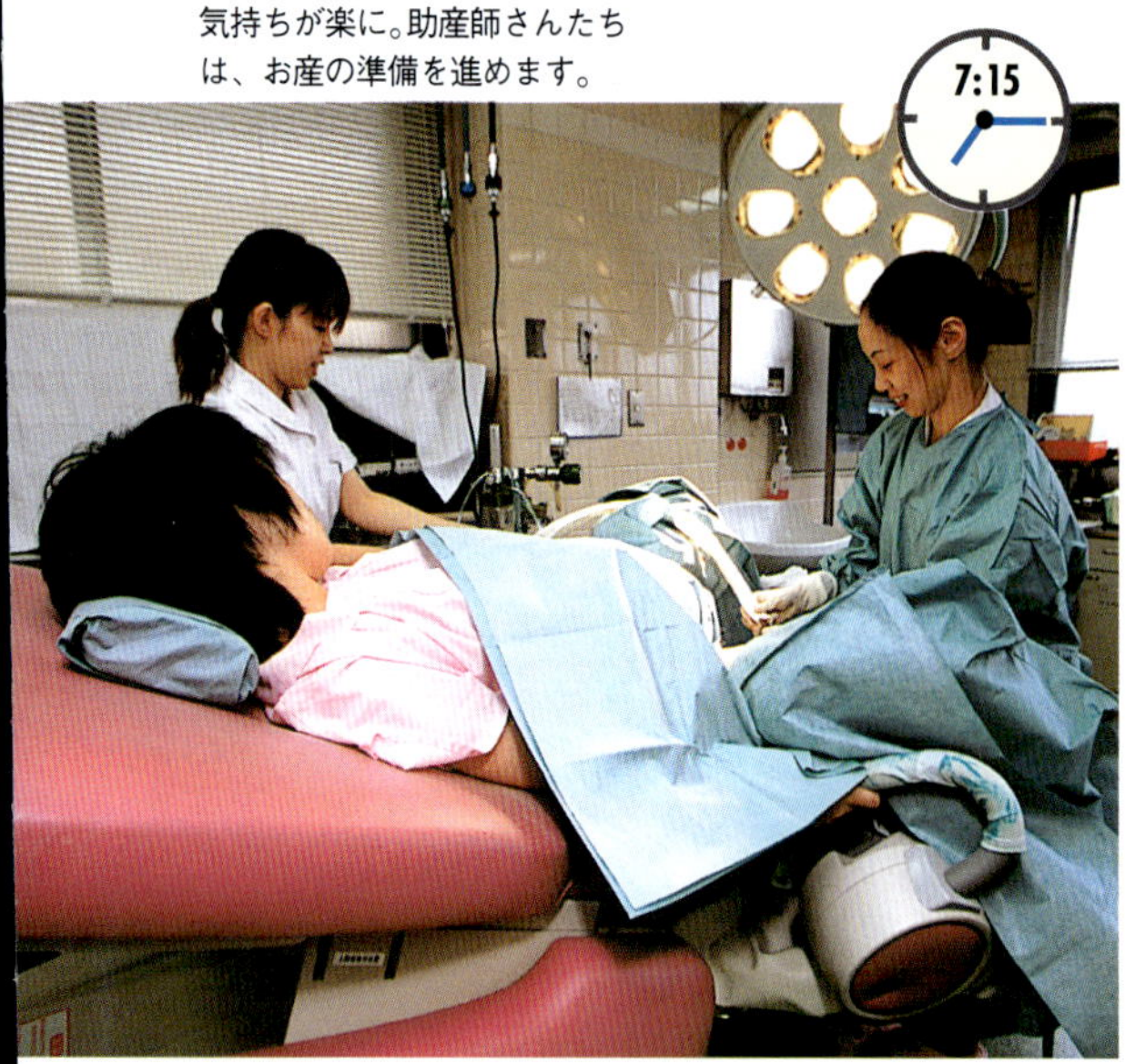

「いきんでいいんだ」と思うと気持ちが楽に。助産師さんたちは、お産の準備を進めます。

西村さんのお産の経過

前日まで
数日前におしるしがありましたが、おなかが張る程度でした。不規則な張りは続きましたが、特に痛みなどはなく、予定日の前日まで過ごしました。

4:20	おなかでブチッという音がして破水。
4:35	軽い痛みを感じる。
4:50	3度目の痛みがきて病院へ電話し、入院決定。
5:10	車で病院へ。おなかから水が流れ、痛みも大きくなる。
5:35	病院へ到着。手続き中に、痛みがくる。
5:45	陣痛室に入る。
7:00	いきみ感が出てくる。陣痛室から分娩室へ。
7:50	赤ちゃんが下りてくるように姿勢を変更。
8:26	赤ちゃん誕生！

分娩台で

子宮口は全開大に！でも赤ちゃんの位置はまだ高いよう

分娩台に上がって間もなくすると、子宮口は全開大になりました。「まだ赤ちゃんが下がりきってないから、もう少しがんばってね」と助産師さんに言われ、長期戦を覚悟しました。

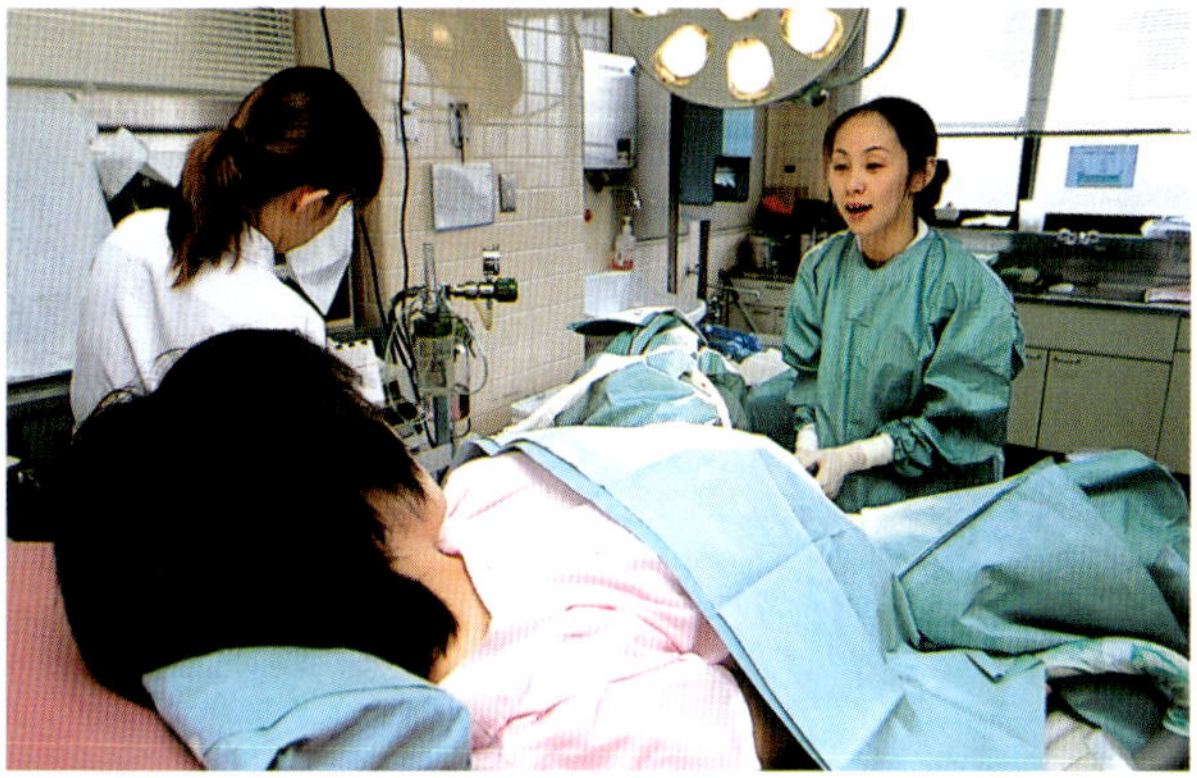

分娩台の上では、脚を開いた姿勢が楽。痛みがきたらいきんで、乗り越えました。

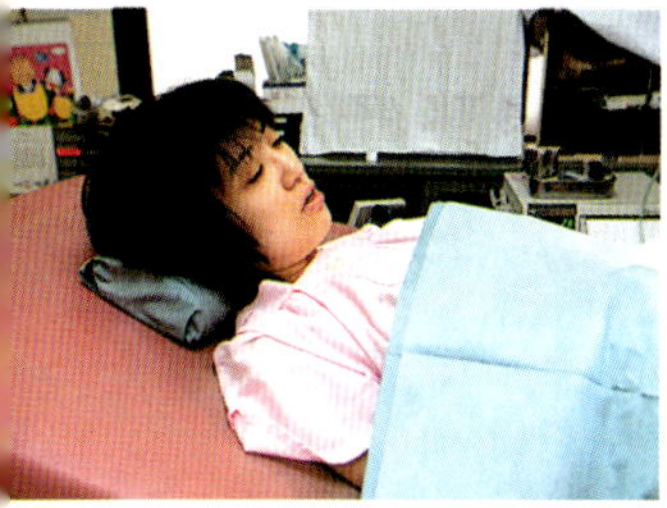

分娩監視装置が示す赤ちゃんの心拍数が見えました。「赤ちゃんもがんばってるんだ！」

7:30

「今は休んでいていいですよ」と助産師さん。こわばった体がほぐれます。

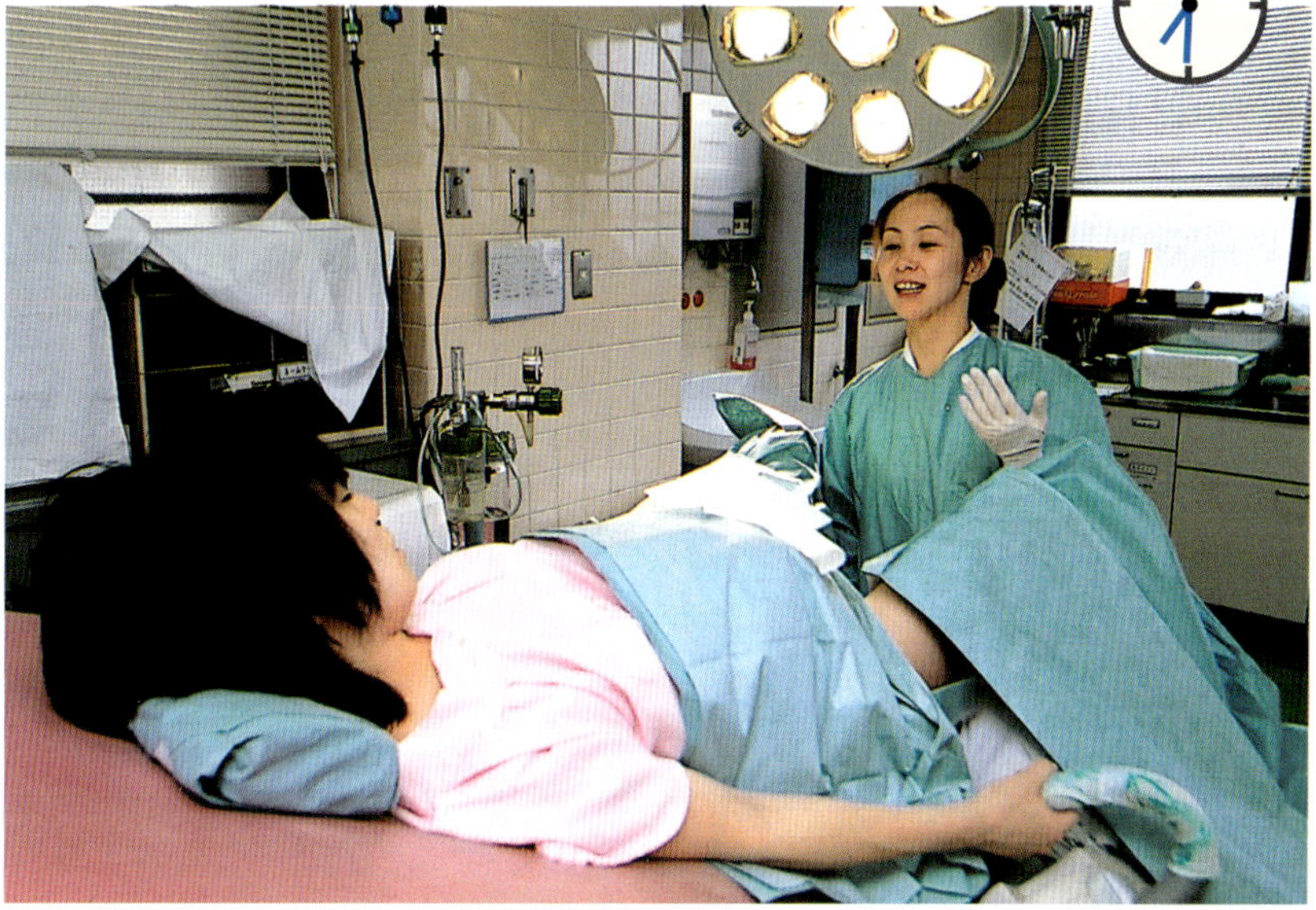

分娩台では助産師さんのリードが心強かった

「赤ちゃんもがんばってますよ」「ちょっと休んでみましょうか」そのつど、赤ちゃんの位置や様子、いきみのタイミングを教えてくれるので、安心することができました。

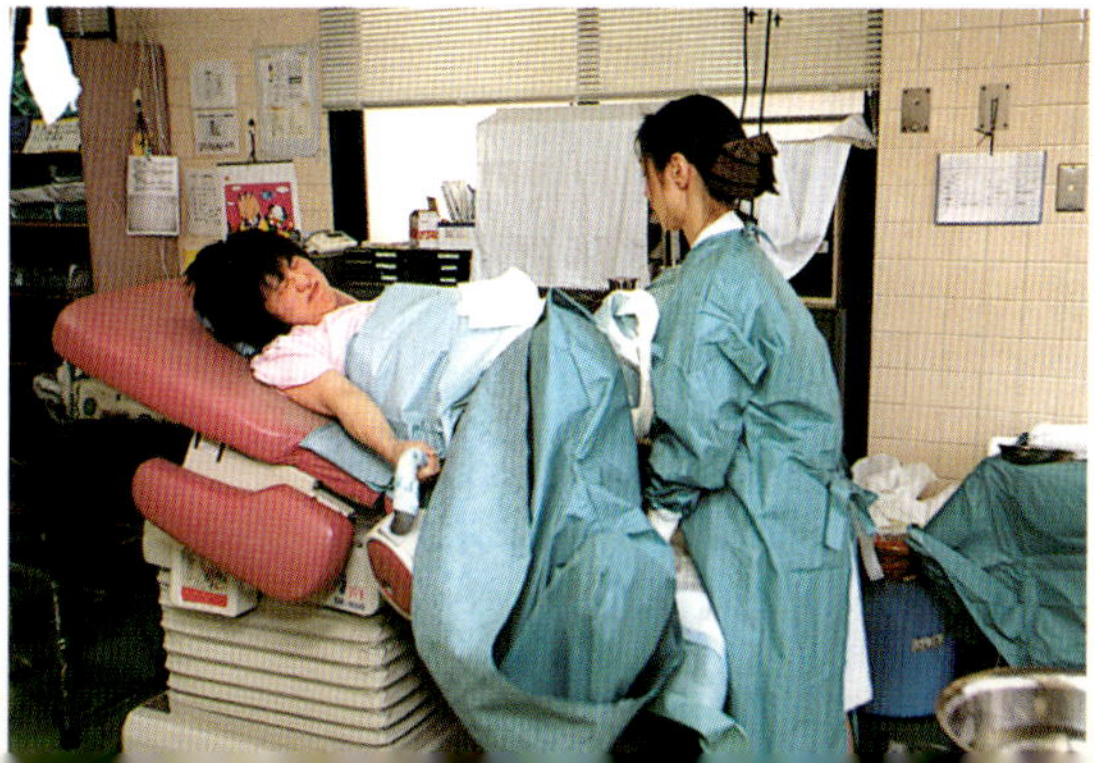

痛みがきたらいきんでみます。助産師さんが見守ってくれているので安心していきめました。

上の子はどうしてた？

おばあちゃんとお留守番

分娩室に入るころ、西村さんのお母さんと帰宅。上の子がいる場合は、妊娠中もお産のときも、家族のサポートはありがたいものです。

赤ちゃんが下りてきやすいように横を向きました

分娩室に移って30分以上たっても、あと少しのところで、赤ちゃんはなかなか下りてきませんでした。回旋を促すように西村さんの姿勢を変えてみることになりました。

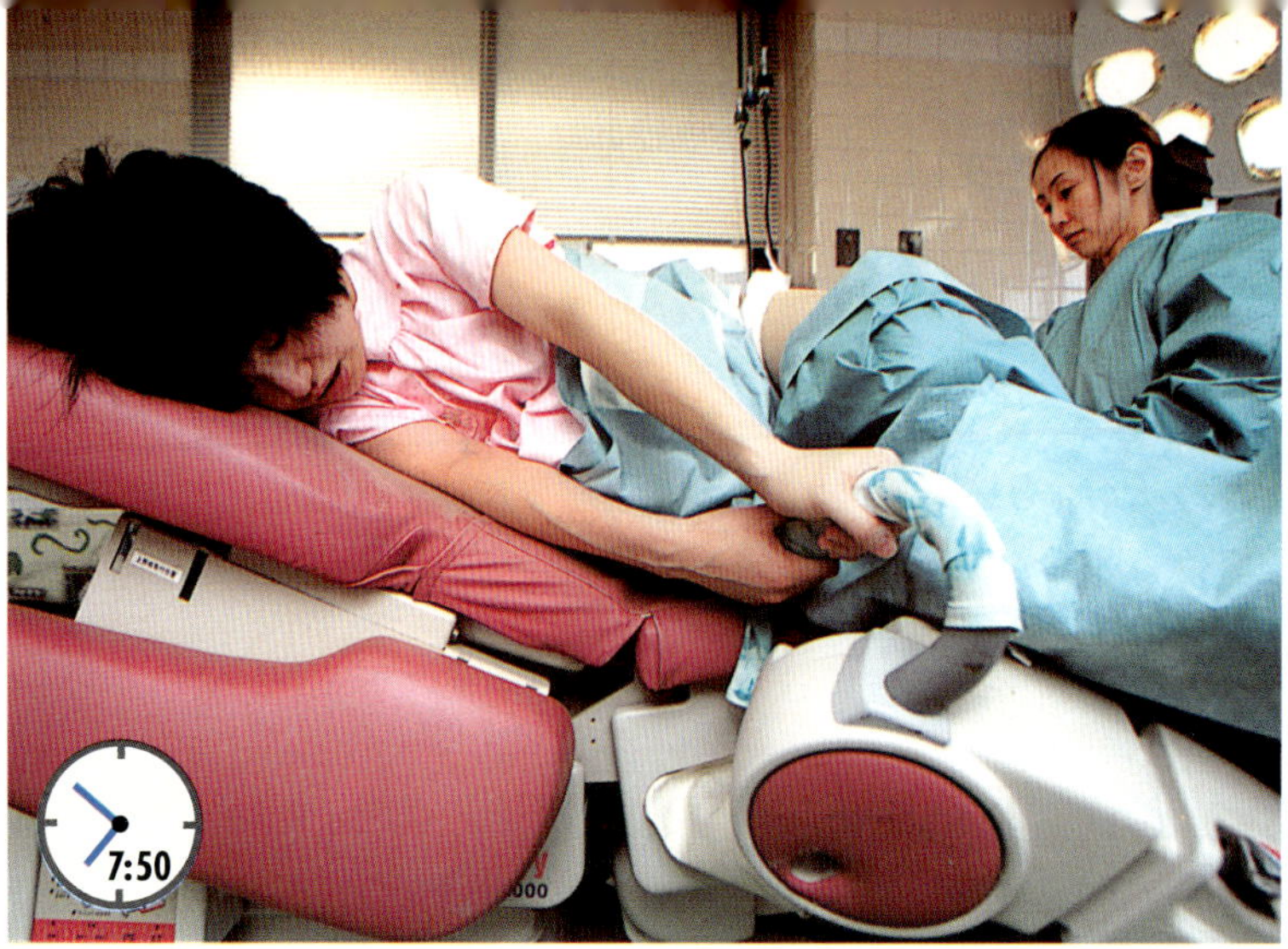

陣痛の合い間に、助産師さんが教えてくれた赤ちゃんがくるっと回りやすい方向へ姿勢を変えます。

休めるときは汗をふいて、お水を飲んで

姿勢を変えた途端に、赤ちゃんは順調に回旋し、西村さんの背中側に顔を向けました。あと一息がんばるために、水分を補給して体を休めます。

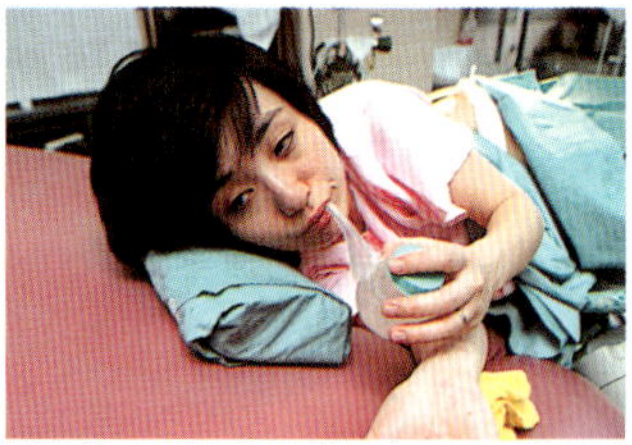

渇いたのどを、水を飲んで潤します。「もう少し」の言葉に力づけられました。

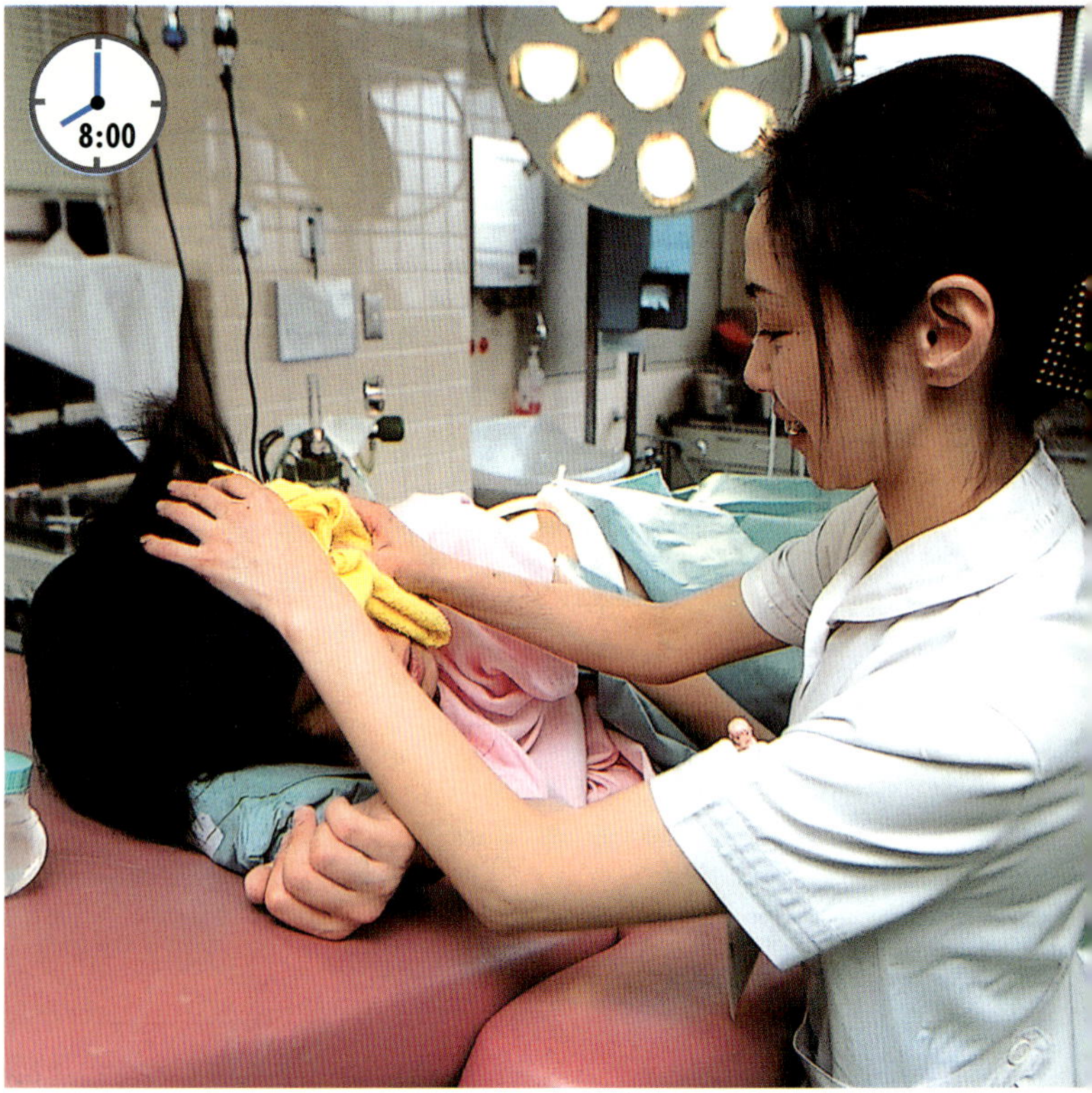

「もう少しですよ！」汗をかいて疲れてきた西村さんを、助産師さんが励まします。

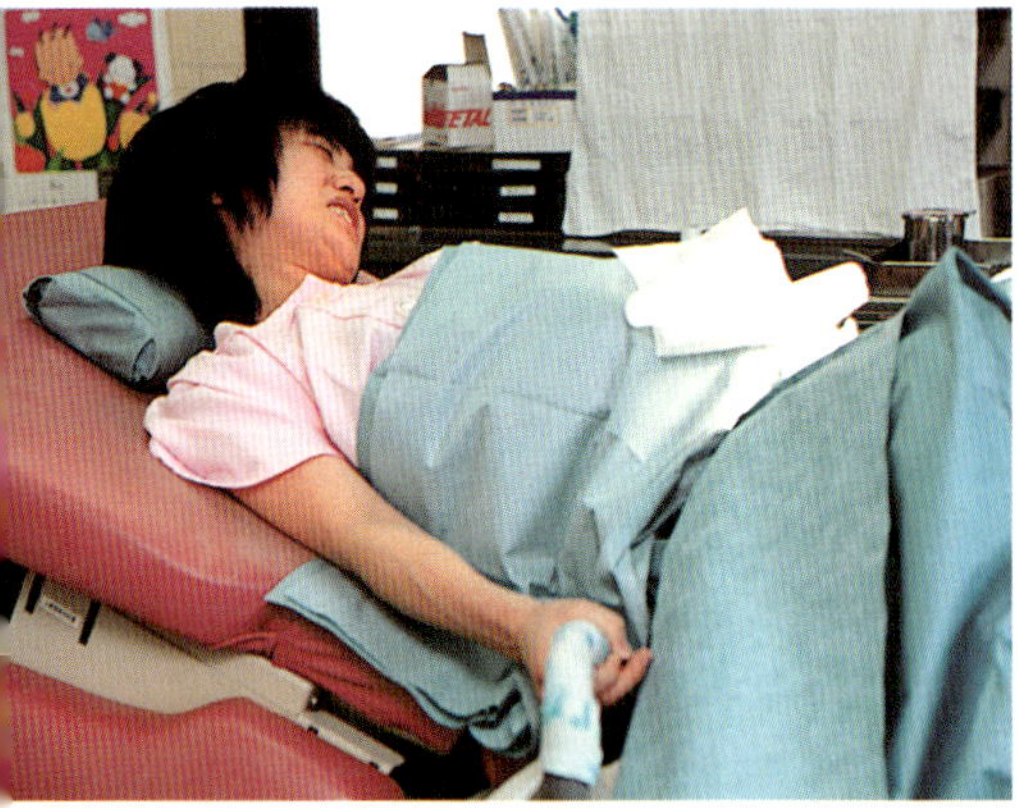

「あと1、2回痛みがきたら、もう生まれますよ」と心待ちにしていた言葉が。

ついに
ご対面

赤ちゃんが元気で無事なことがなによりうれしくて

生まれるまでずっと分娩監視装置が気になっていたという西村さん。自分の目で見るまではとても心配でしたが、「ンギャー」という元気な産声を聞いて、すっかり安心しました。

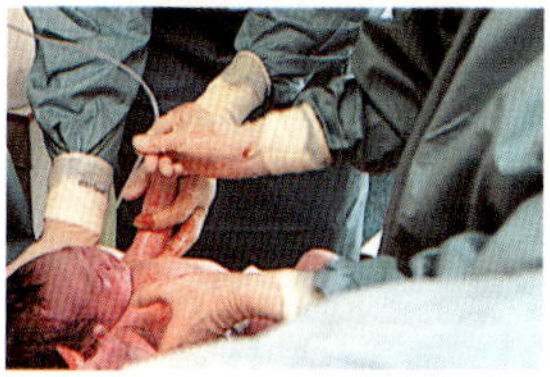

生まれてすぐ、赤ちゃんの口から羊水を出します。赤ちゃんの肌がきれいなピンクに！

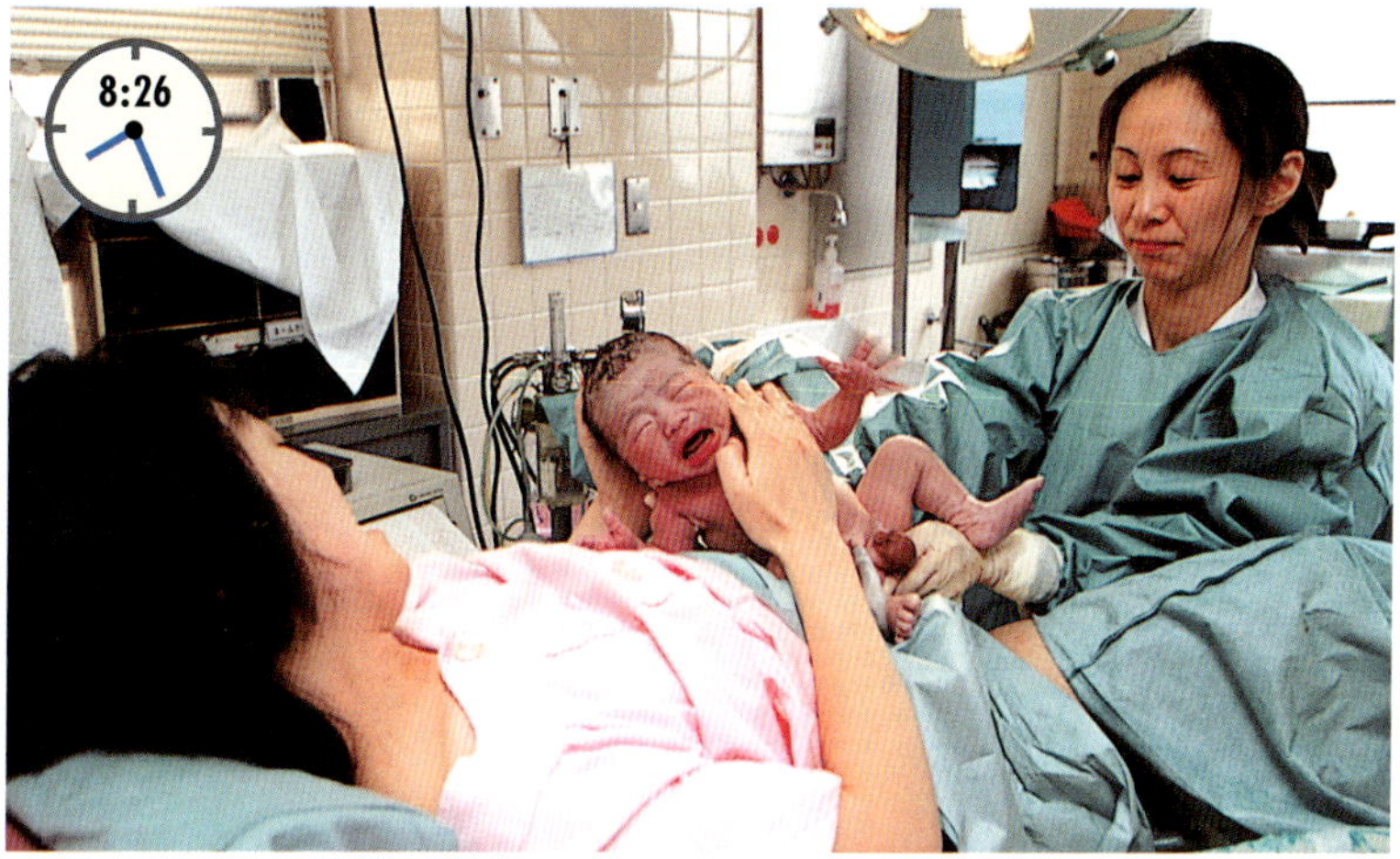

「たいへんな思いを耐えて、がんばったね」。生まれたばかりの赤ちゃんの温もりがうれしくてたまりません。

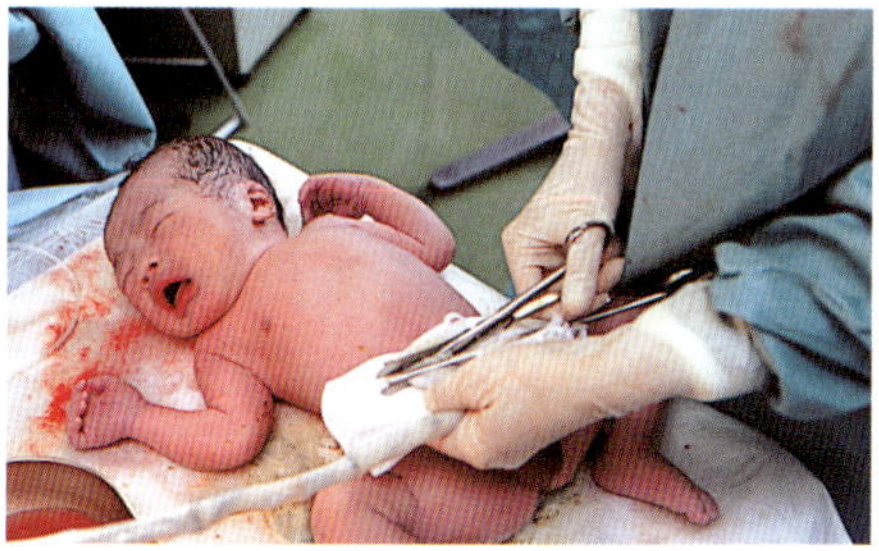

西村さんにしっかり抱かれた後、助産師さんの手でへその緒が切られます。

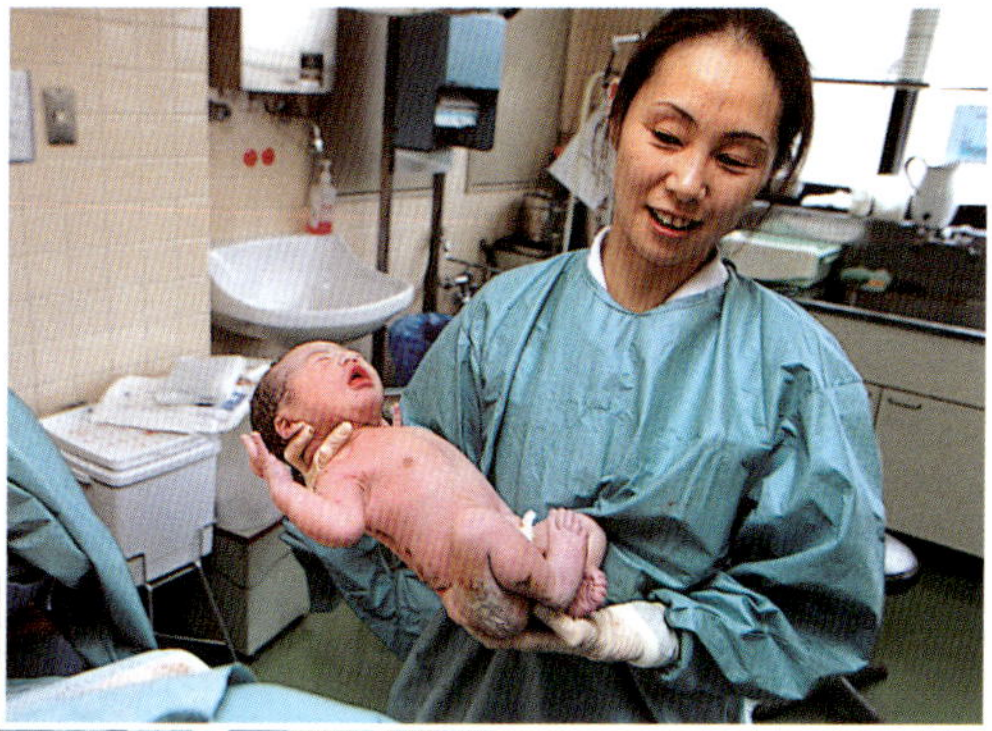

へその緒の処置の後、再び西村さんのもとへ。「とても元気で、大きい男の子ですよ」。

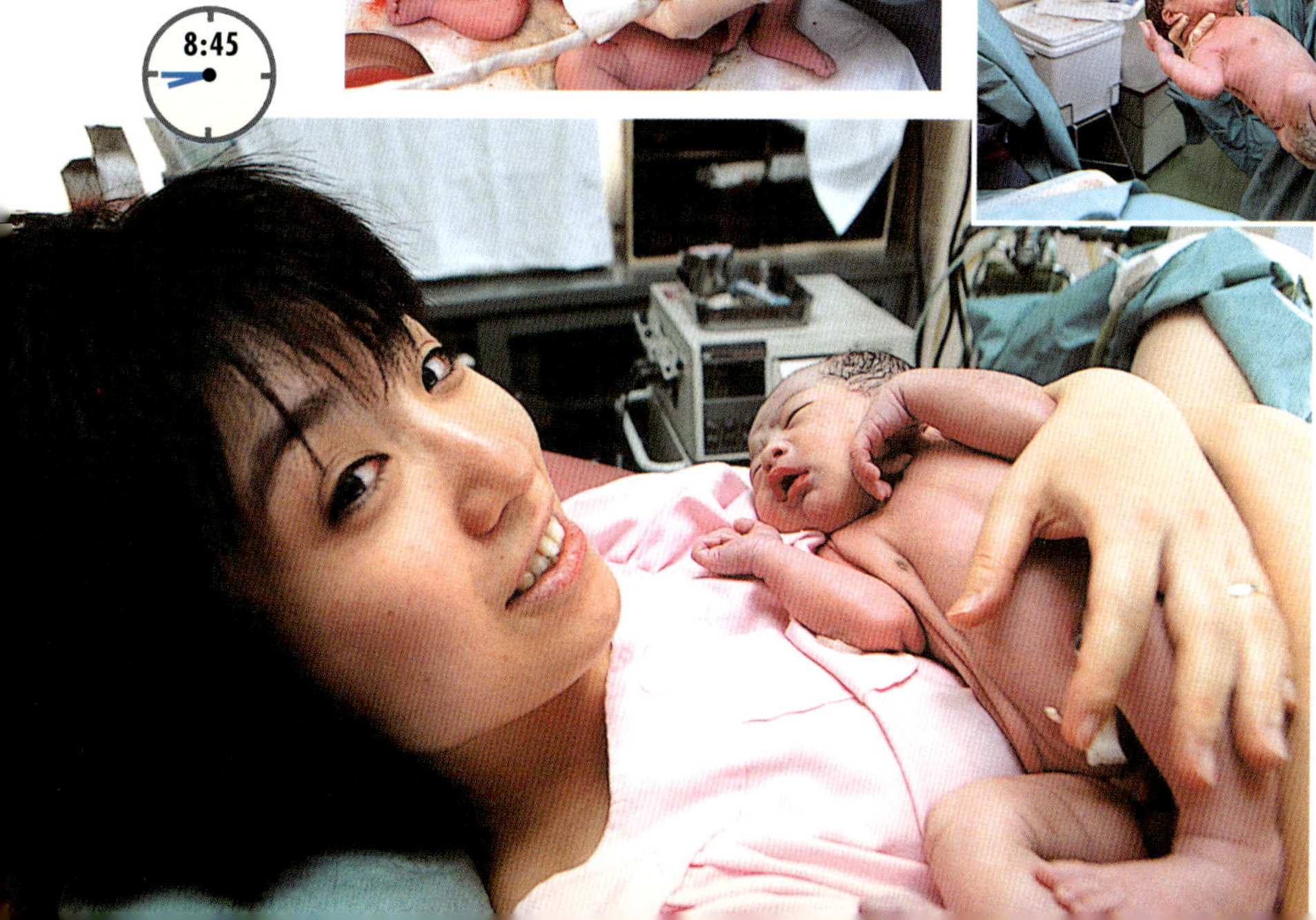

喜びのあまり笑顔が。冷静になって見ると、赤ちゃんは長男の春飛くんそっくり。

産後の赤ちゃん

きれいに体をふいて全身の状態をみてもらいます

しばらく西村さんに抱かれたあと、赤ちゃんは体重や身長などを測定しました。分娩台のすぐそばなので、ママも安心して休めます。

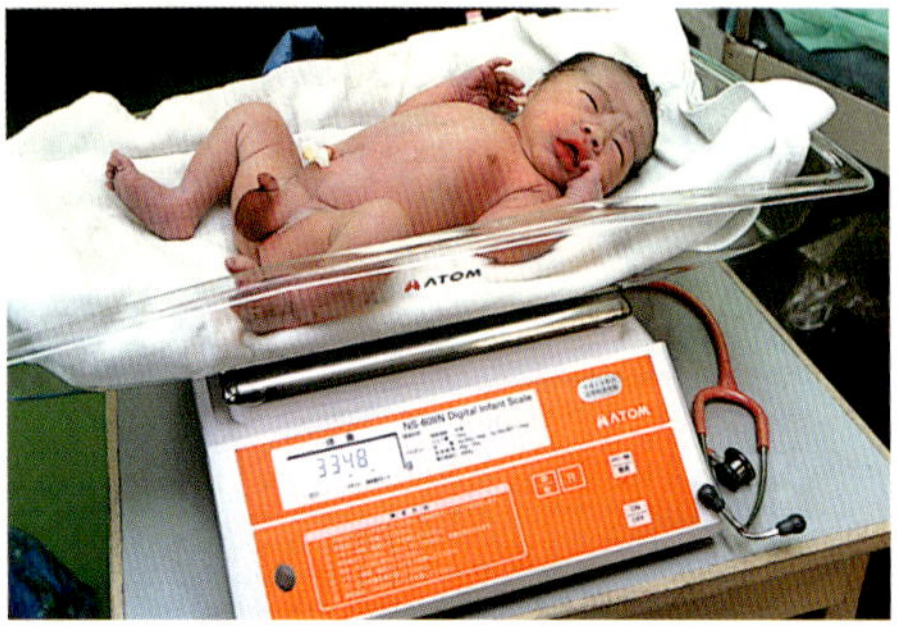

大きいかなと思った赤ちゃんの体重は、3346gでした。

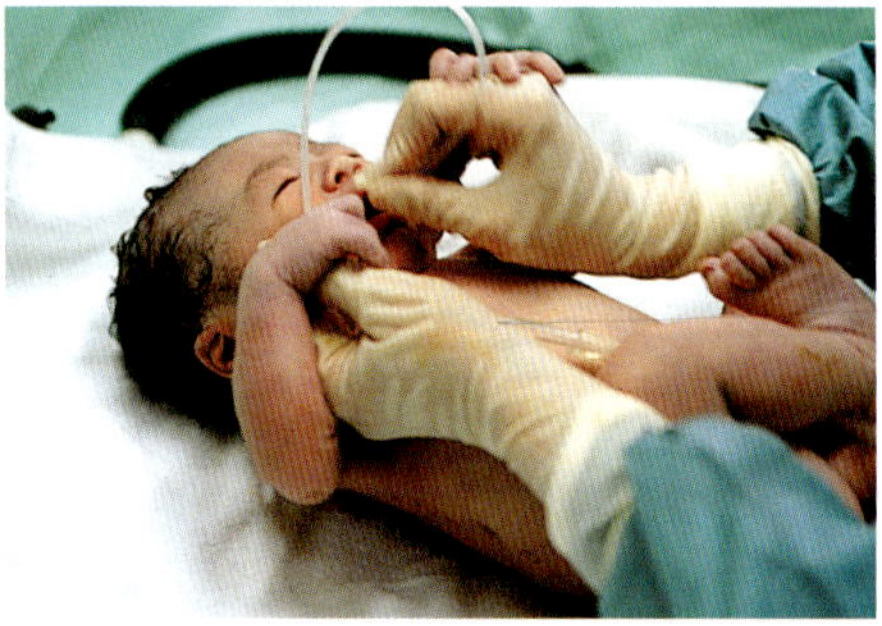
カテーテルという細い管を鼻や口に入れて、吸い込んだ羊水などを吸い取ってもらいます。

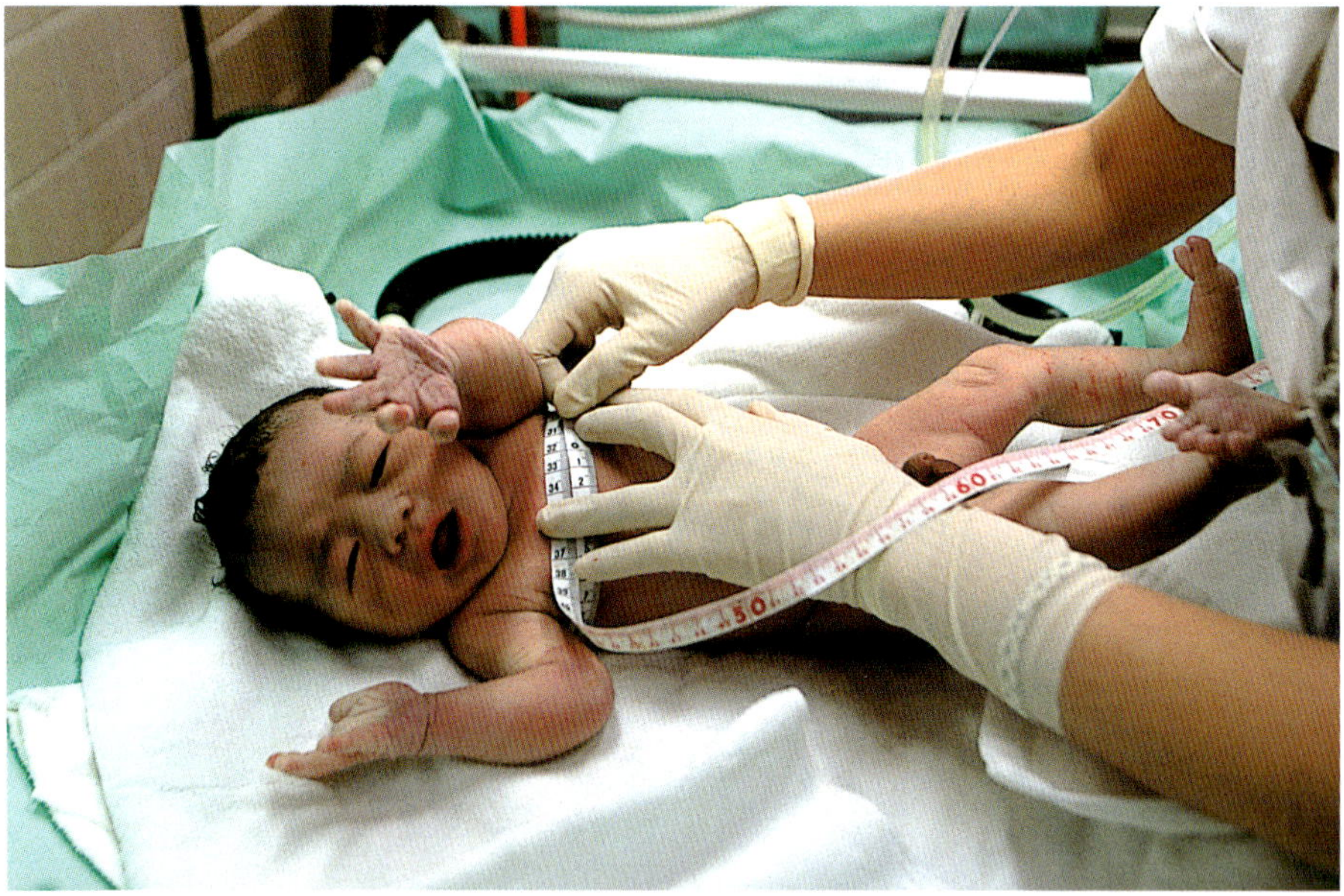
頭囲、胸囲、身長を測る間、赤ちゃんは手足を動かして元気をアピール。

助産師さんから

お産が早まるかもという心配はありましたが、妊娠中はしっかり安静にしてくださったようですね。分娩台に上がってからの時間が長くなりましたが、姿勢を変えることで赤ちゃんが上手に回旋を始めました。お産の間は、的確な助言をしています。安心してお産に臨んでください。

済生会神奈川県病院助産師　森一恵さん

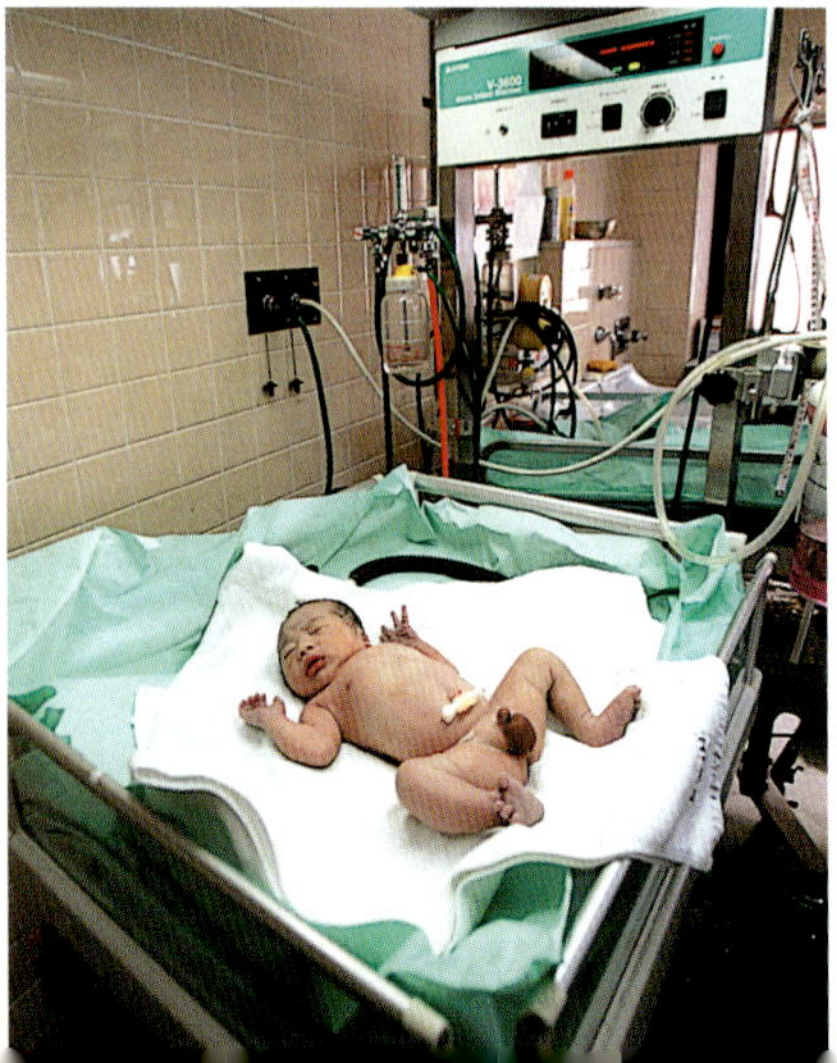
計測やチェックを受ける間、体温が下がらないように「インファントウォーマー」の上に寝かされます。

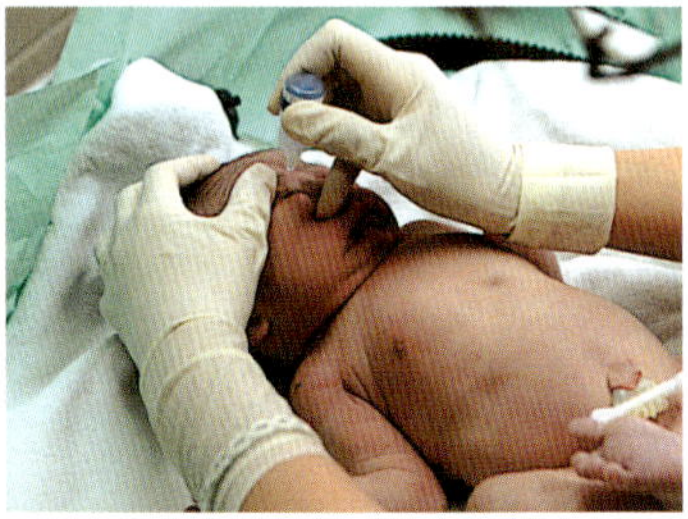
感染症を予防するための、抗生剤を点眼しました。

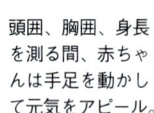

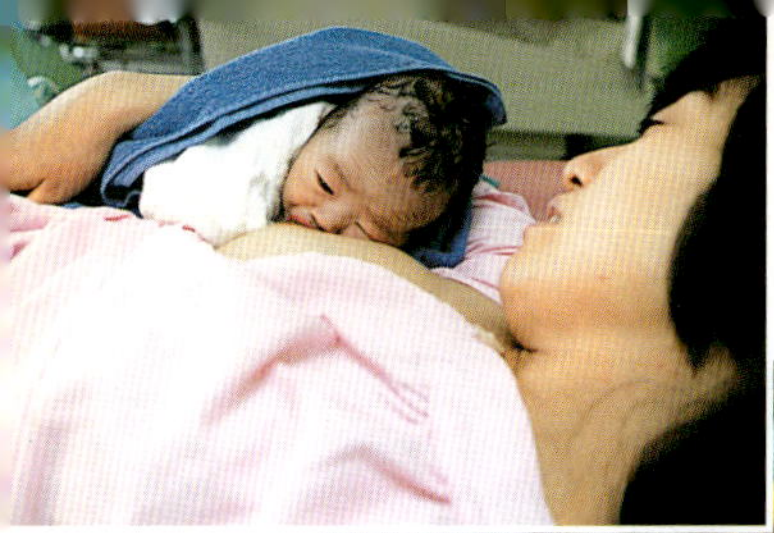

今まで一心同体だった赤ちゃんがおっぱいを吸う姿を見て、母になった瞬間を感じました。

はじめてのおっぱい

おっぱいを吸う赤ちゃんを見て「母親」の実感がわきました

産後の処置が終わったころ、赤ちゃんが西村さんのもとへ。「お兄ちゃんにそっくりですね」というスタッフの言葉で、分娩室の空気も和みました。

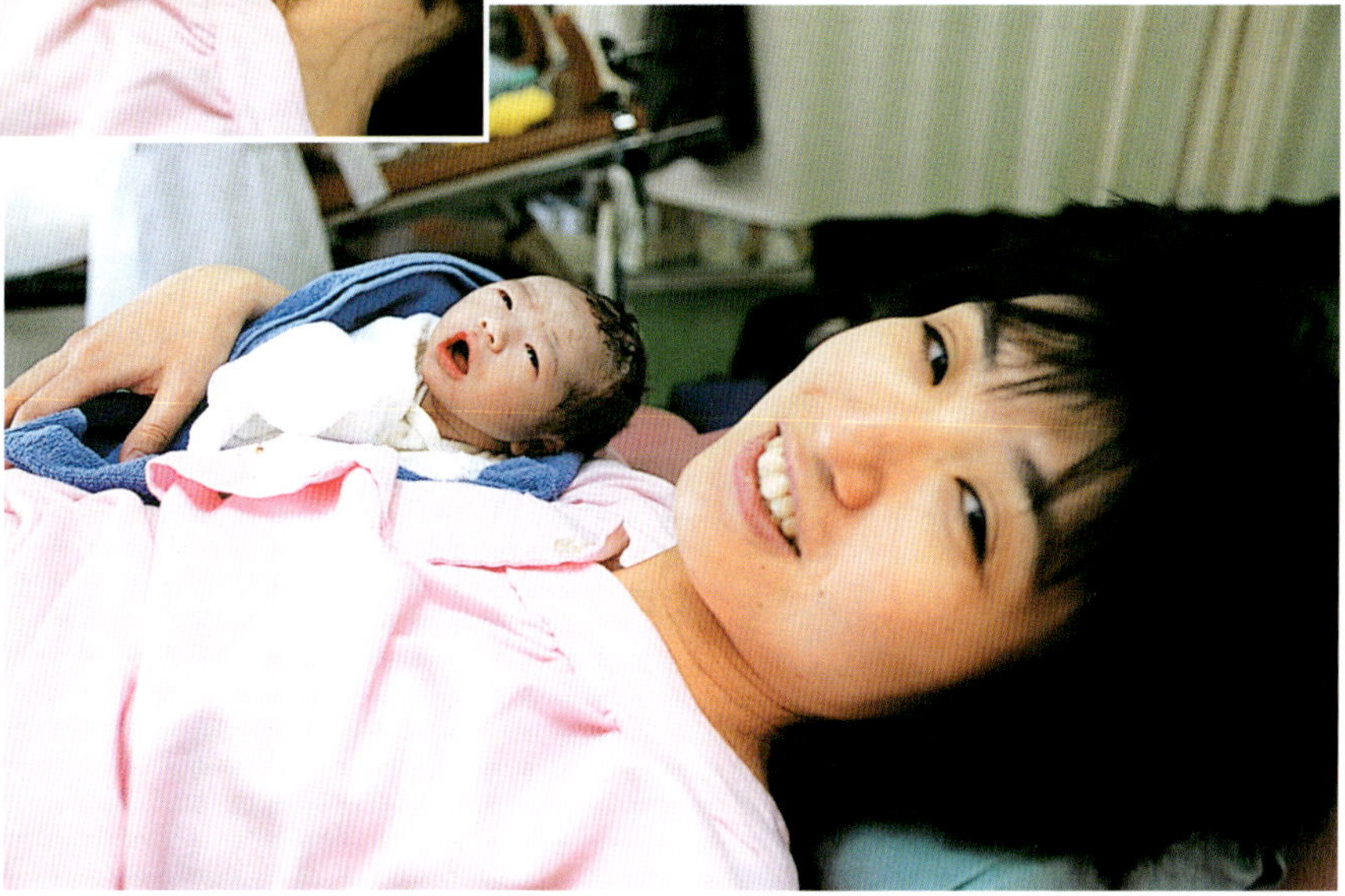

お産は痛いというけれど、「痛い」ことは覚えていても、どんな痛みかは忘れてしまうそう。

入院中〜退院

産後の体をゆっくり休め その後の育児に備えました

入院中の赤ちゃんは、新生児室へ。同時期に生まれた赤ちゃんと一緒です。ご主人や春飛くんは、ガラス越しの対面になりました。

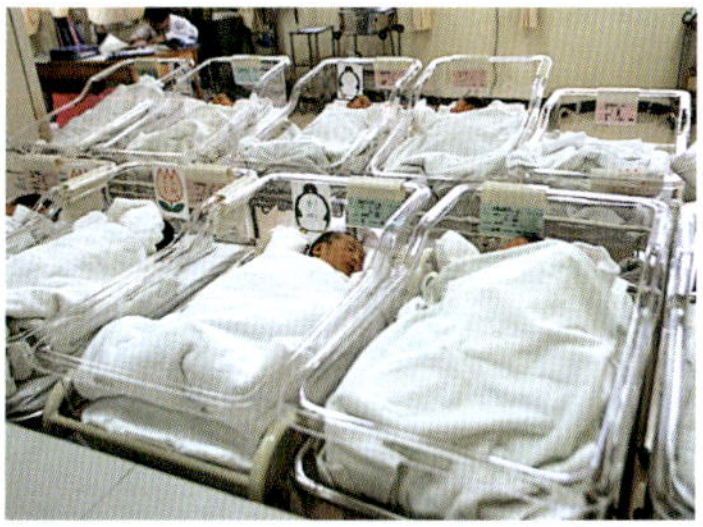

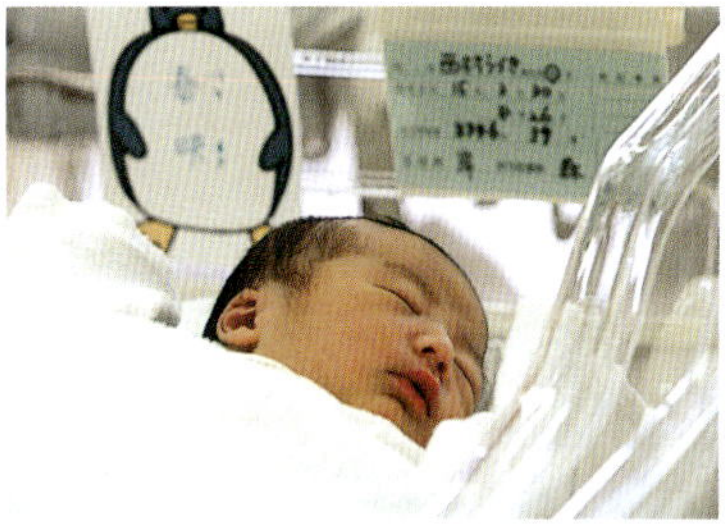

【右】弟との対面に「赤ちゃんかわいいね」と、春飛くんは大はしゃぎ。【左】春生まれの赤ちゃんの名前は「春映」くんに決定。早速ベッドにも名前が。

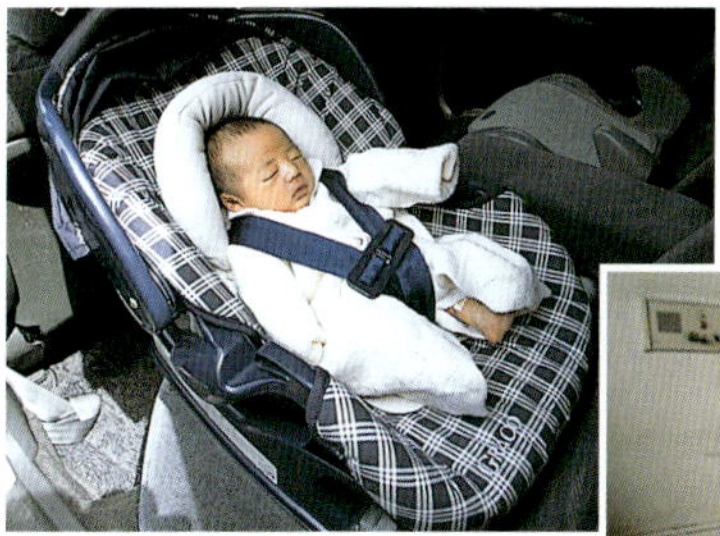

車での退院には、チャイルドシートが不可欠。新生児用を用意します。

入院中はゆっくり体を休めることができました。退院の日、病院の前で記念撮影。

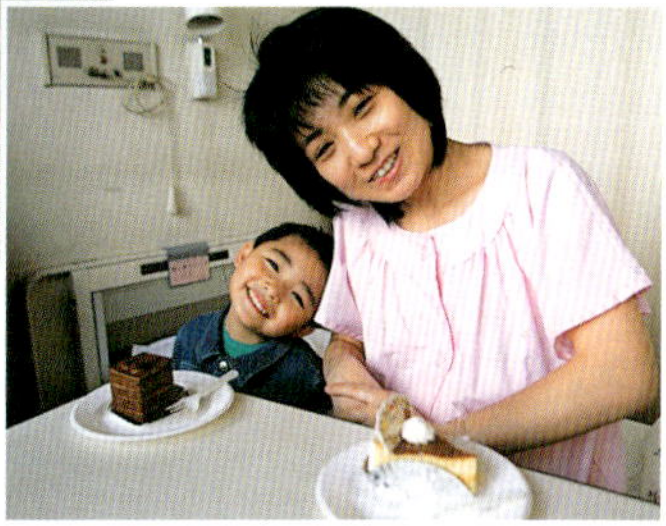

お産の翌々日は、西村さんの誕生日。お見舞いに来た春飛くんとケーキでお祝い。

取材協力 済生会神奈川県病院　神奈川県横浜市神奈川区富家町6-6　☎045-432-1111

Report 2

奥秋久美子さん

自分のイメージ通りの出産ができてとても満足。分娩時間が短く夫が立ち会えなかったことだけ残念

妊娠中は、とにかくよく歩いたという奥秋さん。食事の量が増え、体重増加の気になった中期からは、1日2〜3時間はお散歩をしていました。腹巻や五本指ソックスで体を冷やさないようにしたり、食事に気をつけたりと、「赤ちゃんにショックの少ない可能な限りの自然分娩」ができるように、体調を整えていきました。

予定日の午前中の健診では、「今日か明日には産んじゃいましょう」と助産師さんに太鼓判を押されるくらい順調でした。

入院

昼食後、おなかが規則的に張り出した!

午前中の健診の後、1時間ほどゆっくり散歩をしながら帰宅。「まだ大丈夫かなぁ」と思いながら遅めの昼食を食べた後、10〜15分間隔でおなかが張るようになりました。

タクシーを呼んで助産院へ

午後4時には7〜8分間隔になり、助産院へ電話。まだ陣痛は弱かったのですが、入院が決まり、ご主人にも連絡しました。長男のお迎えはお母さんにお願いしました。

奥秋さんのお産の経過

前日まで

陣痛から出産までが短そうだと聞いていたので、自宅で生まれたらどうしようと心配でした。おしるしのようなものがあったのは、お産当日の朝。

10:00	健診。お灸をする。
11:40	整体を受け、散歩をしながら帰宅。
13:00	遅めの昼食をとる。
14:00	10〜15分間隔で陣痛がくる。
16:00	助産院に電話。入院が決まる。
16:10	タクシーで助産院に到着。
16:30	アロマオイルのマッサージを受ける。
17:15	痛みが強くなり、陣痛間隔も短くなる。
17:30	いきみ感が出始める。
17:42	破水する。
17:47	赤ちゃん誕生!

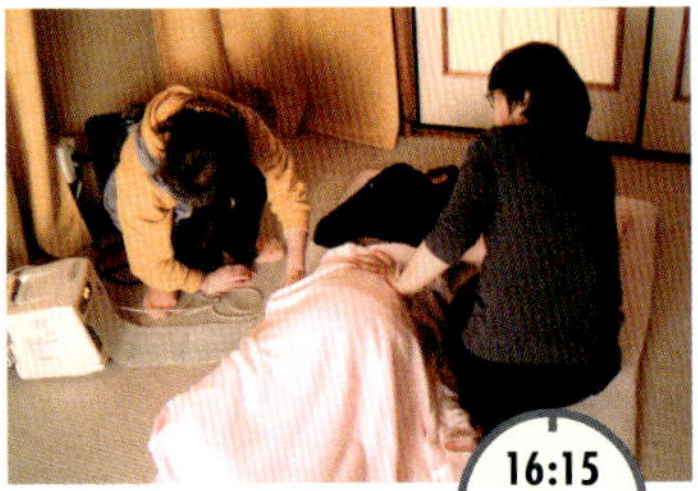

助産院に到着後、すぐに診察。赤ちゃんの様子を確認して、陣痛が強くなるのを待ちます。

陣痛のとき

痛みがきたら呼吸法で逃しました

痛みがきたときは、大きく深呼吸をして自分で痛みを逃します。分娩監視装置で確認した赤ちゃんの状態もよく、後は陣痛が強くなって赤ちゃんが下りてくるのを待つ状態です。

奥秋さんは2人目のお産

家族構成 ご主人と長男・勇気くんの3人家族。純くんが生まれ、4人に

病産院の種類 助産院

選んだ理由 健診にたっぷり時間をとってもらえ、産前・産後の食事指導やお灸、アロマテラピーなどを取り入れているため。長男も出産し、すべてを気に入っている

お産の方法 布団の上での自然分娩

お産への希望 夫の立ち会い、母子同室、生まれてくる赤ちゃんにショックの少ない可能な限りの自然分娩

Hello Baby!

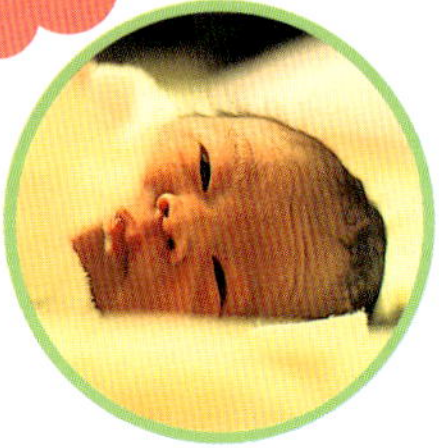

名前 純《じゅん》くん

出生体重 2996g

痛みが強くなって

腰をアロマオイルでマッサージ

リラックスと陣痛促進の効果がある、ローズとクラリセージのオイルマッサージ。「とても気持ちが落ち着きました」と奥秋さん。17時を過ぎると陣痛は5分間隔になりました。

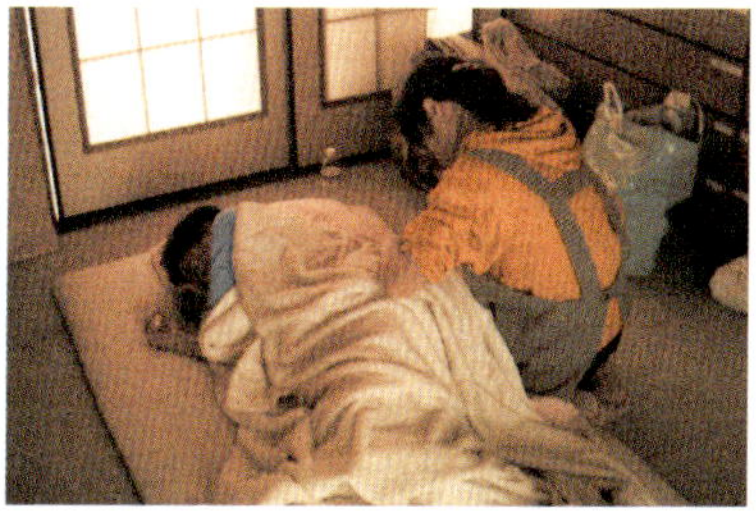

オイルマッサージには、赤ちゃんが下りてきたことによる腰の痛みを和らげる効果も。

出産

自分でも驚きの超スピード出産でした

17時15分ころには陣痛が強くなり、30分にはいきみ感も出てきました。助産師さんがお産の準備をしている間も大きく深呼吸を続けます。破水をしたころには、赤ちゃんの頭が見え始めていました。

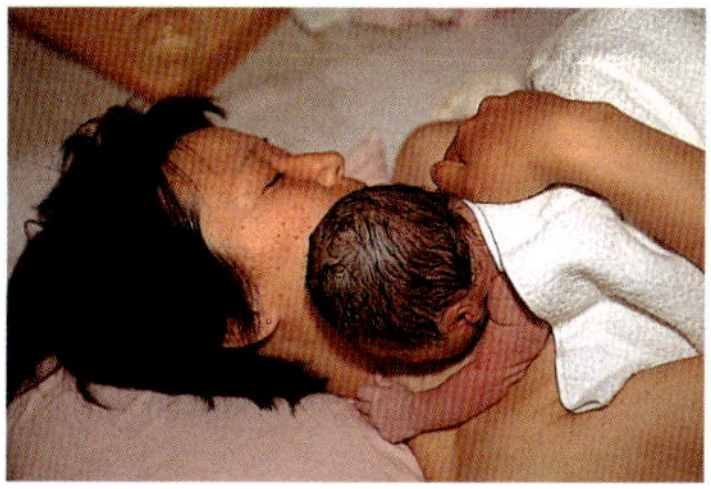

最後は「ハッハッ」と短促呼吸をして出産。生まれたばかりの赤ちゃんと対面です。

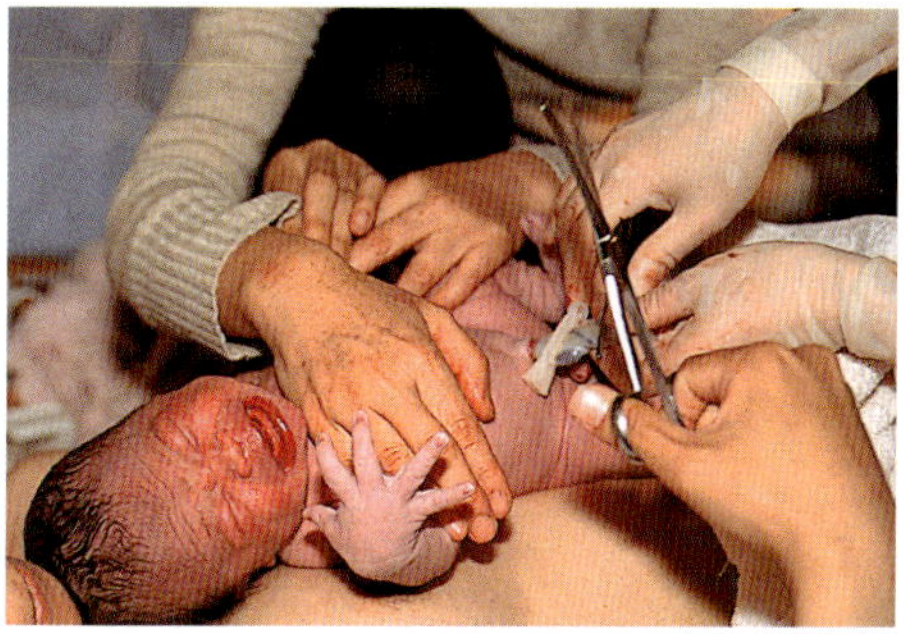

へその緒を自分で切りました。産後は、服を脱いで、肌と肌で赤ちゃんと触れ合うのが、松が丘流。

「はぁー元気でよかった」。満足感でいっぱいの奥秋さん。赤ちゃんを抱いて休みます。

18:20

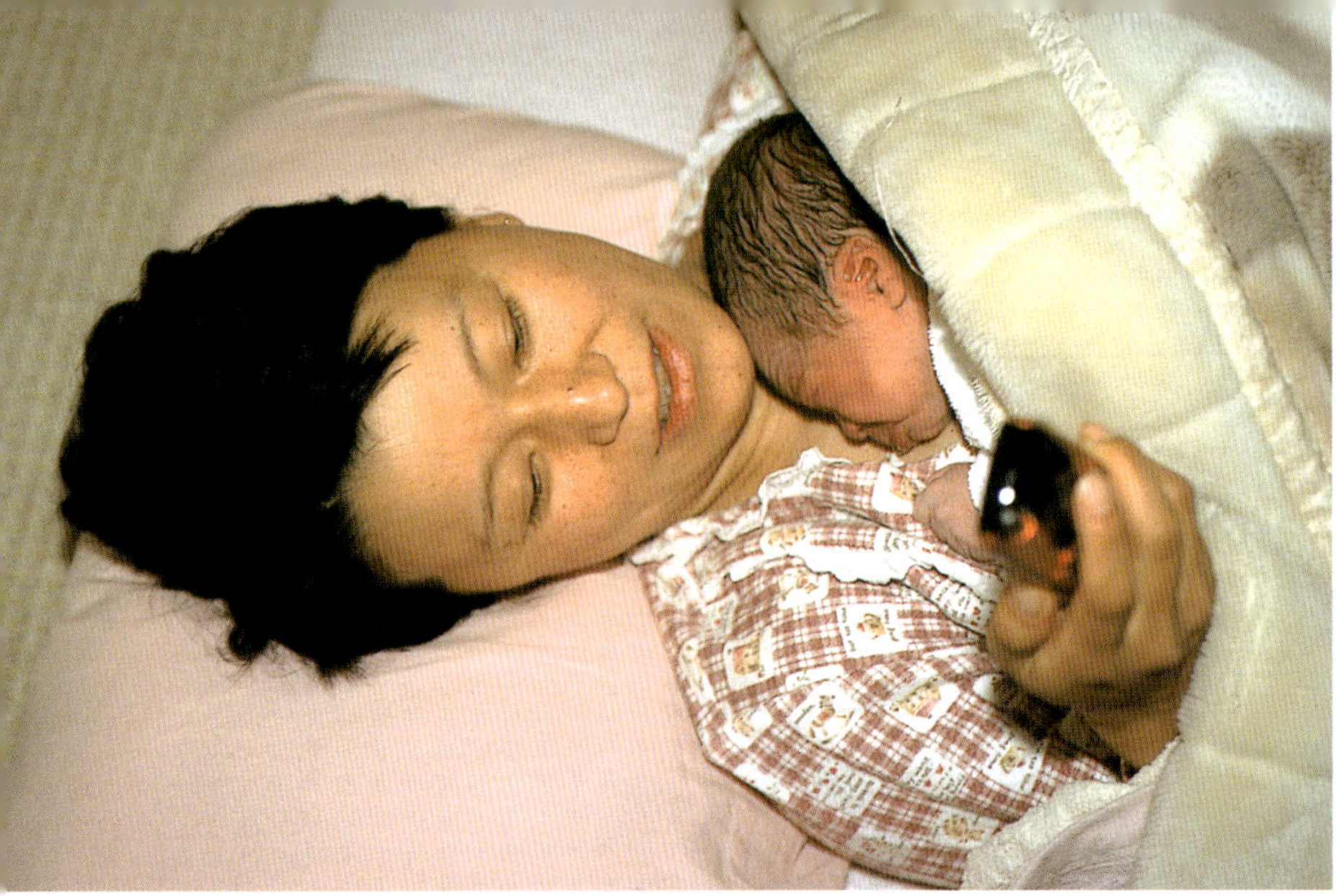

産後は休んで

立ち会えなかったご主人に報告メール

分娩時間があまりにも短かったため、立ち会えなかったご主人。奥秋さんは、「元気な男の子が生まれました」と、携帯電話でメールを送りました。

赤ちゃんは産後の計測へいい子にしてるかな?

奥秋さんにしっかり抱いてもらった後、赤ちゃんは助産師さんに全身を診てもらいます。奥秋さんは、その間に長男の勇気くんを見てくれているお母さんにも出産の報告をしました。

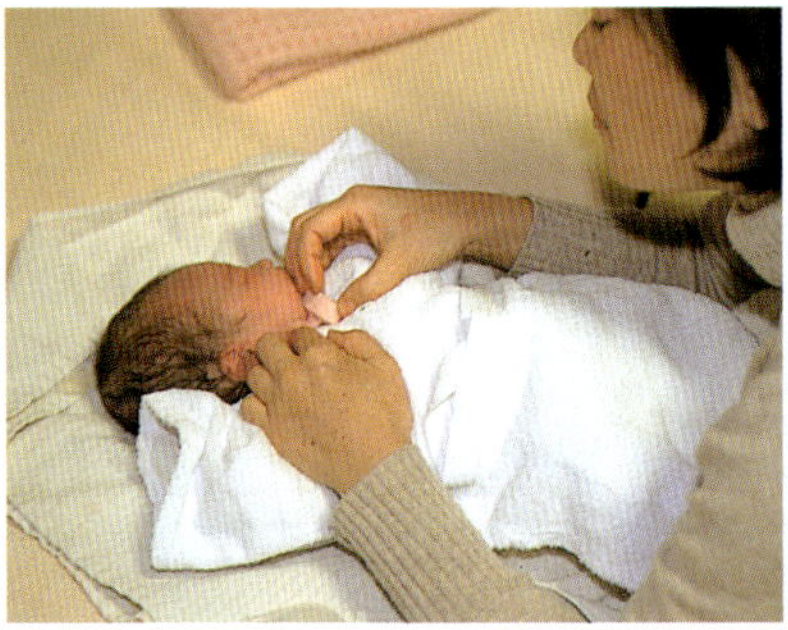

産着を着たら、体温を測ります。

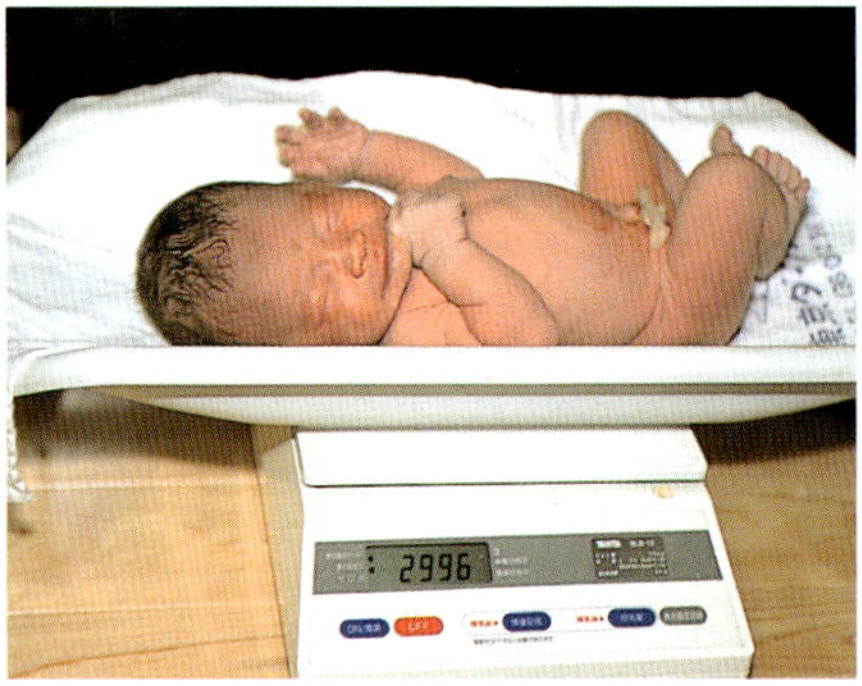

体をきれいにふいた後、まずは体重を量ります。

聴診器を当てて、心拍数を確認。元気に脈を打っていました。

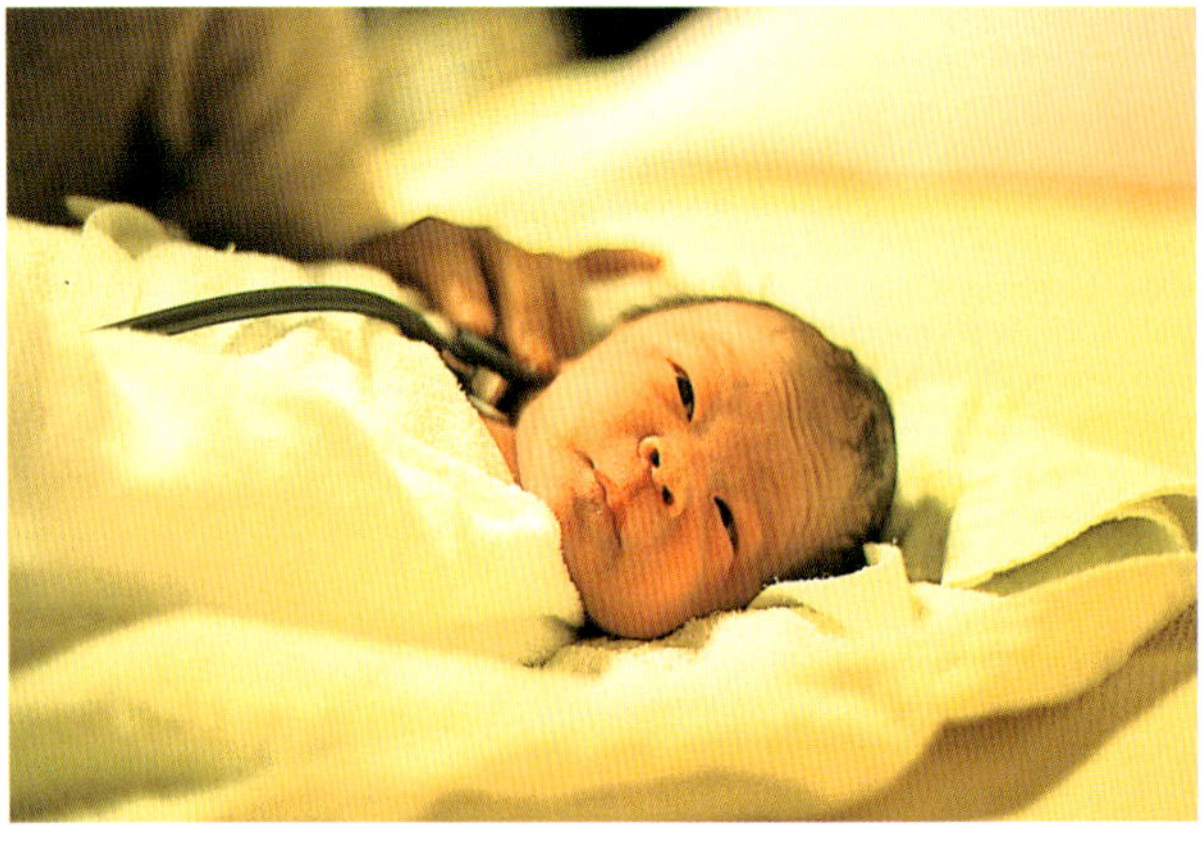

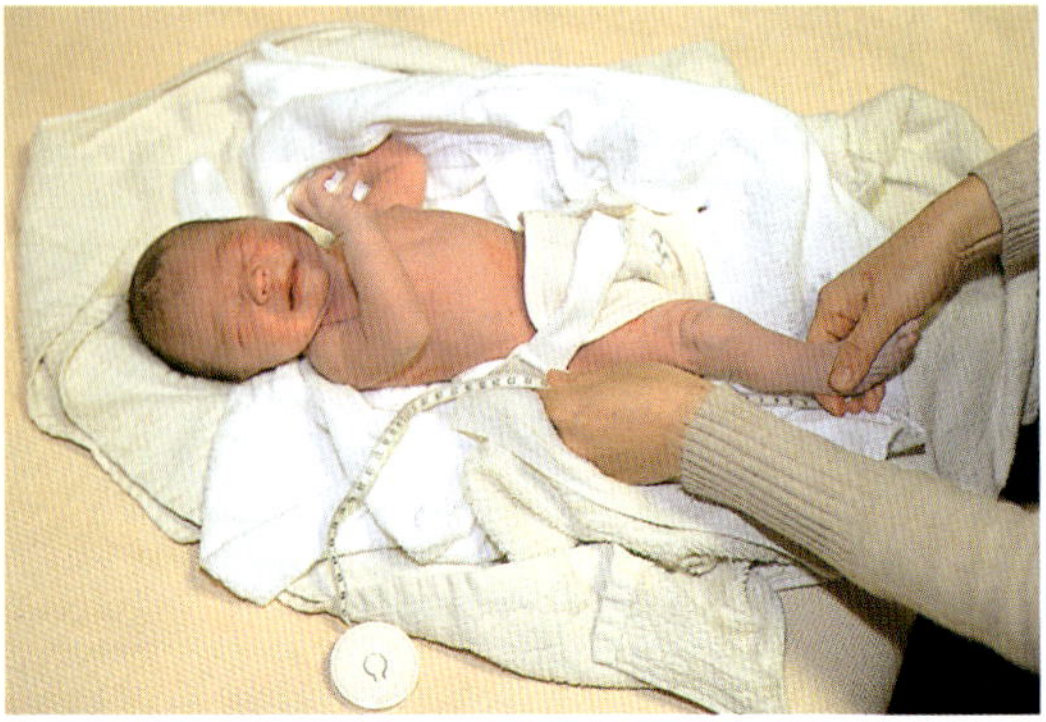

体が冷えないように、産着を着せながら身長や頭囲、胸囲を計ります。

入院中

食事もおいしいので ゆっくり体を休められます

入院は、お産当日を含めた6日間。初日は体を休め、2日目からは赤ちゃんのお世話も。「全身のオイルマッサージもあり、体が休まりました」。

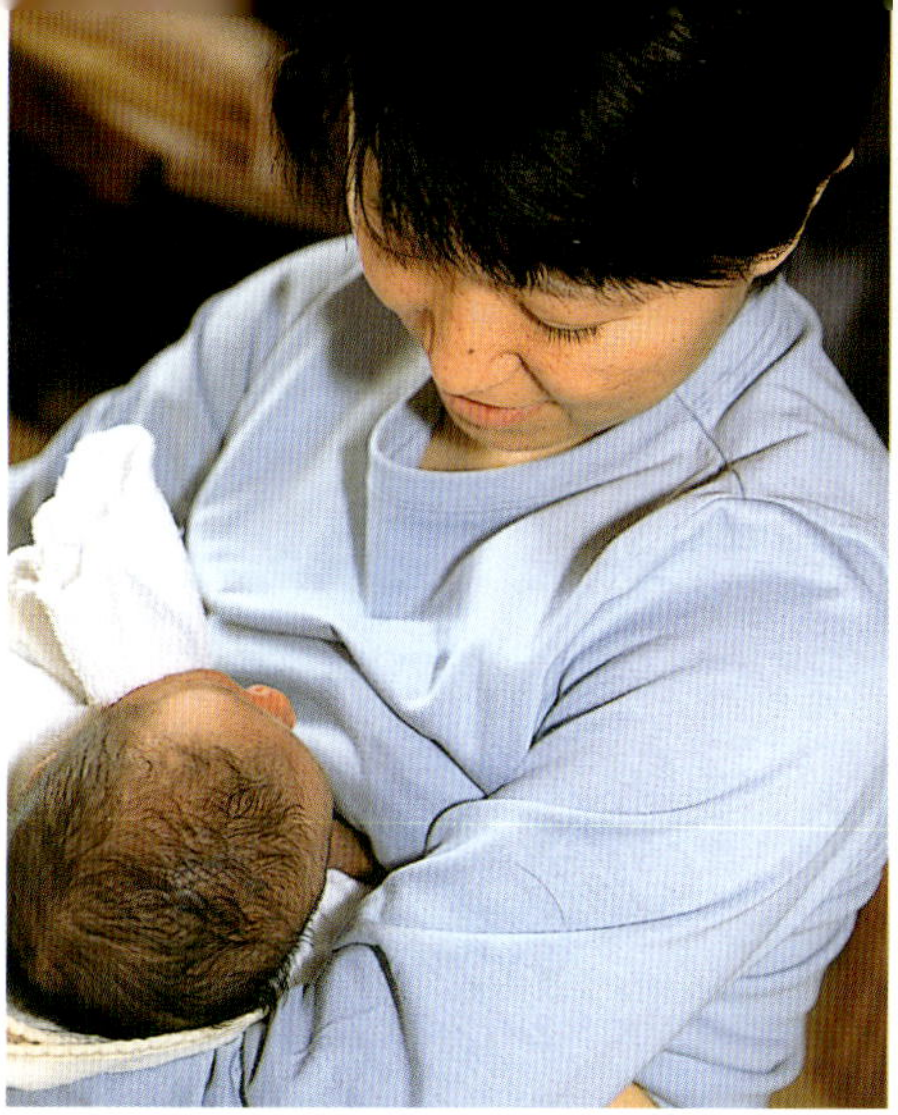

おっぱいのマッサージなどのケアをしてもらい、よく出るようになりました。

酵素玄米と野菜が中心の薄味の食事。おいしい母乳も出ると評判。

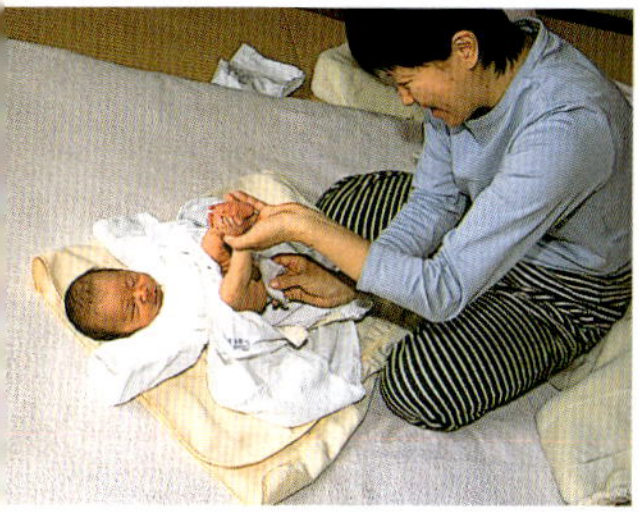

助産院特製のラベンダーのおしりふきが、お気に入りです。

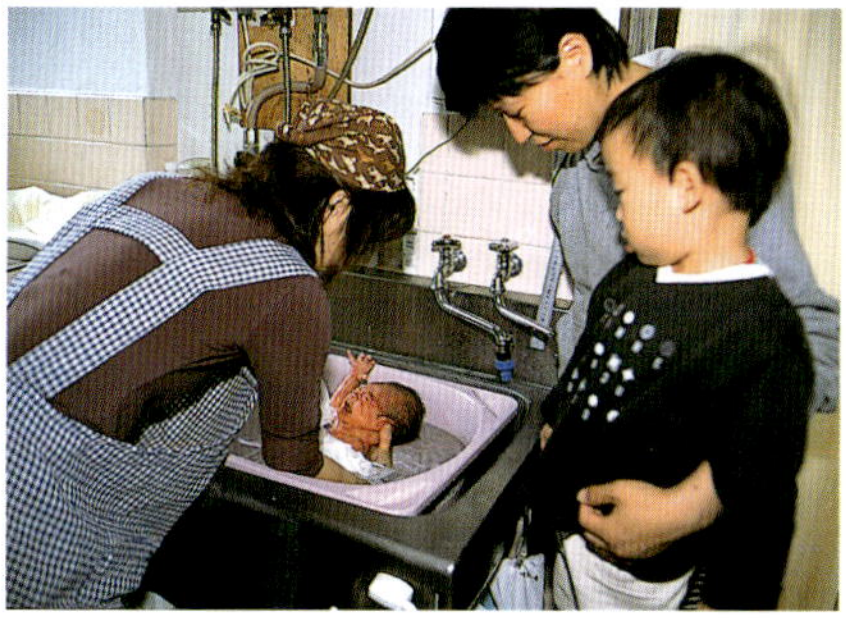

沐浴指導には勇気くんも参加。弟の純くんと初対面。

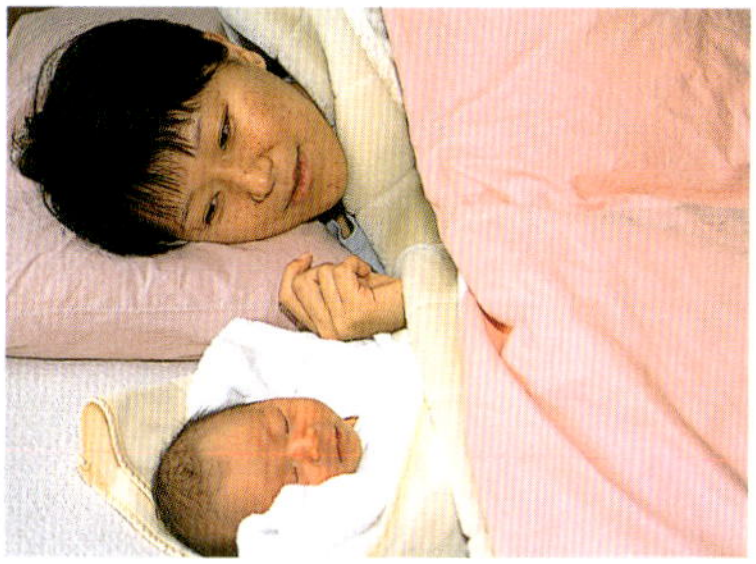

眠れるときは、赤ちゃんと一緒に横になって過ごします。

退院

新しい生活にドキドキです

退院の日は、お母さんと勇気くんがお迎えに。勇気くんとは、妊娠中からだっこや添い寝をしてスキンシップをはかり、不安にならないように過ごしていたそう。

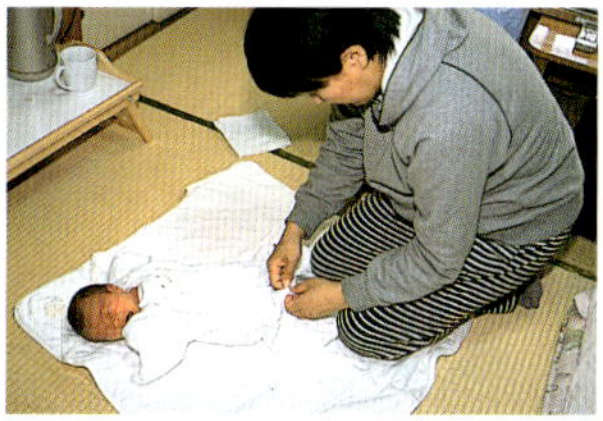

純くんは、退院用のおめかしをします。

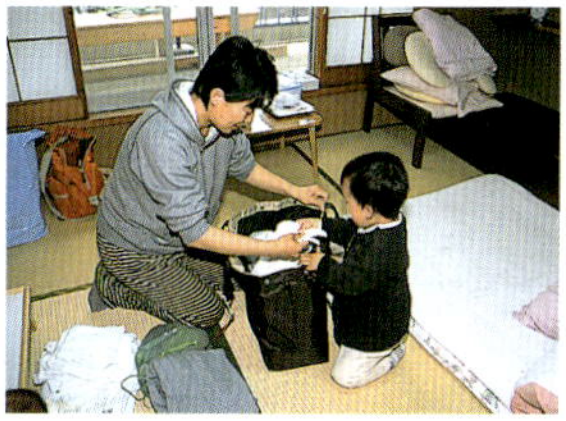

荷物をまとめて退院の準備。勇気くんもお手伝いします。

助産師さんと記念撮影をしました。これから始まる育児にワクワクしながらの退院です。

助産師さんから

お産には、その人の人柄が表れると思います。奥秋さんが安産だったのは、なんにでも対応できる柔軟な姿勢を持った方だからでしょう。食事や運動などよいと思うものを積極的に取り入れていました。また、どれくらいリラックスできるかも大切なことだと思います。

松が丘助産院　院長
宗　祥子先生

取材協力 **松が丘助産院** 松が丘助産院のデータは138〜139ページにあります

Report 3

高橋ゆかりさん

おなかの中にいたときから ずっと話しかけていたので「やっと会えたね」という気持ちでいっぱいです

そろそろ赤ちゃんが欲しいと思い、基礎体温をつけ始めた高橋さん。思い描いたとおりの妊娠で、判明したときはとてもうれしかったそう。ご主人にも、ふたりのご両親にもとても喜ばれました。

妊娠中は、母親学級はもちろん、ヨガやEDA（赤ちゃんの視点で学ぶ育児・母親学級）にも積極的に参加し、準備を進めました。34週には、逆子だった赤ちゃんを外回転術で直すなど、できることは全部やろうという、積極的な妊娠生活を送りました。

妊娠中

助産師さん

親身になって相談にのってくれる助産師さんの存在が心強かった！

母親学級に参加していたことで、助産師さんに顔を覚えてもらい、相談がしやすくなりました。臨月に入ってからの不安など、とても親身に答えてくれて安心できました。

妊娠中は、鉄分とカルシウムを多くとれる、和食中心の食事を心がけました。妊娠8か月で鉄分不足と言われたときは、プルーンやひじき、小魚、納豆などを積極的に食べました。

ノンカフェインのお茶、発芽玄米、にぼし粉、カルシウム入りせんべいがお気に入り。

高橋さんははじめてのお産

家族構成 ご主人との2人家族。結菜ちゃんが生まれ、3人に

病産院の種類 個人医院

選んだ理由 以前から内科を受診。持病もなく母子同室という自分の希望に合い、近所での評判もよかったため。ホームページで診察などの内容を確認したのも決め手に

お産の方法 個室でのフリースタイル

お産への希望 夫の立ち会い、母子同室、医療介入のないフリースタイルでの自然分娩

Hello Baby!

名前 結菜《ゆうな》ちゃん

出生体重 3074g

押入れの上段が赤ちゃんスペース。「1歳までの服はそろっているかも」。

キッチンのワゴンには、赤ちゃんのおむつなどを入れる予定。

赤ちゃんを迎える準備

ご主人の兄弟や知人からの、洋服や赤ちゃんグッズのお下がり。6か月ころから部屋を片付けて、必要なものをそろえ始めました。

ベビーベッドやベビーカーなど大物の家具は、高橋さんの実家で保管。

運動

運動が苦手という高橋さん。買い物や健診の行き帰りなどの散歩、病院で教えてもらうヨガなどで、体を動かすように心がけました。

自宅から病院までは、歩いて15分くらい。ちょうどよいお散歩のコースです。

胎教

おなかの赤ちゃんには毎日話しかけました。また、クラシックや雑誌の付録の胎教CDを、赤ちゃんに聴かせて過ごしました。

家事をしている間にCDを。「気持ちがよくなって私が寝ちゃうこともあります」。

友だち

病院では、気軽に話せる友だちもできました。予定日が近かったり、年齢が近かったりすると、母親学級でのおしゃべりもはずみます。

体調や食事のこと、出産の準備、赤ちゃんの様子など、妊婦さん同士の話題は豊富。

お産の準備

入院のための準備をしたのは、妊娠9か月の終わりころ。これで、いつお産が始まっても大丈夫です。

高橋さんの実家は病院のすぐそば。万一に備えて、入院グッズは実家に。

お産当日

深夜に陣痛がきて いよいよだなと思いました

入院しました

当日の午前中は健診日。すでに規則的な陣痛もきていたので、様子を見ながら午後入院することになりました。

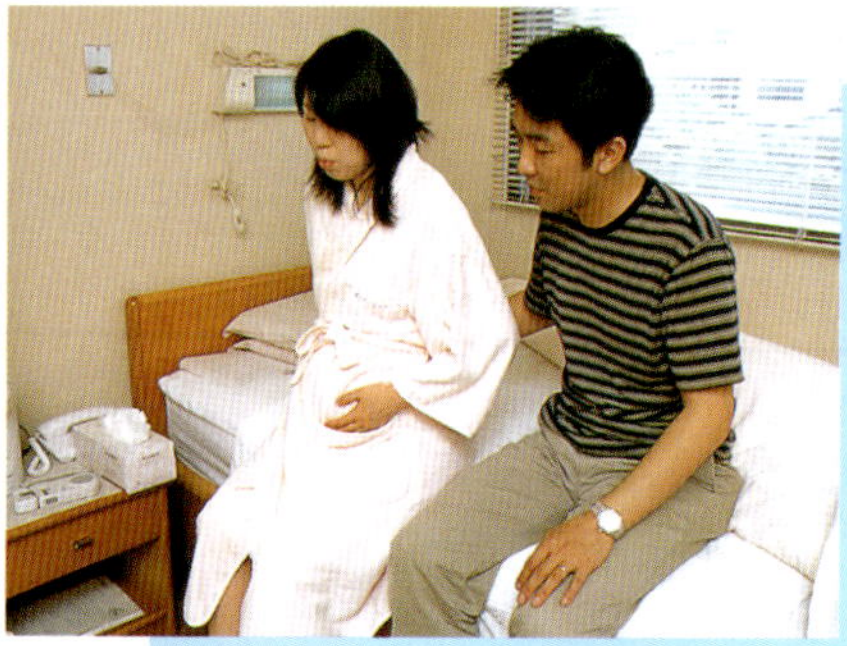

シャワーを浴びて入院室へ。ご主人も一緒。

痛みがきたら、部屋にかかっていた絵を見て集中します。

水分補給

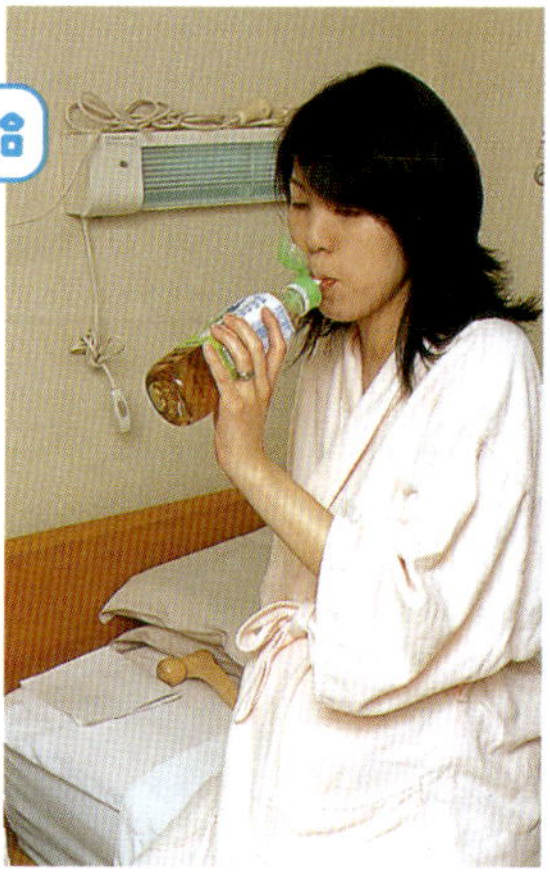

ペットボトルのお茶にストローをつけたものを用意しました。陣痛を逃している間、のどがかわいたらお茶を飲んで過ごします。

マッサージのコツは？

陣痛がくるたび、背中や腰に痛みが。「押して」と頼まれて戸惑うご主人に、助産師さんがマッサージの方法を教えてくれました。

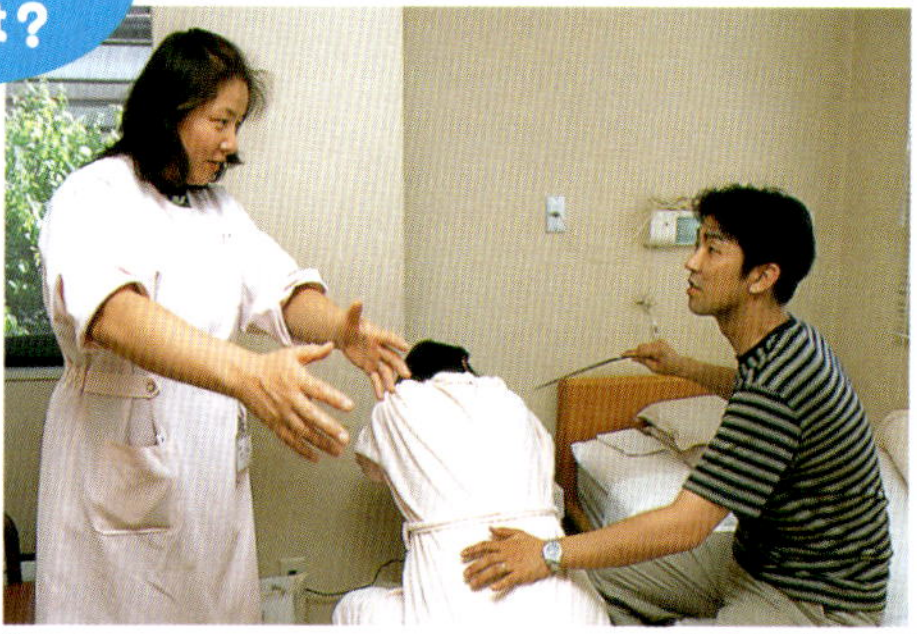

「陣痛の間の緊張をほどいてあげるのは、ご主人の仕事なんだよ」と助産師さん。

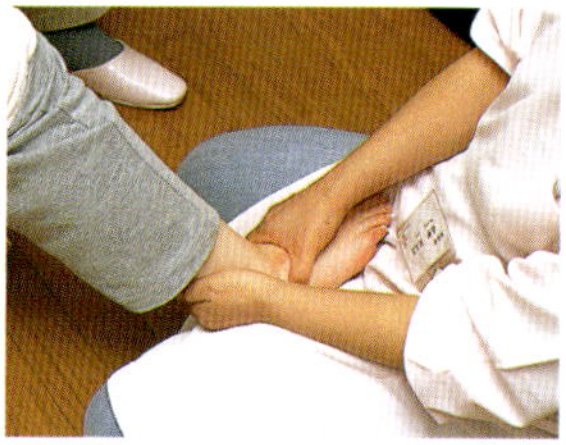

9か月くらいからむくみ出した足をもみます。足を温めるのも、陣痛を逃すよい方法です。

「妊娠中しっかり動いたね」と助産師さん。前後に揺れる「アクティブチェア」に座りながら、痛みを和らげるマッサージをしてもらいました。

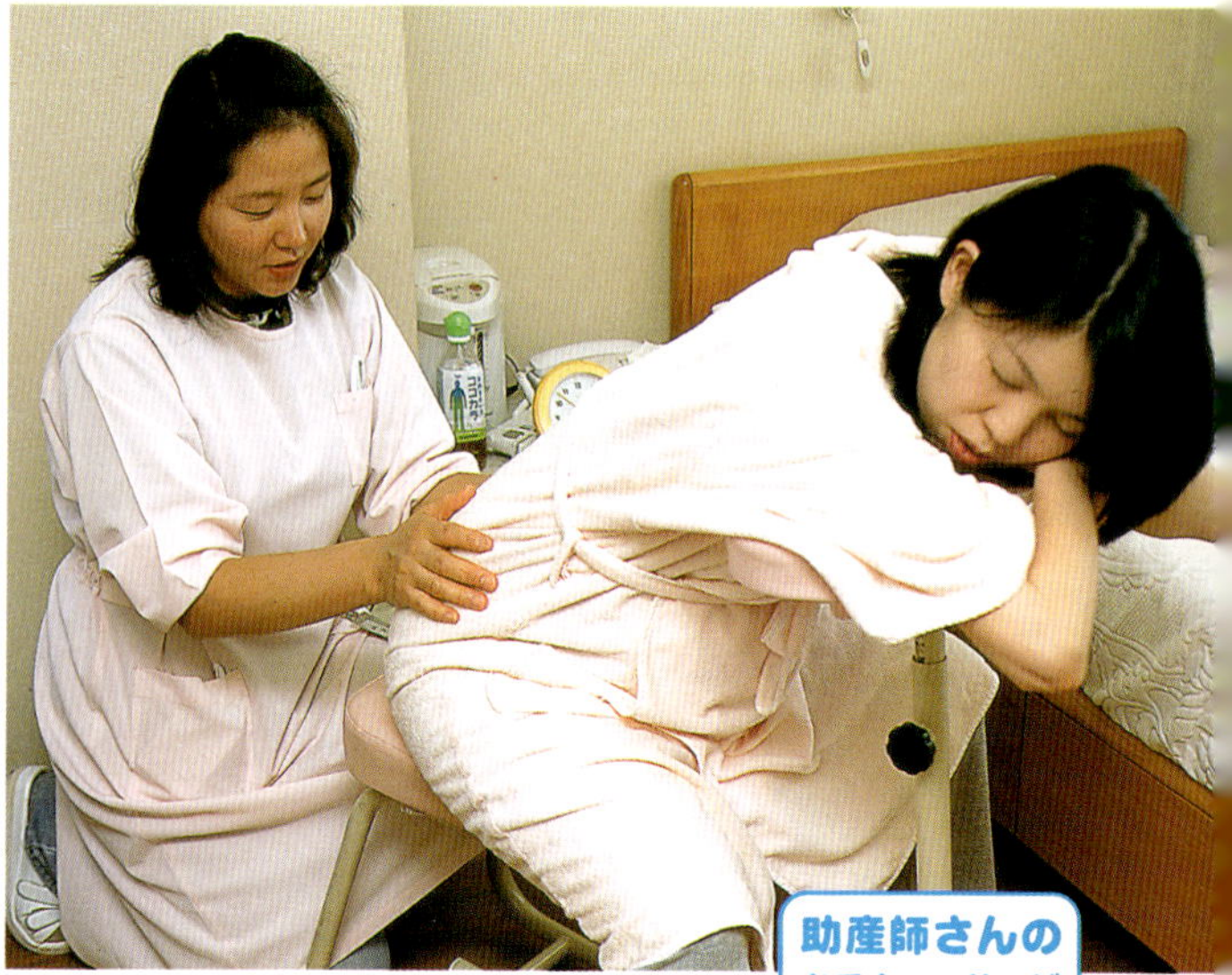

助産師さんのお手本マッサージ

おやつで元気に

15時ころ、手作りの「白玉きな粉」とお茶が出ました。陣痛の間隔は4分ほどでしたが、痛みのないときは元気です。

残さずペロリ。「陣痛にメリハリがあるのはよいこと」と助産師さん。

痛みを逃して

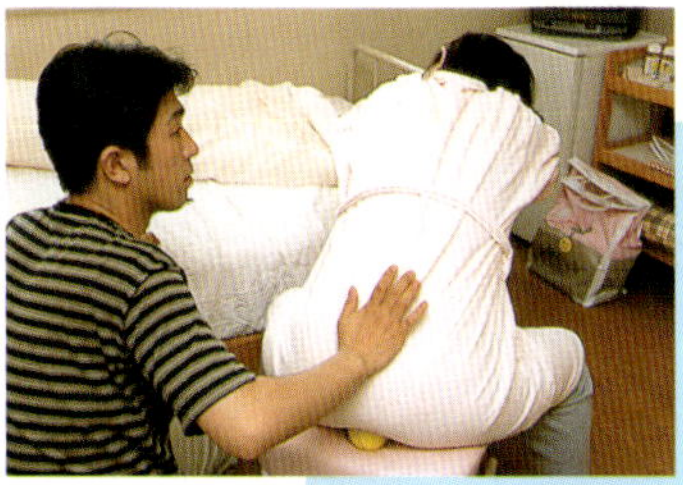

ご主人のマッサージも板についてきました。
ボールも使って、おしりを圧迫します。

ご主人とお母さんが交代でマッサージ。赤ちゃんが下りてくるにしたがって、痛みを感じる位置も下がってきます。

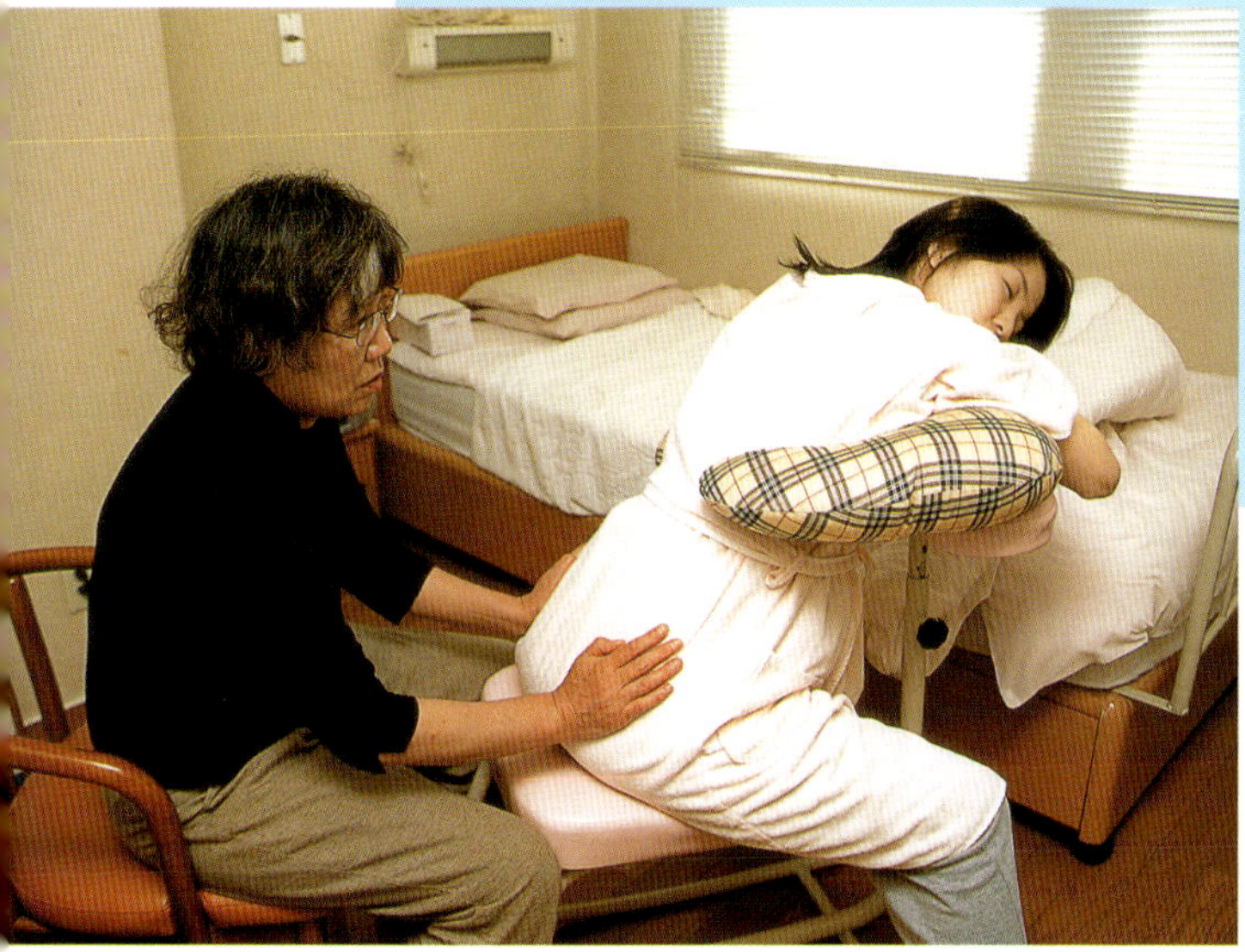

お母さんとおしゃべりをしながら。
16時ころに子宮口は8cm開大。

赤ちゃんも元気

15時30分ころ、助産師さんが診察に来ました。赤ちゃんの心音を確認し、元気なことがわかり、がんばろうという気持ちになりました。

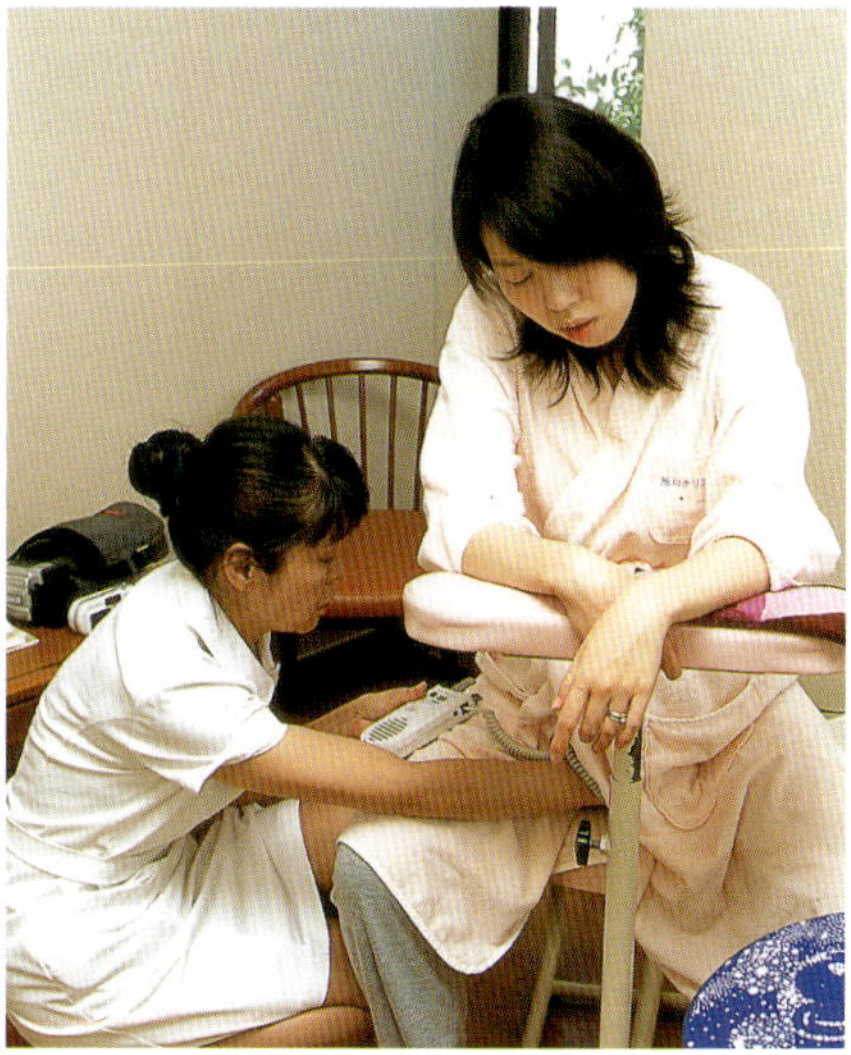

このころ、陣痛は3分間隔に。
痛みがないときは平気ですが、
つらい時間が過ぎていきます。

パワーを充電

18時30分ころ、夕食のおにぎりが出されました。「食欲があるから、まだ大丈夫かな。玄米のおにぎりはおいしい」と、ほおばります。

これから始まるお産に備えて腹ごしらえ。「いつ赤ちゃんに会えるのかな？」と考えていました。

心の支え

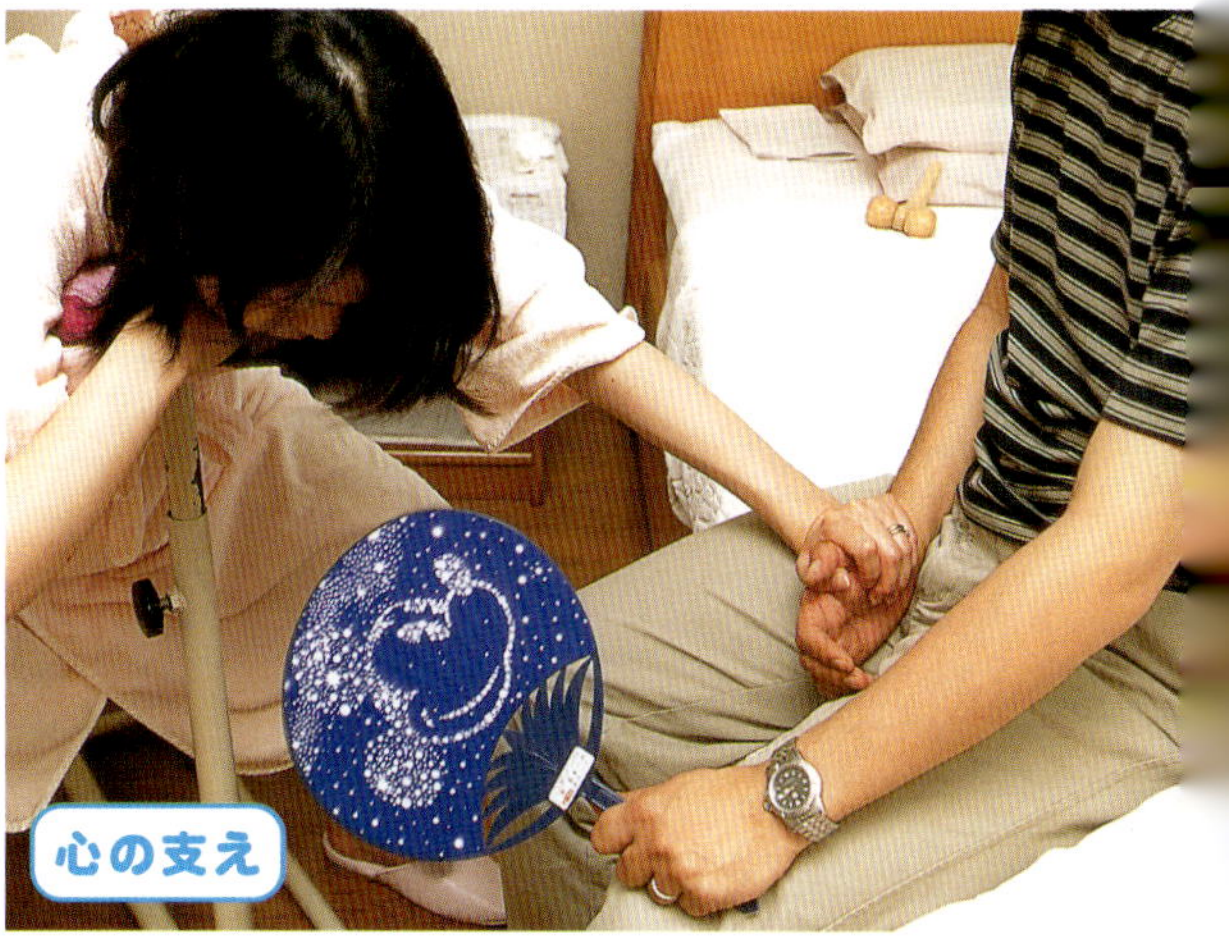

ご主人の立ち会いを希望していた高橋さん。マッサージをしてもらったり、あおいでもらったり。弱気になったときの心の支えになりました。

へその緒を切って

「助産師さんや家族に感謝の気持ちでいっぱいです」と高橋さん。へその緒はご主人が切ることになりました。

先生にもすすめられ、へその緒を切るご主人。大役を任され、ドキドキしながら切りました。

無事出産

夕食を食べているうちに、痛みが強くなりベッドで横になりました。そのままひざを抱えて産むことに。20時には子宮口が全開大になり、破水しました。

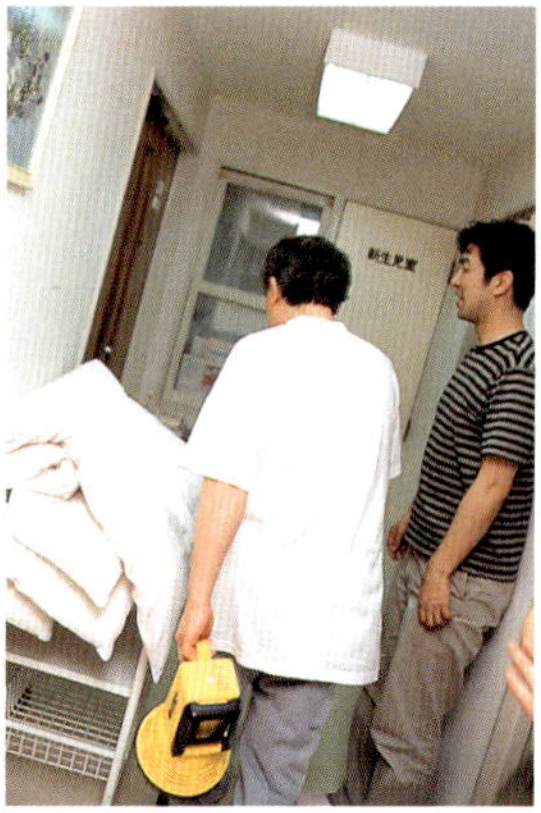

破水後はもうろうとしながらも、お産の間は、助産師さんのリードや家族の応援で乗り切れました。

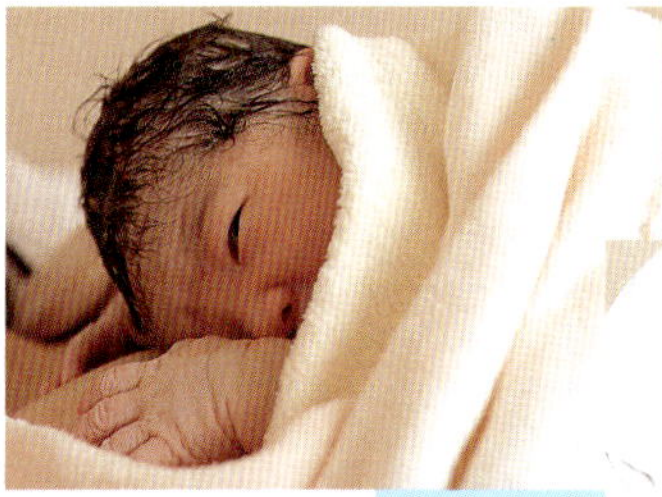

高橋さんの赤ちゃんは女の子。「シアー」と、かわいらしい産声を聞かせてくれました。

おなかの上で

へその緒を切った赤ちゃんは、産後の処置を終えた高橋さんの胸の上で、2時間ほど一緒に休みます。ママの胸の上で安心している様子。

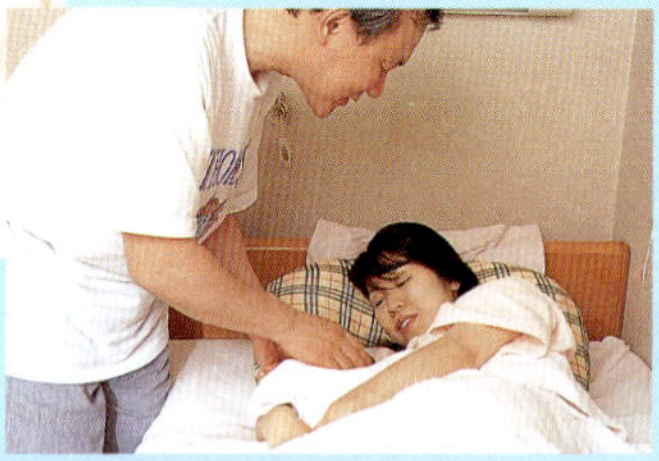

おっぱいの吸わせ方を、先生が指導。生まれたばかりの赤ちゃんが上手におっぱいを吸います。

「感動が押し寄せてきました」と高橋さん。胸の上の赤ちゃんを見つめる表情はとても穏やか。

高橋さんのお産の経過

前日まで

お産の前は、トラブルなく無事に産めるかと心配でした。前日の朝におしるしがあり、そろそろだなと感じていました。

2:00	軽いおなかの痛みで目覚める。
4:00	痛みが10分間隔になり、病院へ電話。様子を見ることに。
9:00	病院へ行く。陣痛は6分間隔。病院のそばにある実家で待機することに。
14:00	痛みが強くなり病院へ。入院決定。
17:00	痛みがかなり強くなり始める。マッサージなどをして過ごす。
19:00	強い痛みがきて、ベッドで横になる。
20:00	子宮口が10cmになり頭が見え始める。
20:20	赤ちゃん誕生!

入院中～退院

体は疲れていても、かわいい姿を見ると吹き飛んじゃう

沐浴

助産師さんに沐浴の方法を教えてもらいます。手つきがよく、助産師さんに「はじめてなのに上手」と、ほめてもらいました。

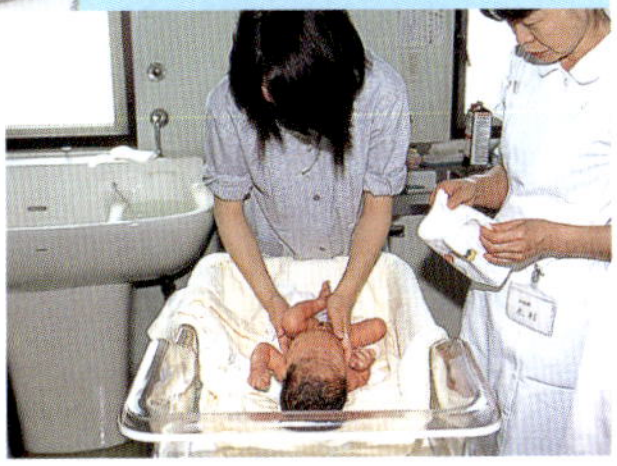

授乳

入院4日目。「おっぱいがほしいときは、口に手を持っていくんです」と慣れた手つきで授乳。

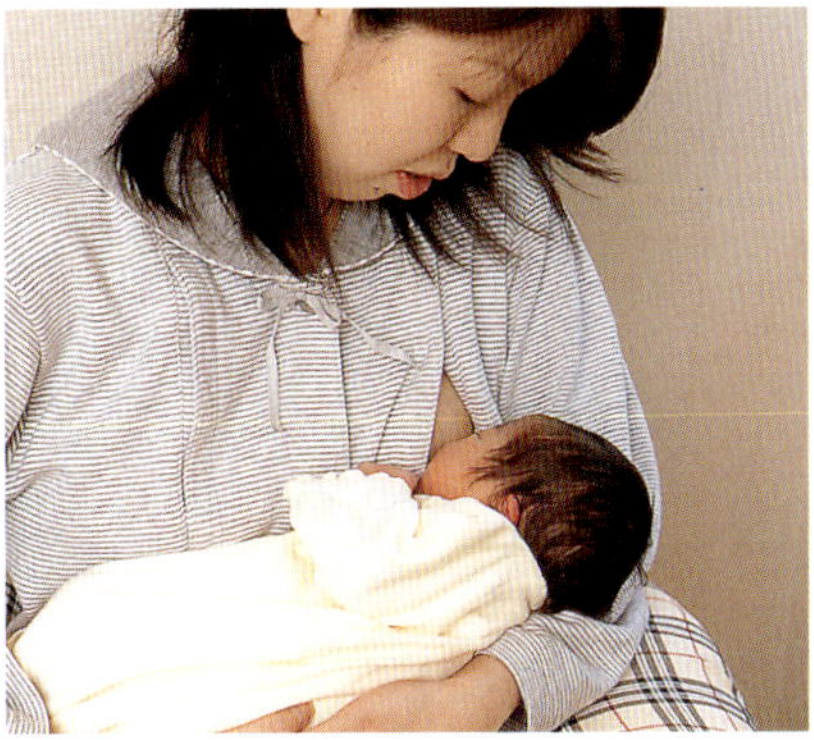

お見舞い

近くに住む高橋さんのお父さんがお見舞いに来ました。親戚や友人がかわるがわる訪れます。

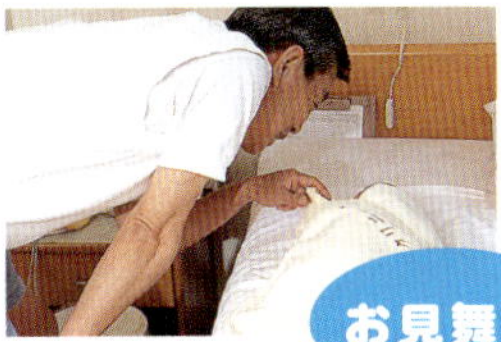

お世話

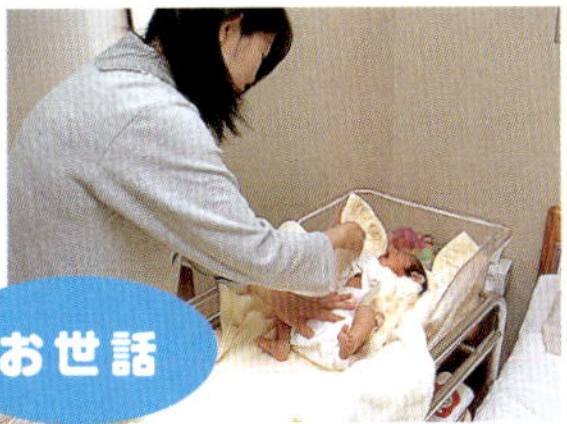

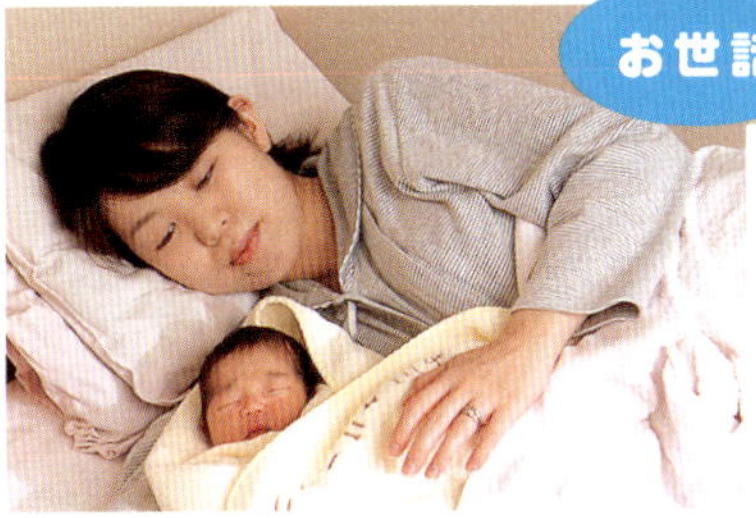

昼夜が逆転し、体は疲れていても、寝たりおっぱいを吸う赤ちゃんを見ると、かわいくて許せてしまいます。

食事

病院の食事は、玄米を中心にしたヘルシーごはん。この日の昼食は、玄米のチャーハンとサラダ、昆布巻き。お世話の合い間に食べます。

退院

退院後は、しばらく実家で過ごすという高橋さん。自宅に戻ったら、ご主人と一緒の育児がスタートです。

はじめての妊娠・出産の感想は？

ゆかりさん

いろいろな情報を集めていたので、当日はあわてずに対応できました。妊娠中から産後まで、親身になってくださったスタッフのみなさんに感謝の気持ちでいっぱいです。

正博さん

出産までずっと一緒にいましたが、誕生の数時間前からとても苦しそうで、無事に生まれたときはほっとしました。育児も家事もできる範囲でサポートしていきたいです。

先生から

高橋さんは、妊娠中から病院の母親学級などに積極的に参加し、たくさん勉強されたと思います。当日も落ち着いていて、とてもいいお産でした。出産や育児にはいろいろな方法がありますが、たくさんの選択肢から自分の好きな方法を選んでほしいですね。

池川クリニック院長　**池川　明先生**

取材協力　**池川クリニック**　神奈川県横浜市金沢区大道2-5-13　☎045-786-1122

納得のいくお産をするために
バースプランをたてよう

どんなお産を望むか考えましょう

お産の方法のバリエーションが増えた現在、妊婦が主体となって自分のお産について決める「バースプラン」が注目されるようになりました。これは、出産の方法や出産前後の過ごし方をどうしたいかという希望をまとめるものです。

まずは、妊娠から出産までの流れをきちんと理解することから始めましょう。家族とも話し合って自分のお産について積極的に考え、満足できるお産につなげましょう。

Birth Plan

いつたてる?

妊娠がわかったらスタート

自分が望むお産をするためには、病産院選びも大切なポイント。スタッフとの人間関係を早めに築くためにも、妊娠がわかったらすぐに情報集めを始め、バースプランを具体的にしていくのが理想的です。

妊娠2～3か月
お産の流れや施設について調べ、バースプランをたててみる。

▼

妊娠6～9か月
ペアレンツクラスなどに参加して、お産のイメージを具体的にする。

▼

妊娠10か月
医師、助産師とバースプランの内容を確認する。

Birth Plan

たて方のポイント5

1. どんなお産がしたいかをイメージする。
2. お産の方法や病産院の違いについて理解する。
3. 持病や合併症などリスクになる部分も考える。
4. 自分ひとりでなく、家族とお産について相談する。
5. 自分の希望について、病産院のスタッフと話し合う。

Birth Plan

どんなことを考えたらいい?

バースプランには、以下の項目がよく取り上げられるようです。自分のプランの作成のために、考えてみましょう。

陣痛時・分娩時

- □アクティブバース、無痛分娩、水中出産など どんな方法での分娩を希望しますか?
- □家族の立ち会いを希望しますか?
- □陣痛促進剤・誘発剤の使用について希望はありますか?
- □導尿、剃毛、浣腸など受けたくない処置はありますか?
- □会陰切開について希望はありますか?
- □陣痛を逃している間に、スタッフに対して 希望することはありますか?
- □分娩室、LDR室、ベッド、布団の上で、など お産をする場所の希望はありますか?
- □分娩監視装置の装着について希望はありますか?

産 後

- □産後すぐに赤ちゃんを抱きたい、 おっぱいを与えたいなどの希望はありますか?
- □へその緒を自分で切りたいなどの希望はありますか?
- □母子同室、別室、個室など、入院室の希望はありますか?
- □赤ちゃんへの処置でしてほしくないことはありますか?
- □母乳での育児を希望しますか?
- □赤ちゃんを新生児室に預けて、 ゆっくり体を休める時間をつくりますか?
- □家族が赤ちゃんと触れ合える機会をつくりますか?

注）バースプランを取り入れていない施設もあります。また、対応できる内容とできない内容も病産院によって異なります。

第 1 章

安産のための
妊娠生活10か月

- 10か月の妊娠生活を始める前に
- 安産のための10か月生活チェック表
- 妊娠0週から39週までの過ごし方
  - 妊娠0～3週
  - 妊娠4～7週
  - 妊娠8～11週
  - 妊娠12～15週
  - 妊娠16～19週
  - 妊娠20～23週
  - 妊娠24～27週
  - 妊娠28～31週
  - 妊娠32～35週
  - 妊娠36～39週
- 妊娠中の気がかりはこう解決！

監修 池川クリニック院長
池川明先生

上尾中央総合病院産婦人科部長を経て、1987年横浜市に池川クリニックを開設。2001年9月、「胎内記憶」について発表したのが話題となる。著書に『おなかの中から始める子育て』（サンマーク出版）『おぼえているよ。ママのおなかにいたときのこと』（リヨン社）などがある。

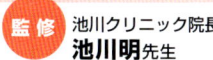

10か月の妊娠生活を始める前に

〝赤ちゃんの力〟を信じること。親も子も、ともに育っていくのが育児です

妊娠・出産は人として成長する大きなチャンス

「新しい命」を授かってから、10か月もの妊娠期間を経て、待ちに待った誕生の声を聞く——。妊娠・出産は、長い人生の中でも、もっともドラマティックな経験のひとつです。

妊娠が判明してから赤ちゃん誕生までの間、母体には心にも体にも、さまざまな変化が起こってきます。女性が「母親になる」までの道のりは、決して平坦ではありません。とくにはじめての妊娠・出産であれば、赤ちゃんが「健康に生まれるかしら」と不安に陥ったり、「私に子育てができるかな」とプレッシャーを感じたり、うれしい反面、複雑な気持ちを抱く人も少なくないでしょう。

しかし喜びも迷いも不安も、そのひとつひとつが、母親として、人間として成長していくための貴重な体験です。〝いろいろあるだろうけれど、子育てを通して自分自身も成長していくさまを楽しもう〟。そんな気持ちで心と体の変化を受け止めていければ何よりだと思います。

期待と不安が入り交じり、不安定な気持ちになる人も。出産は人生の中でも貴重な体験のひとつ。楽しんで。

赤ちゃんはママを助けてくれる存在

また、これから母親になる人に、ぜひ忘れないでいて欲しいことがあります。それは「赤ちゃんは自分で親を選んでこの世に生まれ、親を助けてくれる存在である」ということです。赤ちゃんという無力な存在を、母親が自分一人で育てなければと思ってしまうと、育児は大変で辛いものになってしまいます。しかし赤ちゃんは私たちが思うより、強い生命力や計りしれない能力をもっています。

例えば妊娠初期のつわりも「今は大事な時期だから、悪いものを食べないで」という赤ちゃんからのメッセージかもしれません。ママのおなかをポンと蹴って、生まれる時期を教えてくれる赤ちゃんもいます。ですから大変な状況も「赤ちゃんと一緒にがんばろう」という気持ちで、乗り越えていってほしいと思います。また妊娠期間中から〝赤ちゃんとの一体感〟を大切にして過ごしたママは、必ず納得のいく、よいお産ができます。

夫や周囲の人の支えで健やかな出産・育児を

安産と育児のためには、パートナーである夫や家族の協力も欠かせません。妊娠中の変化の激しい妻の心と体を理解して、やさしく支えることが家族の大切な役割です。一緒におなかの赤ちゃんに語りかけたり、両親学級に参加するのもいいですね。おなかにいる赤ちゃんも、周囲の声ややさしさをしっかり感じています。

子育ては、実は母親一人ではできません。夫をはじめ医師や助産師、親きょうだい、友人など、さまざまな人の支えがあって、ひとつの命が育まれます。ママは赤ちゃんの力と周囲の支えを信じて、幸せな出産・育児にしていきましょう。

安産のための5つのポイント

Point 1 心と体の変化を自然に受け止めて

妊娠中はおなかや胸が大きくなるほか、食べ物の嗜好などが変化したり、精神的に不安定になりやすくなる人も。心身の変化は自然に受け止め、とくに心配なことは積極的に医師に相談を。

Point 2 食べ物は「自然」なものを選ぶこと

赤ちゃんの体やその命を育む母体を作るのは「食べ物」です。健康で自然な出産を望むなら、食べ物も添加物や化学物質をできるだけ避け、自然に近いものをバランスよくとりましょう。

Point 3 医師や家族とのコミュニケーションを

何を知りたくて、どうケアしてほしいのか。周囲に自分の状況をきちんと伝えて信頼関係を作っていきましょう。とくに妊娠生活を見守る医師や、家族とのコミュニケーションは大切です。

Point 4 出産や育児には「定形」はないと思って

出産・育児には、万人に当てはまる「定形」はありません。出産も10人いれば10通りのやり方があります。ママが安産と思えば、時間やスタイルにかかわらずそのお産は「安産」です。

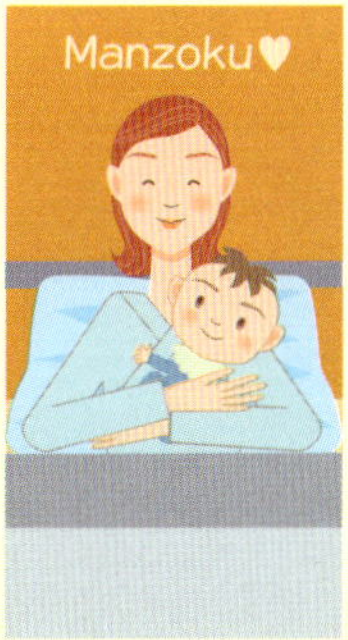

Point 5 赤ちゃんの生命の力を信じましょう

女性が妊娠・出産という大仕事をやり遂げるのは大変なこと。でも、自分一人が辛いと思わないで。赤ちゃんも小さな体でママを助けようとがんばっています。その力を信じてよいお産を。

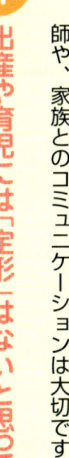

安産のための10か月生活チェック表

オレンジは妊娠初期
グリーンは妊娠中期
イエローは妊娠後期

月	生活のアドバイス	（タマゴマークの数だけ定期健診があります）	妊娠月別生活チェック項目（気になる症状があったら早めに医師に相談を。カッコ内のページも参照して下さい。）
1か月（0～3週）	・妊娠を意識し始めたときから規則正しい生活を心がけておく。 ・妊娠の可能性がある場合は体調が悪くても安易に薬を服用しない。 ・レントゲン撮影などの場合は妊娠の可能性を伝えること。		●やっておくこと □基礎体温表をつける（P.31） □バランスのとれた食生活 □X線写真や薬の服用に注意（P.65） □妊娠判定薬で調べる ●よくある気になる症状 □生理が遅れている（P.31） □微熱やだるさを感じる □生理ではない出血がある □つわりのような状態が続く（P.38）
2か月（4～7週）	・必ず病産院で妊娠を確かめること。 ・流産の兆候に注意し、つわりの症状が現れたら、無理をしないように。 ・家事や仕事で立ちっぱなしにならないよう、必ず座って休憩を。 ・下半身の冷えには十分注意。		●やっておくこと □病産院で妊娠の確認をする（P.35） □X線写真、薬は医師に相談する（P.65） □お酒は控え、禁煙する（P.39） □下半身の冷えに注意する ●よくある気になる症状 □不安や疑問は医師に尋ねる □出血がある（P.42～43） □下腹部痛がある（P.42～43）
3か月（8～11週）	・つわりの時期はまめに気分転換を。 ・つわりのない人や食べづわりの人は体重増加に注意。 ・家事や仕事の無理は禁物。激しい動きは避け、重い物は持たない。 ・4週に1度の定期健診は必ず受ける。		●やっておくこと □妊娠届を提出し、母子健康手帳をもらう（P.41） □つわりをやわらげる工夫をする（P.38） □おなかを冷やさない下着に変える（P.45） □体重の急激な変化に注意 ●よくある気になる症状 □激しいセックスは避け、回数も少なめにする（P.69） □出血や下腹部痛がある（P.43） □日常生活を送れないほど、つわりの症状がひどい（P.38）
4か月（12～15週）	・つわりがおさまっても食べすぎない。 ・おりものが増えてきたら、下着をまめに取り替えて清潔を保つ。 ・汗をかきやすいので、体も清潔に。 ・虫歯や歯槽膿漏などはこの時期に治療を済ませておく。		●やっておくこと □妊娠線の予防を始める（P.53） □食べすぎに注意する（P.186） □バランスのとれた食生活を心がける（P.172） □マタニティ用の下着をそろえる（P.45） ●よくある気になる症状 □虫歯や歯槽膿漏の治療を受ける（P.44） □貧血などでめまいを起こすことがある □足のひきつれが起こる（P.154） □おりものが増える（P.44）
5か月（16～19週）	・里帰り出産をする人は、出産予定の病産院に予約し、受診しておく。 ・腰痛予防、出産のための体力作りに、水泳などを始めてみる。 ・おなかに手をあて、話しかけるなどの胎教もやってみる。		●やっておくこと □体重管理を徹底する（P.48） □適度な運動と休息を心がける（P.48） □旅行などは体調と相談してから決める □胎教を始める（P.47） ●よくある気になる症状 □里帰りの際の病産院を決める（P.72） □動悸や息切れを感じることがある □胎動を感じる（P.46） □乳頭から黄色の分泌物が出る（P.51）

6か月（20〜23週）

・転院を考えている人は、遅くても妊娠23週までに転院先を決める。
・妊娠中毒症の初期症状が出るころ。塩分、水分のとりすぎに注意して。
・おりものの色、おなかの張りをチェックして早産を予防する。

●やっておくこと

□間食は控え、食事内容を再点検する(P.172)
□母親学級や両親学級に参加する(P.52)
□おっぱいの手入れを始める(P.51)
□セックスはおなかを圧迫しないようにする(P.69)

●よくある気になる症状

□妊娠線ができ始めた(P.53)
□茶色っぽいおりものが出る(P.56)
□頻繁におなかが張る(P.56)
□足がむくんだりつったりする(P.151・154)

7か月（24〜27週）

・妊婦健診が2週間に1度に。
・旅行や遠出は妊娠27週までが目安。近所の外出も混雑しない時間に。
・両親学級などに積極的に参加し、出産の流れを勉強する。
・足に静脈瘤やむくみがあるときは、足を高くして寝ると楽に。

●やっておくこと

□体重管理に注意する(P.164)
□早産を防ぐ生活を心がける(P.56)
□仕事を続ける場合は託児所を探す(P.66)
□出産後準備用品をそろえ始める(P.59)

●よくある気になる症状

□出血やおなかの張りがある(P.56)
□体がむくむ(P.55)
□血圧の上昇、貧血などの症状がある(P.55)
□足に静脈瘤ができている(P.54)

8か月（28〜31週）

・あお向けで寝るのがつらくなったら、横向き(シムス)の姿勢で。
・陣痛が始まってから慌てないよう入院用品の整理をしておく。
・妊娠中毒症の予防対策を強化し、塩分を大幅にカットする。

●やっておくこと

□妊娠性糖尿病に注意する
□産道をやわらかくする体操などをする(P.158)
□腰痛をやわらげる工夫をする(P.145)
□入院の準備を始める(P.76)

●よくある気になる症状

□出血・張り・むくみなどの症状がある(P.55)
□逆子だと診断された(P.112)
□動悸やリンパ腺の痛みがある
□乳輪部、外陰部などが黒ずんでいる(P.58)

9か月（32〜35週）

・里帰り出産の人は、妊娠35週までに帰省するように。
・外出は近場に留め、保険証、母子健康手帳、診察券などを必ず携帯して。
・ベビー用品を準備するなど、いつ赤ちゃんを迎えてもいいようにしておくこと。

●やっておくこと

□陣痛のメカニズムを知っておく(P.82)
□呼吸法やいきみ方などを練習する(P.92)
□里帰りは35週までに(P.72)
□働いている場合は産休届けを出す(P.66)

●よくある気になる症状

□おなかの張り・出血・むくみがある(P.62)
□妊娠中毒症などの症状が出ている(P.55)
□尿もれが気になる(P.60)

10か月（36〜39週）

・胎動が少なくなった、不規則におなかが張るなどのお産の兆候を見逃さないように。
・規則的なおなかの張りや痛み、おしるし(茶色っぽい少量の出血)、破水などが現れたら、病産院に連絡を。

●やっておくこと

□最後まで体重管理に注意する(P.164)
□陣痛のメカニズムやおしるしなどのお産の兆候を理解しておく(P.78)
□入院の準備をし、連絡先リストを作る(P.61)

●よくある気になる症状

□おりものが多くなる(P.62)
□胎動が減った(P.62)
□腰や恥骨が痛くなる(P.62)
□尿が近くなる(P.60)

妊娠0〜3週（1か月目）

自覚はなくても赤ちゃんの芽は成長中 十分注意して

超音波写真で見た
妊娠5週目の子宮

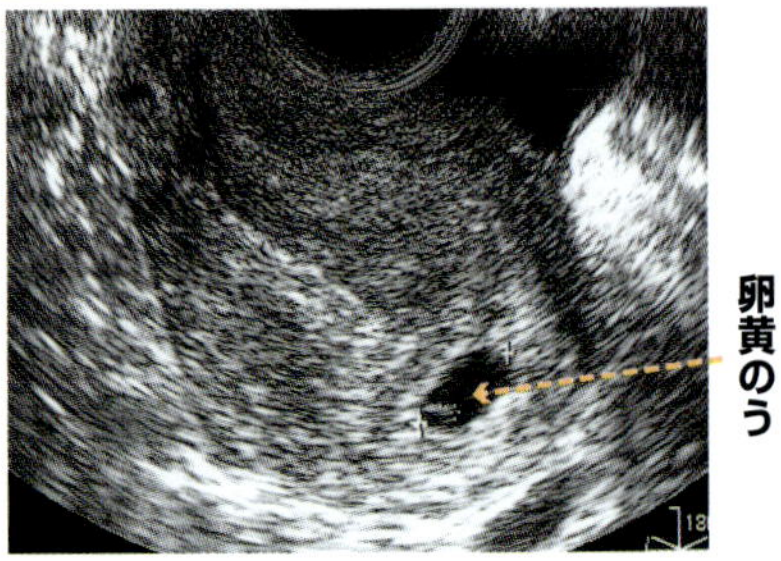

妊娠1か月目は超音波でも赤ちゃんの姿をとらえることはできません。これは妊娠5週2日目（妊娠2か月目）の胎内。赤ちゃんがまだ「胎芽」と呼ばれる時期で、胎のうに包まれた胎芽とその栄養分である卵黄のうが見えます。

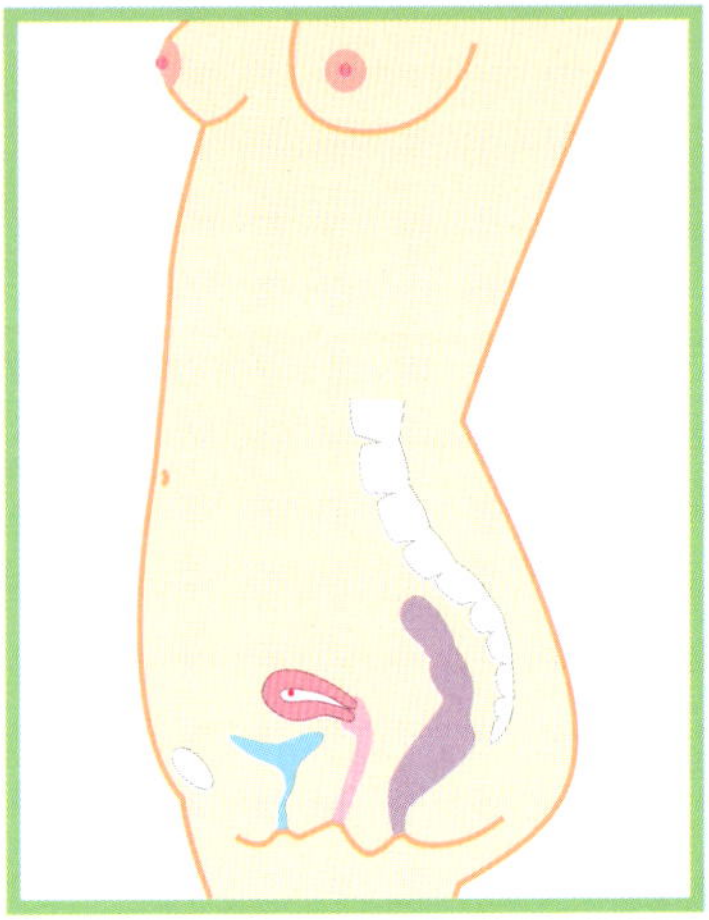

母体の変化

子宮の大きさは妊娠前と変わらず、ニワトリの卵と同じくらいの大きさです。

最終月経開始日から約2週間で排卵します。受精卵の着床に備えて子宮の内膜は分厚くなります。それからさらに約1週間で子宮内に着床し、ようやく妊娠成立。この時点では妊娠したという自覚症状はとくにありませんが赤ちゃんの芽は確実に息づいています。

胎児の成長

身長 約0.4〜1cm
体重 約1g

胎児の原型である「胎芽」が「胎のう」の中に形成されます。卵管内で卵子と結合してできた受精卵は約0.2mm。2個、4個、8個…と幾何学的に細胞分裂を進めながら、7〜10日で子宮に到達。厚くてやわらかな子宮内膜に着床します。妊娠3週目の赤ちゃんには長いしっぽがあり、タツノオトシゴのような姿をしています。

家族ができること

うれしい気持ちを伝えることが大切

まずは「よかった」という気持ちを伝えましょう。妊娠中はホルモン分泌の急激な変化などで、体調が悪くなるだけでなく、情緒不安定になる人も少なくありません。親になることへの不安も生まれたりします。新しい家族ができることを素直に喜び、その気持ちを伝えましょう。

この時期気になるキーワード

基礎体温
妊娠可能な時期や、妊娠の成立を早く知るために、基礎体温をつけましょう。（P.31参照）

酒・タバコ
妊娠を考え始めた時点から、禁酒・禁煙を心がけましょう。とくにタバコはよほどのことがない限りやめること。（P.39参照）

薬・X線
妊娠の可能性がある場合、体調が悪くても薬の服用は避けて。X線検査を受ける場合も、その旨を医師に伝えること。（P.65参照）

ダイエット
無理なダイエットや偏った食生活を改善しましょう。栄養バランスのとれた食事が妊娠生活の基本となります。（P.172参照）

妊娠検査薬
妊娠3週目以降でないと正しい判定はできません。また、陽性の結果が出たら、早めに病産院で診察を受けて。（P.35参照）

もしかして、できたかな？

妊娠の成立とサインを知るためには

妊娠を考え始めたら基礎体温をつけ始めよう

「赤ちゃんが欲しい」と望む人は、普段から基礎体温をつけることを習慣にしておくと、妊娠や体調の変化を早めに知ることができます。

基礎体温とは、安静にしている状態で口の中で測る体温です。女性の体温は月経や排卵を前後して、一定の周期で変化しています。ふだんは月経から排卵までの約2週間は比較的体温が低い「低温期」を示します。排卵が起こると黄体ホルモンが分泌されて体温が上昇するので、排卵から次の月経までの約2週間が体温の高い「高温期」となっています。

これが、妊娠したときは黄体ホルモンの分泌が続くため体温が下がらず、高温期が続きます。もしも次の月経予定日を過ぎても体温が下がらず、3週間以上高温期が続いているようなら、妊娠していると思っていいでしょう。

基礎体温の変化と排卵・月経の周期

【妊娠前】

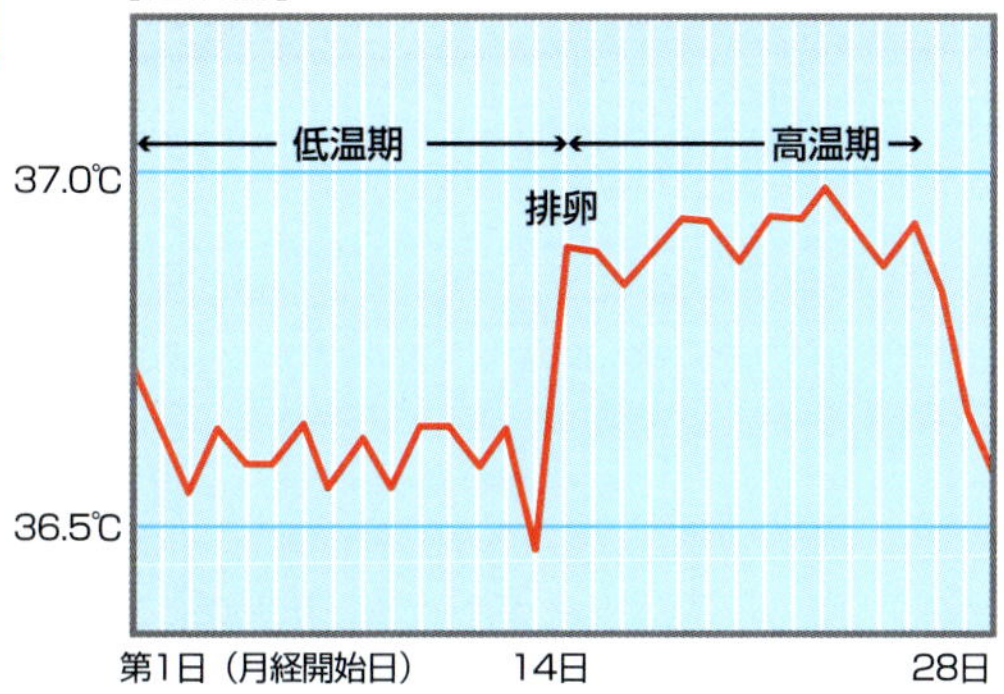

排卵後黄体ホルモンの影響で体温が上昇。体温がガクンと下がると次の月経が始まります。

【妊娠後】

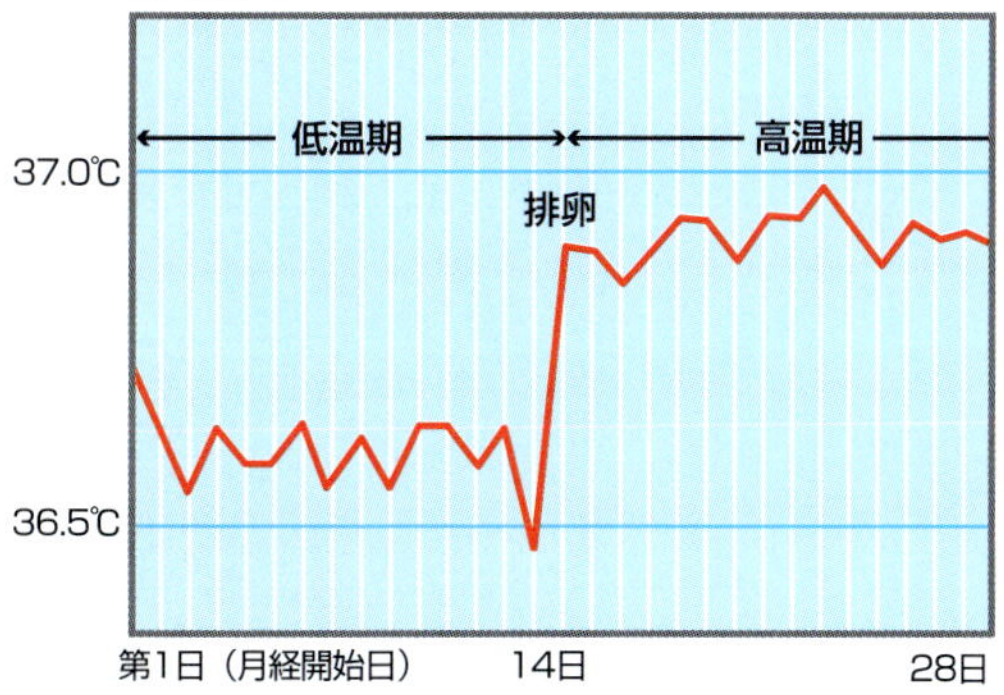

月経予定日を過ぎても体温は下がりません。妊娠3か月くらいまで高めの体温が続きます。

基礎体温の正しい測り方

毎日同じ時間に、同じ条件、同じ場所で測るのがポイント。専用の婦人体温計を使って体温や体調の変化を記録してみましょう。

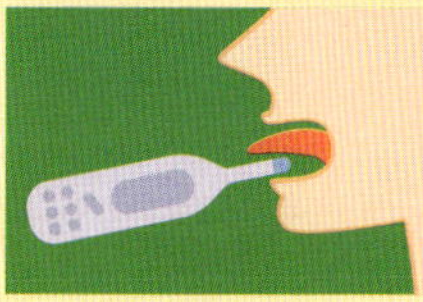

枕もとに体温計をおいておき、朝目覚めたらすぐ、体を動かす前に測ります。測る場所は口の中、とくに舌の下がベスト。特定の場所を決めて測ります。

基礎体温表

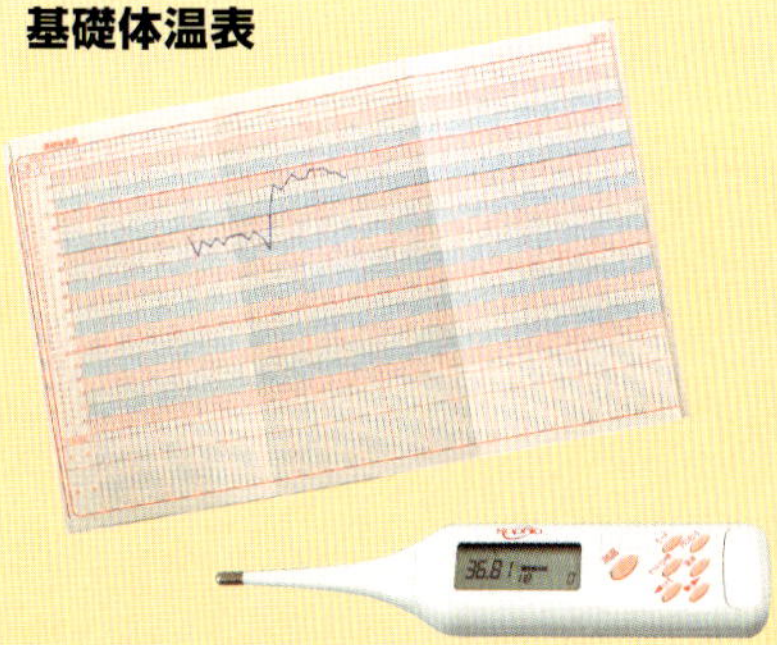

記録には市販の基礎体温表も便利。婦人体温計もさまざまなタイプが出ています。

●ブライダルチェック（結婚前に検査しておきたいこと）

検査の種類	検査の内容
血液検査	血液型、肝機能、腎機能、梅毒などを調べる
貧血検査	妊娠中はなりやすく、流産の原因にも
風疹抗体価検査	妊娠中の感染は、胎児の異常や流産の原因に
X線（レントゲン）検査	心臓、呼吸器系を調べる。妊娠中のレントゲンは禁物
HIV（エイズ）抗体検査	感染後2か月以上経過しなければ正確に結果が出ない
B型肝炎抗体検査	自分がウイルス保有者でないかどうかを知っておく
トキソプラズマ検査	寄生虫の一種。妊娠中の感染は胎児に悪影響
クラミジア検査	不妊の原因になったり、出産時に赤ちゃんが感染するおそれも
子宮卵巣部超音波検査	筋腫や卵巣腫瘍の有無を調べる

パートナーに感染の恐れがある病気や、不妊の原因になる病気・症状の有無を調べます。妊娠した場合に、胎児に悪影響を及ぼす感染症などもチェック。検査は婦人科や産婦人科で受けられます（検査費用は自己負担）。

妊娠前は自分の体を知りコンディションを整えて

妊娠の前に、できれば自分の体の状態を知っておくと安心です。結婚時などに婦人科で「ブライダルチェック」を受けるのもひとつの方法です。血液検査やクラミジア検査など、自分と夫の健康と、将来のファミリープランニングに関係する健康状態の検査が受けられます。

また普段から過労を避け、睡眠を十分にとって心身の健康に気をつけましょう。不規則な生活や強いストレス、急激なダイエットなどは、妊娠を妨げる要因になるので注意します。喫煙習慣のある女性はできればこの機会に禁煙を。アルコール類の摂取も控えめにしておきたいものです（P.39参照）。

医学上は最終月経の始まった日を0日として、そこから妊娠日数のカウントをスタートしますが、実際に妊娠が成立するのは受精卵が子宮に着床してから。時期としては最終月経開始から3週間後頃になるので、とくにこの時期からは薬の服用やX線検査などは慎重にします。

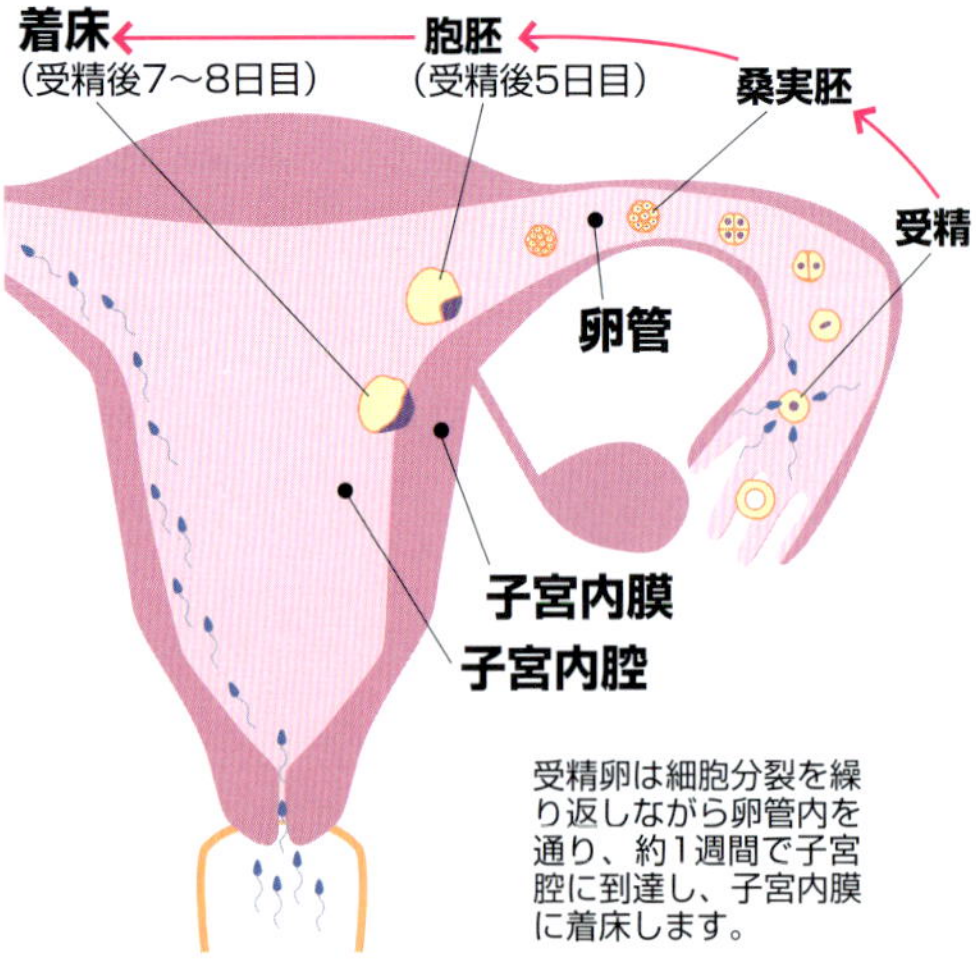

受精卵は細胞分裂を繰り返しながら卵管内を通り、約1週間で子宮腔に到達し、子宮内膜に着床します。

●受精から着床まで

妊娠月	妊娠週数	日数	妊娠している状態	妊娠していない状態
1か月	0	0〜6	最終月経の開始日が妊娠0日に当たります	月経開始〜月経期間
	1	7〜13		（月経周期の長さには個人差があります）
	2	14〜20	妊娠14日＝妊娠2週目0日が平均的な排卵日。ここで受精が可能に	排卵予定日。人によっては排卵期出血がある場合も。排卵後14日前後で次の月経が始まります（個人差は少ない）
	3	21〜27	受精卵が子宮に着床。ここで初めて妊娠が成立。少量の出血（着床時出血）がある場合も	人によっては次の月経の月経前緊張症がおこりやすい時期です

妊娠すると体にさまざまな変化が起こります

「もしかして…」と妊娠の可能性を考える最大の兆候は、月経の遅れです。普段規則正しく月経がくる人なら1週間、不規則な人でも予定日から2週間過ぎても月経が来ない場合は、妊娠の可能性が高いと言えます。また妊娠していても着床時出血といって、出血や血の混じったおりものがある場合もあります。月経があっても、普段とようすが違う場合は気をつけておきましょう。

妊娠すると、月経以外にもさまざまな変化が現れてきます。基礎体温では37度近い高温期が続き、体がだるい、熱っぽいと感じる人もいます。ホルモンの働きが活発になるため乳房が張ってくるほか、乳首が大きくなったり、色が濃くなることも。そのほか、胃がもたれる、吐き気がする、おりものが増える、イライラする、強い眠気を感じるなどの症状を訴える人もいます。

妊娠しているかどうかは、市販の妊娠判定薬でも調べることができます。最近の妊娠判定薬は精度が高く、月経予定日の数日～1週間後くらいから検査が可能で、正確な判定が出る確率も非常に高くなっています。ただし、子宮外妊娠などの異常妊娠でも判定は陽性に出ます。判定薬はあくまで目安と考え、陽性が出たらすぐに病産院で診察を受けましょう。

●妊娠のサイン

サイン	具体的な症状
生理がこない	月経予定日を2週間過ぎても、月経が来ない場合は、妊娠の可能性が強くなる。この時点で産婦人科を受診すると、確実に診断できる
乳房が張る	ホルモンの作用によって乳腺が発達するため、乳房全体が張ってくる。また、乳首が黒ずんだり、チクチクすることもある
微熱が続く	月経予定日になっても、基礎体温が下がらず、高温期が続く。3週間以上続けば、まず妊娠していると思って間違いない
食べ物の好みが変わる	早い人では、月経予定日を2週間過ぎたぐらいから、空腹時や朝の起き抜けに、吐き気やむかつきを感じる。胃のもたれ、生つば、食べ物の好みの変化なども、つわりの症状
おりものが増える、他	月経予定日のころに、「着床時出血」といって、少量の出血を見ることがある。このほかにも、眠くなる、体がだるい、イライラする、おりものが増える、頻尿など、さまざまな変化があらわれる

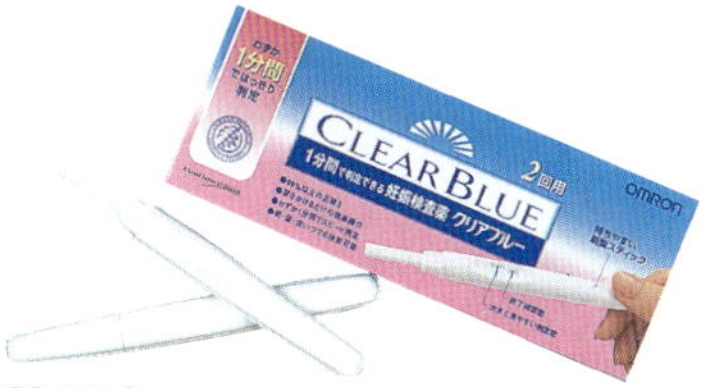

妊娠判定薬で陽性が出ても、異常妊娠の可能性もあるので、必ず病産院で検査を。

●妊娠週数の数え方

後期															中期												初期																時期
			10か月				9か月				8か月				7か月				6か月				5か月				4か月				3か月				2か月				1か月				月数
42	41	40	39	38	37	36	35	34	33	32	31	30	29	28	27	26	25	24	23	22	21	20	19	18	17	16	15	14	13	12	11	10	9	8	7	6	5	4	3	2	1	0	週数

週数で見る妊娠状況

↑妊娠0日は最終月経の開始日

↑妊娠2週0日が平均的な排卵日。ここで受精が可能になる

↑受精卵が子宮に着床し、妊娠成立

●初診で正常な妊娠が確認されると、妊娠23週目まで4週に1度、妊婦の定期健康診断を受けることになる

妊娠週数は最終月経が始まった日を「妊娠0週0日」とする。また、すべて満で数えていくため「妊娠0週6日」の次の日は「妊娠1週0日」となる。ちなみに、妊娠0週～1週目は排卵前の妊娠していない時期のこと。

妊娠21週までに胎児が死亡したり、母体の外に出てしまうのが↑流産、妊娠22週以降37週未満に赤ちゃんが生まれてしまうことを早産という

●妊娠24～35週まで定期健診が2週に1度になる

妊娠36週目からは週に1度の定期↑健診を受ける

↑妊娠37～40週目のお産を正期産という

↑妊娠40週0日が出産予定日

↑妊娠42週0日以降を過期産（過期妊娠）という

妊娠 4～7週（2か月目）

病産院で妊娠を確認。赤ちゃんは一気に人間へと成長します

母体の変化

生理の遅れから妊娠に気づく時期。子宮もひとまわり大きくなります。このころには妊娠判定薬で陽性反応が出ます。むかむかとしたつわりの症状や、だるさ、熱っぽさ、眠気などが現れる人もいます。また、乳房が張り、乳首がちくちくします。新陳代謝が活発になるため、乳白色のおりものの量が増えてきます。

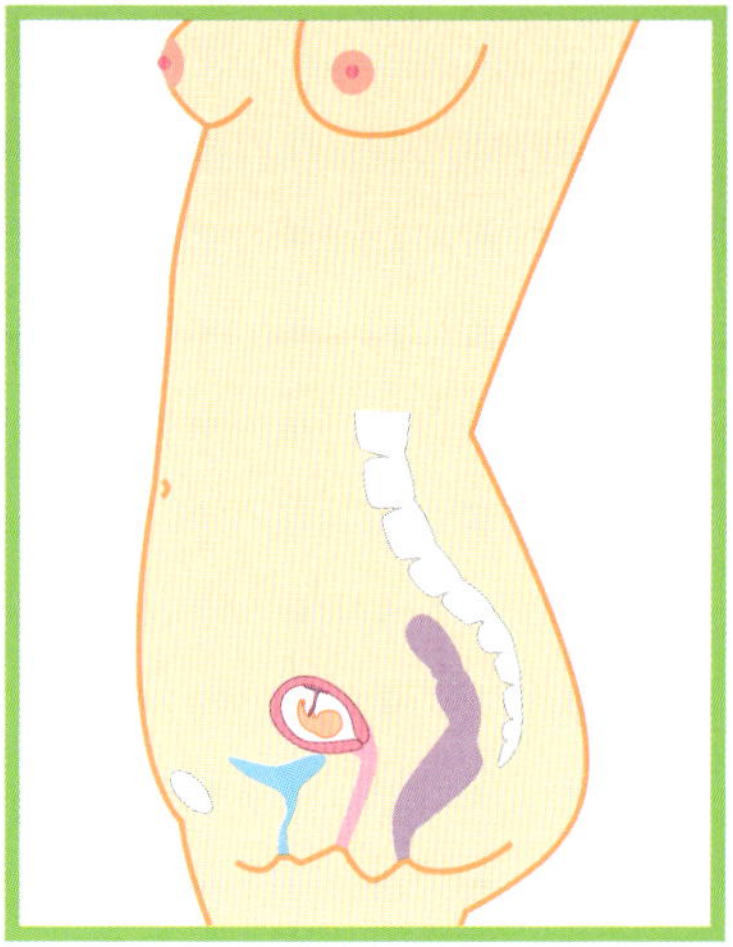

胎児の成長

身長 1～3cm

体重 1～4g

妊娠7週目ごろになると、胴と頭の区別がつき始めます。えらやしっぽがなくなり、約2頭身の人間の赤ちゃんらしくなってきます。また、妊娠4～7週は器官形成期といい、最も重要な時期。鼻の穴が通じ、目にはレンズが現れます。脳や脊髄の神経細胞の約8割がつくられ、視神経、聴神経、脳細胞が急速に発達。臓器の分化も始まります。

超音波写真で見た妊娠6週目の子宮

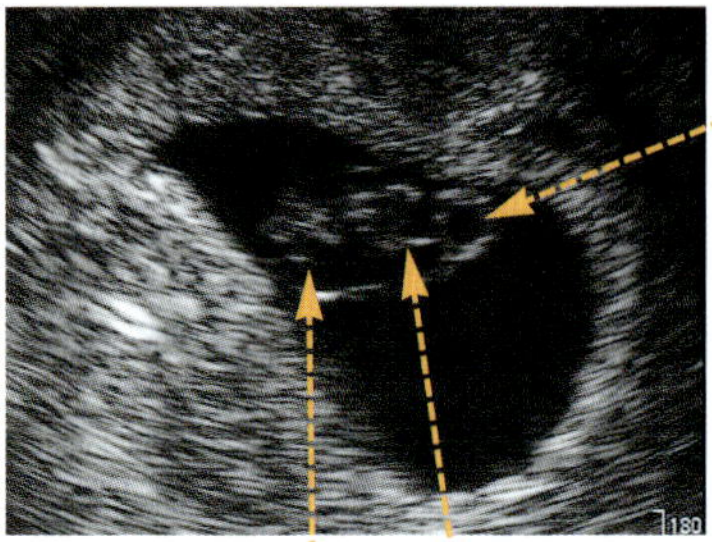

胎芽が入っている胎のうが見えます。胎のうにくっついている丸い輪は、卵黄のう。胎盤やへその緒から栄養をとるようになるまでは卵黄のうから栄養を補給します。

この時期気になるキーワード

月経の遅れ
月経開始予定日より10日以上過ぎたら、病産院で妊娠診断を受けましょう。

流産
流産しやすい時期です。無理をしないで行動は控えめに。また、体の冷えなどにも気をつけ、出血や下腹部痛に注意。（P.43参照）

ハイヒール
血のめぐりが悪くなりがち。足腰に負担がかかるハイヒールなど、かかとの高い靴は履かないようにしましょう。

つわり
つわりの症状が出始めたら、無理をせず食べたいものを少しずつ食べ、あまりつらいときは病産院に相談を。（P.38参照）

病産院選び
ここで出産したいと思う病産院に通えるのが理想的。通いやすさ、出産方法、費用、医師との相性などを考え、納得のいく病産院を選びましょう。（P.１３０参照）

家族ができること

家事もやってみれば結構楽しいもの

つわりがひどい人の場合、家事をするのもつらいことがあります。食事も自分が食べられないだけでなく、臭いにも敏感になり、料理ができなくなることも。毎日でなくても、たまには料理に挑戦してみては？　家事もやってみれば、結構楽しいかもしれません。

妊娠に気づいたら早めに病産院へ

はじめての産婦人科

月経が2週間以上遅れたら産婦人科で妊娠診断を

月経が遅れ、熱っぽい、だるいなど風邪の初期に似た症状や、胸がムカムカするなどのつわりの症状が出たら、自己判断せずに、必ず病産院で妊娠診断を受けましょう。市販の妊娠判定薬で陽性と出ても子宮外妊娠などの異常妊娠の可能性もあります。また、陰性と出た場合でも月経の遅れなどの体調の変化がある場合は、早めに受診しましょう。

初診の主な流れとしては、まず受付で問診表を渡されます。診察の参考にするものなので、なるべく正確に記入しましょう。体重測定、尿検査、血圧検査などの後、医師による問診、外診（触診）、内診を受け、超音波検査も行います。詳しい診察内容は下記の通り。血液検査は2回目以降に行う場合もあります。

妊娠が確定したら、予定日を算出します。計算方法は最終月経の開始日から数えて280日目（40週0日）です。

初診時に必要なもの

健康保険証

正常な妊娠の場合、保険はききませんが、カルテを作る際に必要になります。

基礎体温表

つけていた人は持っていきましょう。
予定日の算出などに使います。

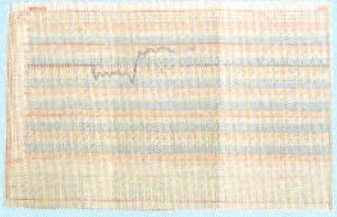

ナプキン

内診時に消毒液がついたり出血することも。タオル、ティッシュも忘れずに。

現金

初診は高めなので、少し余裕をもって1～2万円は用意しておきましょう。

筆記用具

不安や疑問などがあれば、質問できるようにメモしていきましょう。

診察に適した服装

服を着たまま内診を受けられるように、ゆったりしたスカートやワンピースなどがいいでしょう。

初診時に行う検査内容

問診

来院の理由、最終月経日、月経の期間、普段の月経の周期や初潮の時期、現在の症状（つわりはあるか、不正出血はないかなど）、過去の妊娠・出産・流産・中絶の経験の有無、これまでにかかった病気、持病、アレルギー、近親者に高血圧や糖尿病の人がいるか、喫煙、飲酒、妊娠前の体重などを質問。

内診

医師が膣に指や器具などを挿入し、膣や子宮の状態を診察。初診の検査では膣の状態や子宮の大きさ、かたさなどを調べ、妊娠しているかどうかを検査します。また正常な妊娠かどうか、流産・早産（妊娠22週以降）の兆候がないかどうか、子宮や卵巣のトラブル、病気がないかどうかを調べます。

尿検査

初診の尿検査では、妊娠反応があるかどうかを調べます。ただしこの検査だけでは正常な妊娠かどうかを判断することはできません。

超音波検査

高周波の音波を体の組織に当てて診察。初診時には棒状の器具を膣内に挿入して子宮内をチェックします。胎のう（赤ちゃんが入っている袋）が子宮内にあるかどうかを調べ、子宮外妊娠でないかを確認し、その後、胎芽（赤ちゃんの原型）とその心拍が確認できれば、正常な妊娠と判断します。

血圧測定

初診時には、今後の血圧の基準を知るために検査します。一般的に妊娠初期は血圧が下がります。正常値は最大血圧140mmHg・最低血圧90mmHg以下。それ以上だと妊娠中毒症の疑いが。

身長・体重測定

妊娠前の体重と比較して、つわりなどで体重が減っていないか、反対に急激に体重が増えていないかを調べます。妊娠前の体重とあまり変化がない場合は、今後妊娠中にどれぐらい体重が増えても大丈夫かを判断するための基準にもなります。

血液検査

血液型検査のほか梅毒血清、風疹、HIV、肝炎などの抗体の有無などを調べます。（P.36参照）

妊娠中に受ける定期健診の内容

気になる症状がなくても定期健診は必ず受診

妊娠が確定してから出産するまで、定期的に検査を受けます。妊婦と胎児の健康をチェックするだけでなく、さまざまな異常の早期発見や予防のために欠かさず受診してください。施設によって多少の違いはありますが、検査回数は左表、検査内容は下記を参照してください。検査結果を控えておくことも大切です。

		毎回行う検査	健診以外で受ける検査	必要に応じて受ける検査
初期	4週間に1度 初診から妊娠23～24週まで	体重測定 血圧測定 尿検査 浮腫検査 子宮底長測定 腹囲測定 胎児心音の検査	血液検査 血液型検査 貧血検査 風疹の抗体価検査 HBS抗原検査 梅毒反応検査 ATL検査 トキソプラズマ 歯科検診	子宮がん検査 乳房検査(乳がんなど) HCV抗体検査 クラミジア検査 HIV(エイズ)検査 心電図 肝機能検査 内診
			乳房検査	
中期	2週間に1度 妊娠24～25週から35～36週まで	体重測定 血圧測定 尿検査 浮腫検査 子宮底長測定 腹囲測定 胎児心音の検査 超音波断層診断 貧血検査	貧血検査 歯科検診	梅毒反応検査 HBS抗原検査 HCV抗体検査 ATL検査 HIV検査 乳房検査 GBS検査
後期	1週間に1度 妊娠36週から分娩まで	内診 体重測定 血圧測定 尿検査 浮腫検査 子宮底長測定 腹囲測定 胎児心音の検査 超音波断層診断	胎盤機能検査 梅毒反応検査 出血傾向 貧血検査	ノンストレステスト 骨盤X線計測 胎盤機能検査

定期健診の内容

●浮腫(むくみ)検査
足のすねを押すなどして妊娠中毒症の症状であるむくみをチェック。押しても戻らなければ要注意。

●尿検査
タンパクが出れば妊娠中毒症、糖が出た場合は糖尿病の疑いが。2回以上続くと詳しい検査を行う。

●子宮底長・腹囲
子宮底長は恥骨から子宮の最上端までの長さ。腹囲はあお向けに寝た腹部の一番大きい部分。胎児の大きさと羊水の量などの目安にメジャーで測定。

●血液型検査
Rh型とABO型を判定。新生児の貧血や黄疸の原因となる血液型不適合の有無を調べる。

●貧血検査
貧血のまま出産すると、出産時に大出血したり、産後の回復が遅れる場合も。

●風疹の抗体価検査
免疫抗体の有無。抗体が16～128倍なら正常。

●HBS抗原検査
B型肝炎ウイルスの有無。母体が感染している場合、出産時の出血で赤ちゃんに感染することも。

●梅毒反応検査
自覚はなくても胎児に感染。妊娠14週以前の早期発見、治療が重要。同時に夫の治療も必要。

●HCV抗体検査
C型肝炎に感染しているか調べる。血液を経由して母子感染の可能性もある。

●クラミジア検査
感染すると流・早産の原因になったり、出産時に産道で赤ちゃんに感染し、肺炎を起こす場合も。出産までに完治し、同時に夫も治療。

●HIV(エイズ)検査
エイズウイルスに感染しているか調べる。母体が感染していると高い確率で胎児も感染。

●トキソプラズマ抗体検査
イヌやネコなどに寄生する原虫で、妊娠中に感染すると胎児にも感染。妊娠前なら問題なし。

●ATL(成人T細胞白血病)検査
ウイルスの感染によって起こる血液のがん。ウイルスの有無を検査。母子感染の発生率は低い。

●GBS検査
B群溶血性連鎖球菌(GBS)に感染していると早産、前期破水の原因に。また、出産時に赤ちゃんに感染すると敗血症、髄膜炎の危険が。

●ノンストレステスト
おなかに分娩監視装置をつけて、胎動と胎児の心拍を一定時間監視し、胎児の元気度を診る。

●骨盤X線計測
児頭骨盤不適合(P.117参照)が予測される場合、赤ちゃんが骨盤を通れるかX線で測定。

●胎盤機能検査
尿に含まれるホルモンの量から胎盤の機能が低下していないかを調べる。

自分の目で赤ちゃんの成長過程を確かめる

超音波写真の見方を覚えよう

記号とアルファベットの意味を理解して赤ちゃんの成長を確認

体内にいる赤ちゃんの姿を、目で見て確かめられる超音波検査では、赤ちゃんの身長や推定体重、心臓の動きなどが確認できます。また、子宮外妊娠などの異常や、逆子、双子などを発見できます。しかし、超音波写真をもらっても、記号やアルファベットばかりで、見方がわからない人も多いはず。基本的なアルファベットの意味をマスターしましょう。

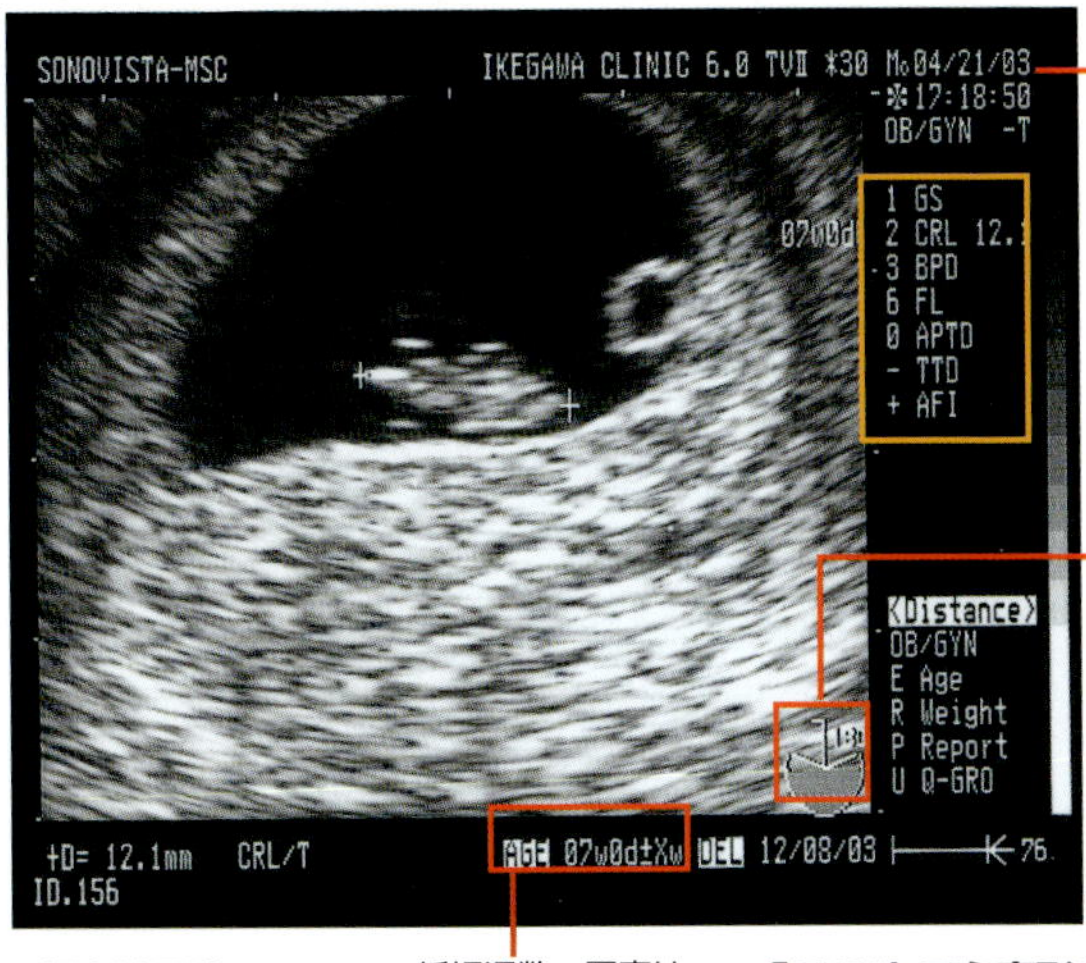

日付
検査した日時

目盛り
超音波写真の上部と横にある目盛りは、一般的に1目盛り1cm。胎児の大きさを測る目安になる。

このマークは腟に挿入する「経腟プローブ」で調べた印。おなかの上にゼリーを塗って検査する経腹プローブの場合は表示なし。

妊娠週数。写真は7週0日。

3Dの超音波写真

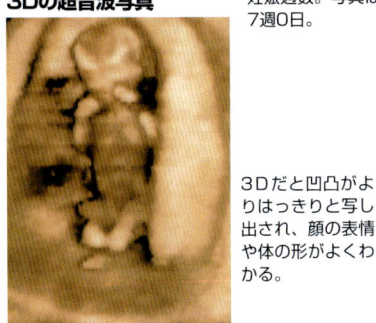

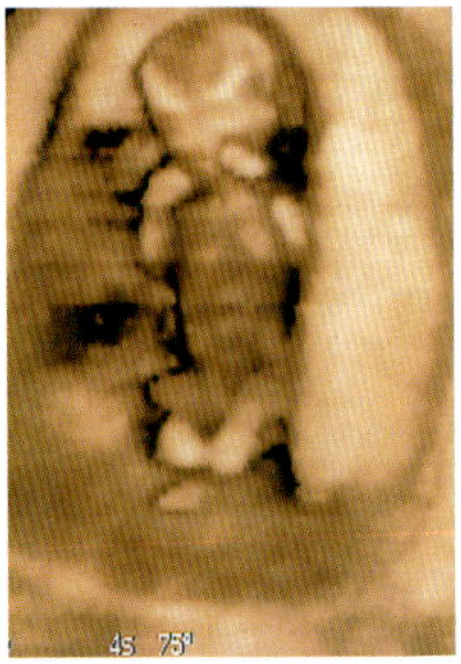

3Dだと凹凸がよりはっきりと写し出され、顔の表情や体の形がよくわかる。

「3VV」で心奇形を早期発見

肺動脈、大動脈、上大静脈を映す「スリーヴィッセルヴュー（3VV）」で、出産直後に新生児の容態が悪化する、大動脈の位置の異常などを早期発見。出産と同時に手術の準備をしておくことができる。

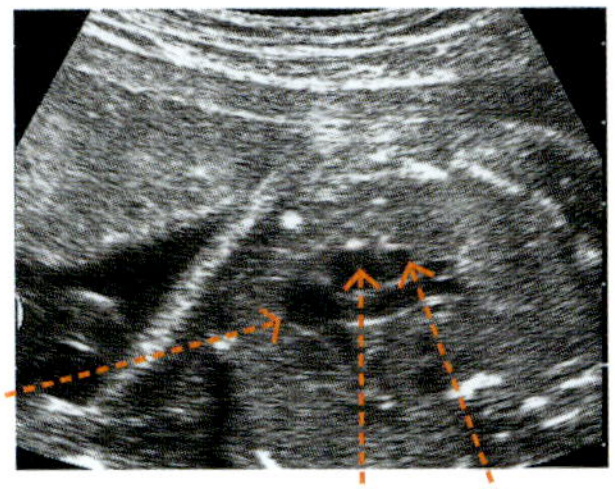

記号、アルファベットの意味

アルファベットや数字、記号の意味がわかれば、赤ちゃんの成長ぶりが手に取るようにわかります。

+マーク

BPDやCRLなど胎児の体の部分的な大きさを測るとき、測りたい部分の両端に+（または×）マークをつけ、その間の長さを計測。

AFI

羊水の量。羊水過多あるいは過少がわかる。

GS＜胎のうの大きさ＞

妊娠初期に胎児が入っている袋（胎のう）の大きさ。子宮外妊娠でないことを確認できる。

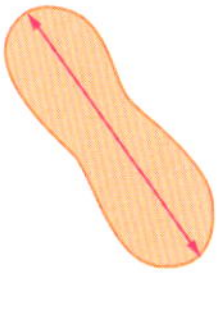

CRL＜頭殿長＞

頭からお尻までの長さ（座高）。胎児は体を丸めているため、身長ではなく座高を測る。

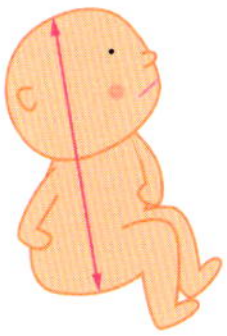

BPD＜児頭大横径＞

頭の大きさ。頭の左右の一番長い部分を測った数値で、妊娠週数や予定日の算出、後半は胎児の発育具合を調べる。

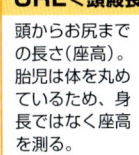

FL＜大腿骨長＞

太ももの骨の長さ。太もものつけ根からひざまでの骨は人体の体の骨で一番長く、ほかの数値と合わせて推定体重の計算が可能。

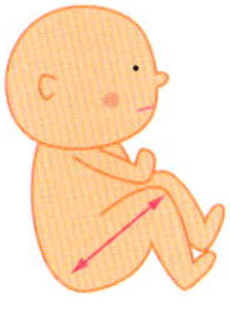

FTA＜腹部横断面積＞

赤ちゃんの胴をおへその位置で輪切りにした楕円形の断面の面積。推定体重の計算に利用する。（上写真には表示されていない）

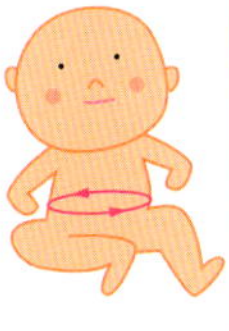

APTD＜腹部前後径＞

おなかの前後の厚み。妊娠中期以降に胎児の成長、発育具合を調べる。推定体重を算出するときに使われる基準値のひとつ。

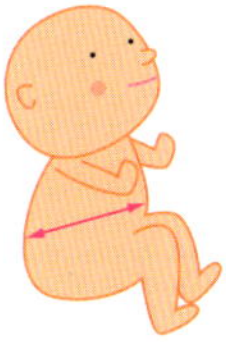

TTD＜腹部横径＞

おなかの横幅。妊娠中期以降にAPTDと併せて胎児の発育程度をチェック。

食べられるものを食べ、気分転換を

つわりの症状と乗り切り方

つわりは程度も症状もとても個人差があるもの

早い人だと2か月ごろからつわりの症状が始まります。つわりの原因は、胎盤から出るホルモンが嘔吐中枢を刺激するためと言われますが、自律神経やストレスなどが関与していることも考えられます。

時期的にいちばん辛いのが2～3か月ごろで、4か月ごろにはほとんどおさまってきます。ただ程度や症状は人それぞれで、中には5か月を過ぎても続く人や、反対にまったくつわりのない人もいます。

代表的な症状は吐き気やむかつきで、食べると気持ち悪くなる「吐きづわり」、逆に空腹時にムカムカして何か口にしたくなる「食べづわり」などもあります。

つわりの時期は、きちんと栄養がとれなくても赤ちゃんに影響はありません。食べられるものを食べられるときに食べ、上手に気分転換して乗り切ることです。1日に何十回も吐く、水分も受けつけない、体重が極端に減ったなどの重症の場合は、産婦人科で治療を受けましょう。

口コミ情報

私のつわり対策

●空腹時の吐き気がひどかったが、仕事をしていたので、小さいおにぎりを持ち歩き、気持ち悪くなると食べた。（愛知県／dai&meiママさん）

●ビスコなどの小分けのお菓子を持ち歩いた。（長崎県／H・Yさん）

●いわゆる食べづわりだったので、外出時はキャラメルとスポーツドリンクを携帯。（匿名希望）

●ペリエなど砂糖なしの炭酸水を飲むとスッキリした。（愛知県／M・Hさん）

●食べづわりだが、満腹になると気持ち悪くなるので、食事は腹6分目を心がけた。（神奈川県／ぴかぴかママさん）

●常に乗り物酔いのような状態だったので、ごろごろして過ごした。（愛知県／M・Nさん）

●臭いに敏感になったため、電車に乗るときなどはラベンダーのアロマオイルをたらしたハンカチで鼻と口を押さえた。吐き気がおさまった。（神奈川県／森麻子さん）

●食べづわりだったので、常にキャンディなどを口に入れていた。（東京都／M・Nさん）

つわりを軽くするコツ

無理をしない
食事は食べられるものを少しずつ。症状がひどい場合は横になって休むなどして無理をしない。

ゆったりとした服で
体を締めつける服装はストレスになりがち。体がラクなゆったりとした服装を心がけて。

体を冷やさない
冷たいもののとりすぎは、体を冷やしつわりを悪化させることも。清涼飲料水などはほどほどに。

打ち込めることをもつ
仕事や趣味など、何かに打ち込んでいるときはつわりを〝忘れて〟しまうことも多いよう。

気分転換を
外出や買い物などで気分転換を。吐き気対策にはビニール袋やウエットティッシュを持参。

今までの生活にこだわらない
妊娠すると生活も微妙に変化するもの。今までとは違う生活スタイルも前向きに受け入れて。

こんな症状は治療が必要です

- 1日に何十回も吐く
- 3日くらい何も食べられない
- 体重が3kg以上減った
- トイレの回数が激減、あるいは数日間で急にやせた（脱水症状）
- 日常生活が送れない

赤ちゃんへの影響を考えて
禁酒・禁煙のススメと生活の改善

妊娠中のタバコは「百害あって一利なし」

タバコに含まれるニコチンや一酸化炭素には、血管を収縮させたり、血液中の酸素濃度を低下させる作用があります。そのため妊娠中にタバコを吸うと胎盤機能が低下したり、子宮の収縮が起こりやすくなり、**流産や早産、前置胎盤**などのトラブルが多くなります。また赤ちゃんに必要な栄養や酸素が行き渡らず、低体重児になったり、成長や知能に影響が出ることもあります。こうしたタバコの害を考えると、やはり妊娠中は「禁煙」が原則。タバコの煙（副流煙）にも有害物質が多いので、妊娠を機に家族みんなで禁煙できれば理想的です。

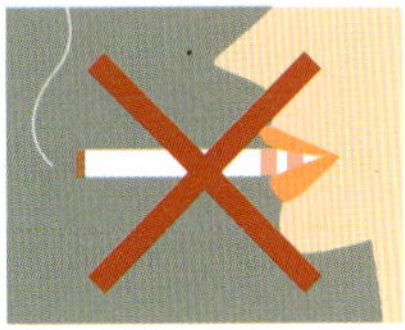

飲酒の頻度と量によっては脳障害や形態異常が現れる

妊娠中のママがお酒を飲むと、血中のアルコールは胎盤を通過してそのまま赤ちゃんに送られてしまいます。基本的に妊娠中はお酒を飲まないのがベスト。たまにビールを1杯くらいなら問題ありませんが、毎日習慣的に大量に飲んだ場合、学習障害や発育不全などが現れる**胎児性アルコール依存症候群**の赤ちゃんが生まれる危険性が高くなります。コーヒーや紅茶なども控えめに。とくにコーヒーはカフェインが多く、血液を濃くする傾向があるので1日1~2杯を目安にして。

●喫煙状況別早産の発生率と低体重児出産率（%）

妊婦の喫煙状況	早産	低体重児
非喫煙者	2.8	3.6
妊娠初期のみの喫煙者	4.7	6.1
妊娠中期・末期のみの喫煙者	3.6	8
妊娠中全経過通しての喫煙者	9.2	8.8
妊娠中全経過喫煙で1日1~5本の喫煙者	6	4.4
妊娠中全経過喫煙で1日6~10本の喫煙者	8.1	7.4
妊娠中全経過喫煙で1日11~15本の喫煙者	8.3	15.5
妊娠中全経過喫煙で1日16本以上の喫煙者	18.7	16.3

（鈴木雅洲）

タバコを吸う期間が長いほど、また吸う量が多いほど早産などのリスクもアップ。

●喫煙と胎盤異常の関係（%）

妊婦の喫煙状況	胎盤早期剥離	前置胎盤	異常出血
非喫煙者	1	1	1
1日19本までの喫煙妊婦	1.6	1.3	1.2
1日20本以上の喫煙妊婦	1.8	2	1.5

（Meyer）

1日に20本以上タバコを吸う人は、吸わない人の約2倍の確率で胎盤異常が発症。

妊娠 8～11週（3か月目）

つわりのピーク期。超音波で赤ちゃんの動きや心拍動を確認

超音波写真で見た
妊娠10週3日目の胎児

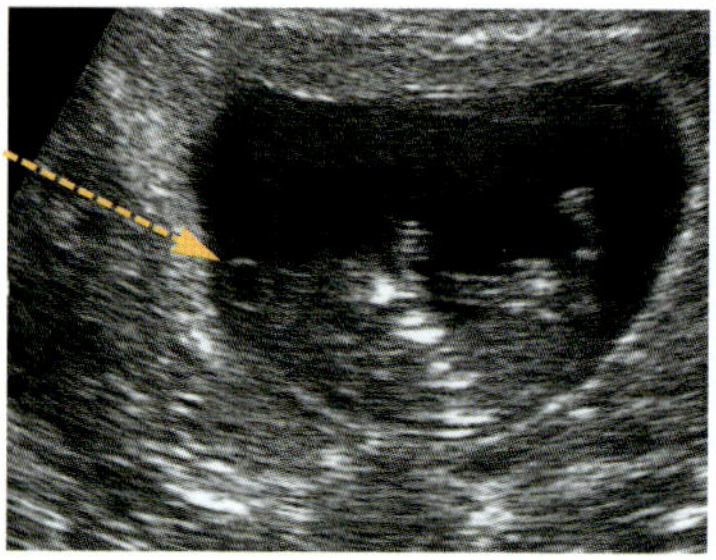

卵黄のうより小さかった胎芽が大きくなり、人間らしい形になってきました。へその緒も長くなり、手や足を動かして羊水の中を自由に泳いでいるのがわかります。卵黄のうが赤ちゃんの頭にあると天使の輪のように見えるので「エンジェルリング」とも呼ばれます。

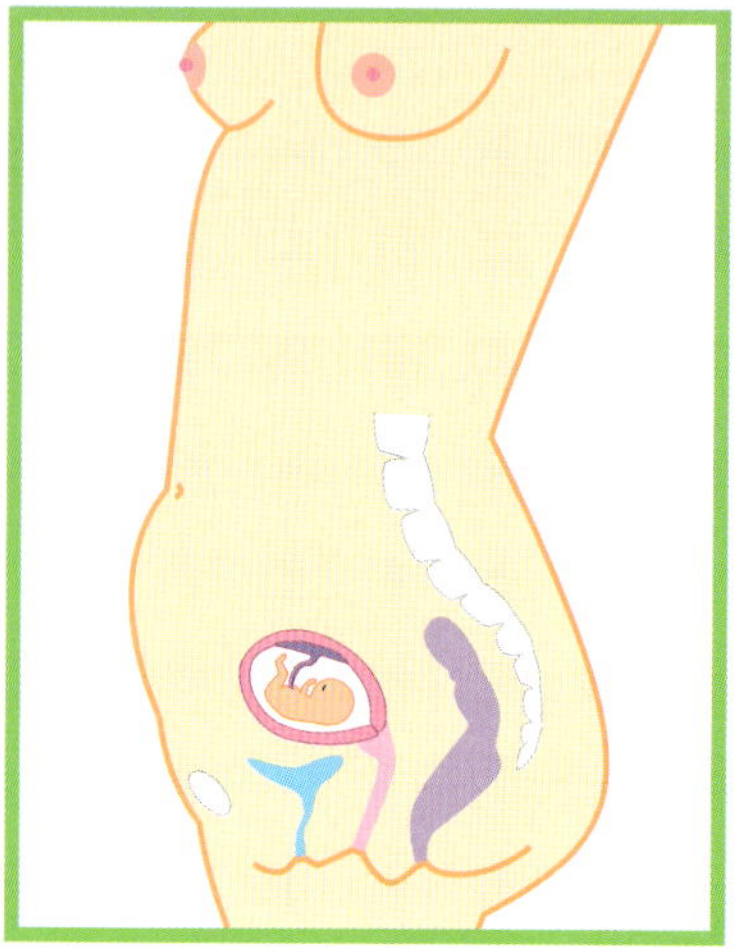

母体の変化

子宮が握りこぶし大になります。膀胱や腸を圧迫し、頻尿、便秘になることも。足のつけ根や腰の痛み、乳房の張りや乳首の黒ずみ、おりものが増える、汗をかきやすくなるなどの変化が現れます。胎盤が完成していない不安定な時期なので流産には十分注意を。また、つわりのピーク期。無理せず乗り切りましょう。

胎児の成長

身長 8～9cm
体重 20～30g

しっぽは完全になくなり、頭と胴、足がはっきりとして、3頭身になり「胎児」と呼ばれるようになります。まぶたや唇もでき、下あご、ほほ、歯のもとになる歯根もできます。皮膚の色は透明で血管が透けて見える状態。内臓器官も動き始め、羊水を飲んで排泄するようになります。血液循環が始まり、超音波で力強い心拍動をとらえることができます。

家族ができること

タバコの煙は有害
この機会にぜひ禁煙を

タバコの害は有名ですが、本人が吸っていなくても隣で吸っていれば同じこと。むしろ、タバコから出る煙（副流煙）には、吸ったタバコの煙の2倍以上の有害物質が含まれているといわれています。自分と家族の健康のため、この機会に禁煙を決意してみてはいかがでしょうか。（P.39参照）

この時期気になるキーワード

母子健康手帳
医師の指示に従い、地域の市区町村役場や保健所に妊娠届を出し、母子健康手帳の交付を受けましょう。（P.41参照）

セックス
妊娠初期のセックスはソフトに。とくに安定期前は流産しやすい時期。おなかの張りを感じたらしないこと。（P.69参照）

つわり
妊娠初期に起こる不快な症状。人によって症状や程度は違うが、ひどい場合には病気として治療が必要なことも。（P.38参照）

流産
流産で最も多いのは受精卵に異常がある「自然流産」ですが、人為的ショックによるものなどは防ぐことが可能。（P.43参照）

ペット
ネコに寄生する原虫、トキソプラズマの感染を予防するため、ペットに触れたらよく手を洗い、素手で排泄物の処理をしない。

妊娠中から産後まで有効活用を
母子健康手帳をもらおう

母子健康手帳はママと赤ちゃんの成長日記

妊娠が確定したら地域の役所へ妊娠届を出し、母子健康手帳をもらいましょう。

母子健康手帳は、妊娠中の定期健診の結果や出産時の状態を記録する大切なもの。定期健診の際は必ず持参しましょう。また、出産後は赤ちゃんの定期健診の結果や、予防接種などの記録をつけていきます。心配や疑問をメモ欄などにまとめておき、健診の際に医師に質問しましょう。自治体によっては母子健康手帳と一緒に妊婦や乳児の定期健診無料券を交付したり、妊娠中毒症などの療養援助を行う場合もあります。早目に確認しておきましょう。

妊娠届を出すと受けられるサービス

・妊婦健康診査受診票
無料で健診が受けられる妊婦健康診査受診票で、血液検査など、いくつかの検査が受けられる。母子健康手帳交付の際、一緒にもらえる。

・市区町村主催の母親学級・両親学級への参加
市区町村主催の母親学級・両親学級に無料で参加できる。

・妊婦訪問指導
保健所に申し出れば、生活や環境の不安などを相談できる。また、妊婦健診で貧血や重い妊娠中毒症と診断された場合は、保健師や助産師による家庭訪問が受けられる。

・妊娠中毒症などへの療養援助
正常な分娩の場合には健康保険は使えないが、妊娠中毒症や糖尿病のような妊娠中の異常や、分娩の異常のときには適用される。

※サービス内容などは各自治体によって異なります。

母子健康手帳の中身

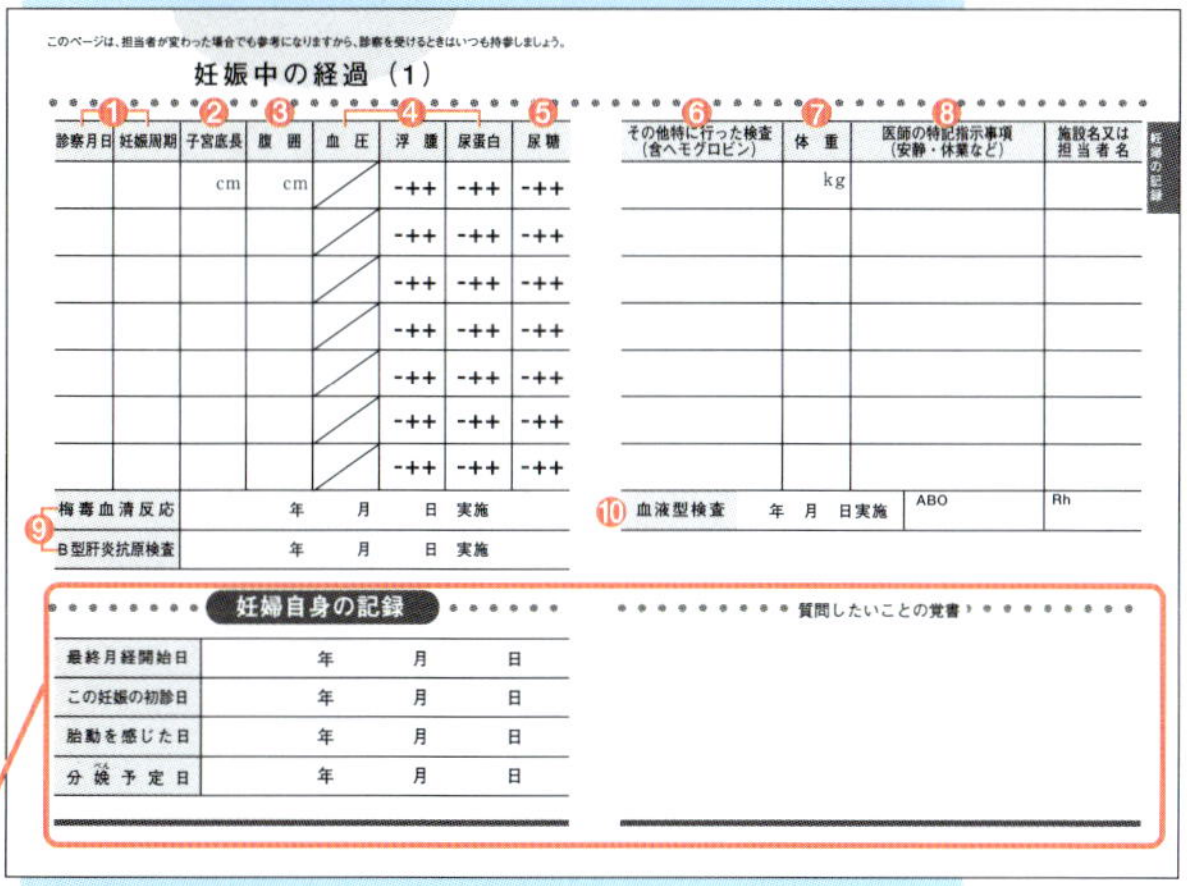

このページは、担当者が変わった場合でも参考になりますから、診察を受けるときはいつも持参しましょう。

妊娠中の経過（1）

診察月日 ①	妊娠周期 ①	子宮底長 ②	腹囲 ③	血圧 ④	浮腫 ④	尿蛋白 ④	尿糖 ⑤	その他特に行った検査（含ヘモグロビン） ⑥	体重 ⑦	医師の特記指示事項（安静・休業など） ⑧	施設名又は担当者名
		cm	cm		-++	-++	-++		kg		
					-++	-++	-++				
					-++	-++	-++				
					-++	-++	-++				
					-++	-++	-++				
					-++	-++	-++				
					-++	-++	-++				

⑨ 梅毒血清反応	年　月　日　実施	
⑨ B型肝炎抗原検査	年　月　日　実施	
⑩ 血液型検査	年　月　日実施	ABO　Rh

妊婦自身の記録

最終月経開始日	年　月　日
この妊娠の初診日	年　月　日
胎動を感じた日	年　月　日
分娩《べん》予定日	年　月　日

質問したいことの覚書

ママが記入

病産院で記入してもらうこと

① 診察日・妊娠週数
定期健診を受けた日。妊娠週数は「w」が週数で「d」が日数を表す。

② 子宮底長
恥骨から子宮の最上端までの長さ。妊娠中期以降、毎回測る。

③ 腹囲
仰向けに寝ておなかの一番大きな部分の周囲を測る。太り過ぎのチェックにも。

④ 血圧、浮腫、尿タンパク
妊娠中毒症を早期発見するための検査。浮腫、尿タンパクは2回以上続けて「＋」が出ると要注意。

⑤ 尿糖
糖尿病を早期発見するための検査。2回以上続けて糖が検出されると血液検査に。

⑥ その他に行った検査
必要に応じて行った検査を記入（P.36参照）。

⑦ 体重
1週間に500g以上、1か月で2kg以上増え、むくみがある場合は要注意。

⑧ 医師の特記事項（安静、休養など）
検査の結果に応じて、安静や仕事の休業、カロリー制限などの注意事項を記入。

⑨ 梅毒検査反応 B型肝炎抗原検査
どちらも妊娠初期に検査し、陽性なら「＋」陰性なら「－」で表記。

⑩ 血液型検査
ABO式とRh式を記入。さまざまなトラブルに備えるため。

ママが記入すること

・最終月経開始日（予定日の算出の目安）
・この妊娠の初診日（妊娠診断を受けた日）
・胎動を感じた日
・分娩予定日（最終月経開始日から算出したり、超音波で検査した結果）

赤ちゃんがきちんと育たない

異常妊娠の種類と症状

子宮外妊娠

命にかかわることもあるので早期診断が大切

受精卵が子宮以外に着床してしまったのが、子宮外妊娠です。もっとも多いのが、受精卵が子宮に移動する途中の卵管に着床してしまう卵管妊娠で、まれに卵巣や頸管、腹膜などでの着床もあります。子宮外妊娠では赤ちゃんは育つことはできません。気づかずに放置していると、着床した組織が破裂して大出血し、母体の命にかかわることもあります。

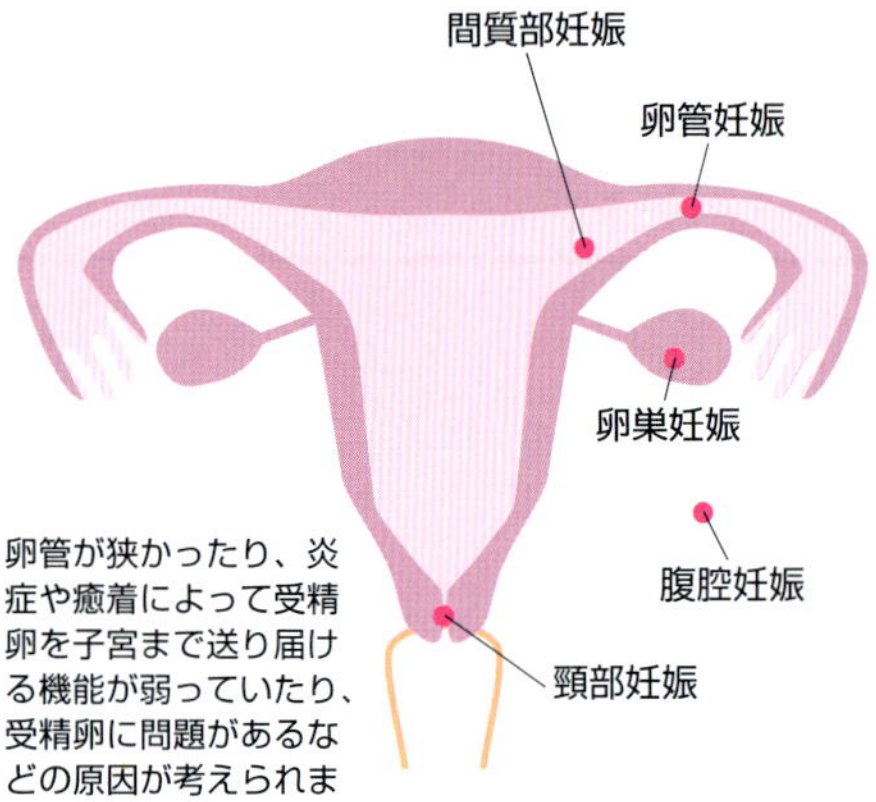

卵管が狭かったり、炎症や癒着によって受精卵を子宮まで送り届ける機能が弱っていたり、受精卵に問題があるなどの原因が考えられます。

●対処法

子宮外妊娠とわかったら、産婦人科で着床した部位を切除する手術が必要です。妊娠に気づかずにいたり産婦人科の受診が遅れたときなど、下腹部の激痛や出血で子宮外妊娠に気づくケースもあるので、そうした場合は手遅れになる前に一刻も早く病院へ。

卵管妊娠の超音波写真

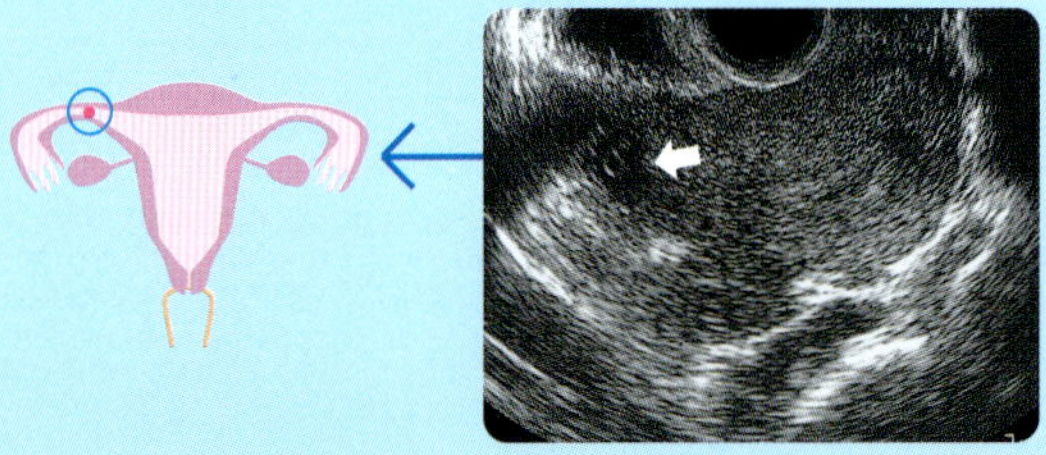

子宮のすぐ手前の右の卵管に着床しています。胎児は卵管では育つことはできないので、手術で着床した部位を切除します。

子宮外妊娠のひとつである卵管妊娠の例。画面中央が子宮で、やや左よりに小さく黒く見えるのが胎児（胎芽）を包んでいる胎のうです。

胞状奇胎《ほうじょうきたい》

掻爬《そうは》の処置が必要。その後も定期的な検査を

胎盤をつくる絨毛組織の一部が、ぶどうの粒のようになって異常に増えてしまうのが胞状奇胎です。子宮は増殖した絨毛でいっぱいになり、胎児もその中に吸収されてしまいます。つわりが重い、少量の茶色い出血がある、妊娠月数の割におなかが大きいなどの症状が表れます。

●対処法

超音波検査などで胞状奇胎と判明したら、子宮の中を数回掻爬して病巣を完全にとり除きます。術後1～2年は定期的に検査を受ける必要がありますが、医師の許可がおりれば次の妊娠も可能です。

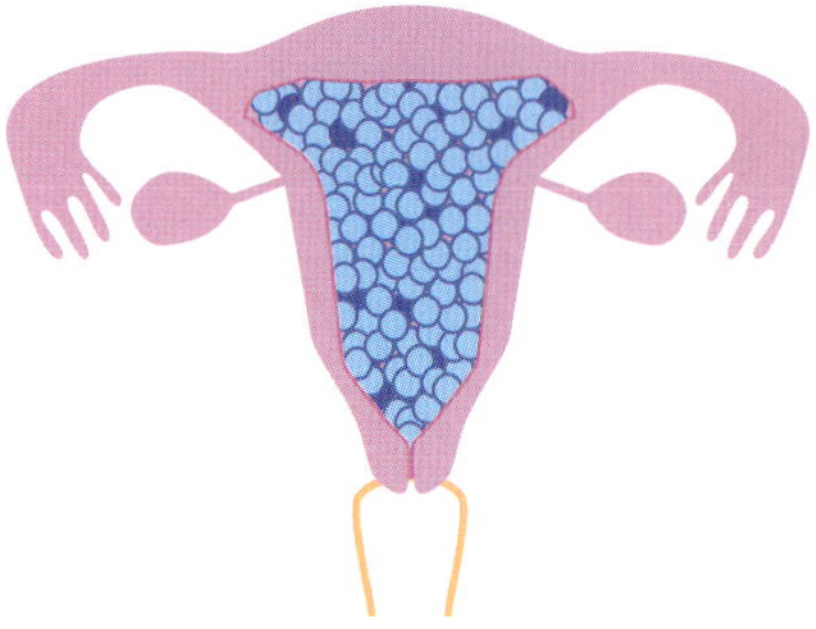

原因として、受精後、卵子の核が不活性化または消失し、精子の核のみが卵子の細胞質内で分割したり、1つの卵子に2つの精子が受精した場合が考えられます。

原因とサインを知って早急な処置を

切迫流産と流産

切迫流産

下腹部の痛みや出血があったらすぐに病院へ

切迫流産とは、出血や下腹部の痛みなど流産と共通するサインはあるけれど、流産はしていない状態です。切迫流産の場合、たとえ出血があっても超音波で赤ちゃんの心音が確認できれば、赤ちゃんは元気に育つ可能性が十分あります。慌てず、すぐ病産院に連絡をとって受診を。

●**対処法**　切迫流産の治療の基本は「安静」に過ごすこと。自宅安静から入院までといった安静の度合い（P.70参照）は、症状や家庭状況で異なるので医師に具体的に確認しましょう。

流産

流産の原因の多くは赤ちゃん側にあります

妊娠21週までに赤ちゃんが死亡したり、母体の外に出てしまうのが流産です。流産は妊娠全体の約15％に発生し、その過半数は染色体異常など赤ちゃん側に原因があり、くい止めることはほとんどできません。母体側の原因では子宮奇形（P.64参照）や細菌感染などがあります。

●**対処法**　流産後、胎盤などの組織が子宮内に残っている場合は搔爬手術を行います。子宮の奇形や病気がある場合は、早めの治療や処置で流産を防ぐこともできます。

流産にならないために

- おなかを冷やさない
- 激しい運動は控える
- ストレスを溜めない
- 出血、腹痛は病院へ

習慣流産

自然流産を3回以上繰り返すことを習慣流産と言う。染色体異常や感染症などが原因として考えられ、病院で原因を調べて治療を受ける方法も。

流産の種類と症状

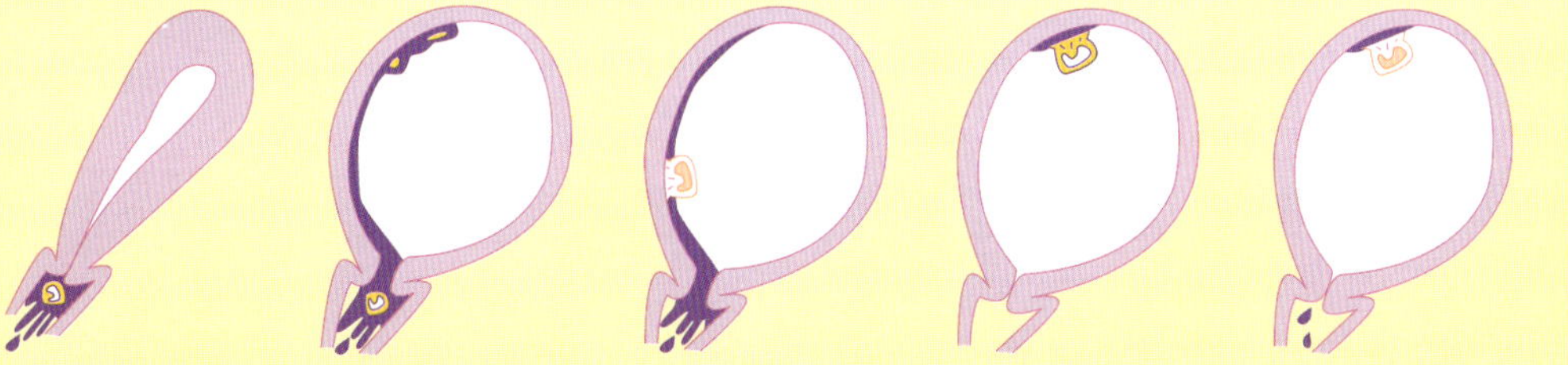

切迫流産
出血や下腹部痛があるが流産はしていない。胎児に心拍があり、元気なら妊娠の継続は可能。

稽留流産
胎児が子宮内に留まったまま死亡している状態。痛みや出血はほとんどなく、健診でわかる場合も。

進行流産
胎児や胎盤がはがれて外に出始めており、妊娠継続は不可能。子宮口が開いて下腹部痛や出血もある。

不全流産
胎児は子宮から出てしまっていて、胎盤など組織の一部が子宮に残っている。痛みや出血が続く。

完全流産
胎児も胎盤も、すべて子宮からはがれて全部外に出てしまった状態。出血、痛みは次第におさまる。

妊娠 12〜15週（4か月目）

胎盤が完成したら安定期。つわり後の食べすぎには注意

超音波写真で見た妊娠14週0日の胎児

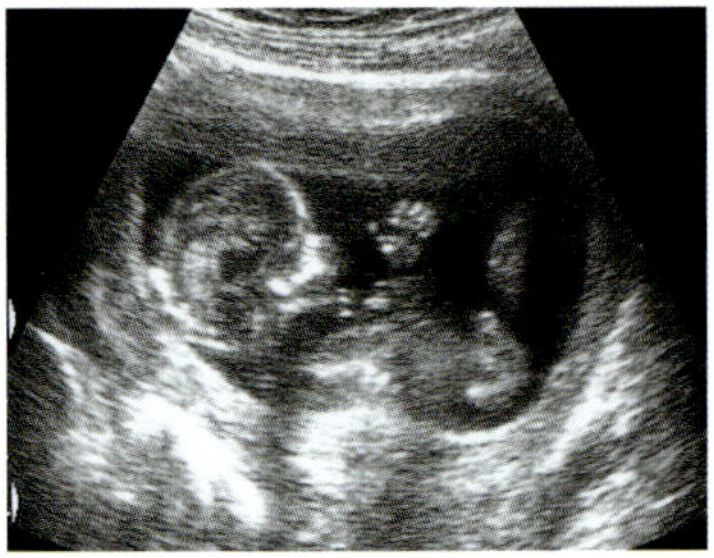

上部に完成した胎盤が見えます。赤ちゃんは胎盤からへその緒を通して栄養や酸素を補給します。超音波写真に赤ちゃんの全身が写るのは、だいたいこの時期まで。

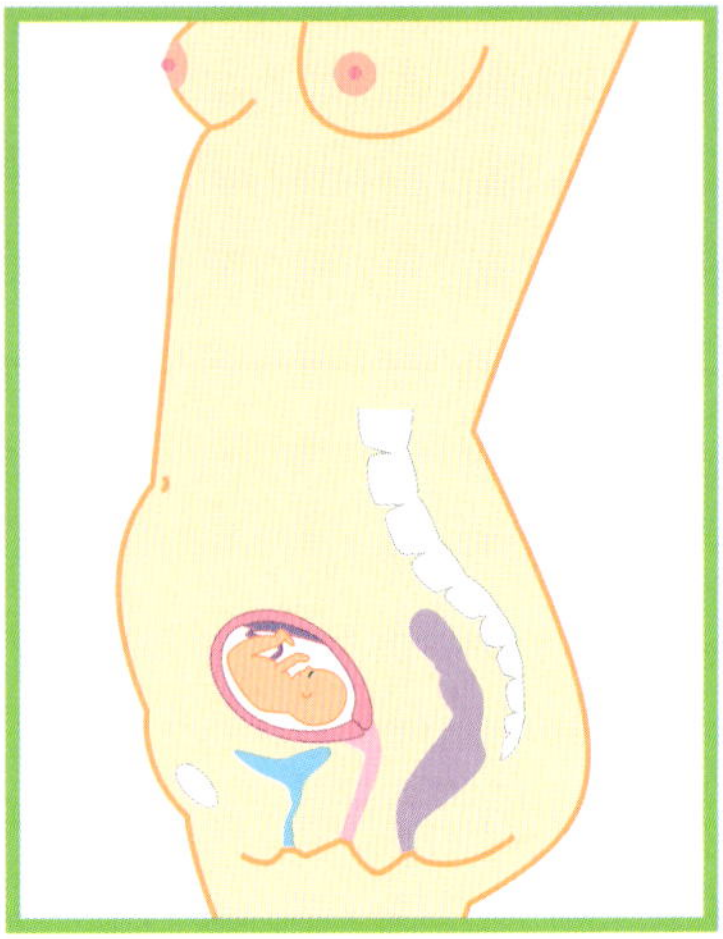

母体の変化

胎盤が完成。子宮も子どもの頭くらいの大きさになり、ふくらみがわかるようになります。つわりがおさまることで気分がよくなり、食欲も出てくるので、体重管理をスタートさせます。基礎体温は低温期に入り、熱っぽさやだるさがなくなります。胎盤から出るホルモンの影響で、眠気が強く出たり、乳房の下や大腿部など、部分的にかゆくなることも。

胎児の成長

身長 15〜16cm

体重 120〜200g

前の月に比べて身長は約3倍、体重は約5倍に成長します。各器官はほぼ完成し、心臓や肝臓も活動を始め、血液が体内を流れます。また、筋肉の発達も著しく、手足の動きも活発になります。赤ちゃんを包む卵膜が丈夫になり、羊水の量も増えます。皮膚も不透明で厚くなり、体内を保護するようになります。

この時期気になるキーワード

虫歯

虫歯や歯槽膿漏がある人は、今のうちに治療をしておきましょう。虫歯治療に使う薬や麻酔は胎児に影響することはありません。

体重管理

つわりの反動による食べすぎに注意しましょう。甘いものや間食を控え、規則正しい食生活を心がけて。（P.164参照）

足のひきつれ

子宮が上に向かって大きくなるため、子宮と骨盤の間の靭帯が引き伸ばされ、足のつけ根がひきつれることがあります。（P.154参照）

便秘・痔

便秘を放っておくと、食欲不振や痔の原因につながります。あまりひどいようなら、医師に便秘薬を処方してもらいます。（P.149参照）

おりもの

新陳代謝が活発になり、おりものが増えます。おりもの用ナプキンを使ったり、下着をまめに取り替えて清潔を心がけましょう。

家族ができること

たまには一緒に外出して気分転換を

妙にイライラしたり、ちょっとしたことで涙もろくなったり。経験のない人には理解できないかもしれませんが、妊娠中は情緒不安定になるものです。寛容な気持ちで受け止め、精神的な支えになってあげましょう。たまには一緒に外出して、気分転換をするのもいいのでは。

体の変化に合わせた下着選び

マタニティインナーをそろえよう

不快な締めつけもなく 産後の体形くずれも防ぐ

体形の変化や冷えなどを予防するため、マタニティ用の下着をそろえましょう。産後の体形くずれを防ぐためにも、試着し適正サイズのものをそろえて。

ブラジャー

出産までに乳房は約10㎝ほど大きくなります。乳腺の発達を妨げず、サイズ調節のできるものを選びます。授乳期に備え、開閉式、授乳機能付きならベスト。

フロントオープン

しっかりと乳房を支えるが、ホックを外して前を開けば授乳が簡単。

ストラップオープン

ワンタッチでストラップがはずせ、授乳が簡単。

クロスオープン

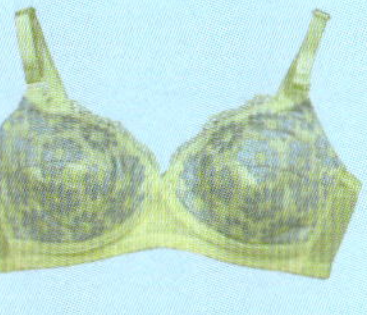

カップがクロスしている部分を片手でさっと開け、手軽に授乳。

ウィンドウオープン

ウィンドウ部分がバストを固定するので授乳時の安定感がある。

ハーフトップ

バストを締めつけず乳頭を保護。つわり時や就寝時に便利。

ブラトップ

体型に合わせストラップの長さを調節。ストラップとフロントがオープンに。

ショーツ・妊婦帯

ショーツは大きくなるおなかをすっぽり包み込む股上の深いものを。また、妊婦帯やマタニティガードルなどでしっかりとおなかを支えれば、冷えの予防、腰痛の緩和にもなります。

マタニティショーツ

おなかをすっぽり包んで冷えから守る。ゴムが子宮を圧迫しない。

補助帯内蔵タイプ

補助帯内蔵でおなかをしっかり持ち上げ、ずれにくい妊婦帯。

ベルト付きタイプ

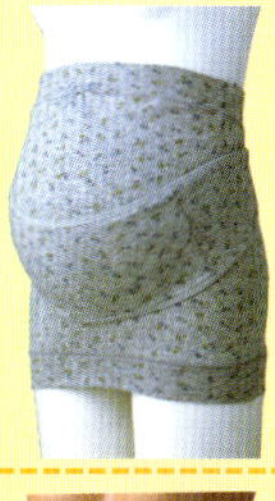
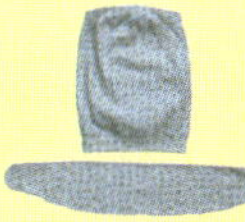

足ぐりが楽なコルセット。着脱可能なベルトで支え具合を調節。

ベルトコントロール

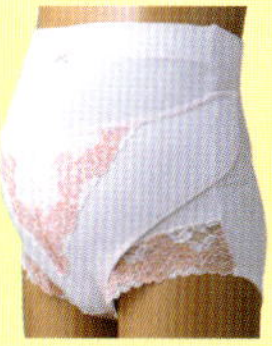

マジックテープ付きベルトで、おなかの支え具合を調節。テグスコールが腰痛を緩和。

妊婦帯

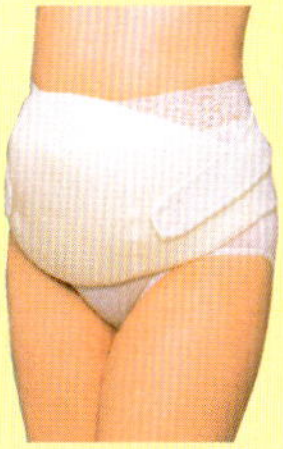

立体カーブでおなかにフィット。マジックテープで支え具合を調節。

補助腹帯付きタイプ

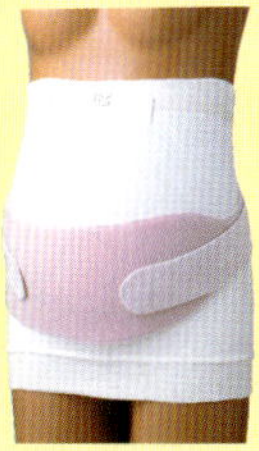

妊娠初期は保温。中期以降は補助腹帯でおなかを支える。

クロスサポート

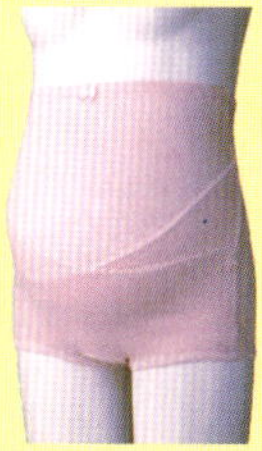

クロス部分がおなかに添って広がるので、自然なサポート感。

取材・商品協力／ローズマダム　問い合わせ　☎03-3635-2448　http://www.rosemadame.co.jp

妊娠16〜19週（5か月目）

おなかが目立ち始め、胎動を感じる人も。体重管理はしっかりと

超音波写真で見た
妊娠19週0日の胎児

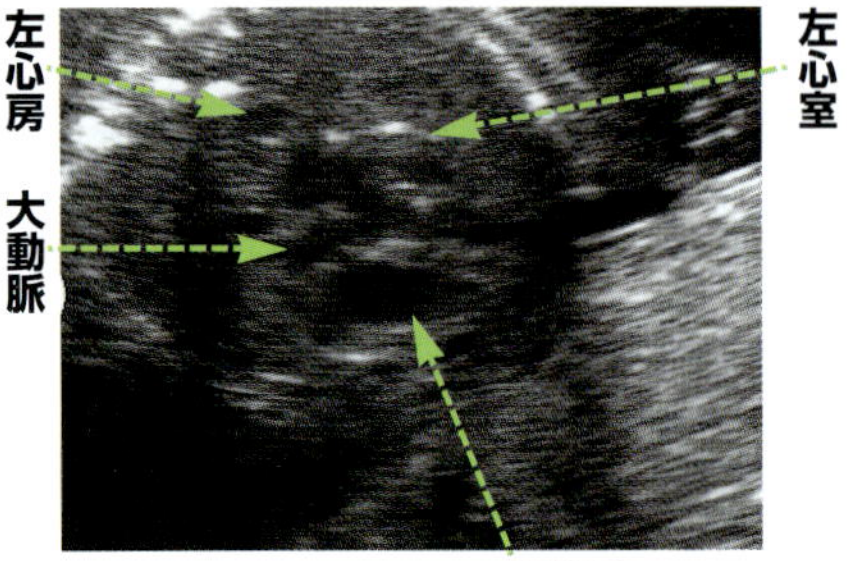

妊娠19週0日の赤ちゃんの心臓。左心室、左心房、右心室と大動脈の流出路が見えます。この時期には、聴診器で赤ちゃんの心音が聞こえるようになります。

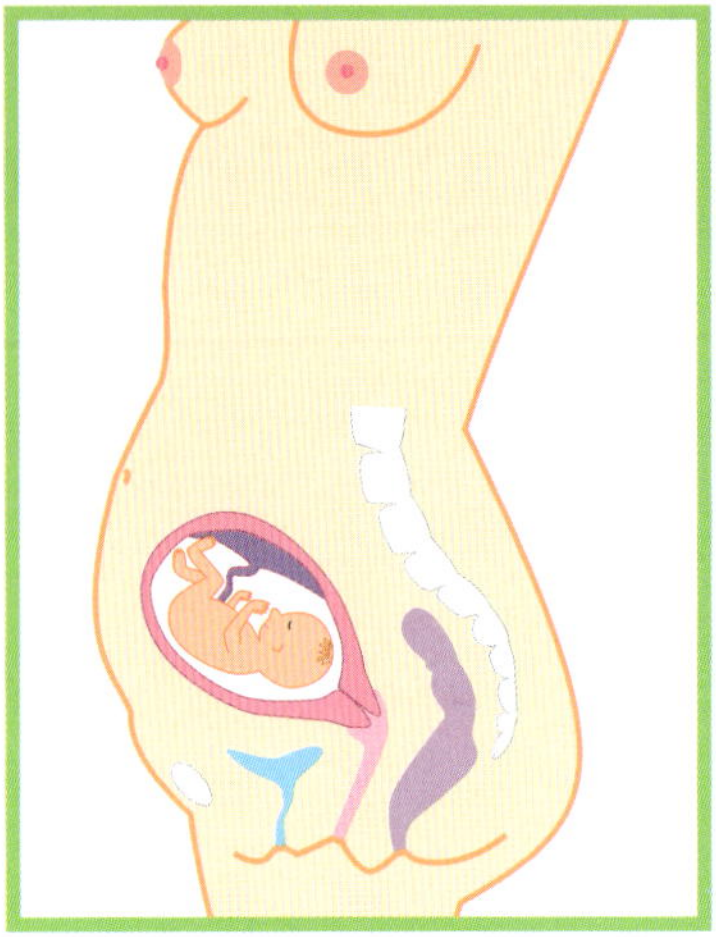

母体の変化

子宮の大きさが大人の頭程度になり、おなかが目立ち始めて妊婦らしい体型に。大きくなった子宮に内臓が押し上げられ、胃もたれや動悸、息切れを感じることもあります。乳腺が発達し、乳房の張りを感じます。また、皮下脂肪がついて体重が1か月に約1kgのペースで増える時期。早い人だと胎動を感じ始めます。

胎児の成長

身長 10〜25cm
体重 200〜300g

頭の直径は約4.5cm（鶏の卵くらい）の約4頭身。骨格や筋肉が発達、皮下脂肪がつき、皮膚も赤みを帯びて髪の毛やつめも生えて赤ちゃんらしい姿に。腎臓や膀胱がほぼ完成し、羊水を飲んだりおしっこをしたりします。また、聴覚の機能もほぼ完成し、外界の音に反応するようになります。子宮内での動きが活発になります。

この時期気になるキーワード

便秘・貧血
食物繊維や鉄分の多い野菜をとって便秘や貧血に気をつけましょう。（P.178参照）

胎教
胎動を感じ始めたら、胎教を始めてみましょう。おなかに手をあてて赤ちゃんに話しかけてみるだけでもOKです。（P.47参照）

旅行など
旅行や引っ越し、挙式の予定のある人は、妊娠5〜7か月までを目安に予定を立てて。ただし、無理はダメ。引っ越しでは、荷造りなどは、徹底して人に頼むこと。

マタニティスポーツ
体重管理と腰痛予防、体力作りに妊娠体操、マタニティビクスや水泳、ヨガなどを始めるといいでしょう。（P.48参照）

おなかの張り
この時期のおなかの張りは生理的なもの。1日10回以上張るようなら休んで。それでもおさまらないなら病産院へ。

家族ができること

一緒に赤ちゃんの動きを感じて

ママのおなかに手をあてて、赤ちゃんの動きを感じてみましょう。また、やさしく語りかけてみて。おなかの中で赤ちゃんはちゃんと聞いています。ときにはママのおなかをキックして、返事をしてくれるかも。こうした胎教が、出産後の育児にも影響してくるとも言われています。

親子のきずなを深めるために

胎教の効果と方法

語りかけ、赤ちゃんへの愛情を伝えましょう

胎教のいちばんの目的は、ママと赤ちゃんのきずなを深め、その後の子育ての基盤を作ること。赤ちゃんに語りかけたり、おなかに手をあてて赤ちゃんの姿を想像してみることも、立派な胎教です。妊娠4～5か月にもなると赤ちゃんは体の器官も整い、視覚・聴覚が発達してきて、ママの言葉に手足を動かして反応を返してくれることも。こうして妊娠中からコミュニケーションの練習をしておくと、誕生後も赤ちゃんの気持ちがよくわかり、子育てがラクになります。

また妊娠中のママの感情は、血液中のホルモンを通じて赤ちゃんにダイレクトに伝わります。夫婦ゲンカなどのストレスや不安を少なくし、好きな音楽を聴いたり、穏やかな楽しい気分で過ごすことも大切です。

ママの声がおなかによく響く、便利な胎教グッズもあります。

●胎児の脳の発達と胎教

月	成長過程	胎教法
1か月	胎芽期。各器官の分化が始まる。	↓ 子宮のあたりに手をあてる・音楽・語りかけ
2か月	主な器官がつくられ始める器官形成期。	
3か月	胎児期。頭と胴が区別でき、顔立ちが整う。	
4か月	内臓や手足などの器官がほぼ完成。	↓ キックゲーム
5か月	神経が統合され、視覚、聴覚が発達。	↓ お散歩
6か月	胎動が活発に。耳が聴こえるようになる。	
7か月	大脳皮質が発達し、自分の意思で体を動かすように。	
8か月	聴覚などが完成し、外部からの音に反応することも。	
9か月	情緒面が発達。呼吸器や排泄器官も完成。	
10か月	内臓や神経系統も発達し、生まれる準備OK。	

胎内記憶って何？

おなかの中のことや誕生を憶えている子どもたち

胎内記憶とは、母親のおなかの中にいた胎児時代の記憶や、誕生の瞬間の記憶のことを言います。アンケート調査によると子どもの約半数に胎内記憶があり、ことばが話せる2～3歳ごろになって、おなかの中は「気持ちよかった」「暗くて暖かかった」「ママとパパの声が聞こえた」などと語っています。中には胎便の記憶など、胎児本人にしかわからないことを話す子どももいて、胎児の能力の高さと生命の神秘を感じさせます。

キックゲーム

普段は

ゆったりした気持ちでおなかに手をあて、「この音楽が好きなら、けって」などと話しかけます。赤ちゃんはおなかをけって返事をしてきます。

ゲーム1

赤ちゃんがおなかをけったら、その場所を「キック」と言って手でポンとたたく。これを繰り返すと、ママがたたくとそこをけり返すように。

ゲーム2

キックゲームに慣れてきたら、ママが「ふたーつ」と言いながら、おなかをポンポン。応じて赤ちゃんが2回けり返してくれたら大成功！

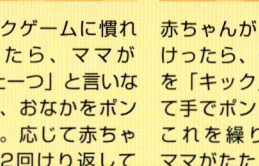

商品協力／ローズマダム　問い合わせ　☎03-3635-2448　http://www.rosemadame.co.jp

太りすぎはトラブルのもと

マタニティスポーツで体重管理

妊娠中の体重はプラス10kgが目安

妊娠中は、赤ちゃんの体重に加え、胎盤や羊水、母体の血液や乳腺の発達などで、どんな人でもある程度は太ります。

しかし、太りすぎると妊娠中毒症などの合併症を招くほか、腰痛の原因になったり、産道にまで脂肪がつき、難産になる可能性もあります。妊娠中に増えてもいいのは約10kg。内訳は左表の通りです。妊娠前から太り気味の人はすでに皮下脂肪があると考え、8kg以下の増加にとどめた方がいいでしょう。妊娠前の体重から肥満度をチェックするBMIの計算方法は164ページを参照してください。

体重増加の目安

乳房・子宮	0.7～1.5kg
赤ちゃん	3kg
胎盤・羊水	1kg
血液・水分	1～1.5kg
皮下脂肪	2～3kg
計	7.7～10kg

肥満気味の人の体重増加は8kg以内、やせ気味の人は10kg以内を目安に。

安定期に入ったら適度な運動で安産を目指して

安定期に入り、医師の許可がおりたら、マタニティスポーツに挑戦してみましょう。体重管理ができるほか、出産に備えた体力作りにもなり、また、ジムなどに通うことで、友人ができて気分転換にもなります。施設を選ぶときはマタニティ専用のクラスがあるか、助産師などの専門のスタッフがいるか、事前に健康チェックを行っているかなどを確認します。

ジムに通わなくてもウォーキングやストレッチでも、十分効果的な運動をすることができます。ただし、無理は禁物。体調がすぐれないときは休みましょう。

マタニティスポーツには水泳のほかにマタニティヨガ、マタニティビクスなどがある。

太りすぎによるリスク

- **合併症を起こしやすい**
  太りすぎると、糖尿病や妊娠中毒症などの合併症を起こしやすくなる。
- **微弱陣痛になりやすい**
  骨盤の内側や産道に脂肪がつき、子宮の収縮が弱くなって微弱陣痛になる。
- **巨大児が生まれやすい**
  カロリーのとりすぎは、赤ちゃんが大きくなりすぎる原因。体重の割に未熟なことも多い。
- **帝王切開の確率が高くなる**
  産道の周辺に必要以上の脂肪がついて、赤ちゃんの通り道をふさいでしまう。
- **分娩時の出血が多くなる**
  出産後、子宮の収縮が悪く、血管が閉じにくいため、出血が長引くことに。
- **腰痛**
  肥満による脂肪と、大きくなりすぎた赤ちゃんで重度の腰痛に悩むことに。
- **産後の生活習慣病の原因**
  中高年になってからの糖尿病や高血圧などを誘発する恐れがある。
- **続発性不妊症になりやすい**
  太りすぎによってホルモンの分泌バランスがくずれ、不妊症になることも。

パーマ、カラーリングはやっても大丈夫？

基本的にパーマ液やカラーリング剤は劇薬に近いもので、皮膚を通して体に入ってしまうので胎児への影響はないとは言えません。また、妊娠中は体が敏感に反応するので、かぶれやすくなったり、臭いで吐き気を起こしたりするので、やめた方がいいと言われています。

潜入ルポ！

マタニティスイミングで安産を目指そう!!

重くなったおなかも水中ではらくらく

マタニティスイミングは妊婦にぴったりのスポーツです。水中なので転んでもケガの心配はありませんし、大きくなったおなかの重みをほとんど感じないので、腰への負担もなく、自由に動くことができます。また、下半身への血液循環の促進や肩こり緩和などの効果もあり、理想的なスポーツといえます。

スクールの流れ

血圧測定

準備ができたら助産師による血圧測定と問診。その日の結果をカードに記入し、体調をチェックする。

安産体操

土曜日のみ行われる安産体操。リズムに合わせ、出産に使う関節や筋肉をやわらかく強くする。

ウォーミングアップ

プールに入ったらクロールでウォーミングアップ。25mを3往復する。

レッスンの合間にはインストラクターや友人との会話もはずんで、楽しいひととき。気分転換にもぴったり。

全身を使って

クロールの次はバタフライ。全身を使って泳ぎ、関節、筋肉をやわらかくする。

脂肪燃焼

再びクロール。25mを3往復し、肥満を予防するために脂肪を燃焼させる。もちろん、疲れたら水中歩行でもOK。

クールダウン

コース内を後ろ向きに歩いてクールダウン。背中を丸めて腰痛を緩和させる。

水中座禅

呼吸を整えたら、30秒の水中座禅を2回。出産時のいきみ方に役立つと評判。

血圧測定

レッスン終了後、プールサイドで再び助産師による血圧測定があり、体調のチェック。

ジャグジー

最後にジャグジーでリラックス。筋肉の疲れと肩や腰の凝りをとる。適度な運動と休息で、安産に一歩近づけたかな？

マタニティスイミングの利点

- ★ 妊娠中の太りすぎ防止
- ★ 腰痛、肩こりの緩和
- ★ 下半身のだるさの緩和、静脈瘤予防
- ★ 出産に向けての体力づくり
- ★ 呼吸法、いきみ方の体得
- ★ 気分転換

注意点

- ・参加できるのは妊娠16週以降の妊娠が順調な人。
- ・おなかの張りを感じたら休む。
- ・主治医と相談しながら行う。

DATA

カワサキスイミングクラブ

マタニティクラスは月・木・土の週3回で、回数と曜日を選択できる。レッスンの前後に助産師による血圧測定と問診がある。託児サービスもあるので、続けて産後水泳のクラスにも参加できる。

㊟ 神奈川県川崎市高津区宇奈根607
☎ 044-811-3415

妊娠 20〜23週（6か月目）

胎動は赤ちゃんが元気な証拠。母親学級に参加して心の準備を

超音波写真で見た
妊娠20週6日の胎児

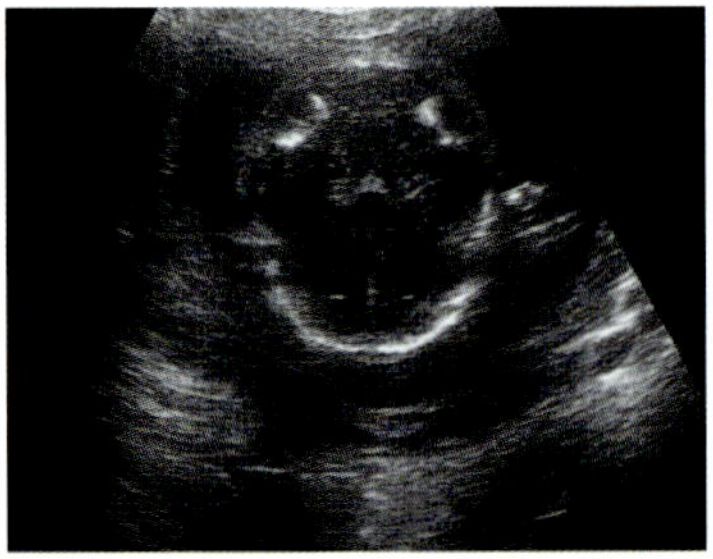

妊娠20週6日目の赤ちゃんの頭の断面。右脳、左脳がわかる。受精直後から発達を始めている脳に、ひだがたくさんでき、脳細胞がほぼ完成する時期。

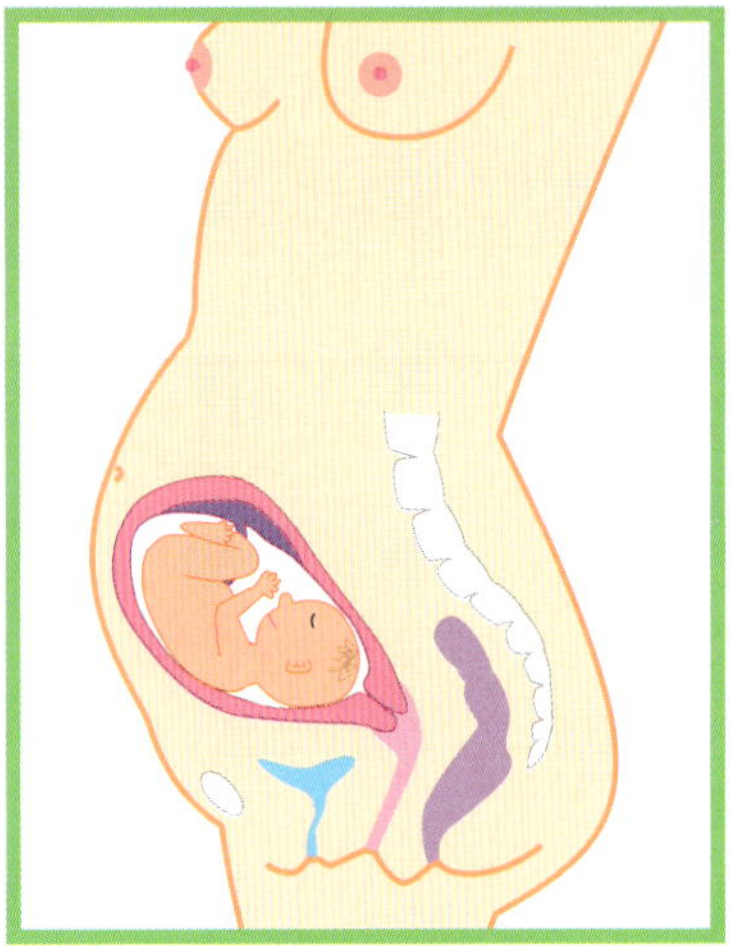

母体の変化

おなかが前にせり出し、体の重心が前にずれるため、反り返った姿勢になります。腰痛に悩まされたり、骨盤内のうっ血で下半身に静脈瘤ができる人も。また、赤ちゃんの動きが活発になり、胎動も強く、頻繁に感じるようになりますが、個人差があるので、胎動が少ないからと不安になる必要はありません。

胎児の成長

身長 25〜30cm
体重 300〜600g

皮膚は胎脂というクリーム状の脂肪に覆われていますが、髪の毛、まゆ毛、まつ毛が生え始め、上下のまぶたもわかれて、目を開けたりつむったりするようになります。脳にはたくさんのひだができ、脳細胞が完成。卵巣や精巣、下垂体などのホルモンを分泌する器官も動き始めます。羊水の量も増え、赤ちゃんは羊水の中で元気に動きまわっています。

家族ができること

体調が安定していれば小旅行で思い出作り

経過が順調なら、小旅行に出かけてみては。妊娠中のいい思い出になります。ただし、スケジュールはゆったりと計画し、トイレなどを我慢しなくていいように、混雑しない近場を選びます。出かける前には必ず医師の許可をもらい、滞在先に病院があるかも確認しておきましょう。

この時期気になるキーワード

妊娠線
皮膚が急激に引き伸ばされるため、皮下組織が引き裂かれ、赤いミミズばれのような線ができることがあります。（P.53参照）

母親学級・両親学級
地域の保健所や病産院で行われます。妊娠や出産に必要な知識を教えてくれるので積極的に参加して。（P.52参照）

静脈瘤
大きくなった子宮によって下半身の血管が圧迫されたことで、足や外陰部にできることが。体を動かして下半身の血液循環を高める努力をしましょう。

母乳の準備
産後の母乳育児をスムーズにするために、マッサージなどを行いましょう。（P.51参照）

UVケア
ホルモンの影響でシミやソバカスができやすくなっているので、UVケアは念入りにしておきましょう。（P.53参照）

授乳時のトラブルをなくすために

おっぱいのお手入れを始めよう

乳首をやわらかくしておくのがポイント

できれば赤ちゃんは、赤ちゃんを病気から守る免疫成分や、成長に必要な栄養がたっぷり含まれた母乳で育てたいもの。

妊娠の経過が順調なら、体調のいいときを選んで、妊娠20週目ごろから乳頭のケアを始めましょう。赤ちゃんが吸いやすいおっぱいの条件とは、乳頭が十分やわらかいこと。**入浴後などのリラックスした時間に左の図のような要領で、1日1回、3分くらいをメドに手入れします。**

乳頭のケアでおなかの張りや痛みを感じる場合は、無理をせず中止してください。

妊娠37週以降は、乳汁の分泌があったら指にとってなめてみましょう。最初はしょっぱい乳汁が、次第に甘くなってきたらいつでも分娩ＯＫというサインだと言われています。

最初はしょっぱい乳汁も、お産の時期が近づくにつれ、次第に甘くなってきます。

乳頭の種類とマッサージ法

扁平乳頭	陥没乳頭	正常
乳頭がほとんど平らなタイプ。乳輪からつまめ、伸びがよければ大丈夫。つまめないときは吸引器を使用。	乳頭が乳輪の中に入りこんでいる状態。吸引器を使って乳頭を引き出し、授乳の刺激に耐えられるようケアを。	乳頭が前に出ています。赤ちゃんは乳輪部からくわえて母乳を飲むので乳輪、乳頭をやわらかくしておきます。

マッサージ法

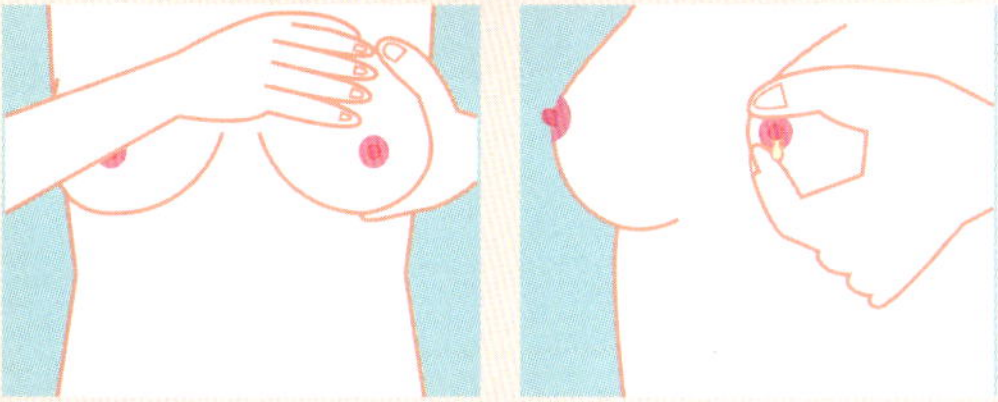

指の腹で、ピーナツの皮をむくように押す

片手で下から乳房を支え、もう片方の手の親指と人指し指の指の腹で、乳頭をつまむようにしてゆっくり押します。痛みを感じるほど力をいれたり、強く引っぱるのはＮＧ。

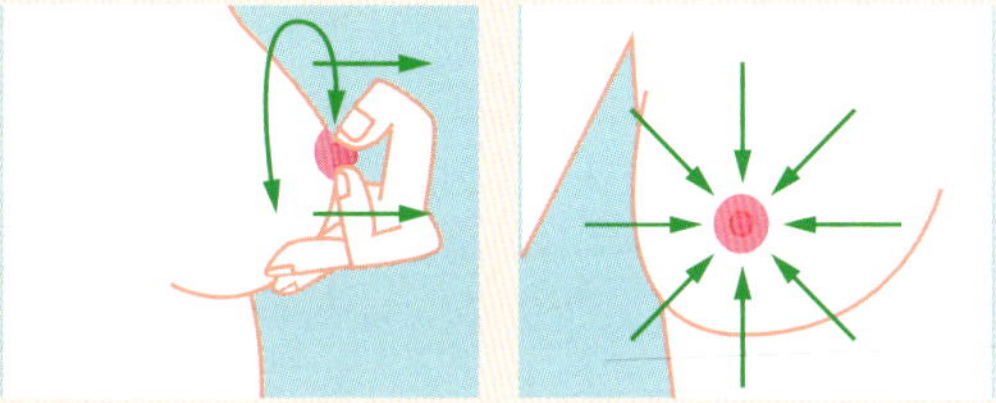

縦方向、横方向にいろいろな角度で

次に乳輪から乳頭の先に向かって縦方向に指の位置をずらしながら順に圧迫します。続いて横方向にも圧迫の場所を変えて、時計回りに上下左右まんべんなく乳頭をマッサージ。

おなかが張るときは中止

おなかが張ったり、痛む場合はマッサージは中止して。乳液やすりおろしたじゃがいもなどで乳頭を湿布するのも、乳頭をやわらかくする効果があります。

潜入ルポ！ ペアクラス《両親学級》に参加して お産の勉強をしよう!!

立ち合い出産を希望するなら パートナーや家族と参加して

ペアクラス（両親学級）ではパートナーあるいは家族と一緒に妊娠、出産、育児についての知識を学ぶことができます。立ち合い出産を希望しなくても、妊婦の体の変化や出産のメカニズム、産後について家族に理解してもらうために、ぜひ参加をしてみましょう。内容は病産院や自治体で違いますが、その一例を紹介します。

ペアクラスの流れ

自己紹介

まずは参加者の自己紹介から。名前のほかに、お産のイメージなどを語る。

ディスカッション

グループ別に、胎盤の位置や役割、陣痛などについてディスカッション。

出産までの流れ

どのように赤ちゃんが生まれてくるか、助産師さんが模型を使って解説。

妊婦体験

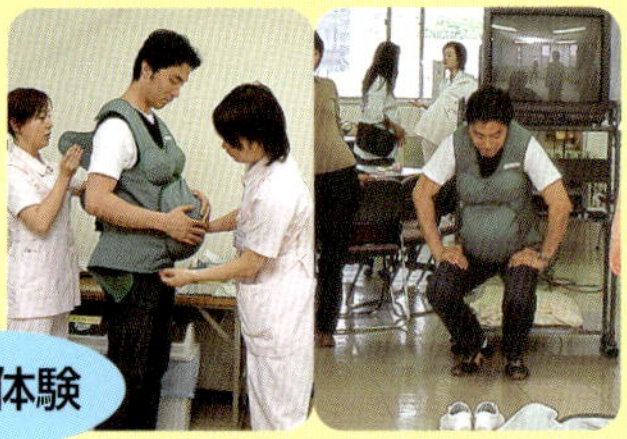

妊婦ベストを着て臨月を体験したご主人。「重い！」の後、奥様に「がんばれよ」とひと言。

出産シーンのビデオ

出産シーンのビデオを見て、立ち合い出産やカンガルーケアの実情を知る。

安産体操

和気あいあいとした雰囲気で安産体操がスタート。まずはストレッチ。

パートナーの背中を借りてスクワット。これが出産の時の姿勢。

赤ちゃんはどこ?

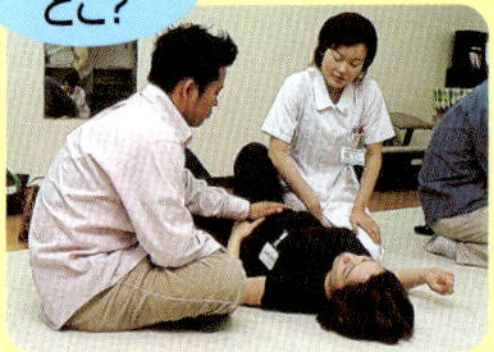

あお向けに寝ておなかを触り、赤ちゃんがどっち向きか確認。

分娩室見学

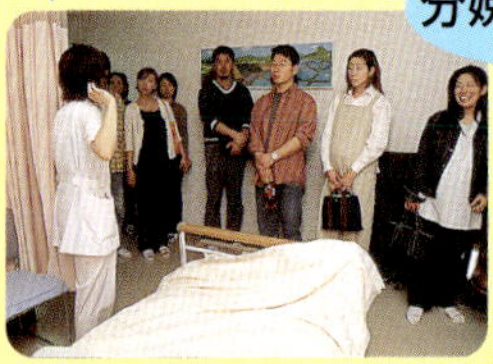

最後に分娩室の見学ツアーに出発。まずは陣痛が始まったら入る陣痛室を案内してもらう。

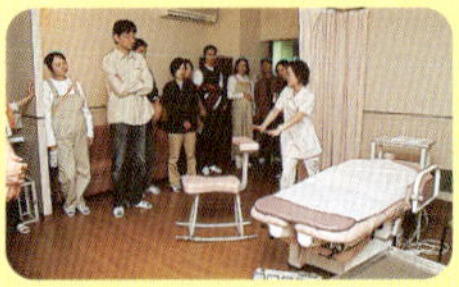

分娩室にある木馬のようなものはアクティブチェアといい、陣痛を逃すためのイス。

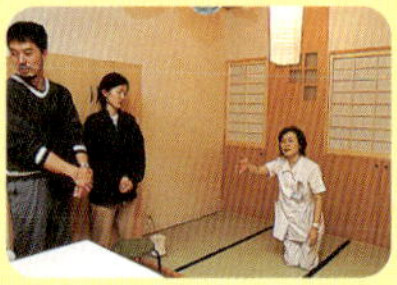

和室タイプの分娩室は、畳が敷いてあり、分娩台も木目調。

ペアクラスの利点

- ★ パートナーの父親としての自覚を促す。
- ★ 家族の妊婦への理解を高める。
- ★ 出産への不安や疑問を解消。
- ★ 同じ病産院で出産する人と友達になれる。

DATA

日本赤十字社医療センター

毎週土曜日にペアクラスを開催。カリキュラムは全２回で、第１、３土曜が第１回「分娩の経過と妊婦体操」、第２、４土曜が第２回「育児についてのお話」。希望者には胎盤を見せてくれることも。参加は通院患者とその家族、あるいは友人とのペアでもOK。

㊟ 東京都渋谷区広尾4-1-22
☎ 03-3400-1311（代表）

妊娠中もきれいでいたい！

妊娠線の予防とスキンケア

BODY

クリームやジェルでケアし、妊娠線を防いで

妊娠線とは、おなかの赤ちゃんの急激な成長にママの皮膚の伸びが追いつかず、皮下組織が裂けてしまった状態です。妊娠6～7か月ごろから、小柄な人や体の割におなかが大きくなる人に多くあるトラブルです。できる場所は腹部がほとんどですが、ときには乳房、お尻、太ももなどにできることも。

妊娠線予防には、食べすぎや太りすぎに注意し、専用のクリームやジェル、オイルなどでマッサージして皮膚の乾燥を防ぎましょう。使うクリーム類は、できるだけ防腐剤や界面活性剤などの入っていない天然成分のものを選ぶと安心です。

●妊娠線のできやすい部分

ボディマッサージ

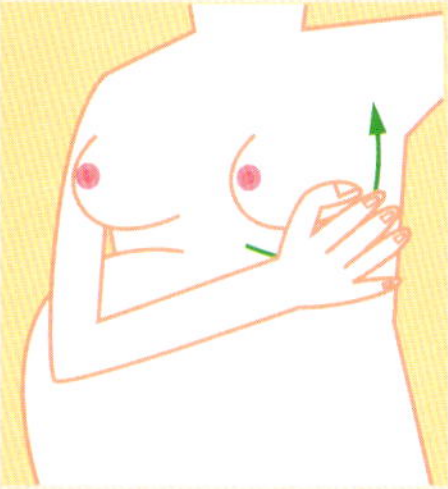

おっぱいは乳房の外側をメインに

クリームなどを手にとり乳房の下からわきの下に向かって、乳房の外側を半円を描くようにマッサージ。おなかが張るときは中止して。

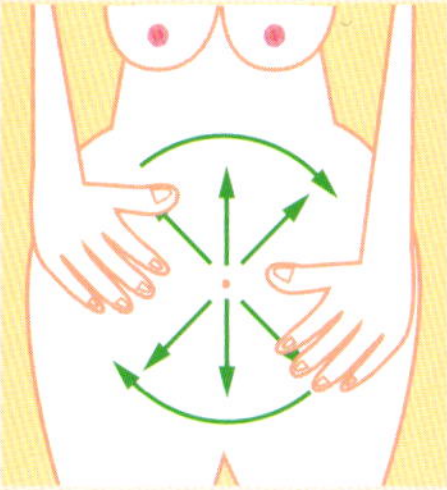

おなかはおへそを中心になでる

手のひらで、おへそを中心に時計回りにおなか全体をなでると、便秘解消にも効果。おへそから上下左右にもマッサージを。

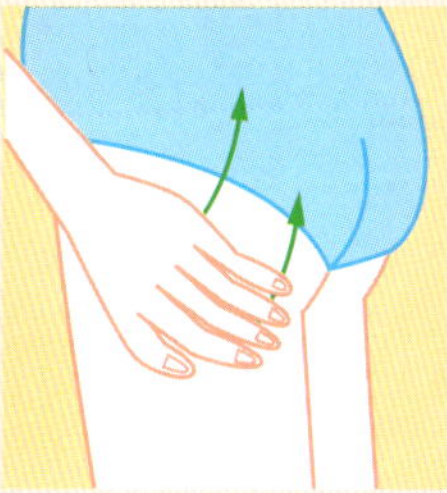

足やお尻は下から上に向かって

足の裏側をひざの裏からお尻に向けて、手のひらで下から上にマッサージします。お尻を持ち上げるようにするのがコツ。

FACE

シミにそなえてUVケアをしっかりと

妊娠中は黄体ホルモンなどの影響で、シミやソバカスが普段より増えやすくなります。外に出るときには日焼け止めを塗り、帽子や日傘などでしっかり紫外線対策を。皮脂の分泌も活発になるのでオイリーになったと感じるなら洗顔をていねいに。妊娠で湿疹がひどくなった場合などは、皮膚科の専門医に相談しましょう。

HAIR

髪や皮膚にやさしいシャンプーで洗髪を

皮脂分泌で頭皮がベタつくときには、こまめなシャンプーを心がけましょう。妊娠中は皮膚が敏感になっていることも多いので、やはりシャンプーやリンスは化学物質の入っていない天然成分のものがおすすめです。

産後は髪のパサつきや抜け毛が多くなりますが、ホルモン変化による一時的なものなので、心配はありません。

妊娠 24〜27週（7か月目）

おなかが重くなり、腰痛が悪化する人も。早産にも十分注意を

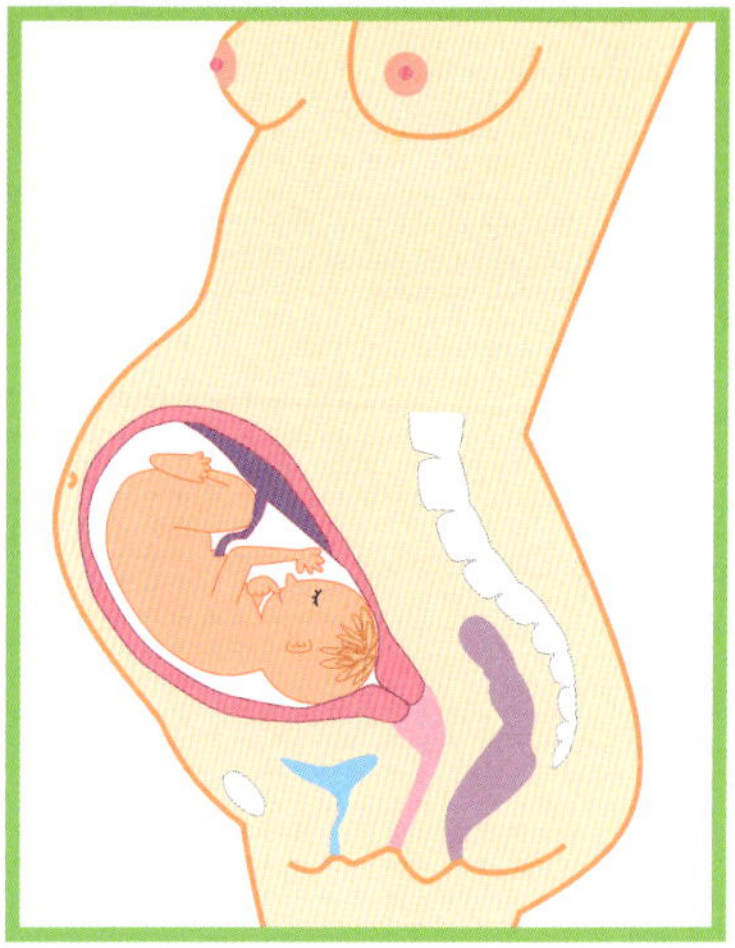

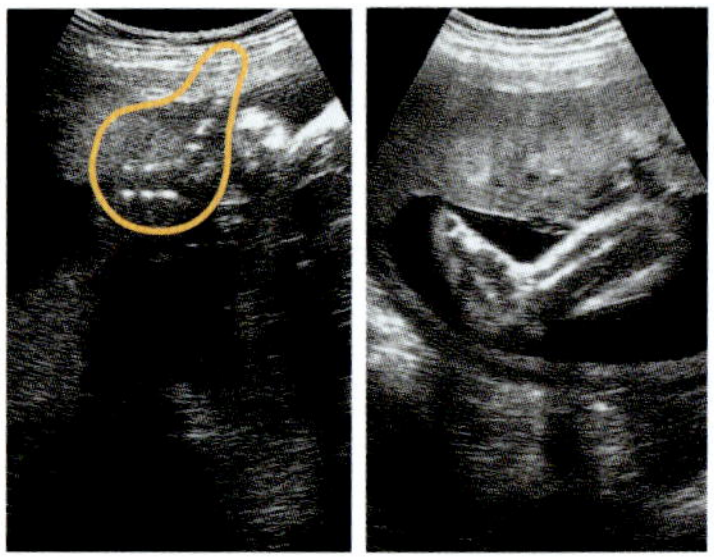

超音波写真で見た
妊娠26週4日の胎児

小さな手（左）と小さな足（右）が見えます。手はひとさし指を立てて、何かを指さしているよう。足はひざから足の先までがはっきりわかります。

母体の変化

子宮がおへその上までふくらみ、さらに重くなります。下半身の血管が子宮に圧迫され、ふくらはぎや外陰部などに静脈瘤ができることがあります。足のむくみや立ちくらみ、おなかの張りを感じるようになります。ホルモンの影響で骨盤の関節が緩み、腰痛がひどくなる場合も。仰向けに寝るのが苦しくなったら、シムスの体位で休みます。（P.70参照）

胎児の成長

身長 30〜35cm
体重 800〜1000g

皮膚はまだシワシワですが、鼻の穴が開通し、顔立ちが鮮明に。全身に産毛が生えてきます。胴や手足も長くなり、胎動も活発になってきます。脳が発達し、体全体のコントロールができるようになり、自分で体の向きを変えたり、反射的に手を握ったりすることも。聴覚はますます発達し、外界の音が聴こえるように。

この時期気になるキーワード

定期健診
定期健診が2週間に1度になります。不安なことなどは今のうちに医師などに質問し、解消しておきましょう。（P.36参照）

静脈瘤
長時間の立ち仕事を避け、横になるときは足にクッションをあてるなどして、下半身のうっ血を防ぎましょう。

腰痛
背骨の痛みや腰痛がひどくならないよう、正しい姿勢を心がけて。また、体操などで痛みを緩和しましょう。（P.148参照）

便秘
大きくなった子宮が骨盤に入り込み、腸を圧迫することが。食生活の見直し、便秘解消の体操などを。（P.149参照）

おなかの張り
しばらく休んでもおさまらなかったり、一度おさまったものがぶり返したり、痛みがひどくなる場合は急いで病産院へ。

家族ができること

そろそろ赤ちゃんの名前を考えましょう

赤ちゃんが生まれたら、出生した日から数えて14日目までに名前を決めて、地域の役所へ出生届を提出しなければなりません。赤ちゃんの一生を左右するかもしれない大切な名前です。慌てなくてもいいように、今のうちから名前の候補をじっくりと考えておきましょう。

規則正しい食生活と早期発見で予防

妊娠中毒症とは？

高血圧、むくみ、タンパク尿が3大症状

妊娠中毒症は、妊娠20週以降の中期から後期になりやすい病気で、初産婦の約1割がかかると言われています。高血圧、むくみ、タンパク尿が3大症状で、このうち2つ以上症状があるときや、ひとつでも重症の場合は妊娠中毒症と診断されます。重症になると赤ちゃんに血液や栄養が行き渡らなくなり、発育不全になったり、分娩時や出産直後に死亡することも。常位胎盤早期剥離（P.71参照）や全身性のけいれんなど、母子ともに命にかかわるトラブルが起こることもあるので十分な注意が必要です。

予防と早期発見が最大のポイント

妊娠中毒症予防の最大のポイントは体重管理。太りすぎると心臓や腎臓に負担がかかり妊娠中毒症の危険が増すので、カロリーや塩分の多い食事は避け、バランスのよい食事を心がけます。早期発見のためにも病産院の定期健診を欠かさないようにしましょう。

こういう人は要注意

- 高血圧、腎臓病、糖尿病の人、また家系にその要素がある人
- ストレス、過労が溜まりやすい
- 妊娠前から太り気味
- 多胎妊娠の人
- 前回妊娠中毒症になった人

チェックしてみよう

1. 手足だけでなく、全身がむくんでいる
2. すねを押しても、へこんだまま戻らない
3. 体重が1週間に500g以上増えた

妊娠中毒症の予防法

太りすぎない

太りすぎは心臓、腎臓に負担をかけ、高血圧やむくみの原因に。中期以降に体重が週500g以上増えるのは危険信号です。

定期健診で早期発見

産婦人科の定期健診では、血圧、尿タンパク、むくみをチェックしてくれます。予防と早期発見のためにもきちんと受診を。

規則正しい食生活

食事は規則正しく食べ、カロリーや食べすぎに注意します。インスタント食品や加工食品は塩分が多いので控えめに。

適度な運動

適度な運動は血液循環をよくし、むくみを解消します。少し早足で散歩をしたり、家事の際に意識的に体を動かしてみて。

ストレスを溜めない

強いストレスは心身のバランスを崩したり、過食の原因になります。趣味を楽しんだり外出するなど上手にストレス解消を。

切迫早産に注意

無理をしない生活がいちばんの予防

おなかの張りなどに気づいたら早めに対処を

妊娠22週以降37週未満に赤ちゃんが生まれそうになるのが「切迫早産」です。注意したい症状は、おなかの張りや痛み、出血、破水です。出血があったときやおなかの張りが長引く、規則的な強い張りがあるといったときは、急いで病産院に連絡を。早めに兆候に気づいて医師の指示に従えば、早産を防げるケースも少なくありません。破水はそのまま早産になりやすいので大至急受診しましょう。

こんな症状に要注意

おなかの張り

おなかの痛み

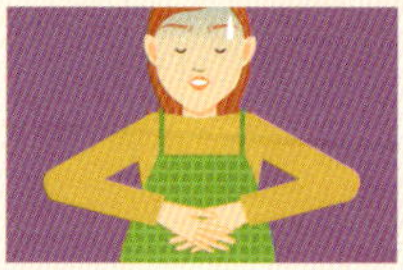

破水

出血

ストレスや無理も早産の引き金になるので注意

この時期にお産が始まってしまうと早産になります。対応は妊娠週数や赤ちゃんの大きさ、母体の健康状態によって異なりますが、ＮＩＣＵ（新生児集中治療室）のある病院へ移るケースが多くなります。最近は医療の進歩により、早産児も成長できる確率は高くなりましたが、妊娠週数が少なく赤ちゃんが小さいほど、リスクも高いということは変わりません。

早産予防はゆったりした生活

早産の原因として多いのは、
- ・破水を起こす感染症
- ・子宮頸管無力症
- ・子宮の奇形
- ・多胎妊娠
- ・妊娠中毒症
- ・仕事のストレスなど

体の動かしすぎや無理は控えましょう。

早産にならない生活のポイント

体を冷やさない

体を冷やすと血液循環が悪くなったり、子宮の収縮が起こりやすくなることも。ソックスやスリッパ、ひざ掛けなどでとくに下半身を温かく。

動きすぎない

出産準備などで忙しく外出したり、立ち仕事を続けたりすると、体には大きな負担がかかります。体が疲れたりおなかが張ったら、すぐ休みましょう。

節度あるセックス

妊娠中は体調のいいときを選んで、おなかに負担のかからない節度あるセックスを。感染症予防のために体を清潔にし、必ずコンドームを使用して。

ストレスを溜めない

ストレスが早産の原因になることも。仕事をもつママも、職場の人や家族に協力してもらってできるだけ負担を軽くし、赤ちゃんの健康を最優先に。

妊婦だっておしゃれがしたい！
マタニティウエアの選び方

ジャンパースカートとストレッチ素材が人気

妊娠も5か月を過ぎたら、手持ちの服で体を締めつけないものに変えていきましょう。メンズを利用するのもいいかもしれません。新たに購入する場合は、着脱が簡単で、サイズ調節ができるものを選びましょう。また、洗濯しやすい素材のものを選ぶと便利です。最近はいかにも妊婦さんといった服装が敬遠されるようですが、腹部だけが伸縮する素材のパンツやスカートを選べば、臨月まですっきりとした着こなしができます。Aラインのシャツや、授乳口がついたカットソーなどは産後まで着まわせます。

これだけあればOK！

【ジャンパースカート】
マタニティウエアの定番。夏はTシャツやカットソー、冬はセーターを合わせれば一年中着回せる。定期健診時にも便利なアイテム。

【カーディガン】
夏は冷房対策、冬は寒さ対策に大活躍。また、パンツにもスカートにも、何にでも合うので1着は持っていたい。

【スパッツ】
夏は5分丈、冬は足首までのロングスパッツを短めのスカートなどと合わせて。おなかの冷え防止に役立つ。

【腹部リブのパンツ】
おなかの部分がリブ織りになっているので、臨月まではけるパンツ。腹部から下は細身のデザインになっているのですっきり見える。

【アンサンブル・ワンピース】
あらたまった席に役立つアイテム。Aラインのワンピースや、ワンピース&ジャケットの組み合わせで、おなかもあまり目立たない。

口コミ情報

私のマタニティファッション

- マタニティ用のワンピースを3着購入。あとは友人や妹から借りる。（神奈川県／瀬戸口亜希さん）
- カーディガン付きのニットワンピース。あらたまった席で役立ちます。（東京都／匿名希望）
- 腹部がリブのパンツ3着。妊娠後期まで大活躍。（福岡県／N・Kさん）
- マタニティ用の服にスニーカーの組み合わせは、やぼったくなるのでしない。（東京都／M・Nさん）
- 服の種類が少ないため、髪型やメイクなどをアレンジしている。（東京都／I・Jさん）

プロに教わるマタニティ着こなし術

ジャンパースカートや短めのワンピースにスパッツを合わせてカジュアルに。

腹部リブのパンツとAラインのシャツですっきりと。活動的なママにぴったり。

結婚式やちょっとしたパーティ、オフィスにも着ていけるワンピース。

取材協力／(株)ローズマダム　問い合わせ先☎03-3635-2448　http://www.rosemadame.co.jp

妊娠28～31週（8か月目）

妊娠後期に突入。胎動もますます元気に そろそろ出産準備を

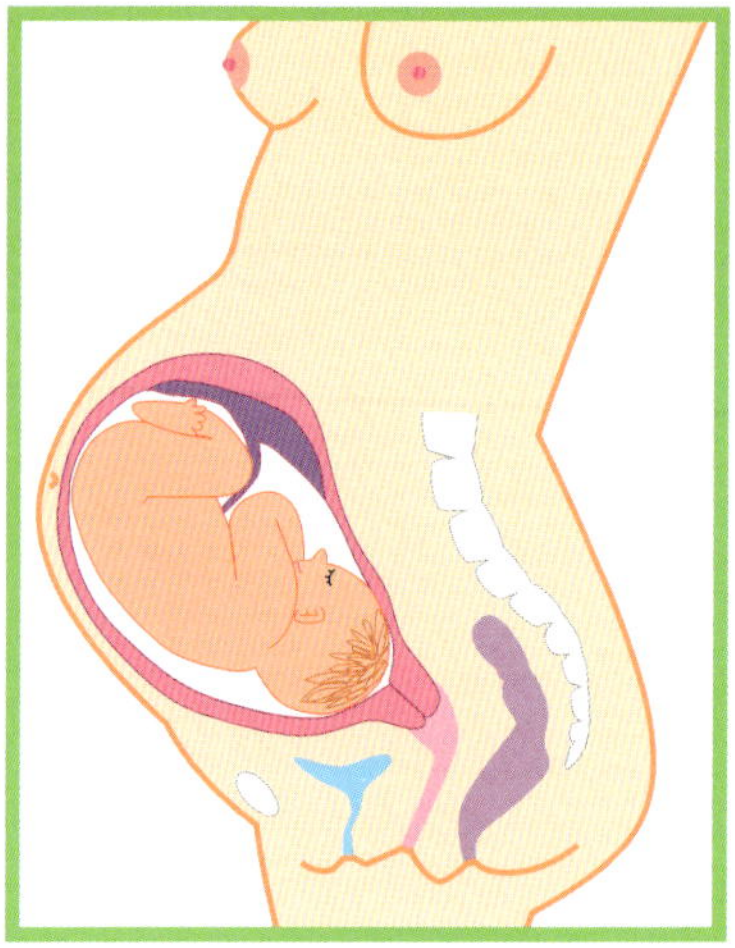

超音波写真で見た妊娠29週目の胎児

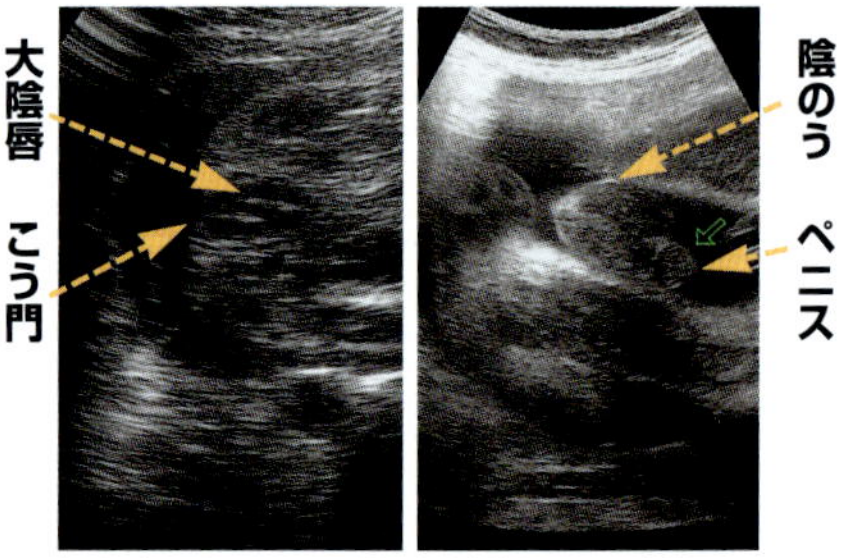

超音波で赤ちゃんの性別が判断できる時期です。左が29週4日の女の子で、唇のような形が大唇陰です。右が29週1日の男の子の性器。男の子は陰のうとペニスが見えます。性器の機能はほぼ完成しています。

母体の変化

子宮がみぞおちまで上がって胃や肺を圧迫。胸やけや胃もたれ、動悸、息切れなどが起こりやすくなります。また、おなかがせり出し、足もとが見えにくくなるので注意。手足のむくみ、しびれが出ますが、夕方や夜に少しむくむ程度なら大丈夫。色素沈着が進み、陰部や脇の下は黒っぽくなり、シミも増えます。おなかが張ったらすぐに休む癖をつけること。

胎児の成長

身長 35～40cm
体重 1000～1500g

皮下脂肪が増え、赤ちゃんらしい体つきになってきます。聴覚が完成し、視覚も備わって外界の音や光に反応するように。また、肺機能や脳の中枢神経も発達し、動きも活発になり、直接子宮壁にぶつかることも。中には「逆子」の場合もありますが、たいていは直ります。性器もほぼ完成し、超音波で性別が判別できます。

この時期気になるキーワード

むくみ・体重増加
朝から顔がむくんでいたり、一日中むくみが取れない場合は妊娠中毒症の可能性が。ほかに急激な体重増加や高血圧の場合も要注意。医師に相談しましょう。（P.55参照）

逆子
足を子宮の出口に向けた姿勢の胎児のこと。8割は自然に直ります。逆子直しの体操をしてもいいでしょう。（P.112参照）

おなかの張り
お産に向けておなかの張りが多くなります。少し休んでおさまるなら心配いりません。

黒ずみ
下腹部や乳輪部、外陰部などの色素沈着が進み、黒ずんできますが、産後しばらくすると元に戻ります。

入院準備・赤ちゃん用品の準備
入院が早まっても慌てないように、入院の準備をしておきましょう。（P.75～76参照）また、赤ちゃん用品なども準備して。

家族ができること

買い物に同行し、一緒に入院、出産準備を

そろそろ、赤ちゃんを迎える準備を始めましょう。子育てはママが一人でするものではありません。買い物などに同行し、一緒に赤ちゃん用品を選びましょう。また、おなかが大きくなって足下が見えにくくなっています。階段の上り下りなどは、しっかりサポートしてあげましょう。

そろそろ始めよう

赤ちゃんを迎える準備

清潔で安全な場所を赤ちゃんのスペースに

生まれてくる赤ちゃんのために場所を確保しておきましょう。風通しがよく、清潔で安全、ママの目が届きやすい場所が理想です。

生まれたばかりの赤ちゃんは自分で体温調節ができません。エアコンの風が直接当たらない、カーテンで直射日光をさえぎられるといったことも重要です。

また、ペットを飼っている場合は今まで以上に抜け毛などに気をつけましょう。犬や猫は赤ちゃんに嫉妬することもあります。赤ちゃんのいる部屋に入らないよう、入り口にネットを取り付けるなどの工夫をしましょう。

長く使うものは購入、処分に困るものはレンタル

ベビーベッドやベビーカー、お宮参り用の着物など、使用期間が限られていたり、使用後の保管場所に困るような大きなものなどは、レンタルを利用すると便利です。最近では別料金で新品の指定ができたり、メンテナンスも充実しているので、購入するよりお得な場合も。妊娠中や産後の気軽に外出できないときも、電話やファクスで気軽に注文できます。

人気レンタル商品ベスト5

何をレンタルして、何を購入するかは、人気レンタル商品を参考に、よく考えて。

1位　ベビーバス

決して高価なものではないが、短期間しか使わない沐浴用品はレンタルで十分。

2位　ベビーベッド

2歳まで使用できるが、その後の処分に困るベビーベッド。2年間借りても購入するより安上がり。

3位　ベビースケール
（体重計）

授乳量がひと目でわかる高性能の赤ちゃん用体重計。使用期間も短く、意外と高価なものなので、レンタルした方がお得。

4位　A型ベビーカー

生後2か月から2歳ごろまで使えるA型ベビーカー。ベビーベッド同様、その後の処分に困る大物。

5位　ベビーラック
（電動ゆりかご）

ゆりかごのほか、座る、寝る、食事用のイスなどとして4歳ごろまで使える。レンタル期間によっては購入したほうが得。

レンタルの手順

※会社によってサービスの内容は異なります

1 カタログ請求

電話やインターネットなどでカタログを請求したら、何を借りるか決める。

↓

2 商品を選んで注文

大きな物は設置場所の寸法を測ってから選ぶのがコツ。使用開始日などを考え、電話やファクスで早めに注文。支払い方法なども確認しておくこと。

↓

3 配達・回収

商品が自宅に届く。会社によっては家具の組み立てと設置までしてくれる場合も。リース終了時は電話で回収日を決めて回収に来てもらう。

取材・商品協力／（株）ベビーリース　問い合わせ先　0120-15-8181　http://www.nicebaby.co.jp

妊娠32〜35週（9か月目）

赤ちゃんの体はほぼ完成。体外でも育つまでに成長

超音波写真で見た
妊娠31週4日の胎児

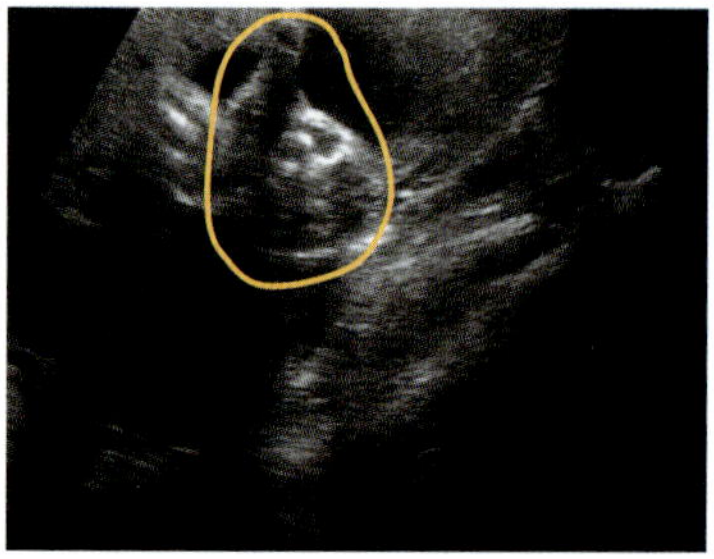

小さな左手の親指をグッと突きたてています。この時期には内臓もほぼ完成し、早産になっても外界に適応できるようになります。まるで「生まれる準備完了だよ」と言っているようですね。

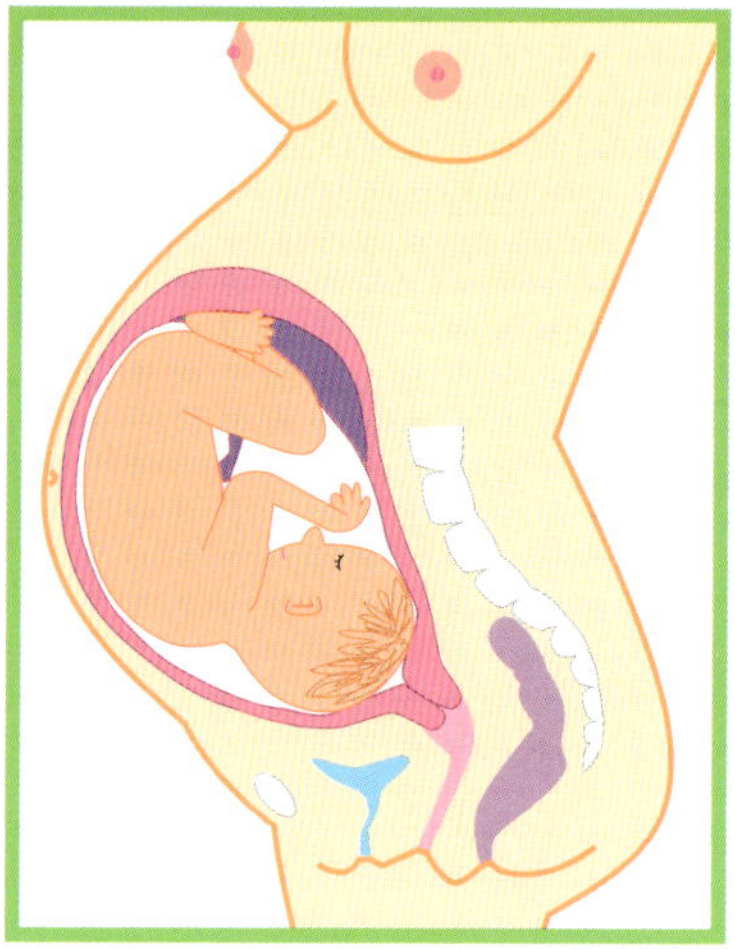

母体の変化

大きなおなかのために、足のつめが切れなくなったり、洗髪などがしにくくなります。また、胸やけや胃もたれ、動悸、息切れがさらに激しくなります。子宮が膀胱を圧迫するため、頻尿や尿もれ、残尿感があることも。腟や子宮口が徐々にやわらかくなるため、歩きにくくなったり、おりものが増えたりします。また、恥骨のあたりが痛むことも。

胎児の成長

身長 35〜40cm

体重 2000〜2300g

妊娠35週ほどで肺機能が成熟し、早産になった場合でも体外生活はできるようになります。皮下脂肪がつき、丸みを帯びた赤ちゃんらしい体形になってきます。全身に生えていた産毛が消え、つやのあるピンク色の肌になり、つめも指の先まで伸び、外見上は新生児とほとんど変わりません。

この時期気になるキーワード

胃もたれ、胸やけ
子宮による圧迫で食欲が減退することがあります。食が進まなければ、少量ずつ数回に分けて食べましょう。

頻尿・尿もれ
産後には治りますが、気になるならおしりの穴の筋肉に力を入れて緩める動きを繰り返す体操をするといいでしょう。

乳頭
乳腺が発達し、乳頭を圧迫すると「初乳」が出てくるころ。白いカスやアカが残る場合はオリーブオイルなどでふき取ります。

足のつけ根の痛み、つり
大きなおなかを支えるため、足のつけ根に負担がかかります。痛み緩和の体操などを試してみましょう。（P.153〜154参照）

里帰り
里帰り出産を考えている人は妊娠32〜34週目までに、体調が安定している時期に帰りましょう。（P.72参照）

家族ができること

呼吸法や補助動作の練習に協力

呼吸法には、お産に対する緊張や不安を軽くするという目的があります。両親学級などに積極的に参加してお産のプロセスを学び、呼吸法や陣痛を逃がすための補助動作などの練習に協力しましょう。立ち合い出産の予定なら、痛みを緩和するマッサージのコツなども覚えておいて。

マタニティライフもいよいよ終盤

出産に向けて準備をしよう

出産に対する不安は今のうちに解消

健診のときに「産道がかたい」「赤ちゃんが大きい」「骨盤が小さい」などと言われ、難産になるのではと不安になったり、出産が近づくにつれ、陣痛や高年初産へのマイナスイメージで情緒不安定になる人も多いでしょう。でも、病産院で適切な処置をしてもらえるので、心配しすぎないこと。不安や疑問はメモなどにまとめて、健診時に医師に質問して解消しておきましょう。

入院が早まることも考えて、留守宅の準備を

入院から退院まで、少なくとも約1週間、里帰り出産なら最低でも2か月はかかります。安心してお産に臨めるように、留守宅を預ける人にきちんと引き継ぎをしておきましょう。

ゴミの分別法や収集日時と場所、洗濯機の使い方のほか、どこに何があるのか、引き出しや棚の中身がわかるようにしておきましょう。

留守にする自宅の準備

やっておくこと

- 冷蔵庫の整理
- 冷凍保存で食事の作りおきをしておく
- 家族に洗濯、そうじ、ゴミ出しのレクチャーをする
- 引き出しの中身をシールなどで表示しておく
- 公共料金などの支払いをチェック
- 緊急連絡先リストを作っておく

入院先の電話番号
実家
勤務先
親類・友人
タクシー会社
携帯番号

その他　出前のメニューと電話番号、スーパーやクリーニング店の地図なども残しておくといいかも。

妊娠 36〜39週（10か月目）

いよいよ赤ちゃんとご対面。出産の兆候を見逃さないで

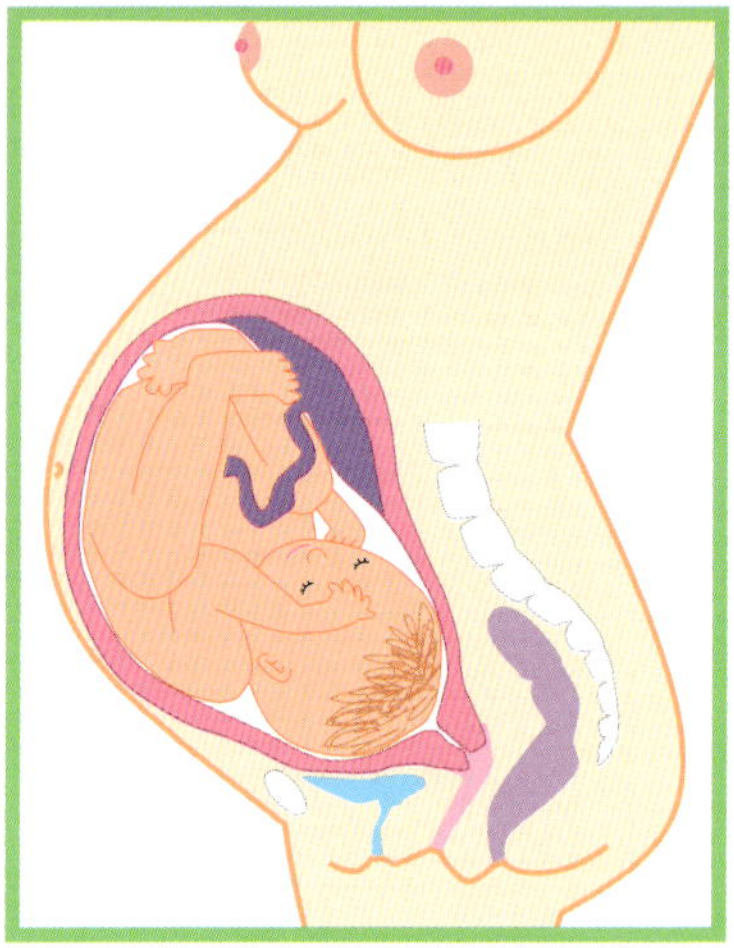

超音波写真で見た妊娠36週4日の赤ちゃん

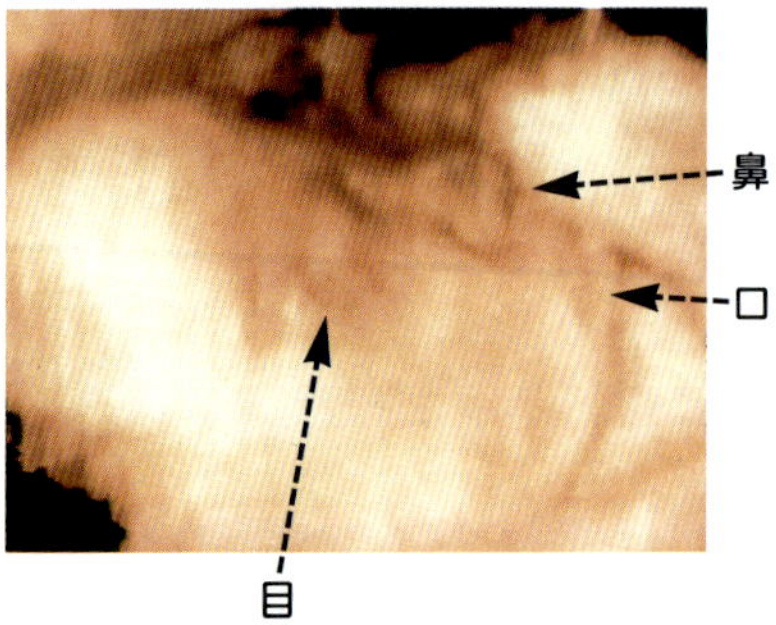

3Dの超音波写真で見た赤ちゃんの横顔。ふっくらしたほっぺに、目と鼻、口もとが見え、顔立ちがはっきりわかるようになりました。気持ちよさそうに目を閉じていますね。

母体の変化

お産の準備が始まり、子宮が胸よりも下に下がり、動悸、息切れがおさまって食欲が出ます。逆に膀胱や直腸が圧迫され、頻尿や便秘になる場合も。おりものの量も増え、産道がやわらかくなってきます。37週ごろになると、赤ちゃんの頭が骨盤の中に入ってくるため、胎動が少なくなります。不規則な下腹部痛やおなかの張りが現れることも（前駆陣痛）。

胎児の成長

身長 45〜50cm
体重 2500〜3200g

すべての器官が完成。病気に対する免疫が、胎盤を通して母体から移行してきます。赤ちゃんは子宮いっぱいに大きくなり、お産に向けて少しずつ頭が骨盤の中に入っていき固定されます。20〜30分周期で寝たり起きたりを繰り返しています。37週以降は「正期産」といい、いつ生まれてもおかしくありません。

この時期気になるキーワード

おなかの張り
臨月になると頻繁におなかが張り陣痛かと思いますが、間隔が不規則な痛みは「前駆陣痛」といい、本物の陣痛ではありません。

おしるし
血液の混じったおりものが出ることがあり、それを出産の兆候＝「おしるし」といいます。鮮血や、生理より多量の出血はすぐ病産院へ。（P.78参照）

破水
尿もれの場合は自分で止めることができますが、だらだらと流れて止まらない場合は破水の可能性が。病産院へ連絡を。

足のつけ根、恥骨の痛み
赤ちゃんを通りやすくするために、恥骨が開くために起こる痛み。

胎動の減少
赤ちゃんの頭が骨盤に固定されて胎動が少なくなると言いますが、お産直前までよく動く人もいます。

家族ができること

出産に備えて居場所は明確に

ママははじめてのお産で心細くなっています。予定日が近づいてきたら、いつでも連絡がとれるよう、常に居場所を知らせておきましょう。また、緊急時に備えて、タクシー会社の電話番号や親類などの連絡先をリストにしておくとよいでしょう。慌てずに行動して。

赤ちゃんの大きさと過期産

赤ちゃんは正常に育っているの？

大きめ、小さめでも順調に育っていれば大丈夫

健診の際に赤ちゃんが「大きめ」「小さめ」と言われることがあります。心配するママもいると思いますが、赤ちゃんにも個人差があります。元気で体重も順調に増えているならまず問題はありません。

赤ちゃんの推定体重は、超音波で頭の横幅とおなかの厚みや断面積、太ももの骨の長さなどを測って算出します。これはあくまでも推定値なので、300〜500g程度の誤差が出ることもあります。

赤ちゃんの推定体重の変化から何らかの異常や病気が疑われる場合は、医師から検査などの指示があるので、それに従って検査や治療を受けましょう。

胎盤機能が低下して危険になる「過期産」

出産予定日は妊娠40週0日です。予定日を2週間以上遅れる42週0日以降のお産は「過期産」になります。胎盤は予定日を過ぎると少しずつ老化していきますが、42週を過ぎると急激に機能が低下します。そうなると赤ちゃんに十分な酸素が送られなくなり、出産時に仮死状態になるなど命の危険性が高くなります。

●対処法

42週を過ぎても生まれそうにないときは、陣痛促進剤などを使って人為的にお産を促します。赤ちゃんの健康状態によっては帝王切開になることもあります。

推定体重

超音波で見える赤ちゃんのA頭の横幅、B腹部の体の断面積、C太ももの骨の長さから算出します。推定体重には誤差もあるので目安と考えて。

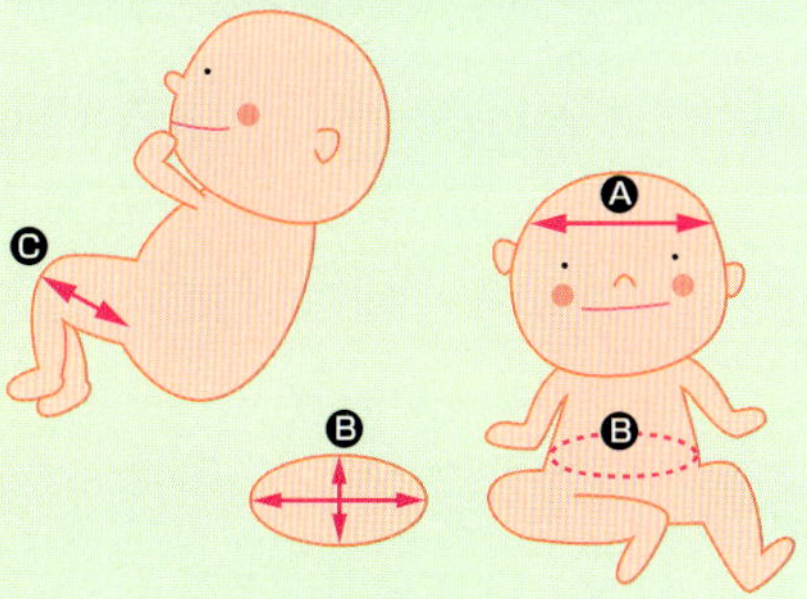

A 頭の横幅（児頭大横径／BPD）

赤ちゃんの頭の横幅がいちばん長いところの数値。妊娠39週で約9.5cmくらいになります。

B 腹部の体の断面積（躯幹断面積／FTA）

おなか部分の体の断面積。おなかの横幅（APTD）や厚み（TTD）を体重計算に使う場合も。

C 太ももの骨の長さ（大腿骨長／FL）

足のつけ根から膝までの太ももの骨（大腿骨）の長さ。この数値で発育状況が推測できます。

妊娠中の赤ちゃんの体重変化

濃いブルーの帯の中が標準範囲で、中心の線が平均値を示す。

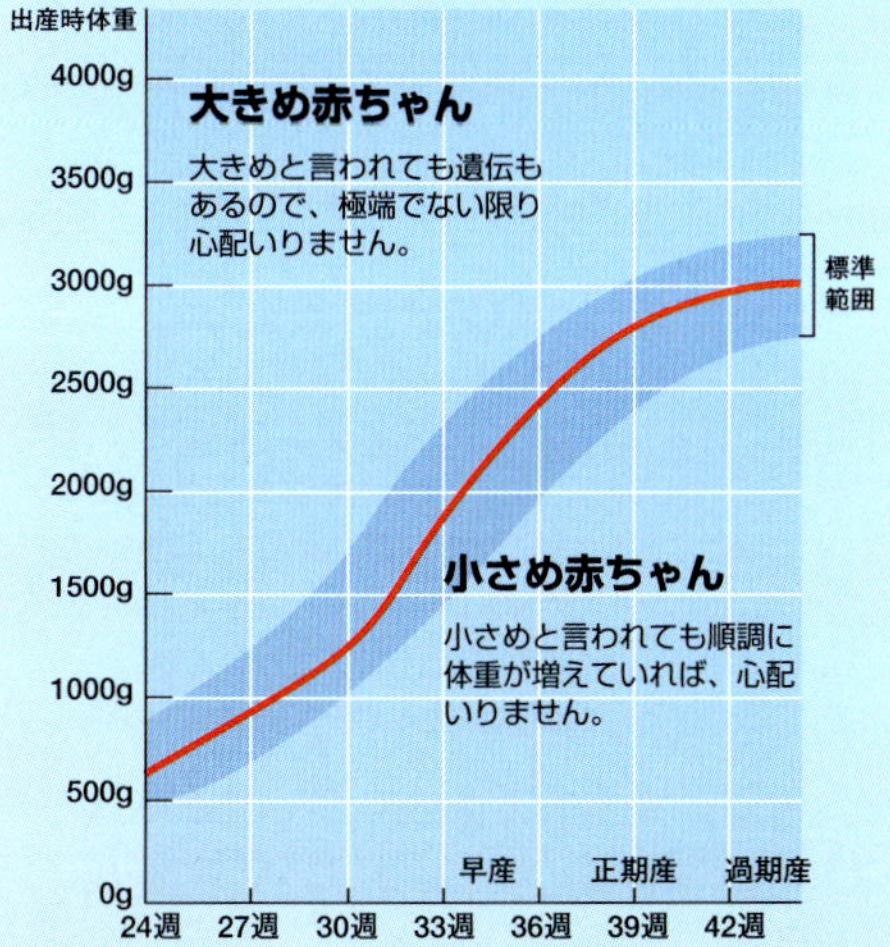

妊娠中の気がかりはこう解決!

気がかり1

子宮《しきゅう》筋腫《きんしゅ》 子宮奇形

位置や大きさによっては心配いらないことも

子宮にできた良性の腫瘍を「子宮筋腫」と言います。小さな筋腫なら赤ちゃんの成長に影響は少ないので、妊娠中はとくに治療や手術をせず、そのまま経過を見守るのが基本です。

ただし筋腫の位置や大きさによっては流産・早産や逆子の原因になる場合も。筋腫が産道を圧迫する位置にあるときは、帝王切開になることもあります。

子宮筋腫の種類

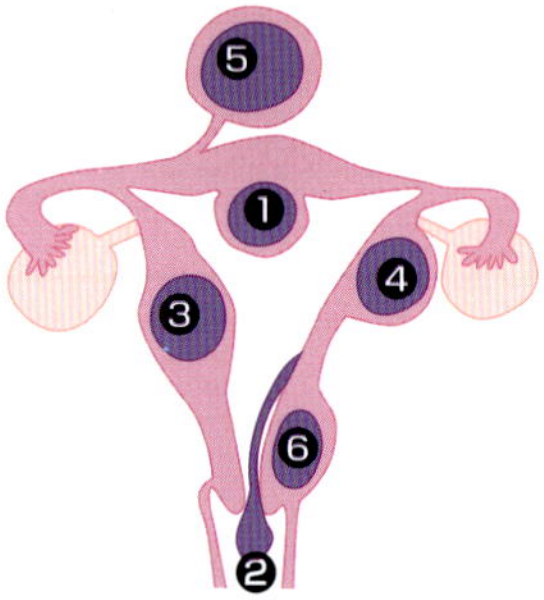

子宮筋腫の種類と症状

1 粘膜下《ねんまくか》筋腫

子宮の粘膜の下に、子宮内部に突き出してできた筋腫。小さいものでも月経過多や月経痛がひどくなりやすく、不妊や流産につながりやすい。

2 有茎粘膜下《ゆうけいねんまくか》筋腫

粘膜下筋腫が茎状のもので子宮とつながっていて、子宮から離れて成長する。茎が伸びて筋腫が腟内に飛び出すようなケースでは手術が必要。

3 筋層内《きんそうない》筋腫

子宮の筋肉の壁の中に腫瘍ができるタイプ。初期はほとんど自覚症状はありませんが、大きくなると不妊や流産・早産の原因になることも。

4 漿膜下《しょうまくか》筋腫

筋腫が子宮の外に突き出しているタイプ。自覚症状はほとんどなく、妊娠中の赤ちゃんへの影響も少ない。大きくなると下腹部にしこりや膨満感を感じる。

5 有茎漿膜下《ゆうけいしょうまくか》筋腫

漿膜下筋腫が茎状のもので子宮とつながっていて、子宮から離れて成長する。茎部分がねじれたり圧迫されると、痛みや吐き気が起こる場合も。

6 頸部筋腫

子宮頸部に筋腫ができるタイプ。ここに筋腫ができていると、出産時に産道を圧迫するので、お産は帝王切開になることが多い。

気がかり2

そのほかの病気

●卵巣のう腫

卵巣にできた良性の腫瘍。妊娠初期に発見されるものは自然消滅することも。消滅せず、直径5cm以上になったら、胎盤が完成する妊娠15～19週ごろに手術で摘出する場合も。

●子宮内膜症

月経痛・骨盤痛（月経時以外の下腹部や腰の痛み）・不妊が3大症状だが、妊娠すれば症状は改善する。症状の程度によって投薬と手術の治療法がある。

●糖尿病

定期健診で早期発見し、食事療法などで血糖値を正常に保てば、妊娠・出産は可能。

●高血圧、心臓病、腎臓病など

産科医および専門医の指示に従い、減塩と安静をきちんと実行すること。

子宮奇形の種類

重複子宮
子宮が完全に左右に分かれている。正常な妊娠・出産は可能。

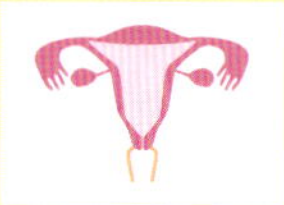

正常な子宮
外観は洋なしを逆さにしたような形で、内部は逆三角形。

副角子宮
どちらか片方の卵巣、卵管が子宮に不完全に癒着。妊娠は可能。

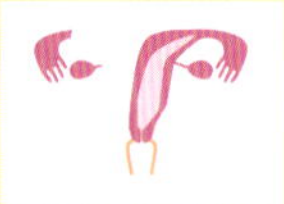

単角子宮
子宮が左右どちらか片側しかない。妊娠は可能。

中隔子宮
外観は正常で内部が2つに仕切られている。流産率が高い。

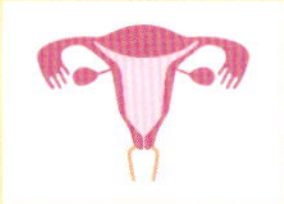

弓状子宮
子宮の上側の子宮底部が弓なりにカーブしている。妊娠可能。

双角双頸子宮
子宮上部から内部までが区切られている。流産しやすい。

双角単頸子宮
子宮上部が二股に分かれ、内部はひとつの空間。妊娠は可能。

気がかり3

薬 X線

薬

妊娠4～7週は最も影響を受けやすい時期

薬の服用で、奇形などの赤ちゃんへの影響が大きいのが妊娠4～15週のころです。とくに4～7週は赤ちゃんの中枢神経や体の重要な器官が形成されるときなので、もっとも危険性が高い時期。妊娠の可能性があるなら最終月経から1か月ごろは薬の服用は避けましょう。持病がある場合や飲んでしまった市販薬への不安は、医師によく相談を。

X線

一般的なX線検査は心配ありません

妊娠中は、体に放射線を受けるX線検査は避けるのが基本です。ただ妊娠がわかる前に受けてしまった場合でも、一般的な検査目的の放射線量なら、赤ちゃんにはまず影響はありません。

市販薬と妊娠への影響

妊娠中は安易に薬は飲まないのが基本。病気の治療や健康のためにどうしても薬が必要な場合は、必ず医師の診察・処方を受けましょう。

種類	妊娠への影響
かぜ薬	妊娠初期に用法・用量を守って数日間飲んだくらいなら、まず影響はありません。妊娠中にかぜをひいたときは薬に頼らず治すか、医師の処方を。
解熱鎮痛剤	妊娠初期に使用量を守って数回服用したくらいなら心配はありません。妊娠中は胎児の動脈管を収縮させるなどの懸念があるので、服用は避けます。
胃腸薬	つわりと気づかず胃腸薬を飲んだとしても、赤ちゃんには影響ありません。妊娠中に胃腸薬を使用したい場合は必ず医師に相談して。
整腸剤・下痢止め	赤ちゃんに影響する成分は入っていないので、用法・用量を守って飲む分には心配はありません。下痢の症状がひどいときはやはり病産院を受診して。
便秘薬	妊娠判明前に服用していたとしても、とくに問題はありません。妊娠中は効きすぎて強い下痢がおこると子宮が収縮しやすいので、医師に相談を。
皮膚の薬	虫さされや湿疹、ニキビなどの外用薬は赤ちゃんには影響ありません。ただし副腎皮質ホルモンの入っているものは必ず医師に相談してから使用を。

種類	妊娠への影響
目薬	疲れ目、かすみ目などの目薬は、薬効成分がごく微量しか入っていないので影響はありません。目の赤みやかゆみがひどい場合は眼科を受診して。
歯痛の薬	成分は解熱・鎮痛剤とほとんど同じ。使用法を守れば問題ありませんが、虫歯そのものの治療をするわけではないので、早めに歯科を受診して。
皮膚外用鎮痛剤	筋肉痛や肩こり、腰痛を改善する外用薬は、局所的な使い方をするものなので問題はないでしょう。ただし皮膚への刺激が強いので用法・用量には注意。
漢方薬	妊娠がわかる前の服用は、心配しなくてOKです。漢方薬は人によって体質に合う、合わないがあるので必ず専門医の診察・処方を受けて使うこと。
ビタミン剤	ビタミンAやDなどの脂溶性ビタミンのとりすぎは赤ちゃんに影響が出る可能性が。ビタミンC、B群は問題ありませんが、栄養は食べ物からとる習慣を。
健康食品	食品として分類されているものなら、妊娠への影響は心配ありませんが、添加物や保存料が使用されているものは避けて。栄養補給は食事が基本です。

病産院で処方される薬の場合は？

心配しすぎず、医師の指示にしたがって

妊娠中でも病気の治療や妊娠継続のために必要と判断された場合、医師から薬が処方されます。出される薬はどれも赤ちゃんに影響がないことが確認されているものなので、医師の指示を守ってきちんと服用を。

貧血の薬

鉄剤は、貧血対策として妊娠中によく処方される薬です。飲みすぎても体外に排出されてしまうので問題ありません。

おなかの張り止め

切迫流産、切迫早産の予防のために使われます。医師の指示にしたがって飲むぶんには、赤ちゃんに影響はありません。

便秘薬

妊娠中は便秘になる人も多いもの。病産院では市販の薬より作用が穏やかで、体に影響のない薬を処方してくれます。

膣炎の薬

膣炎は流産や早産の引き金になることがあるので、きちんと治療します。膣座薬と軟膏がよく処方されます。

膀胱炎の薬

妊娠中はホルモンの変化などで膀胱炎にかかりやすくなっています。薬を服用して完治しないと再発や悪化の恐れが。

持病の薬

糖尿病や心疾患、高血圧などの持病がある場合、病気の悪化は母子にとって危険なので、適切な薬で治療を続けます。

気がかり④

ワーキングマザーの妊娠生活

無理をせず、体調に合わせて働きましょう

　妊娠がわかったら、直属の上司にはなるべく早く報告します。長時間の立ち仕事や重い荷物を持つ、X線を扱うなど危険をともなう仕事は、配置転換をしてもらう必要があります。通勤混雑や過労に気をつけ、疲れたら体を休めたり気分転換をして。

　産前産後休暇や育児休暇をとる場合は、仕事の引き継ぎをしっかり行います。産後の子どもの預け先や家庭内の協力体制も、よく話し合っておきましょう。

職場での困った対策

つわり

・ひと口サイズの食べ物を用意
・外食は避ける
・休む
・汚物入れを持ち歩く

冷え

・ひざかけ、カーディガン、ソックスを利用
・使い捨てカイロを活用
・トイレをガマンしない

眠け

・アメやガムで気分転換
・外へ出る。別の作業をするなどして気分転換

おなかの張り

・横になるなどして休む

ワーキングマザーお助け法律

妊娠証明書をもらっておこう

働く女性の妊娠・出産は法律で守られています。職場の理解を得るために病産院で妊娠証明書をもらっておくと安心。

【労働基準法で認められていること】

●配置転換
妊産婦は申請すれば軽易な業務に配置転換が可能。危険業務は禁止です。

●時間外労働の免除
妊産婦の時間外労働、休日労働、深夜業は禁止、または制限されています。

●産休
通常の出産の場合、産前6週間産後8週間の産前産後休暇を取得できます。

●育児時間
満1歳未満の子どもを育てている人は1日2回30分の育児時間を請求できます。

【男女雇用機会均等法で認められていること】

●通院時間の確保
妊娠中から出産後にかけ、健康診断などの通院のために必要な時間を請求することができます。

●勤務時間の調整
母子の健康を守るため通勤緩和、時差通勤、休憩時間の延長などができます。

【育児・介護休業法で認められていること】

●育児休業
生後子どもが満１歳になるまでの期間、育児休業が有給で取得できます。

●勤務時間の短縮
満3歳未満の子どもをもつ人は勤務時間の短縮、始業・終業時間の調整等が可能。

ワーキングマザーの妊娠～出産まで

妊娠初期（～15週目）

●職場への報告
体調へ配慮してもらうためにも早く報告を。会社側も配置転換や産休中の人員確保などの対策が必要です。

●通勤方法、勤務時間を調整
通勤は混雑した時間をさけること。長時間労働は体に負担がかかるので、残業は控え、勤務時間の調整を。

妊娠中期（16～27週目）

●仕事の引き継ぎをする
周囲の人や後継の人が混乱しないよう、少しずつ確実に仕事の引継ぎを進めていきます。

●保育所探しを始める
復帰後の仕事のスタイルを考えて、必要であれば保育所やベビーシッターを探しておいて。

妊娠後期（28週目～）

●家族と家事の分担
おなかが大きくなるにつれて体への負担も大きくなります。休日は家事を家族にもしてもらい、疲労回復を心がけて。

●産休中
産前6週間から産休に入ります。家でゆったり体を休めてお産と育児に備えましょう。

●各種給付金の申請 （P.142～143参照）
赤ちゃんが生まれたら、出産手当金など働くママ向けの各種手当もあるので忘れずに申請を。

気がかり5

高年初産婦のメリット・デメリット

健康であれば年齢を気にしなくて大丈夫

初めての妊娠・出産の年齢が35歳を過ぎている場合を「高年初産婦」と言います。35歳を過ぎると、母体や赤ちゃんに何らかの異常が起きる率が高くなることから、それより若い世代の出産と区別されています。

とはいえ、高年初産婦のママもほとんどの場合は、元気な赤ちゃんを産んでいます。年齢より個人差によるところも多いので心配のしすぎは禁物です。

経過は慎重に見守って。自然分娩もできます

高年初産のリスクのひとつに**ダウン症（染色体異常）**があります。年齢が上がるほど染色体異常の発生率が上がるので、どうしても心配な場合は、出生前診断で異常の有無を調べることもできます（下表参照）。

妊娠中毒症や糖尿病などのリスクにも気をつけます。体重の変化や妊娠の経過は注意深く見守って。年齢が高くなると筋肉などがかたくなり難産になるとも言われますが、自然分娩する人も大勢います。心のゆとりをもって出産に臨みましょう。

35歳を過ぎてからの妊娠・出産のメリット

- ●精神的にゆとりがもてる
- ●お産に積極的
- ●経済的に安定している
- ●夫婦の人間関係がしっかり確立している
- ●まわりに出産経験者が多い

こんな妊娠生活を送りましょう

異常の早期発見・早期治療のために定期健診を欠かさずに。バランスのよい食事、適度な運動・休養を心がけ妊娠中毒症などの病気を予防します。家事や出産準備は家族にも協力してもらって。

働くママの高年初産では、仕事をがんばりすぎて無理をしないように。

出生前診断

胎児の染色体異常や奇形を調べる「出生前診断」は流産などのリスクがあり、費用もかかります。診断を希望する場合は、診断後の対応まで含めて医師や家族とよく相談してから受診してください。

検査名	検査時期	検査内容
超音波断層法	妊娠7週～	おなかの上から超音波をあて、子宮や胎盤、赤ちゃんの全身のようすを調べます。母体や赤ちゃんへのリスクはほとんどありません。無脳症や四肢の構造異常、双子以上の多胎妊娠などがわかります。
羊水検査（羊水穿刺《せんし》）	妊娠14～17週	染色体異常と先天代謝異常の有無を確かめる検査です。母体のおなかの上から針を刺して、子宮内の羊水を採取して調べます。200～300分の１の割合で流産のリスクがあります。
絨毛《じゅうもう》検査	妊娠10～11週	子宮口から管を入れ、将来胎盤になる組織をとって調べます。染色体異常と先天代謝異常について調べられますが、流産が起こりやすく（100～200分の１の割合）、検査の正確さは羊水検査より劣ります。
クワトロテスト	妊娠15～21週	母体から採血をして、その血液を調べます。染色体異常（ダウン症）、18トリソミー、開放性神経管奇形の子どもが生まれる確率を知ることができます。結果は確率で表示されるので、確定には羊水検査が必要。

気がかり❻

双子かもと言われたら

妊娠6か月ごろから急におなかが大きく

子宮の中で赤ちゃんが2人育っている、いわゆる双子の場合、妊娠6か月ごろから急激におなかが大きくなります。心臓や肺など母体に大きな負担がかかるので、貧血やおなかの張り、むくみなどには十分注意を。妊娠8か月にもなると、1人の場合の臨月くらいのおなかになります。妊娠中毒症や切迫早産のリスクも高くなるので、体調に注意して医師の指示を守りましょう。

双子の場合は、通常のお産よりも帝王切開になるケースが多くなりますが、母子の健康状態や赤ちゃんの向きなど、条件がそろえば経腟分娩もできます。

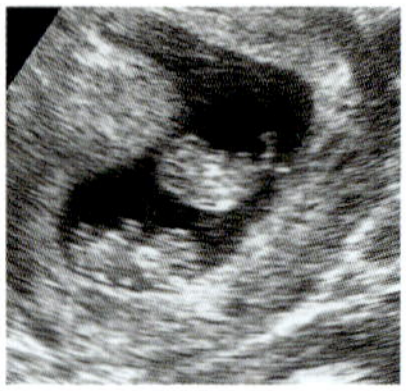

超音波写真で見た妊娠10週目の双子。頭を寄せ合い、体はそれぞれ左右を向いている。

気をつけたい症状

・妊娠中毒症、羊水過多・過少
・切迫流産、切迫早産
・おなかの張り、むくみ

注意したい時期

・妊娠中期〜後期

一卵性と二卵性の違い

一卵性

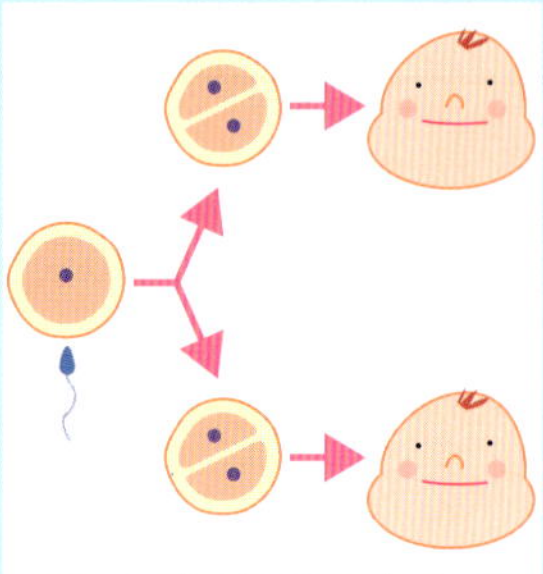

1つの受精卵が2つにわかれたもの。遺伝子が同じなので、顔や体つきもよく似ています。

二卵性

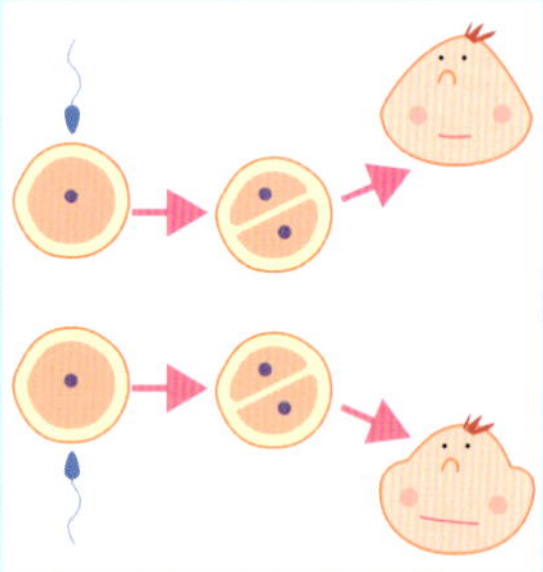

2つの受精卵が同時に育ったもの。双子でも2人の血液型や性別が異なる場合もあります。

双子の出産、医療費は倍!?

陣痛がきて即お産となった場合の医療費は、分娩費＋母親の入院費（＋赤ちゃんの入院費×2）。1人の場合の倍というわけではありません。ただ多胎妊娠は、出産前の管理入院や帝王切開で入院が長くなることが多く、その場合は病院に支払う医療費も高くなります。

双子の出産費用は、やはり多めに用意しておくと、いざというときも安心です。

胎児の位置と出産方法

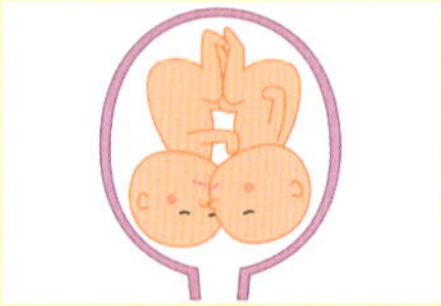

2人とも頭位
2人ともが頭位だと、経腟分娩も比較的スムーズ。子宮口に近いほうから生まれます。

2人とも逆子
両方が逆子の場合は経腟分娩は難しいため、帝王切開になりやすくなります。

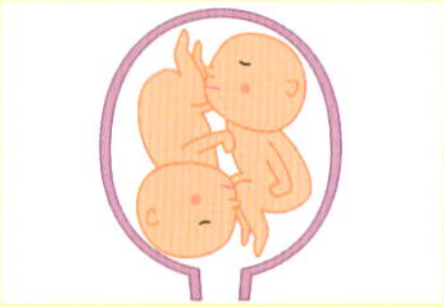

第1子が頭位
子宮口に近い第1子が頭位（頭を下にした姿勢）なら、多くは経腟分娩が可能です。

経腟分娩の流れ

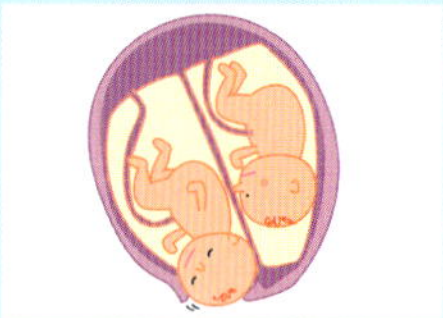

❶ 陣痛がきて子宮口が開いてくると、まず子宮口に近い赤ちゃんが下りてきます。

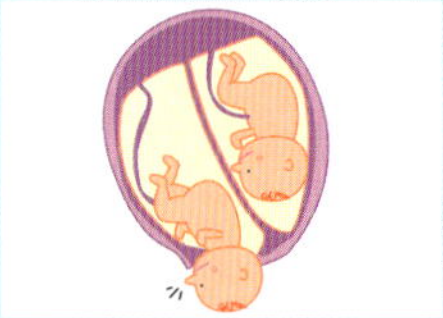

❷ 第1子の頭が出ます。その間、もう1人は動かずに子宮の中で待っている状態。

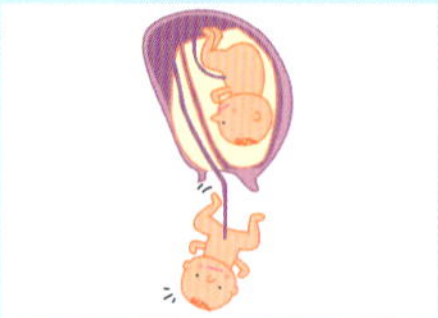

❸ 第1子が誕生。へその緒を切り、次の赤ちゃんの陣痛がくるのを待ちます。

❹ 陣痛後、2人目の出産。産道が広がっているのでスムーズ。最後に胎盤を処理。

気がかり7

妊娠中のセックスは？

コンディションのいいときに、清潔&ソフトに

妊娠中でも、経過が順調で体調もよければセックスをしてもかまいません。ただし妊娠初期の不安定な時期や後期のおなかが張りやすいときは、流産・早産を防ぐために控えたほうが安心でしょう。切迫流・早産や妊娠中毒症などで医師から安静を指示されているときは、セックスは禁止です。

感染症予防のために体や手・つめを清潔にして、おなかに負担をかけないようゆっくりソフトなセックスを心がけます。

●初期
やさしく浅めに

●中期
おなかに負担をかけない

●後期
早産に注意。挿入は浅めに

思いやりを持ったコミュニケーションを

妊娠中は性欲が減退する女性も多いもの。セックスしたくないときは、その気持ちを素直に話しましょう。夫婦の気持ちの行き違いをなくすためには話し合う、ふれ合うなど、日常のコミュニケーションも大切です。

妊娠中のセックス安全体位、NG体位

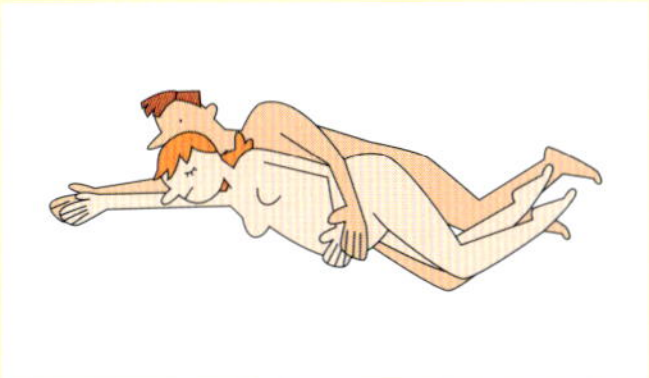

後側位

初期○ 中期○ 後期○

横になっていられ、体がラクな姿勢。妊婦のおなかが大きくなっても負担が少ないのでもっとも安心。

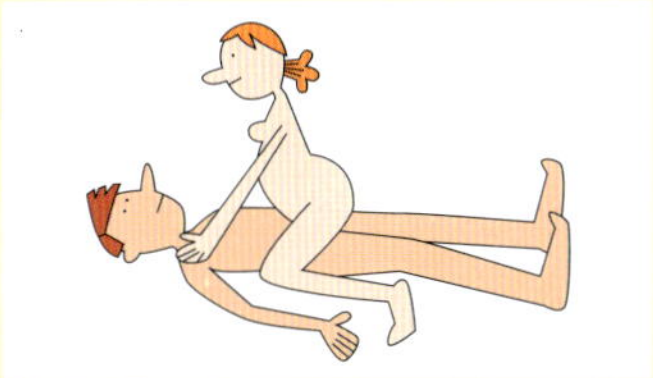

女性上位

初期△ 中期○ 後期○

妊婦が自分で姿勢や挿入の深さをコントロールできるので、無理のかからない体位。

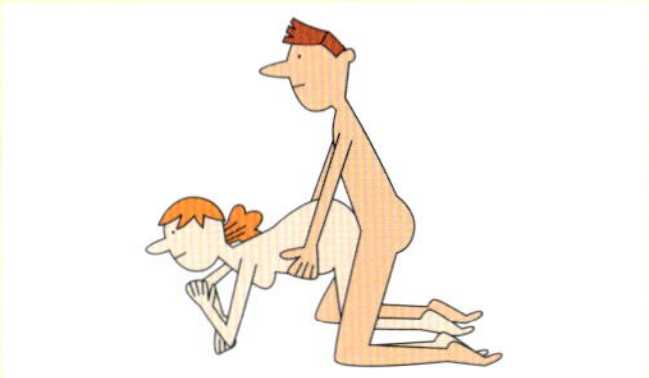

後背位

初期△ 中期○ 後期△

妊婦のおなかはラクですが、挿入が深くなりがちなので、初期や後期には気をつける必要が。

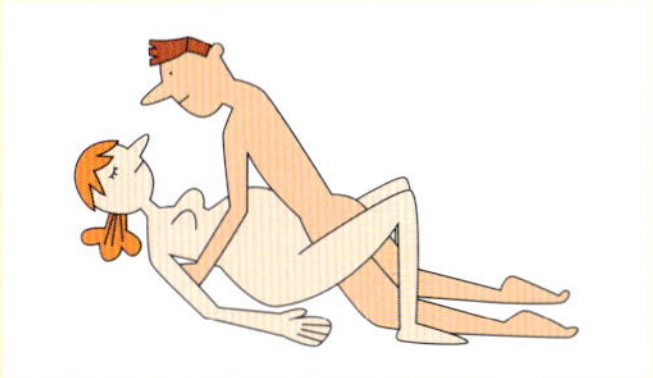

正常位

初期○ 中期△ 後期△

妊婦に体重をかけないように気をつけて。おなかが大きくなると難しくなるので注意。

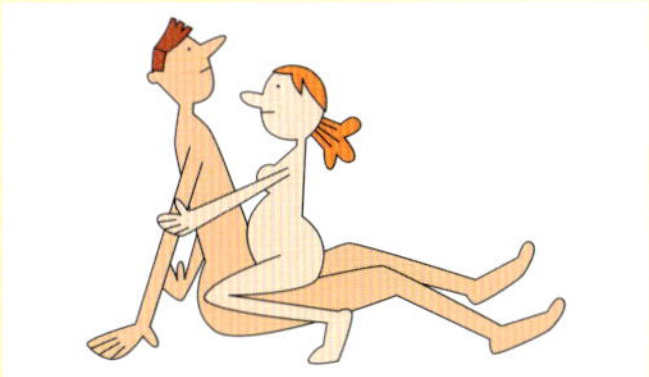

座位

初期△ 中期○ 後期○

比較的挿入が浅くなるスタイル。女性上位と同じように妊婦が姿勢を調整できるのがメリット。

屈曲位

挿入が深くなり、妊婦のおなかへも負担がかかるので、全期間を通して避けたほうがいいスタイル。

こんなときはやめましょう

●おなかが張るとき
日頃からよくおなかが張るときは、セックスは控えて。セックスの途中で張ってきたときは中断して、体を休めます。

●出血があるとき
あまり心配のない出血でも、出血時は基本的にセックスは禁止。出血がおさまって医師の許可がおりたらＯＫです。

●性感染症があるとき
クラミジアや腟炎、頸管炎などの感染症にかかっているときは、流・早産の危険性が高いので注意が必要です。

●医師の指示があるとき
妊娠中毒症などの病気や、前置胎盤、子宮頸管無力症などのトラブルで医師から指示があるときは、その指示に従って。

●切迫流・早産
流産や早産の危険がある間は「安静」を第一に心がける必要があるため、セックスはできません。

気がかり⑧

大きなおなかの基本動作

慌てずゆっくりを心がけて

妊娠後期の大きなおなかでは、行動はあせらず、ゆっくりを心がけましょう。日常の動作もちょっとしたことに気をつけると、体への負担が軽くなります。

【立つ】
背筋を伸ばし、両足に均等に体重をかけて立ちます。腰をつきださないように。

【歩く】
かかとを先におろしながら、ゆっくり歩きます。足もとをよく確認して。

【座る】
背もたれに背をつけ深く腰かけます。足が床に届かないときは台座などで調整。

【くつ下のはき方】
立ったままはくのは危険。椅子やベッドなどに腰かけ、ゆっくりはきます。

【つめの切り方】
ひざを立てた姿勢ではやりにくいので、あぐらをかいて足先を引き寄せて切ります。

【屈み方】
上半身を起こした姿勢でひざから曲げて屈むと、おなかに負担がかかりません。

【これはNG】
足を伸ばしたまま腰を折って屈むと、おなかに負担がかかるうえ転倒の危険が。

【寝る】
あお向けは腹部が圧迫されて苦しいので横向きに寝る「シムスの体位」がラク。

【起き上がり方】
あお向けで上に起きようとすると、おなかに力が入りすぎます。横向きに手をついて体を起こして。

次にベッドや布団の上で上半身を起こしながら両手、両ひざをついて、上半身全体をもちあげます。

この姿勢からゆっくり上半身を起こして起き上がります。ベッドの場合は腰かけて足から下ります。

気がかり⑨

安静にと言われたら

安静の目安を医師にきちんと確認して

「安静」にもさまざまなレベルがあります。自宅安静を指示された場合も、入浴や外出の可否など、具体的に医師に確認を。

自宅安静

疲れる前に横になる
自宅で静かに過ごします。家事や入浴も少しはOKですが疲れる前に横になって。

できる限り寝て過ごす
トイレや食事以外は、自宅で横になって過ごします。症状がよければシャワー可。

入院安静

条件つきで歩行もOK
入院でも、トイレや売店までなど、条件つきで院内を動くことができる場合も。

一日中ベッドで横に
入院で「絶対安静」の場合は食事もベッドでとり、終日寝ている必要があります。

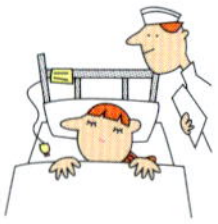

気がかり⑩

胎盤と羊水のトラブル

目に見えない異常はサインと対処法を知って

羊水や胎盤の異常は外からはわかりにくいもの。左記のようなサインに気づいたら病産院へ。また、健診時の超音波写真などでも見つけることができるので、定期健診は欠かさずに。

こんなサインに要注意！

- 出血がある（少量でも）
- おなかの張りが強い、長引く
- 破水（疑わしい場合も）
- おなかや腰が激しく痛む

羊水過少・過多

羊水は出産間近の頃で平均200～400㎖程度。1000㎖以上は「羊水過多」、100㎖以下は「羊水過少」です。まれに赤ちゃんの腎臓などにトラブルがある場合もありますが、医師からとくに指摘がなければ心配ありません。

破水

赤ちゃんを包んでいる卵膜が破れ、羊水が外に流れ出るのが「破水」です。「ポン」とはじける音がして、どっと流れ出ることもあれば、ちょろちょろと少量ずつのことも。出産時以外の破水（前期破水）は、細菌感染やそのまま早産になる危険性があります。少量だと尿もれと勘違いすることもありますが、尿もれなら自力で止めることができます。

対処法

破水がおきたら入浴やシャワーは厳禁。股間に清潔なバスタオルやナプキンをあてて、車で大至急病産院を受診して。

前置胎盤

ふつうは子宮の奥にある胎盤が、子宮口の一部または全体をふさぐ位置にきてしまっているのが「前置胎盤」です。お産が近づいて子宮口が開くと、胎盤がはがれ大出血を起こすおそれがあるため、お産は多くの場合、帝王切開になります。

対処法

妊娠中は経過を慎重に見守り、少しでも出血があったら診察を受けます。出産は胎盤の位置に応じて適切な方法をとります。

常位胎盤早期剥離

出産の前に子宮から胎盤がはがれてしまうのが「常位胎盤早期剥離」です。栄養と酸素を運ぶ胎盤がはがれることは、即赤ちゃんの命にかかわります。また大出血のため母体も非常に危険です。突然の激しい腹痛と強い張り、出血がその兆候です。

対処法

救急車を呼んで急いで病院へ。赤ちゃんは帝王切開でとり出します。妊娠中毒症が引き金になることもあるので予防に努めて。

前置胎盤の種類と対処法

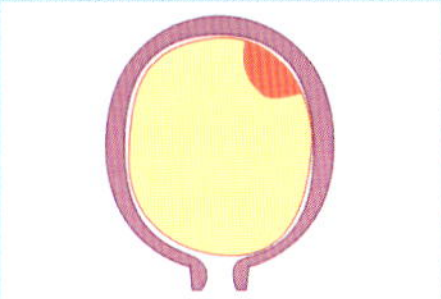

正常な胎盤

通常、胎盤は子宮口の反対側にあたる、子宮のいちばん奥の前側（子宮底部）にあります。

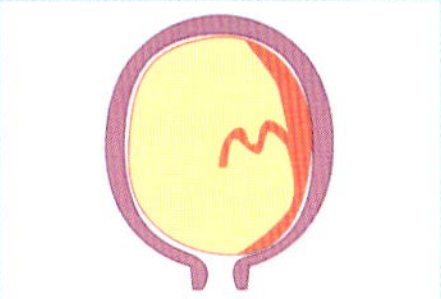

辺縁前置胎盤

胎盤の縁が少しだけ子宮口にかかっている状態。経過が順調なら、自然分娩できることもあります。

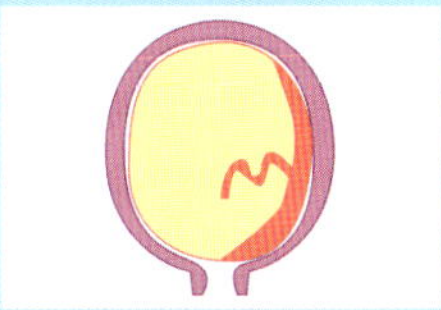

部分前置胎盤

胎盤が子宮口の一部にかかっています。出血が多くなるので、お産は帝王切開になる可能性が大。

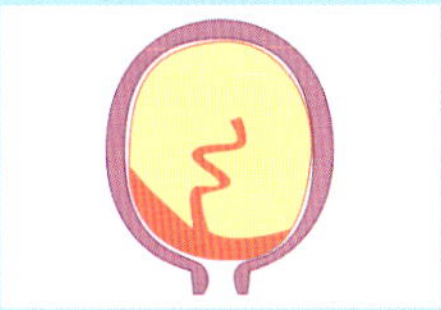

全前置胎盤

胎盤が子宮口の上にあり、子宮口を完全に覆っている状態。出産はほぼ確実に帝王切開になります。

気がかり⑪

里帰り出産で注意すること

里帰りするなら早めに転院先を決めておいて

産後、ママと赤ちゃんが自宅で療養できない場合は、実家に帰って産前産後の世話を受ける「里帰り出産」を検討します。

転院をともなう里帰り出産が必要ならば、転院先は早めに決めておきましょう。慣れない施設やスタッフの中で出産するのは、ママの不安も大きくなりやすいもの。また病院によっては妊娠中の両親学級への参加などを義務づけている場合もあるので、早めに情報収集をしておきましょう。

できれば妊娠初期のうちに通っている病院と転院先の病院に里帰り出産である旨を告げ、妊娠中期に、転院先で出産予約もかねて受診しておくと安心です。

日程や交通機関を検討し帰省は妊娠9か月中に

帰省は妊娠9か月中にします。帰省前には早産など心配な兆候がないか必ず診察を受け、転院先の病産院に提出する紹介状も書いてもらいましょう。帰省が年末年始や大型連休など混雑する時期にあたるときは、日程を早めます。赤ちゃん用品や着替えなどは前もって宅配便で送ると便利。長距離の移動になる場合は、できる限り夫や実家の家族につき添ってもらいましょう。

また残る家族への配慮を忘れずに。簡単な料理や洗濯、ゴミ出しなど伝授しておきましょう。

里帰り出産のメリット・デメリット

メリット

- 家事や育児を手伝ってもらえる
- 産後の体を休められる
- 授乳や赤ちゃんの世話がゆったりできる
- 親に育児相談ができる

デメリット

- 大きなおなかでの移動が危険な場合も
- 夫と離れるため、夫に父親としての自覚が芽生えにくい
- 太りすぎることがある

帰省するときのポイント

- 荷物はなるべく宅配便で
- 飛行機を利用する場合は注意を
  - ・予定日28日前から診断書と誓約書が必要になる
  - ・医師のつき添いが必要な場合も
- 家族とのコミュニケーションをまめに取る
- 年末年始、夏休み、行楽シーズンなど、混み合う時期の帰省は避ける

里帰りスケジュール

妊娠初期
- ・里帰りするかどうか決める
- ・転院先の情報を集める→決定
- ・健診を受ける
- ・病院に報告
- ・転院先に連絡しておく

妊娠中期
- ・できれば転院先で診察を受けておく
- ・里帰りの準備

妊娠後期
- ・家族と留守中の打ち合わせをする
- ・32~34週で転院前の病院で診察を受ける
- ・紹介状を書いてもらう
- ・里帰りする
- ・臨月中の健診
- ・出産

産後
- ・転院前の病院へ連絡
- ・転院先で1か月健診を受ける

第 2 章

安産のための
お産の基礎知識

- お産の兆候が現れ始めたらいよいよ準備を進めましょう
- これだけそろえば安心　入院準備チェックリスト
- お産のサインから入院までの手順
- 陣痛がきてから赤ちゃん誕生までの進み方
- 痛みを上手に逃す陣痛の乗り切り方
- いよいよ出産！　赤ちゃんとご対面
- 退院日までの過ごし方
- お産本番の気になるキーワード
- 知っておきたい　産み方のいろいろ
- 産後の体と心のケア

監修　湘南鎌倉総合病院　副院長
井上裕美先生

アクティブバースによる自然分娩に、積極的に取り組む同病院の産婦人科部長。共著に『30歳からのわがまま出産』（二見書房）、共訳に『月別の妊娠できごと辞典』（メディカ出版）など。科全体で書籍の翻訳を手がけることもある。

お産の兆候が現れ始めたら いよいよ準備を進めましょう

お産が近づいたら体にも変化が現れます

妊娠37週を過ぎたら、赤ちゃんはいつ生まれてもおかしくありません。そのときに備え、体と心の準備はもとより、入院や赤ちゃんを迎える準備など、必要なことを再確認しておきましょう。

また、お産が近づくと体には変化が現れます。症状やその程度には個人差があるので、神経質になる必要はありません。お産の当日に向けて、栄養と睡眠をきちんととり、体調を整えておきましょう。

油断しないで体重管理を

お産が近づき、胃や胸がすっきりすると、食欲がわいて食べすぎてしまうことがあります。太りすぎると産道の周囲などに脂肪がつき、お産が長引く要因になります。また、妊娠中毒症や糖尿病などの合併症を起こす心配もあります。気を抜かずに体重の管理を続けましょう。食事だけでなく、散歩や家事で体を動かすことも大切です。太りすぎを予防することは、安産につながるのです。

こんな症状が現れたら お産が近づいている証拠

次のような兆候が現れたら、お産が近い証拠です。胎動が少なくなる、足のつけ根がつる、おりものが増えるなどの症状が現れることもあります。

不規則におなかが張る

日に何回か不規則に子宮が収縮するようになり、おなかの張りを感じます。規則的に張るようになれば、いよいよお産が始まります。

胃や胸がスッキリする

赤ちゃんが下りて骨盤の中に入るため、胸や胃の圧迫感がなくなります。食欲が増進しますが、食べすぎないように注意しましょう。

歩きにくくなる

赤ちゃんが下がってくると、太ももが圧迫されたように感じ、歩きにくくなります。つけ根が痛くなる場合も。

トイレが近くなる

赤ちゃんの頭が膀胱を圧迫するため、頻尿になります。10～15分おきに行きたくなることもあります。

夜中に目が覚める

トイレが近くなるのは眠っている間も同じ。夜中にトイレに行きたくなるため、何度も目が覚めることがあります。

入院する前にやっておくこと

赤ちゃんを迎える準備を進める

いつ赤ちゃんが家に来てもいいように、ベビーコーナーをチェック。必要なものがそろっているか確認して、足りないものはそろえておきましょう。

入院中のことを家族と相談する

入院中の家のことを家族とよく相談すること。ゴミ出しなど、家族にしてもらいたいことを書き出して、目立つところに貼っておくと確実です。

家族が不在のときの入院方法を確認する

家族がいないときに入院になることもあります。交通手段を確認して、書き出しておきます。タクシー会社は2～3社の電話番号を調べておくと安心。

赤ちゃんが誕生したときの連絡先リストを作る

赤ちゃんが生まれたことを知らせる人の連絡先を、リストにしておきましょう。家族に電話してもらう場合は、家族に渡しておきましょう。

出産費用を確認して準備しておく

病産院にだいたいの出産費用を確認して、やや多めに準備しておきます。退院日に家族に持ってきてもらえるようにしておきましょう。

入院のための荷物を再確認する

入院のときに必要なもの、入院中に必要なもの、退院時に必要なものをわけて準備しておくと安心です。入れ忘れがないか、再確認しておきましょう。

母子健康手帳・保険証・診察券・印鑑をまとめておく

いつ入院してもよいように、ポーチなどにまとめておいて（P.76参照）。外出するときは、必ず持ち歩くようにしましょう。

37週を過ぎたら積極的に動く

切迫早産のおそれがあるといわれていた人も、37週を過ぎれば、いつ生まれても大丈夫。安産に向けて歩いたり、体操したりしましょう。

呼吸法の練習などお産の予習をしておく

母親学級などで習った呼吸法をおさらいしておくと◎。お産前後の過ごし方など、わからないことは助産師に聞いておくようにしましょう。

これだけそろえば安心 入院準備チェックリスト

入院から退院までに必要なものは、4つのバッグにわけて用意しておくと便利。緊急の場合は、Aのバッグだけで大丈夫。余裕があるときや、ひとりで入院するときはAとBを持っていきましょう。CとDは家族に持ってきてもらっても。自分で用意するものと病産院で用意されるもの、別々にチェックして準備を。

病産院でもらえるもの 借りられるもの

病産院にもよりますが、お産パッドや清浄綿などの消耗品を中心に、「お産セット」が用意されています。入院着やガウン、円座や搾乳器などを借りられる場合もあるので、事前に確認しておきましょう。

お産セットの一例。病院で用意されるものは、入院のパンフレットで確認できます。

入院手続きに必要なもの A

入院手続きに必要なものは、ひとつにしてどこにでも持ち歩くようにします。念のため、保険証の期限を確認しておくと安心です。

母子健康手帳
健康保険証
診察券
印鑑

入院時に必要な4点セット。母子手帳ケースやポーチなどにまとめておくとよいでしょう。陣痛がきたからといって、あわてて忘れないように。

入院するときに持っていくもの B

入院から産後すぐに使うものをまとめておきます。陣痛のときの飲み物や食べ物などは家族に持ってきてもらうようにします。

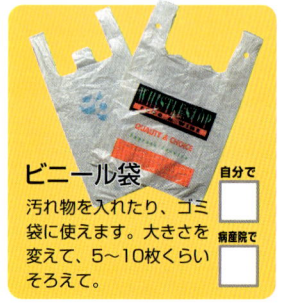

お産パッド

産後の悪露が多いときに必要。病産院で用意されることが多いので確認しておきましょう。

自分で □　病産院で □

腰巻

産後の出血で寝具や衣類を汚さないように、ネグリジェの下につけるもの。

自分で □　病産院で □

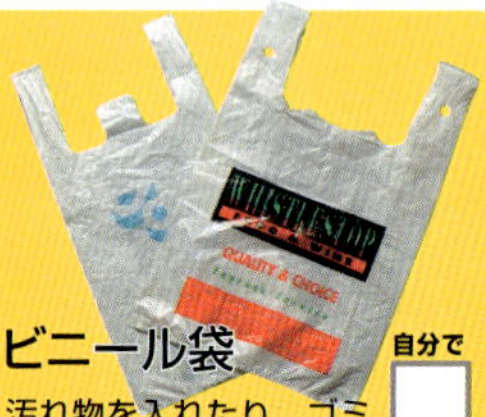

ビニール袋

汚れ物を入れたり、ゴミ袋に使えます。大きさを変えて、5～10枚くらいそろえて。

自分で □　病産院で □

生理用ナプキン

産前はおしるしがあったとき、産後は悪露が少なくなったときに使います。2サイズくらいあると○。

自分で □　病産院で □

T字帯

悪露のパッドを交換してもらいやすいようつけるもの。病産院で用意される場合もあるので確認を。

自分で □　病産院で □

パジャマかネグリジェ

診察時、授乳時に便利な前開きのものがおすすめ。パジャマなら上が長いタイプが快適。

自分で □　病産院で □

スリッパ ソックス

歩きやすくて通気性のよいスリッパかサンダルを。ソックスは足元を冷やさないように履きます。

自分で □　病産院で □

ティッシュ ウェットティッシュ

入院中なにかと使えるティッシュ。母乳がこぼれたときなどにも使えるウェットタイプも用意を。

自分で □　病産院で □

産褥ショーツ

T字帯があればなくても。悪露が落ち着いたら大きめサイズの生理用ショーツでも代用できます。

自分で □　病産院で □

カーディガンかガウン

病産院内を移動するときに羽織るもの。夏でも冷房が効いている場合は、薄手のものがあると便利。

自分で □　病産院で □

陣痛乗り切りグッズ

ツボ押しグッズ、ボールなど85、90ページを参考にそろえて。飲み物なども忘れずに。

自分で □ 病産院で □

筆記用具

陣痛間隔をメモするほか、産後は赤ちゃんの様子やお見舞い客からいただいたものの覚え書き用に。

自分で □ 病産院で □

時計

陣痛の間隔を計るもの。腕時計よりも、文字盤が大きく、分単位まで計れるものがおすすめ。

自分で □ 病産院で □

洗面用具

産後の入浴のために、シャンプーや石鹸を。歯ブラシ、歯みがき、コップなど旅行用のものでも○。

自分で □ 病産院で □

小銭、テレホンカード

携帯電話が使えない場合もあるので準備を。小銭は売店などを利用できるくらいの額でOK。

自分で □ 病産院で □

前開きの肌着

授乳がしやすい前開きタイプで、締めつけず吸湿性のよいものを。

協力／ローズマダム

自分で □ 病産院で □

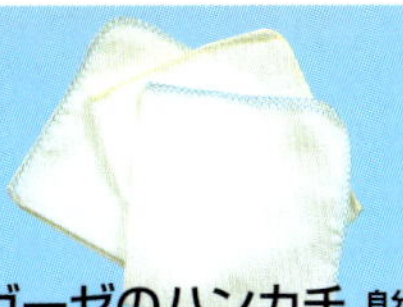

ガーゼのハンカチ

赤ちゃんの顔や口をふいたり、頭の下に敷いたり、入院中から退院後まで使えます。10枚ぐらい準備。

自分で □ 病産院で □

入院中に必要なもの C

平均入院日数は、4～5日。この期間を快適に過ごすため、使いやすいものを準備しましょう。赤ちゃん用のグッズも忘れずに！

メイク道具など

入院中は基礎化粧品だけでOKですが、来客や退院時には、おしゃれをしましょう。

自分で □ 病産院で □

母乳パッド 清浄綿

ブラジャーの内側にあて、母乳のモレを防ぎます。清浄綿は、悪露の始末などに使います。

自分で □ 病産院で □

授乳用ブラジャー

産後は必ず必要です。授乳時に乳房を片方ずつ出せるようになっているものを（P.45参照）。

自分で □ 病産院で □

タオル

陣痛時の汗ふき、洗面のほか、授乳時に必ず必要。5～6枚は準備を。病産院で用意される場合もあり。

自分で □ 病産院で □

赤ちゃんのケアグッズ

沐浴後に髪をとかすためのブラシや、綿棒を用意。安全なベビー用のつめ切りは必需品。

自分で □ 病産院で □

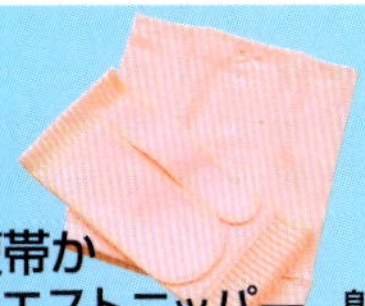

腹帯かウエストニッパー

産後の体型戻しに使います。妊娠中の腹帯を使っても。使い始める時期は、助産師と相談して。

自分で □ 病産院で □

コップ・はしなど

食事に使うはしとコップは自分で準備する病産院がほとんど。来客用の紙コップなどもあると便利。

自分で □ 病産院で □

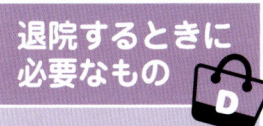

退院するときに必要なもの D

退院直前にあればよいものです。出産費用は、必要な金額を算出してもらい、退院日に家族に持ってきてもらいましょう。

車で退院するならチャイルドシートを

車での移動は、チャイルドシートが義務づけられています。車で退院する場合は、新生児から使えるチャイルドシートを準備。あらかじめ、付けておきましょう。

自分の服

ゆったりめの服か、スリムタイプのマタニティウエアが無難。

自分で □ 病産院で □

アフガン

赤ちゃんをくるんで外気から守ります。季節によっては必要ない場合も。

自分で □ 病産院で □

赤ちゃんの服

退院日にはちょっぴりおしゃれを。季節によっては、帽子や靴下も用意。

自分で □ 病産院で □

赤ちゃんのおむつ・肌着

入院中は病産院で準備されているのが一般的。退院日用を用意します。

自分で □ 病産院で □

商品協力／ローズマダム　問い合わせ　☎03-3635-2448　http://www.rosemadame.co.jp

お産のサインから入院までの手順

お産の始まりは人によっていろいろあります

お産が近くなると、赤ちゃんをおなかから押し出すために、子宮が収縮を始めます。最初は不規則に感じられたおなかの張りや痛みが、徐々に規則正しくなります。これが陣痛。規則正しくなるまでに数日かかる人もいれば、短時間の人も。**入院のタイミングは10分おきの陣痛が基本**ですが、**15～20分間隔の段階で病産院に電話して確認**しましょう。破水からお産が始まる場合もあります。おしるしや**破水した場合はすぐに病産院へ連絡**を。

予定日を過ぎた場合は…

予定日にお産が始まらなくても、心配する必要はありません。積極的に体を動かし、陣痛が始まるのを待ちましょう。健診も通常通りに受けます。

42週を過ぎると、羊水減少、巨大児などの合併症が生じ始めるため、胎盤機能検査などを行いながら注意深く観察します。場合によっては、誘発分娩などの医学的な措置をとることもあります。

◆◆◆入院前の基礎用語◆◆◆

おしるし

赤ちゃんの頭が下がると、卵膜が子宮の内側の壁からはがれ、出血することがあります。これが「おしるし」で、子宮口が開き始めたサイン。見られない人もいます。

■おしるしの種類

おりものに血液が混ざったような、粘液状の出血。茶褐色か赤黒いので、鮮血とは区別できます。量はまちまち。

陣　痛

子宮の収縮に伴う痛みのこと。まず下腹部に生理痛のような痛みを感じます。最初は不規則でも、しだいに規則的になり、初産の場合は10分間隔になったら病産院へ連絡が基本。

前駆陣痛

まだ本格的な陣痛がくる前に、ちょっとした刺激で子宮が収縮するために感じる痛み。本格的な陣痛の前触れで、この収縮が繰り返されることで、子宮口がやわらかくなります。

破　水

赤ちゃんを包んでいる卵膜が破れて羊水が流れて出ること。ふつうは、陣痛が始まって、子宮口が全開大になってから、つまり、分娩体勢になってから起こります。

前期破水

陣痛がくる前に破水すること。子宮の高い位置で起きていると、下りてくる水の量が少ないため、尿モレと区別できないことも。少しでも疑わしい場合は、病産院に連絡します。

■注意の必要な破水

にごった緑色の破水があった場合。赤ちゃんのうんちが羊水に出て、羊水がにごった状態です。すぐに病産院へ。

こんな場合の入院は？

あらかじめ出産日が決まっている出産や、ハイリスクの場合は、お産のサインがあってからの入院とは、流れが異なります。

計画出産の場合

出産予定日は、妊娠37週から予定日の間。前日に入院し、子宮口を広げる処置を受けます。誘発分娩（P.111参照）になりますが、呼吸法やいきみ方は自然に陣痛がきた場合と同様です。

予定帝王切開の場合

手術は、39週以降に行うのが一般的です。前日、または当日入院し、手術の8時間前から飲食が制限されます。多くの病産院では、手術前に制酸剤の服用が行われ、点滴をします（P.116参照）。

切迫早産で入院している場合

妊娠37週になったらいったん退院。家で陣痛がくるのを待ちます。退院する前に陣痛がきた場合や、多胎妊娠の場合などは、家に戻らずそのまま出産になることもあります。

お産のサインに気づいたらこんな行動を！

急な出血や激痛がきた

前置胎盤や常位胎盤早期剥離など、異常出産の可能性があります。出血した場合はナプキンなどをあてて、安静に過ごしましょう。

病産院へ連絡する

連絡はすぐにして、指示を受けます。救急車を呼び、大きな病院へ行くように指示される場合もあります。

救急車を呼ぶ

病産院から指示があった場合や、すぐに動ける家族がいない場合は、救急車を要請します。

家族に連絡する

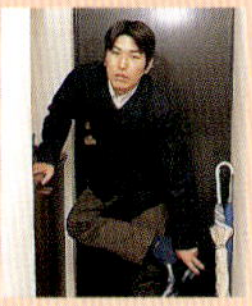

家族がすぐに動けるようなら、家族の車で病産院へ。タクシーを利用してひとりで入院するのは避けること。

シムスの体位で休む

激痛や出血があるときは動かないこと。迎えの車が来るまで、シムスの体位（P.87参照）で安静に。

車か救急車で病産院へ

緊急入院となるので、通常の入院と流れが異なります。病産院の指示に従いましょう。

破水した

自分でできる手当をする

下りてくる水の量が少なくて、尿モレか破水かどうかの判断がつかなくても、清潔なナプキンをあてて。量が多ければ、タオルを腰にまいても。

病産院の指示を受ける

破水すると感染の心配があります。病産院へ連絡して指示を受けて。破水の場合はまず入院になります。

家族に連絡する

入院に付き添える場合は車の手配をしてもらいます。無理な場合は自分でタクシーを呼びます。

楽な姿勢でじっとしておく

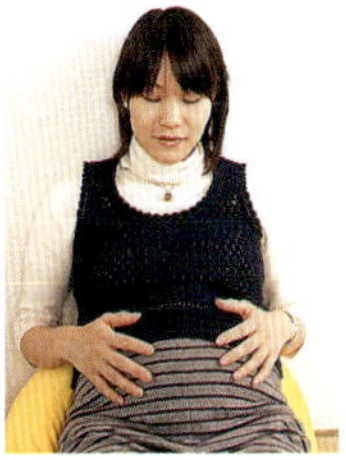

荷物などの入院の準備をして、クッションにもたれたり、横になったり、楽な姿勢で待ちましょう。

陣痛がきた　おしるしがあった

陣痛間隔を計る

いきなり短い間隔で始まる人もいますが、だんだん間隔が短くなるのが一般的。痛みの間隔を記録します。

痛みを逃す

陣痛がきたら痛みを逃します。家族がいたら手伝ってもらって。方法は86～90ページを参考に。

家族に連絡する

入院時に付き添える家族がいる場合は、陣痛がきたことを知らせて。

食事をしておく

お産は体力を使うもの。陣痛の合間に食事をします。カロリーが高く、消化のよいものを。

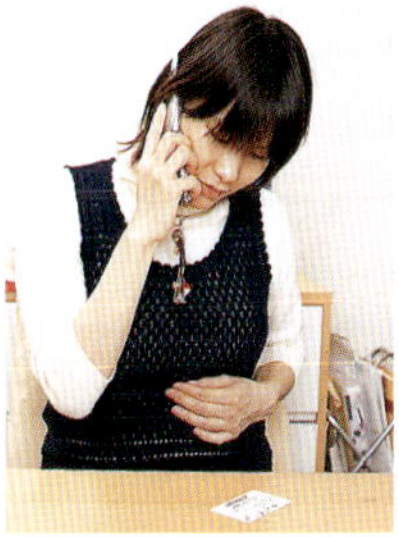

病産院へ連絡する

陣痛が10分間隔になったら病産院へ連絡。距離が離れている場合は少し早めに。

車・タクシー・徒歩などで病産院へ

タクシーに乗る場合は、お産で入院することを伝えましょう。
陣痛の間は無理せず休みながら向かいます。

病産院へ行く前にやっておくことは？

入院が決まってからの過ごし方

陣痛の合い間に、できることはたくさんあります

陣痛は持続した痛みではありません。痛みには間隔があり、その間は普通に過ごすことができ、食事や入浴をすることもできます。きちんと食事をする余裕がない場合は、体力をつけるためにも、バナナやヨーグルト、プリンなど、消化がよく高カロリーなものを食べておくとよいでしょう。破水していなければ入浴をして、体を清潔にしておくこと。必要なところには、これから入院することを連絡しておきましょう。

保険証、診察券、母子健康手帳、印鑑など、入院に必要な荷物も、最終確認しておきます。

はじめての陣痛に動揺して、早めに病産院へ行ってしまうケースもありますが、「赤ちゃんが子宮の高い位置にいる」などの理由で、家に戻る場合もあります。できるだけ自宅で、呼吸法やマッサージで痛みを逃しながら、10分おきの陣痛になるまで過ごすのもよいかもしれません。また、出かけるときは、火の元、戸締まりの確認を忘れずにしましょう。

入院直前！ これだけやれば安心です

荷物をチェックする

母子健康手帳、保険証、診察券、印鑑など入院に必要なものや痛み逃しグッズなどが入っているか確認。飲み物なども忘れないように。

呼吸法を確認する

痛み逃しや、呼吸法の練習をしながら、10分間隔の陣痛がくるまで、できるだけ自宅で過ごすようにして。きっと本番で役立ちます。

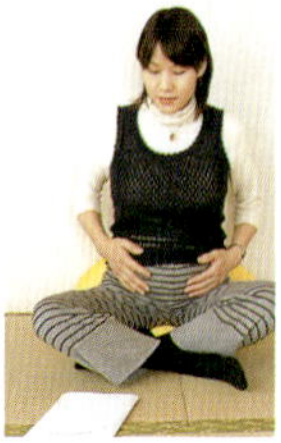

シャワーを浴びる

破水していなければ入院までにシャワーを浴びて、体を清潔にしておきます。痛み逃しやリラックスには、入浴や足浴も効果的です。

破水しているときは NG

赤ちゃんを包んでいる卵膜が破れているので、シャワーを浴びると、細菌感染の心配があります。羊水が流れ出ないよう安静にして。

家の戸締りを確認する

出かける前は、火の始末、窓の閉め忘れ、玄関のカギの確認をして、防火や防犯対策も忘れないように。

化粧やマニキュアを落とす

医師や助産師は、顔色を観察します。陣痛の間隔が短くなると落とす余裕もなくなりますから、入院前に化粧は落として。

コンタクトレンズを外しておく

お産に時間がかかれば、一晩陣痛室で過ごしたり、場合によっては緊急帝王切開になったりします。メガネのほうが安心。

入院から出産までの流れ

病産院へ到着したらどんなことをするのか、流れを把握しておきましょう。診察室や陣痛室で受ける処置などを確認しておくと、陣痛の痛みにも落ち着いて対処することができます。家族と一緒に入院する場合は、陣痛室で立ち会うことができるかなど事前に確認しておいて。痛みがきたら無理をせず、休むようにしましょう。

病産院へ到着

夜間なら、夜間専用出入り口から入ります。インターホンを押すと、守衛室やナースステーションにつながります。

受付をする

受付では診察券、健康保険証、母子健康手帳を出して、必要な書類を書くなどの手続きをします。

問診を受ける

外来で診察を受けます。陣痛がきた時間、痛みの強さや間隔などを問診されます。不安なことがあったら聞いておきましょう。

内診をする

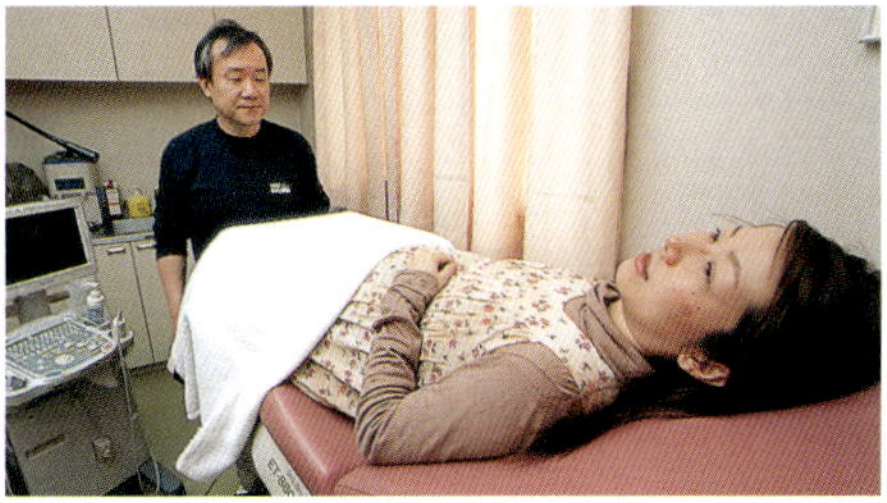

内診して子宮口の開き具合や、どれくらい赤ちゃんが下がってきているのかを診断します。超音波検査をして、赤ちゃんの大きさを確認することもあります。

入院が決まる

赤ちゃんがじゅうぶんに下がり、子宮口がやわらかくなって開いていたら入院に。すぐにお産にならないと判断された場合は、家に戻ることもあります。

分娩監視装置をつける

お産が進むと、陣痛の強さや赤ちゃんの心拍数を記録する分娩監視装置をつけることも。陣痛の強さや赤ちゃんの心音の状態を調べて、赤ちゃんが元気かどうか確認します。

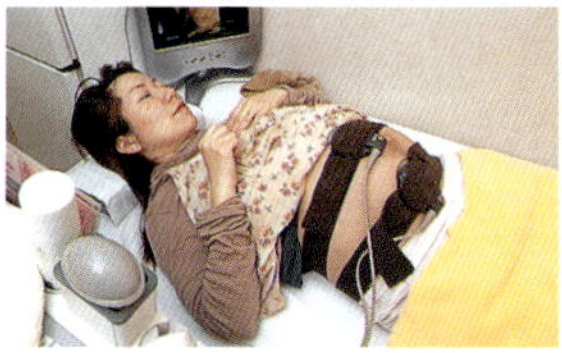

入院室（陣痛室）に入る

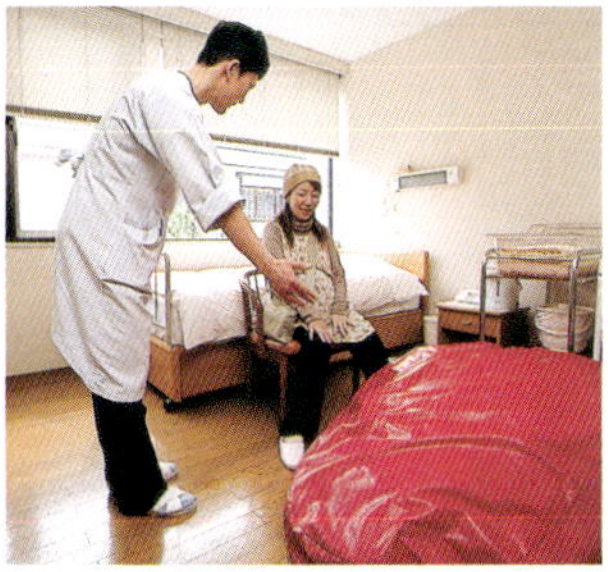

陣痛室がある病産院なら陣痛室、陣痛室と入院室をかねている場合は、入院室に入り、陣痛を逃しながら過ごします。可能なら家族についていてもらうと安心。

分娩室に入る

子宮口が9㎝～全開大になり、陣痛の間隔が1分になったら分娩室に移動します。分娩室に入ってからお産の進みが悪くなった場合、再び部屋に戻ることもあります。

病産院によってスタイルはいろいろ

LDRでのお産は、分娩室に移動せずにそのまま病室で出産となります。アクティブバースを取り入れている病産院では、自分の希望に合った部屋でお産ができます。

陣痛がきてから赤ちゃん誕生までの進み方

第1期（陣痛がきてから子宮口が全開大になるまで）

陣痛と体の変化

■お産の兆候が現れる

・前駆陣痛が始まる。子宮口が開く準備を始めて、7～15分間隔で生理痛のような下腹部痛がある。血液の混じったドロッとしたおりもの（おしるし）が出る。破水する場合も。

■陣痛の間隔が安定してくる

・陣痛の間隔が2～6分間隔に安定。痛みが強くなってくる。子宮口は2～6㎝開大。

■痛みが強くなりおしるしの量が増える

・おなかと腰の痛みが強くなり、足のつけ根、恥骨、尾骨の痛みも。おしるしの量が増え、子宮口は3～6㎝開大。吐き気がすることも。おなかと腰の痛みはさらに強くなる。

・尾骨、足のつけ根、恥骨などの痛みが増し、おしるしの量がさらに増える。子宮口は6～9㎝開大。

■陣痛間隔が1～2分間隔に

・陣痛がどんどん強くなり（1～2分間隔）、いきみや排便感があることも。陣痛時には、暑さや寒気を感じたり、手足がしびれるようなことも。子宮口は9㎝～全開大に。

赤ちゃんの状態

●赤ちゃんが、子宮口へ向かって下り始める。

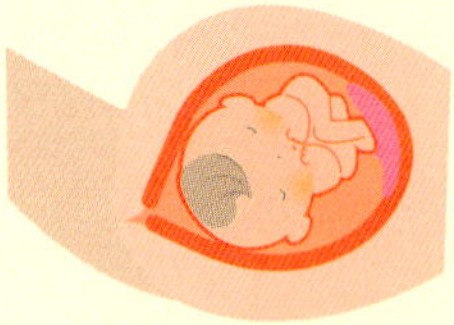

●赤ちゃんが骨盤の中に入り、回旋を始める。

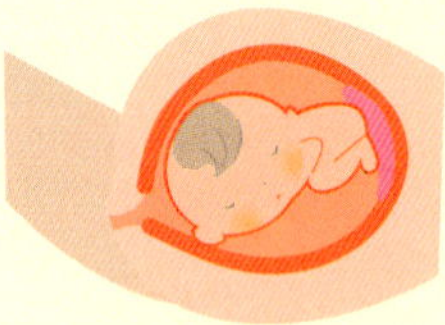

呼吸法

フー・フーや深呼吸
（自然にまかせれば、呼吸もたいていうまくいきます）

←フーウン、フー・フー、深呼吸

自分ですること 家族がすること

■異変を感じたら病産院へ連絡

自分ですること

・陣痛間隔を計りながら日常生活を続ける。楽な姿勢をとり、夜ならそのまま眠ってもよい。消化のよいものを食べ、出血や破水があれば、清潔なナプキンをあてて。

・入院のための荷物を最終チェック。

・出血が多量に続く場合は、すぐに病院へ連絡。破水している場合は、入院して感染の予防をする。

家族がすること

・腰やおしり、肩などをマッサージ。本人の要求や希望をできるだけかなえてあげて。

■陣痛間隔を確認し、病産院へ

自分ですること

・10分間隔の陣痛が1時間続いたら、病産院へ連絡をして入院（経産婦はもっと早め）。陣痛の痛みを逃し、陣痛と陣痛の間は、楽な姿勢で過ごす。食べられれば、消化がよくてカロリーの高い食べ物を食べて。シャワーや、足浴をしても。1～2時間ごとにトイレに行って排尿をして。

家族がすること

・本人がリラックスできるように、ベッドのまわりの音楽や香り、照明などに気を配って。そばにいて、安心させてあげること。

自分ですること

・無理にいきまず、痛みは呼吸法で逃す。いきみたいときは、肛門をボールなどで圧迫する。

スタッフの動き

●来院時、モニターや内診で、入院するかどうかを決める。本人の気持ちも考慮に。

●モニターで陣痛の強さをみたり、ドップラーで赤ちゃんの心音を聞いて、赤ちゃんが元気かどうかを確認。

●本人の声や表情、肛門の圧迫感や開き具合、出血の状態を見ながら、お産の経過を見守る。

●腰をさすったり、排尿やシャワーなどを促したりして、本人をリラックスさせる（病院によっては、浣腸や剃毛をする）

●呼吸を指導する。

第2期（赤ちゃんが生まれるまで）

■子宮口全開大で分娩室へ

・子宮口が全開大になり、分娩室へ移動。初産では、排臨（赤ちゃんの頭が見え隠れすること）くらいまで待って、分娩室に移動になることも。アクティブバースの場合、分娩室でもいちばん楽な姿勢で過ごせる。

・陣痛はピークに達し、排便感やいきみが強くなる。発作的に肛門が開く感じがして、このときに破水することもある。陣痛と陣痛の合い間は、ボーッとしたり、眠くなったりすることも。

・赤ちゃんの頭が腟の入り口を伸ばし始めると、会陰部の痛みも加わる。

●赤ちゃんが子宮口から産道のほうへ頭を出し始める。

●赤ちゃんの頭が見え始め、出たり引っ込んだりする。

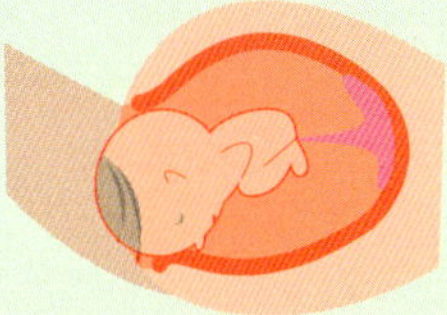

●赤ちゃんの頭が完全に見えた状態に。頭がゆっくり回旋し、肩が出てきたら、続いて全身が現れ、無事誕生。

フー・フー ← 短促呼吸（ハッハッハッ）

■いきみたくなっても無理にいきまない

自分ですること

・便意を感じ、いきみたくなっても、いきみを逃して。いきみたいときは、無理にせず、自然のいきみを待つ。陣痛と陣痛の合い間が短くても、全身の力を抜いてリラックスを。太ももや会陰の筋肉を緩め、赤ちゃんの頭を締めつけないよう注意。

家族がすること

・マッサージをして痛み逃しを手伝ったり、飲み物を飲ませてあげて。

自分ですること

・いきみをやめて短促呼吸に。

・赤ちゃんと対面。

●陣痛の強さと赤ちゃんの心音を確認。ゆっくり赤ちゃんが下りてくるように、肛門を綿で刺激することも。

●赤ちゃんの頭がどのくらい出ているかを鏡で見てもらったり、頭に触れてもらったりして、もう少しで生まれるというイメージを持ってもらう。

●会陰裂傷を防ぐため、リラックスを促しながら、短促呼吸を指導（分娩時、病産院によっては会陰切開することも）。

●赤ちゃんが泣く前に、赤ちゃんの口や鼻にたまった羊水を吸引する場合も。

●へその緒を切る。

第3期（胎盤の娩出）

■後陣痛と胎盤の娩出

・赤ちゃん誕生10～15分後に再び子宮の収縮がきて、胎盤が出る。体が震えることも。

●計測などの処置を受ける。

・本人は分娩台の上で2時間ほど休む。

●お母さんのおなかの上に赤ちゃんを置いて、おっぱいに吸いつくのを助ける。

●赤ちゃんの体をきれいにふいて、計測する。

●胎盤を出すため、軽くいきむよう指導。胎盤を出したあと、出血がないか、子宮や会陰が切れていないかを確認。必要なら縫合する。

痛みを上手に逃す陣痛の乗り切り方

自分で産むという気持ちを持ち、家族はサポートを

陣痛を乗り越えるためには、「これ以上強い痛みがきたらどうしよう?」などといったネガティブな気持ちを捨てて、「自分が産む」という気持ちを持つことが大切です。つらいときは赤ちゃんが生まれてくる様子をイメージして「赤ちゃんもがんばっている」という気持ちを持つと、痛みを前向きにとらえることができるのです。

家族の役割は、妊婦のサポートをすることです。おしゃべりしたり、マッサージをしたりして、リラックスさせてあげましょう。

（湘南鎌倉総合病院看護師長　長谷川充子さん）

家族ができるサポート

- 妊婦が「気持ちいい」という部分を指圧する。
- 会話をしたり、一緒に歩いたりして気分転換をする。
- 気弱になっている場合は、しっかり目を見て話しかける。
- マッサージなど、妊婦の気持ちがリラックスできるようにする。
- 水分の補給や室温の調節など、快適に過ごせるようにする。

助産師からのアドバイス

陣痛の不安や心配にお答えします！

Q 陣痛が強くなると吐きたくなるってホント？そんなときは、がまんしなくちゃダメ？

A 子宮の収縮が強くなると、腹圧が高くなるため、胃が刺激されて、吐き気を感じることがあります。吐き気がしてきたらお産が進んでいる証拠です。がまんしないで、吐きたいときは、吐いてしまいましょう。気分も楽になります。

Q 個人病院で出産予定。助産師や看護師の人数が少ないので何かあったときに、すぐに来てもらえるか、心配です

A この場合、その病院のスタッフの体制について、あらかじめ調べておく必要があります。まわりにその病院で出産した人がいるなら、どんな状況だったのか聞いてみると確実です。妊娠中の早い時期に確認しておくと安心できます。そうすることで、もし納得できない情報だった場合は、病産院を変えることも考えられます。

Q お産が近くなると腰が砕けそうになるってホント？ひどい腰痛持ちだけど大丈夫？

A 多くの病産院では、分娩台の上であお向けの姿勢のままでいきみます。分娩台の上で自由に姿勢を変えられるか、スタッフに相談してみてはどうでしょう。また、フリースタイルの出産スタイルをとっている病産院なら、自由な場所、自由な姿勢で産むことができます。

お産の前に浣腸をすると急に強い陣痛がくると聞きました。そもそも浣腸はするのでしょうか？

お産前の処置としての浣腸は、しない病産院とする病産院があります。最近はしないところが増えていますが、便秘がひどい場合など、妊婦から希望があれば行うこともあります。昔から浣腸によって陣痛が誘発されるといわれていますが、浣腸は、陣痛を強める直接の要因ではありません。

陣痛がひどいとき、過呼吸になったらどうしたらよいでしょうか？

過呼吸は、精神的なことも影響します。過呼吸になった経験があれば、事前に助産師に伝えて紙袋を準備してもらいましょう。過呼吸を起こしたら、口に袋をかぶせて自分の吐いた息を吸うと解消します。袋の代わりに、両手を口にあててもよいでしょう。

入院するときも、陣痛は続いているはず。痛みがひどかったら、救急車を呼んでもいいの？

陣痛には必ず間隔があります。初産婦が入院するタイミングは10分間隔ぐらいです。病産院が近く、家族の付き添いがあれば、休みながら歩いて入院できます。出産は病気ではないので、救急車を呼ぶ必要はありません。

気が小さい私。陣痛室でひとりになったら、パニックを起こしそうです…

こうした不安があるなら、家族に付き添ってもらうとよいでしょう。家族の付き添いが難しいようなら、友人でもかまいません。

また、妊娠中に不安なことを助産師に伝えておきましょう。当日、付き添いがいない場合でも、スタッフのフォローを考えてくれるはずです。

陣痛乗り切りお役立ちグッズ

いくつか用意しておくと安心です

助産師がおすすめの陣痛乗り切りグッズを紹介します。病産院にあるものとないものを確認して、ないものは準備しましょう。

アロマオイル

足浴するときに入れたり、マッサージに使ったりするとリラックス効果が得られます。好みの香りを準備（P.170参照）。

カイロ、レンジで温めるグッズ

使い捨てカイロや、電子レンジで温める温湿布。腰痛が強いときに腰にあてると、痛みが和らぎ、楽になります。

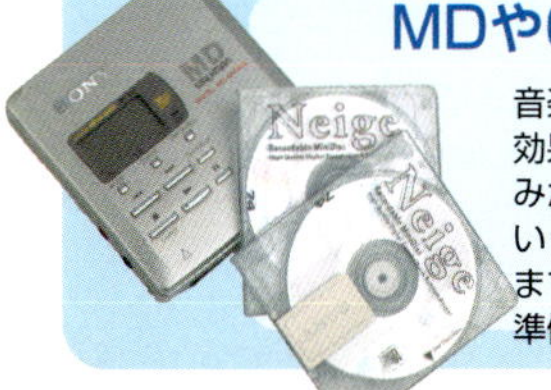

MDやCD

音楽にもリラックス効果があります。痛みから気がそれたという人もたくさんいます。好みのものを準備しましょう。

ボール

肛門の痛みを、ボールで圧迫して和らげます。ゴルフボールやテニスボールが一般的ですが、大きめのボールがよい人も。

ポーズ&マッサージ

いろいろ試して楽な方法を探して

痛みの逃し方に決まった方法はありません。声を出したほうがリラックスできるなら、声を出すのもおすすめ。歌を歌うと楽になることもあります。声を出すことは恥ずかしいことではないので、遠慮せずにやってみましょう。

ここでは、多くの妊婦が楽になれたというポーズとマッサージ方法を紹介します。お産の段階によって楽になれる方法は変わるので、そのつど、いろいろなパターンを試してみましょう。

自分で逃す

自分で指圧するのが難しくても、姿勢を変えたり、グッズを利用したりするだけで、痛みは和らぐもの。自分で逃せそうなときに試してみて。

あぐらの姿勢で

おなかをさする

両脇腹に手をおいて深呼吸しながら上下にさすってみましょう。さすらなくても、あぐらの姿勢でいるだけで楽になることも。

太ももを持ち上げる

太ももの内側に手をそえて痛みがきたら持ち上げます。赤ちゃんが出てくるところをのぞき込むようにしてみましょう。

身近なものを使って

ボール

肛門を圧迫

テニスボールやゴルフボールなど、ボールが肛門にあたるように座り、痛みがきたら体重をかけて肛門を圧迫します。

大きなボールが楽な場合も。大小のボールをそろえてもよいかも。

テーブルや台

両手をつく

体重がかけられる高さの台に、両足を軽く開き、両手をついてみます。痛みがきたら、腰を回したり、腰を曲げたりすると効果的です。

イス

もたれる

イスやベッドを利用して、力を抜いてうつぶせる感じでもたれます。床に座布団やマットを敷くと、ひざに負担がかかりません。

またがる

イスやトイレの便座などにまたがると、楽になる場合があります。また、足を開いた姿勢をとると、産道が開くので、お産が進みます。

病産院にあれば利用して

アクティブチェア

足を開いて座り、産道の緊張をほぐします。前後の揺れで、赤ちゃんが下りてくることも。

座った姿勢で

足を温める

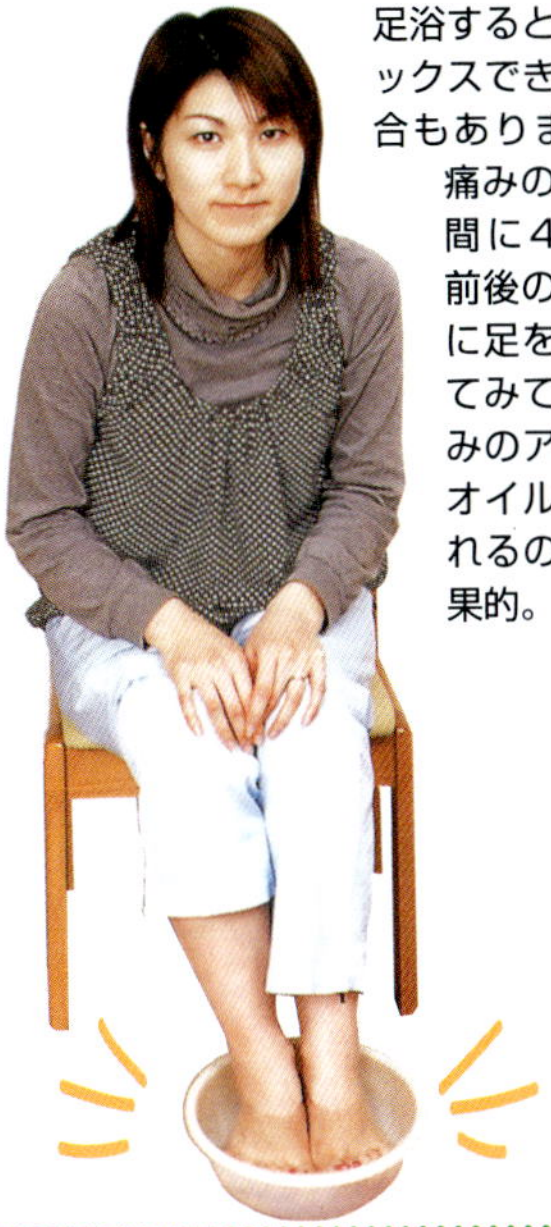

足浴するとリラックスできる場合もあります。痛みの合い間に40度前後のお湯に足をつけてみて。好みのアロマオイルを入れるのも効果的。

立った姿勢で

壁を押す

両足を肩幅ぐらいに開き、両手を壁につけてひじを伸ばします。痛みがきたら息を吸い、吐くときに壁を押します。

壁にもたれる

おなかに圧力がかからないため楽になります。この姿勢でリラックスして、痛みがきたら左の姿勢で逃しましょう。

寝た姿勢で

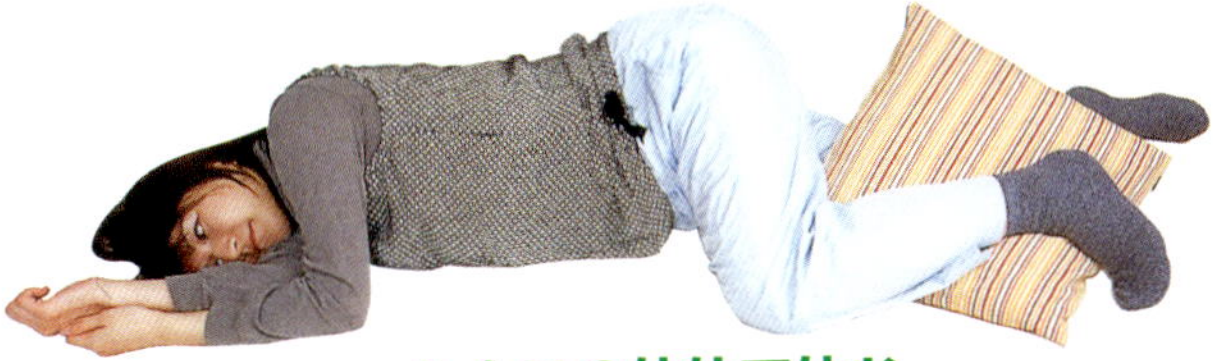

シムスの体位で休む

疲れて休むときは、シムスの体位が楽。横向きに寝て、上側の足を軽く曲げます。座布団や枕を足に挟んでもよいでしょう。

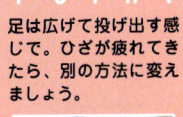

布団に上半身をあずける

痛みの合い間に、リラックスできる姿勢です。正座の姿勢で股関節を開いて座り、大きめのクッションや布団に上半身をあずけます。

Point

ひざを開き、つま先をつけるようにして座るのがコツ。ひざが痛くなったら姿勢を変えて。

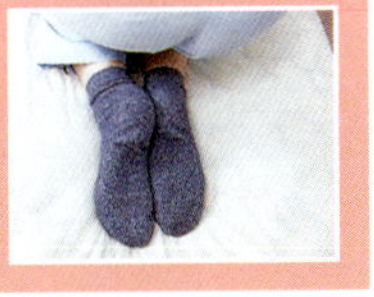

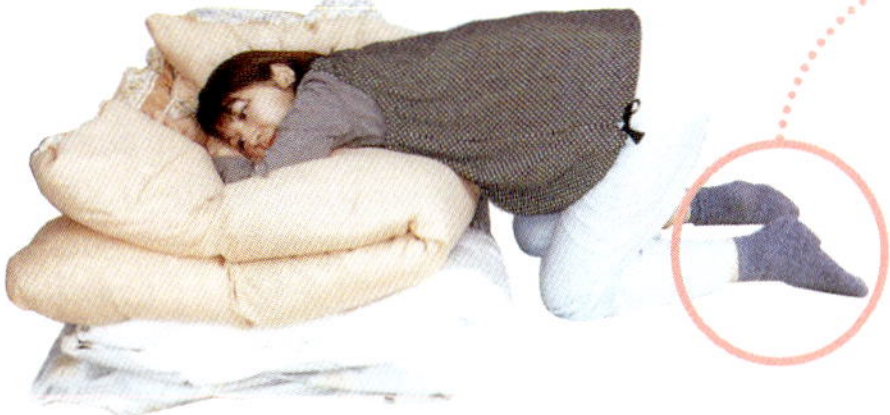

腰を上げる

足を肩幅ぐらいに開いてひざを曲げ、たたんだ布団やクッションを使って腰を上げます。長時間続けるとひざが痛くなることも。

Point

足は広げて投げ出す感じで。ひざが疲れてきたら、別の方法に変えましょう。

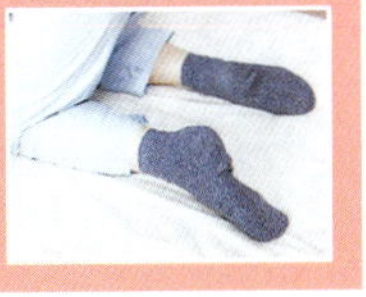

家族と一緒に逃す

陣痛がつらいとき、付き添いの家族のサポートは心強いもの。妊娠中から家族にマッサージをしてもらって、本番にそなえておきましょう。

座った姿勢で

腰をマッサージ

あぐらの姿勢で座り、家族に腰や背中など、痛みが軽くなり、楽になる部分をさすったり、指圧してもらったりします。

肩をマッサージ

痛み逃しをしていると、肩が痛くなったり、こったりすることがあります。痛みの合い間に肩をもむ、さするなどして、こりをほぐします。

腕をマッサージ

腕を突っ張ったり、手に力が入ったりして疲れた両腕を、上から下に、下から上に、もみほぐすようにマッサージしてもらいます。

スキンシップでリラックス

家族にしてもらうマッサージは、単に痛みを逃すだけではありません。人間は、誰かと触れ合うことで、心の緊張がほぐれます。痛みが和らぐだけでなく、身も心もリラックスできるのです。リラックスすると、赤ちゃんにたくさん酸素が行き届き、赤ちゃんもリラックスできます。陣痛の合い間も、体をさすってもらうとよいでしょう。

陣痛中のこんなときどうする?

不快な症状などには冷静に対処して

陣痛の痛みを逃しているうちに、気分が悪くなったりすることもあります。家族がいない場合も考えて、準備しておくと安心です。入院した後は、スタッフに症状を伝えましょう。

Case 1 吐きたくなった!

子宮の収縮に伴い、胃が刺激されて吐き気がすることがあります。洗面器や膿盆《のうぼん》、ビニール袋などや、吐いた後に口をすすぐ水を準備してもらいましょう。繰り返すならそばに置いておくとよいでしょう。

Case 2 過呼吸になった!

吸い込む酸素の量と吐き出す二酸化炭素の量のバランスが崩れると過呼吸になることも。口に紙袋をかぶせて、自分の吐いた二酸化炭素を吸い込みます。ビニール袋は吸い込む恐れがあるので避けて。

寝た姿勢で

足全体をマッサージ

陣痛が続くとふくらはぎや足のつけ根がつったり、だるくなったりします。シムスの体位で、足首からつけ根まで全体をマッサージしてもらいます。

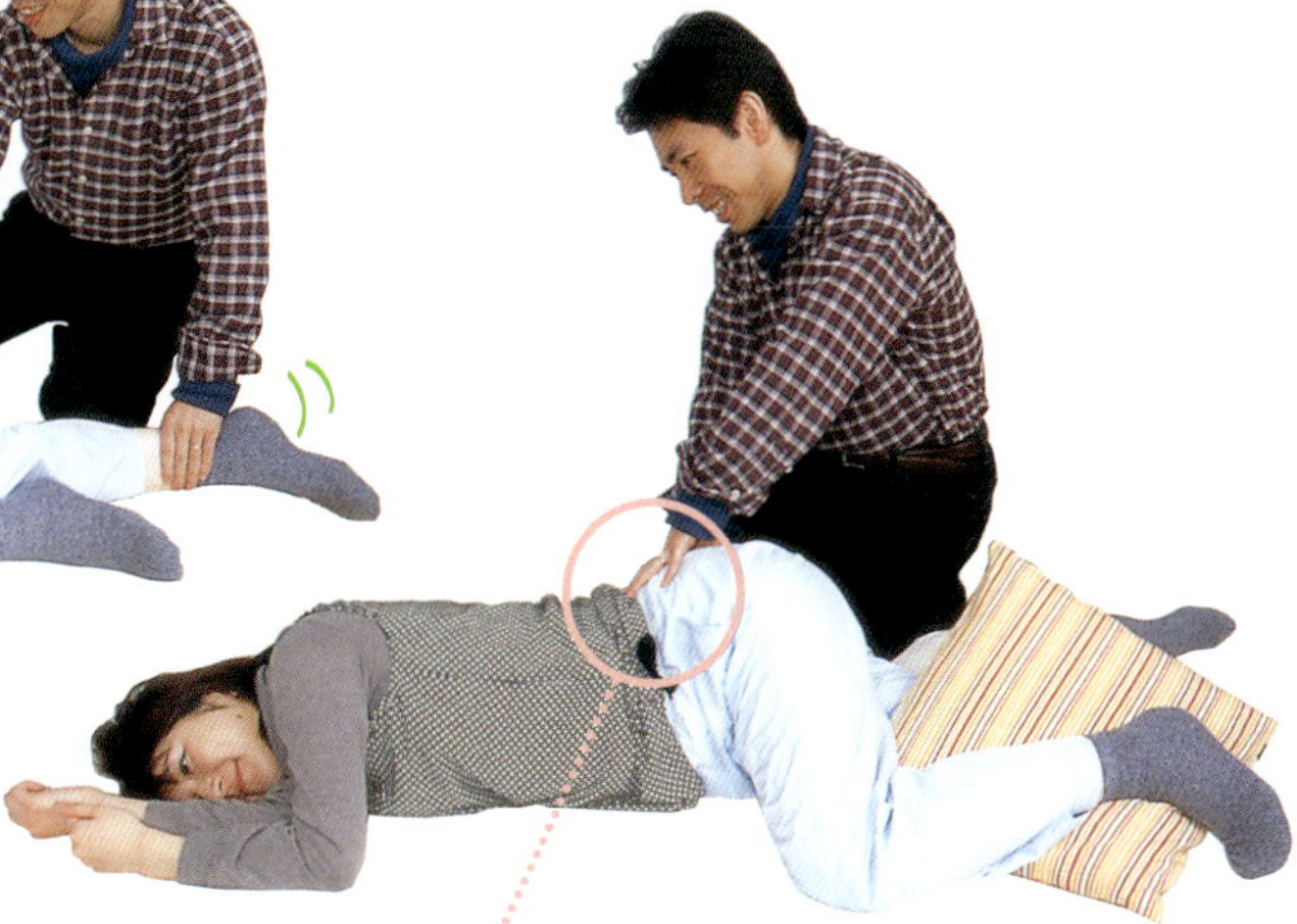

シムスの体位で腰をマッサージ

座るのがつらいときはシムスの体位(P.87参照)で横になって。リラックスした状態で腰などのつらい部分をマッサージします。

Point

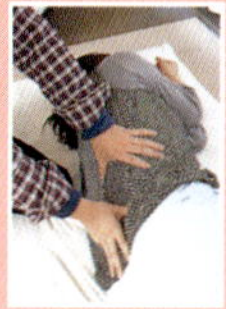

痛みは徐々に下に下がっていきます。背中から腰へ、痛みを感じる部分をマッサージ。

Point

こぶしでの圧迫だけでなく、テニスボールやゴルフボールを押しあてるようにしても。

肛門を圧迫する

陣痛の間隔が短くなると「いきみたい」という感じが強くなり、痛みが肛門のほうに走ります。肛門のあたりをこぶしで押してもらうようにします。

痛みの合い間にしておくこと

陣痛は、持続するものでなく、必ず途切れて間隔があきます。痛みの合い間には、軽く何か食べたり、水分をとったり、家族と会話したり音楽を聴いたりして、気分をリラックスさせることが大切です。

水分をとる

陣痛中は、汗をかいて、深呼吸を繰り返したりするので、口の中がかわきます。お茶やスポーツドリンクなど、まめに水分を補給しましょう。

500mlのペットボトルにつけられる、ストローがあると便利。

カロリーの高いものを食べる

体力補給のためにも、食欲があれば食事を。食欲がないなら、チョコレートやキャラメルなど、口に含みやすいものを。

気分転換をする

気持ちが陣痛に集中すると、よけいに痛く感じます。家族と、生まれてくる赤ちゃんの話をするなどして、できるだけ気分をリラックスさせて。

身近なものを使って

イスにもたれて腰をマッサージ

イスやベッドにもたれるようにして、ひざを広げて座ります。腰や背中など、痛む部分を家族にマッサージしてもらいましょう。クッションを敷いて、ひざが痛くならないよう注意。

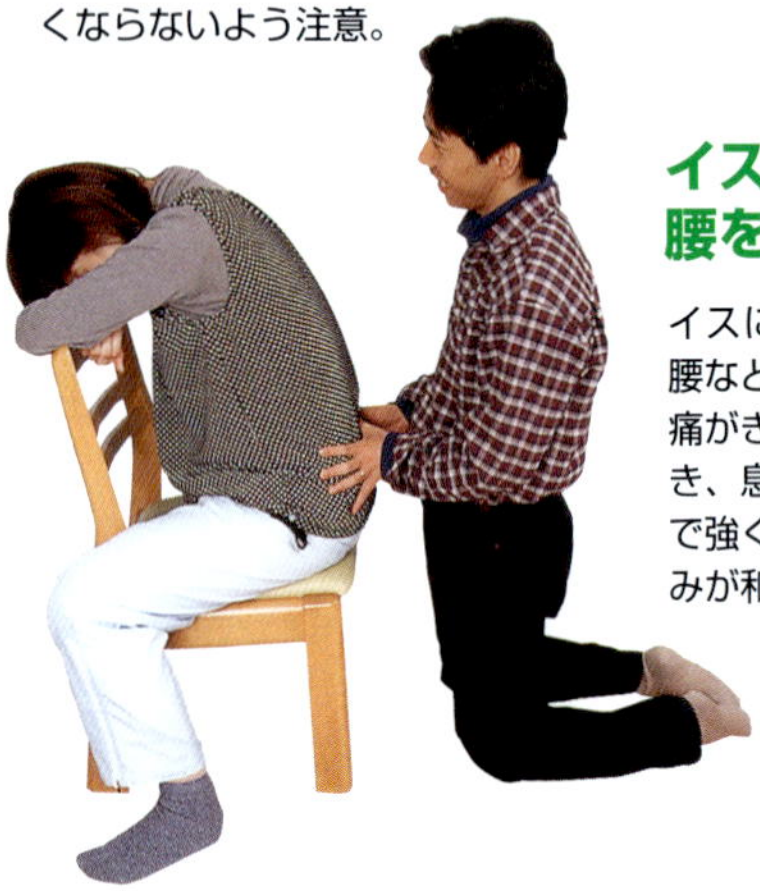

イスにまたがって腰をマッサージ

イスにまたがって座り、腰などを指圧します。陣痛がきて深呼吸をするとき、息を吐くタイミングで強く押してもらうと痛みが和らぎます。

立った姿勢で

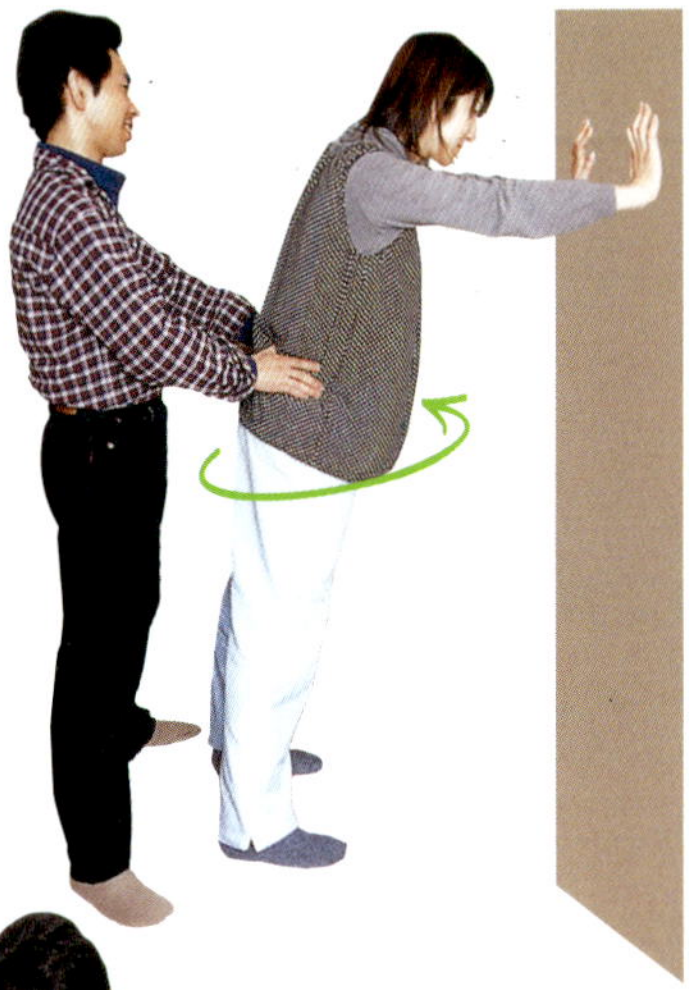

腰を回す

両足を肩幅に開き両手を壁について、痛みがきたら壁を押したり、腰を回したり。家族に腰を回す動作を手伝ってもらいます。

首につかまって体をあずける

家族の首にぶら下がる姿勢になります。痛みがきたら軽くひざを曲げて、呼吸法（P.92～93参照）を繰り返し、痛みを逃すようにします。

口コミ情報

私の陣痛乗り切り法

ゴルフボールの上に乗るとラク

とにかく「ゴルフボール」が役に立ちました。痛みがきたら、ゴルフボールの上に乗って、全体重をかけると楽になりました。そのほかは、尾てい骨を柱にこすりつけるのも、けっこう楽でした。

（神奈川県／トロトロさん）

ひたすら深呼吸で逃しました

私の場合は、ボールやアクティブチェアなどのグッズを使っても、全然ダメ。いちばん楽だったのは、陣痛がきたら、とにかく深呼吸をすることでした。これ、オススメです。

（東京都／田村美津子さん）

肛門を圧迫して逃げ切りました

陣痛のラスト45分が激痛でした。おしりのほうに痛みが走り、これがつらかった。そこで、夫にげんこつで肛門を圧迫してもらったところ、楽になりました。夫も汗だくでしたが…。

（長野県／前田知美さん）

陣痛中のお役立ちグッズ

リップクリーム

呼吸法を続けると唇がすぐにカラカラに乾燥するので、リップクリームを塗ってしのいでいました。

（千葉県／小川奈津子さん）

レモンティ

痛みのときに飲むと、口の中でサッパリしておいしかった。ペットボトルのものが便利でした。

（神奈川県／Y・Oさん）

小さい物干し

口が乾きやすいと聞いたので、部屋が乾燥しないように、ガーゼやタオルを湿らせて部屋の中にかけていました。

（静岡県／N・Nさん）

陣痛、ちゃんときてるかな？

お産が進まないときはどうする？

お産のペースは人それぞれ リラックスして過ごして

陣痛開始から3～4時間で生まれる人、ひと晩もふた晩もかかる人と、お産にかかる時間は人それぞれです。でも、人よりも時間がかかったとしても、それは難産ではなく「スローバース」という考え方でとらえます。スローバースとは、ゆっくり進むお産のことで、難産とは区別しています。医師や助産師がお産の流れを見守り、母子の状態を把握して、そのつど医学的な方法をとったほうがよいかどうか見極めることができれば、たとえ時間がかかったとしても、母子に悪影響はありません。

とはいっても、陣痛と向かい合う時間が長くなると「陣痛で体力を消耗して、お産の体力が残らないのでは？」と思うかもしれません。でも意外と、2～3日かかっても体力はあるものです。時間がかかってもあせらないで、「私のお産はスローバース」と受けとめて。リラックスを心がけ、体を動かしたりしながら、お産の本番を待ちましょう。

動いてお産を進めよう

階段の上り下りをする

歩くより、さらに効果的な方法です。転倒しないように注意しながら、一段ずつ昇ったり降りたりします。痛みがきたら、手すりにつかまって逃しましょう。

歩き回る

歩いたほうが、子宮口がやわらかくなると言われます。お産に結びつく有効な陣痛がこないときは、積極的に病産院内を歩くとよいでしょう。

医学的にお産を進める方法

陣痛促進剤や器具を使ってお産を進めることも

お産が進む段階で、医師が「母子に悪影響を及ぼす」と判断した場合は、医学的な方法でお産を進めることがあります。一般的に行われるのが、陣痛促進剤の点滴です（P.110参照）。赤ちゃんを包んでいる卵膜を人工的に破る「人工破膜」を行うこともあります。病産院によっては、乳首の刺激やメトロイリンテル、子宮口をやわらかくする子宮頸管熟化剤の点滴を行うところも。

メトロイリンテル…風船状のゴムの管を子宮口に入れ、膨らませることによって子宮口を広げるもの。

口コミ情報 陣痛中に時間があったら

日記をつける

おなかの赤ちゃんへの思いなどを書きつづりました。あとでとても記念になり、読み返すと懐かしくなります。

（千葉県／J・Hさん）

本を読む

読みかけの本を持参して、陣痛の合い間や、痛みが弱いときに読むと、痛みに集中せずに、気がまぎれました。

（東京都／Y・Nさん）

基本は大きく深呼吸

痛みを上手に逃す呼吸法

深呼吸ができればお産は乗り切れます

陣痛が強くなると、混乱してしまうことがあります。呼吸法は、痛み逃しだけでなく、冷静になるためにも役立ちます。いろいろな方法がありますが、大きく深呼吸することが大切。痛みが強くなったら「フー」と息を吐き出してみて。自然に深呼吸ができるようになります。

ここで紹介する呼吸法は、ひとつの例です。自分に合う呼吸法があればよいので、できるものを探してみましょう。

1 陣痛がきたら

陣痛の初期のころは、体の力を抜き、リラックスして深呼吸をすれば、たいていの痛みは逃せます。痛みにばかり意識が集中しないように心がけましょう。

簡単にできる呼吸法

「フーフー」と息を吐くだけでできる、簡単な呼吸法です。痛みから気をそらして、リラックスすることができます。呼吸法をするときのコツは、痛みがきたら、リラックスできるように体の力を抜くことです。この練習をしてみてください。同時にお産の場面をイメージしたり、おなかの中の赤ちゃんの様子を思い浮かべるのも効果的です。

鼻から吸う

あぐらの姿勢は股関節が開くので、お産が進みやすいといわれます。リラックスしやすい姿勢でもあります。上半身の力を抜いて、リラックスしてみましょう。

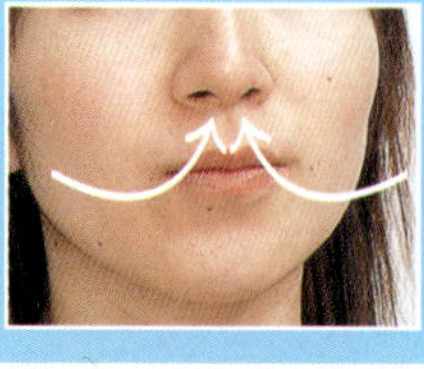

Point

陣痛がきたら、目を開いて、鼻から大きく息を吸い込み、深呼吸を2～3回繰り返しましょう。痛みに耐えられると感じたら深呼吸は終了。

口から吐く

口からゆっくり息を吐きながら、太ももとお尻に意識を集中して体の力を抜きます。手のひらを上に向けると力が抜けやすくなります。

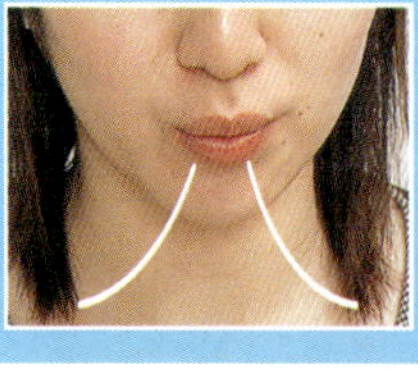

Point

30cm先にあるロウソクの炎をゆらすつもりで。口をとがらせて、長くゆっくり、息を全部吐ききるつもりで、「フー」と吐きます。

❷ 陣痛がつらくなってきたら

つらい陣痛がきたら、「フー」と息を長く吐くだけの呼吸を繰り返します。陣痛の合い間は、次の陣痛に備えて、目を閉じて休んでおくとよいでしょう。

陣痛がきたら 目を閉じて「フー」

陣痛の波がやってきたら「フー」と吐くだけの呼吸を開始。吸わなくても自然に息は入ってきます。おなかに手をあててリラックス。

つらい陣痛がきたら 目を開けて「フー」

さらにつらい陣痛がきたら、目を開けて「フー」とゆっくり長く吐きましょう。意識を痛みよりも呼吸に持っていくようにしましょう。

Point

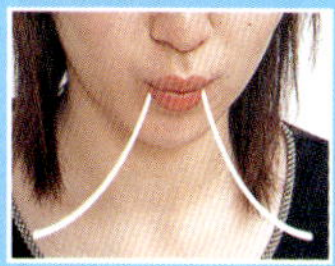

口をとがらせて、「フー」と息を吐ききります。吐き終わると自然に息が入ってくるので、呼吸が続けられます。

Point

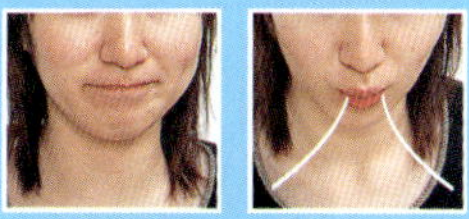

「ン」　「フー」

息を吐ききったら、「ン」と口を閉じて。いきみを逃したら、「フー」と息を吐ききります。

❸ いきみたくなったら

終盤になるといきみたくなる感じがしてきます。でも、いきむのは、子宮口が全開になり、分娩室に移ってからです。いきみたくなったら、次の方法で逃して。

痛みがきたら 目を開けて「フー」

いきみたくなっても落ち着いて、呼吸法で逃しましょう。おなかに手をあててリラックスして、「フー」とゆっくり息を吐きます。

いきみたくなったら 「ン」で逃す

「フー」と息を吐ききったら、肛門を開くような気持ちで、声を出さずに「ン」と口を閉じて、いきみを逃します。

痛みの合い間の過ごし方

次の陣痛に備えてできるだけリラックスして過ごします。水分をとって汗をふき、余裕があれば、何か食べてもよいでしょう。次の陣痛に不安を持たないように「深呼吸をすれば大丈夫」と、気持ちを切り替えるようにしましょう。

ラマーズ、ソフロロジー呼吸法はいろいろ

すべて呼吸する方法の違いによるもの

ラマーズ法やソフロロジー法と聞くと、特別な出産方法のように思いがちですが、これらは、呼吸法を基本にイメージトレーニングなどを組み合わせたもの。

ラマーズ法は、独自の呼吸法やお産のときに筋肉をリラックスさせる動作を行なったりして、精神的、肉体的にもリラックスさせる方法です。

ソフロロジー法は、腹式呼吸を基本に、妊娠中からヨガや座禅を練習します。お産に向けて体と心を整え、「自分で産む」という積極的な気持ちで出産を乗り越える方法です。

いよいよ出産！ 赤ちゃんとご対面

子宮口が全開大になったら分娩室に移動します

分娩室に入るころになると、子宮口は9cm〜全開大になり、赤ちゃんの頭が子宮の出口を押し広げるので、いきみ感が出てきます。分娩室に入るタイミングはこのとき。いよいよ分娩室に移って、本格的にいきみを始めます。赤ちゃんとの対面も、もうすぐそこ。でも、ここまで来たからといって最後までスムーズに進むとは限りません。分娩台に上がったら急に有効な陣痛が来なくなり、進みが悪くなることもあります。そこで、子宮口が全開大になっても、赤ちゃんの頭が見え隠れするぐらいまで陣痛室で過ごして、分娩室に移動する病産院もあります。

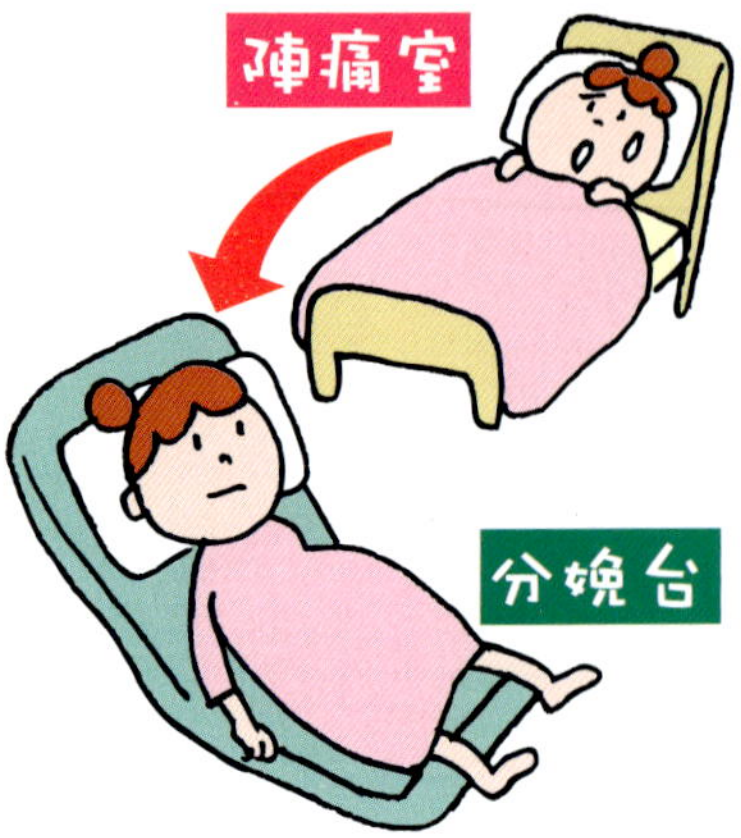

つらくなったら赤ちゃんを思って

分娩室に入ったら、自然のいきみがきたときにいきみ、呼吸法で痛みを逃して、赤ちゃんとの対面を待ちましょう。赤ちゃんも、狭い産道で体をまるめたり回転させたりしながら、必死に生まれようとしているのです。

赤ちゃんの頭が出るころが、産婦にとって、もっともつらいときです。そのため、少しでも早く出したいという気持ちになりがちですが、もう少しがんばれば自然に生まれます。つらくなったら、赤ちゃんもがんばっていることをイメージしましょう。きっと、「自力で産む」という気持ちを取り戻せます。

分娩室への移動方法

ゆっくりでいいので自力で移動します

ほとんどの病産院の分娩室は、陣痛室の近くに配置されていることが多いので、歩いて移動します。移動は助産師や看護師が付き添います。歩いている途中で陣痛がきたら、深呼吸をして逃しましょう。分娩室についたら、痛みがきていないときに分娩台に上がります。

陣痛の間隔も、30秒〜1分と短くなっていますが、痛みがないときはわずかな時間でも、姿勢を変えたりしてリラックスするようにしましょう。

歩いて移動

助産師に付き添ってもらい、ゆっくり歩いて。痛みがきたら立ち止まり、深呼吸して痛みが逃げるのを待ちます。

車イスで移動

どうしても歩行がつらいときなど、特別な理由がある場合は、車椅子で移動することもできます。

赤ちゃんはこうして生まれます

お産が進んでいる間、赤ちゃんは産道を通りやすいように、体をまるめたり伸ばしたり、一生懸命に姿勢を変えて、回りながら生まれ出ます。赤ちゃんが生まれてくる過程を頭に入れておけば、陣痛がつらくなったときに、赤ちゃんが生まれてくる様子を思い浮かべられます。元気な赤ちゃんと会うことだけを考えましょう。

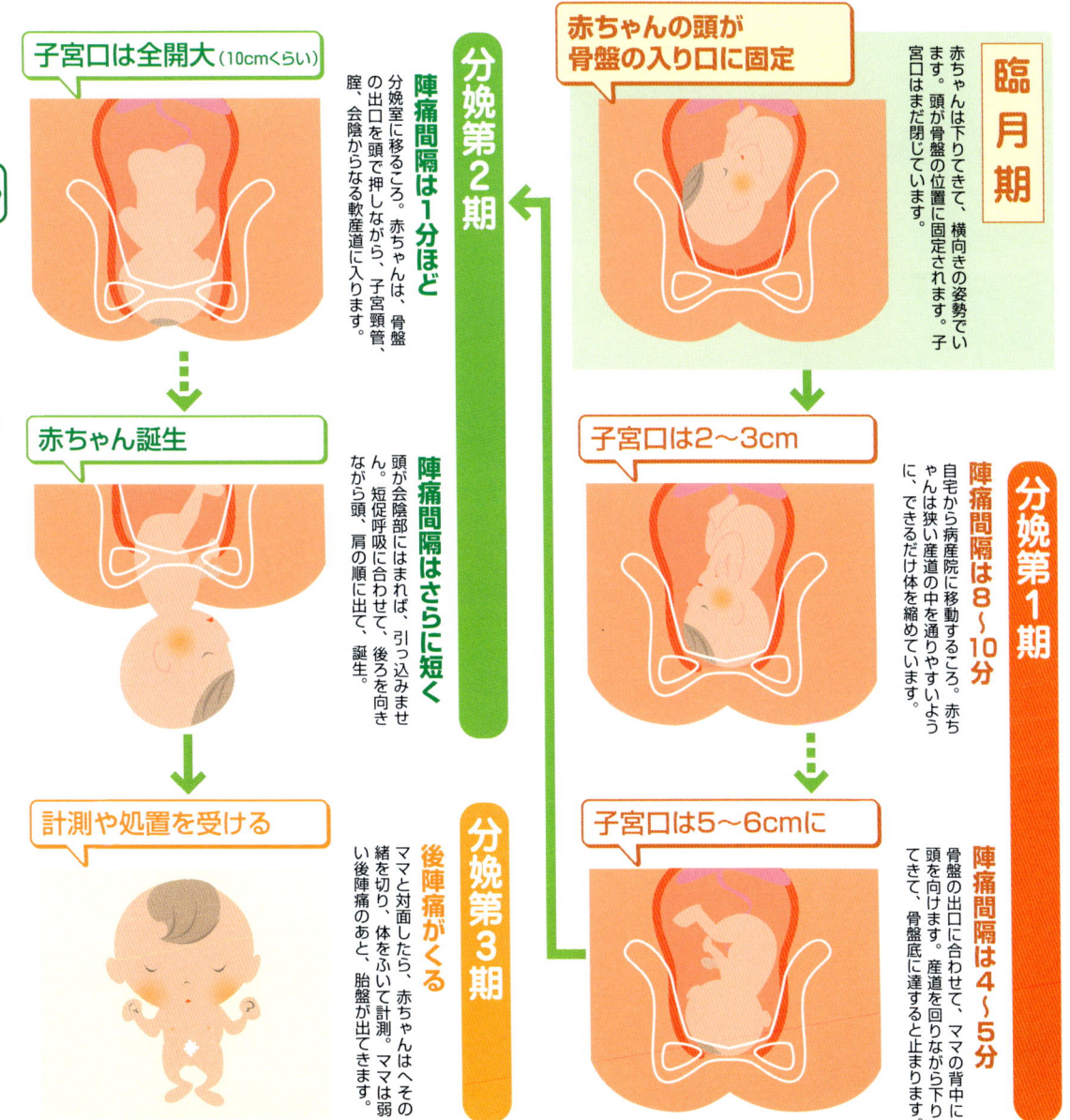

臨月期

赤ちゃんの頭が骨盤の入り口に固定

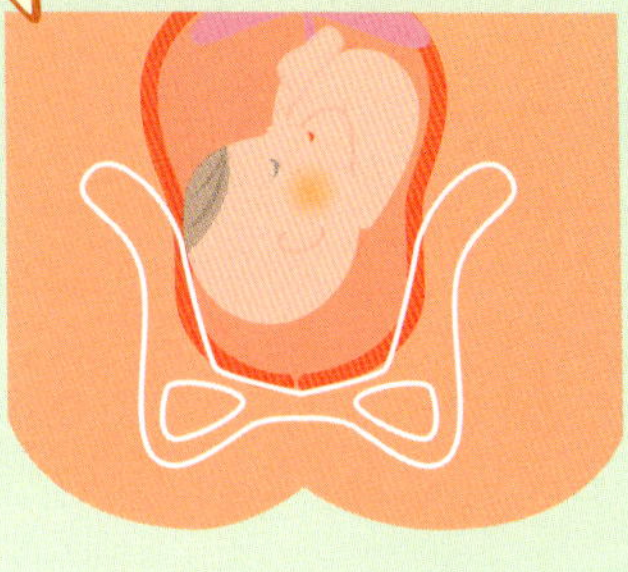

赤ちゃんは下りてきて、横向きの姿勢でいます。頭が骨盤の位置に固定されます。子宮口はまだ閉じています。

分娩第1期

子宮口は2～3cm

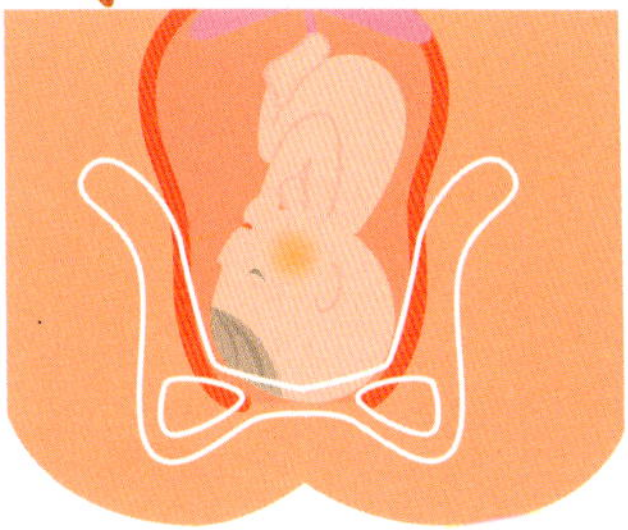

陣痛間隔は8～10分

自宅から病産院に移動するころ。赤ちゃんは狭い産道の中を通りやすいように、できるだけ体を縮めています。

子宮口は5～6cmに

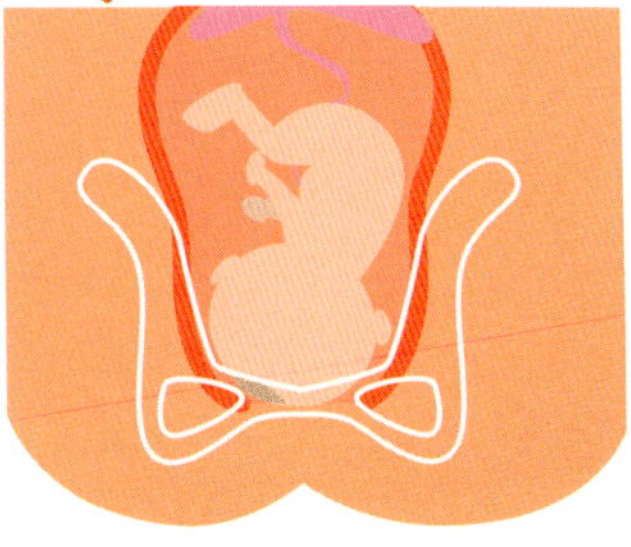

陣痛間隔は4～5分

骨盤の出口に合わせて、ママの背中に頭を向けます。産道を回りながら下りてきて、骨盤底に達すると止まります。

分娩第2期

子宮口は全開大（10cmくらい）

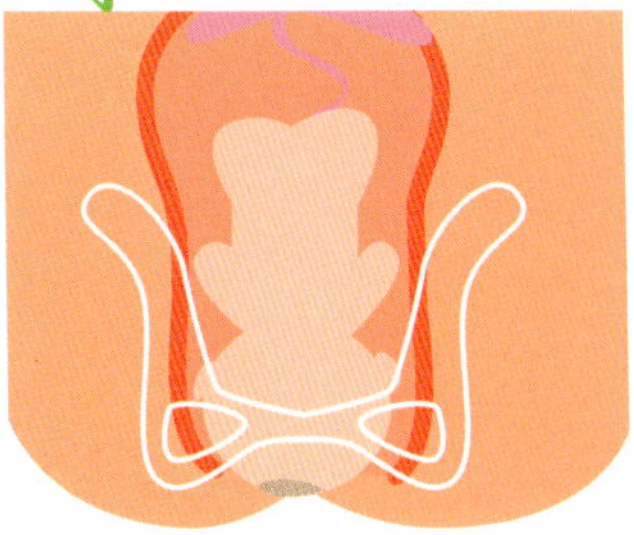

陣痛間隔は1分ほど

分娩室に移るころ。赤ちゃんは、骨盤の出口を頭で押しながら、子宮頸管、膣、会陰からなる軟産道に入ります。

赤ちゃん誕生

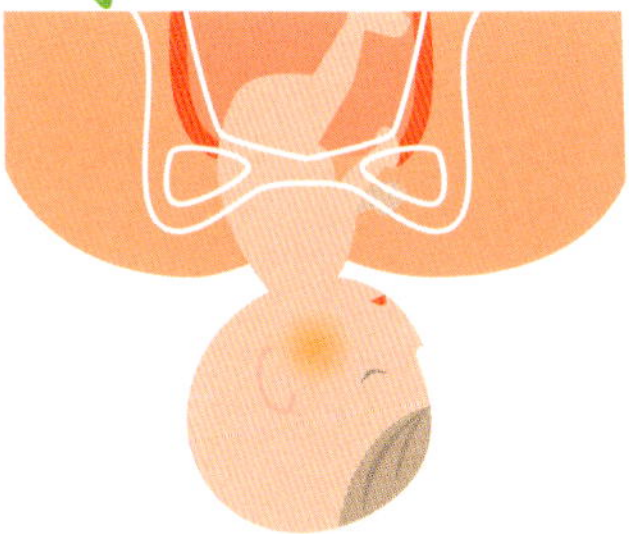

陣痛間隔はさらに短く

頭が会陰部にはまれば、引っ込みません。短促呼吸に合わせて、後ろを向きながら頭、肩の順に出て、誕生。

分娩第3期

計測や処置を受ける

後陣痛がくる

ママと対面したら、赤ちゃんはへその緒を切り、体をふいて計測。ママは弱い後陣痛のあと、胎盤が出てきます。

何があるの？ だれがいるの？

分娩室はこんな場所

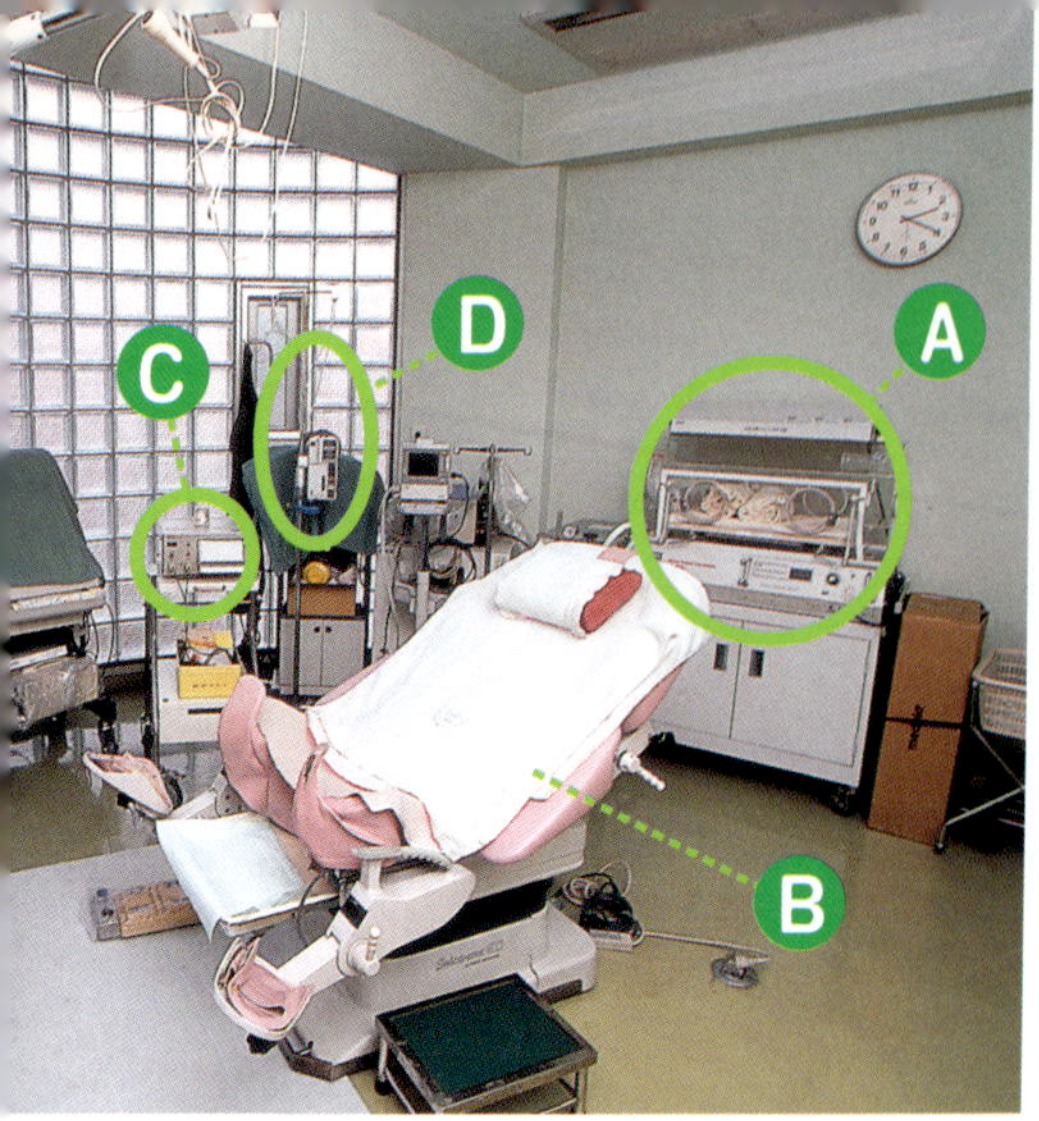

分娩室のしくみを知っておくと安心

分娩室は、安全でスムーズな出産をするために作られた部屋ですが、はじめて入るときには、無影燈や見慣れない医療機器の数々に抵抗を感じる人もいるでしょう。「お産になって、はじめて入ったら緊張してしまった」という人も少なくありません。本番で緊張しないためにも、妊娠中に分娩室を見学し、部屋の中の構造や、置かれている医療機器がどのようなものかを知っておくと、見慣れない機器や受ける処置への不安も軽くなります。

分娩室の見学を実施していない病産院でも、見学したいと申し出てみましょう。一度見ておくと、いきなり入るよりも、リラックスしてお産に臨むことができるはずです。

ここでは、一般的な分娩室を紹介しています。病産院によって置いてあるものに多少の違いはありますが、基本的には同じ構造になっています。

また、最近では、妊婦の緊張をほぐすために、カーテンの色を明るくしたり、医療機器などを壁の中に収納したり、お産の最中に音楽をかけたりと、分娩室を温かい雰囲気にする病産院も増えています。妊婦の立場になって考えられたうれしい配慮です。

B 分娩台

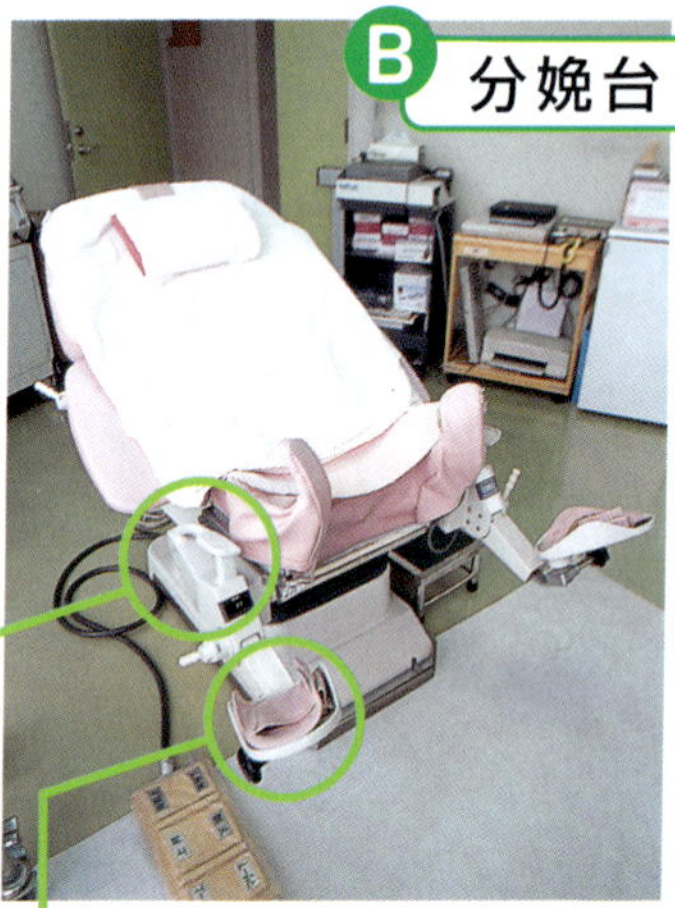

分娩が始まる前は、ベッドのように平らになっていますが、お産が始まったら平らな部分の板を外し、背もたれを上げて上のような状態にします。

足台

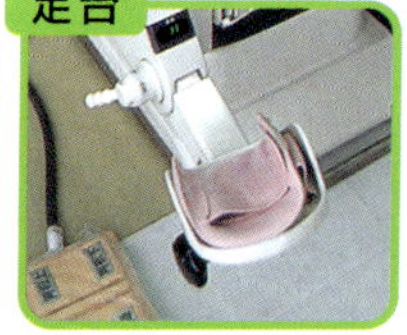

いきむときに踏ん張れるよう、足を乗せます。自分が踏ん張りやすい位置に合わせることができます。

レバー

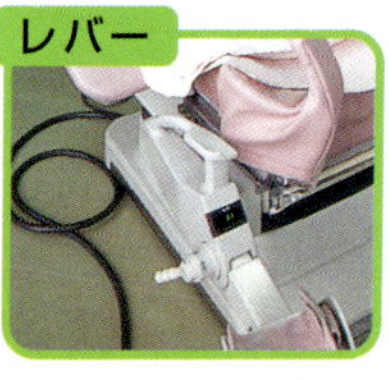

いきむときに握ります。レバーを握ると、分娩台にしっかり体を固定できます。

吸引器

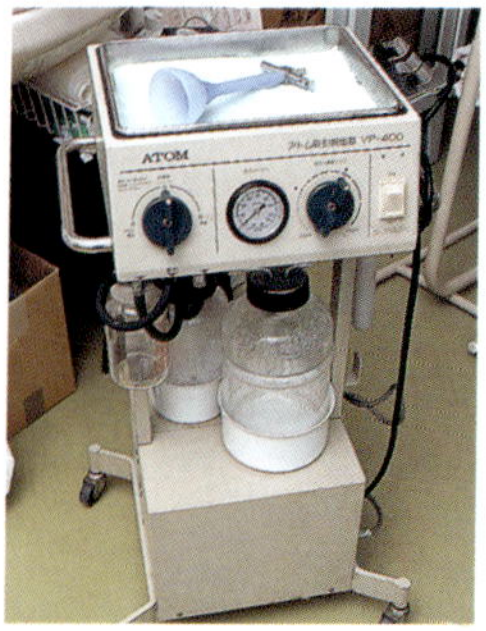

早く赤ちゃんを出さなければいけないとき、吸引しながら出産（吸引分娩　P.122参照）させる機器。また、出産すぐの赤ちゃんが羊水を飲み込んでいる場合は、カテーテルをつけて、口や鼻から羊水を吸引します。

どんなときに使う？

赤ちゃんの心拍数が低下するなど、赤ちゃんを早く出さなければ命に危険が生じるときには、吸引カップを赤ちゃんの頭にあてて、引き出します。

A 保育器

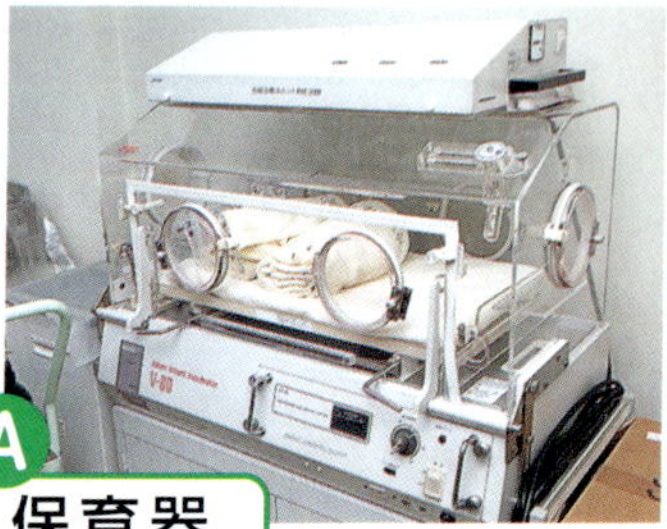

赤ちゃんの産後の処置や、黄疸が出た際の光線療法に使われます。赤ちゃんの体が冷えないように、「インファントウォーマー」（P.12参照）の代わりに使われることもあります。

どんなときに使う？

体温調節がうまくできない生まれたばかりの赤ちゃんの体を、冷やさないように体温を維持。赤ちゃんの体重を計ったり、産後の処置にも使われます。

産む場所や産み方によっても違いアリ

お産をするのは、分娩室だけではありません。産む施設によって産み方が異なるように、産む環境もそれぞれに異なります。

助産院の場合

自宅で出産するような雰囲気。
(写真は松が丘助産院のもの)

昔ながらの出産方法を取り入れる助産院では、畳の上での出産になることが多いようです。一般の民家の一室に布団を敷いたりベッドを置いてお産をします。アットホームな雰囲気です（助産院→P.138参照）。

LDRの場合

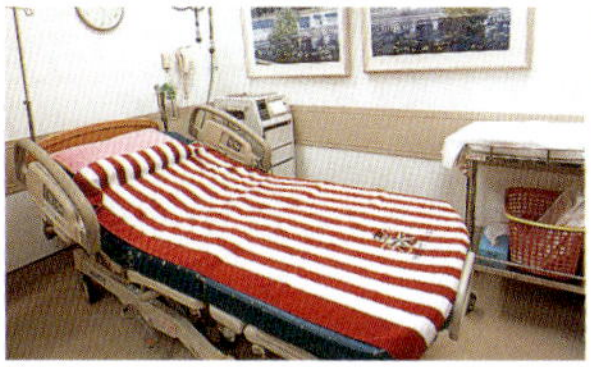

ベッド時のLDR式分娩台。
(オーク クリニック フォー ミズのもの)

普通のベッドの機能と分娩台を兼ねた、LDR式分娩台のある部屋。陣痛（LABOR)、出産（DELIVERY）、回復（RECOVERY）の過程をひとつの部屋で過ごします。分娩室などへの移動の必要がありません。

アクティブバースの場合

お産のときにつかまれる大きなクッションなどもそろっている。

妊婦の「産みたい方法で産む」という考え方に基づいた産み方なので、産む場所も自由が基本です。畳の部屋、入院室のベッドなど、病産院によって設備が異なりますが、好きな姿勢でお産に臨めます。

水中出産の場合

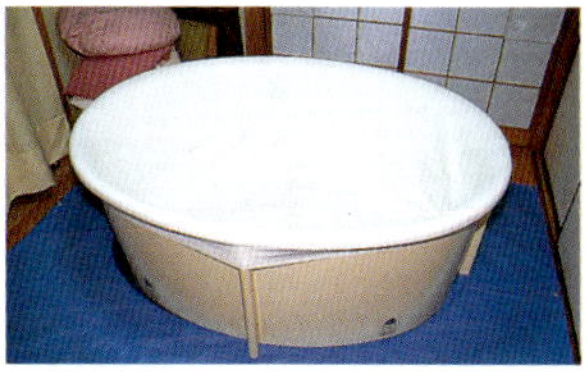

水中出産専用のプール。
(写真は松が丘助産院のもの)

専用のプールに張ったぬるま湯の中で出産。通常の分娩室にビニールシートを敷き、その上に組み立て式プールを設置。熟練した専門家のもとでなければリスクを伴い、日本で設備のある病産院は少ないのが現状。

分娩室

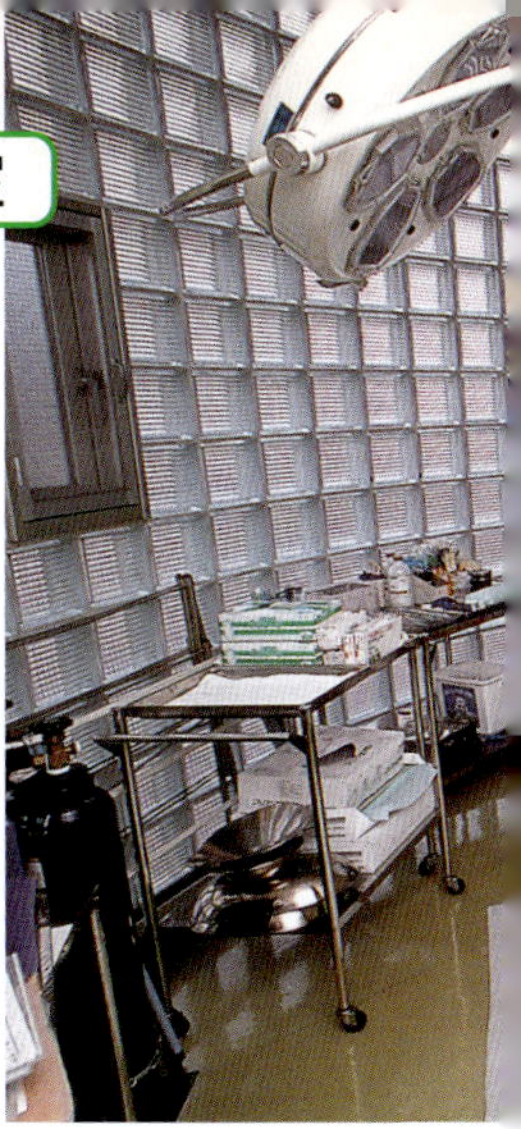

分娩台を中心に、お産に必要な医療機器が並んでいます。天井の大きなライトが「無影燈」で、産後の処置をするときなどに照らされます。
(写真は池川クリニックのもの)

C 分娩監視装置

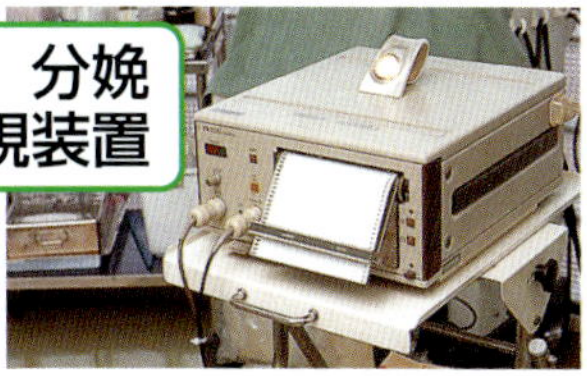

おなかにつけた受信器から、赤ちゃんの心拍数と陣痛の状態を波形に表示。赤ちゃんが元気かどうか、有効な陣痛がきているかどうかがひと目でわかります（P.108参照）。

どんなときに使う？

たいていの病産院は、分娩室に入ってから出産するまでつけます。医師や助産師は、心拍数に注意を払いながらお産を進めます。入院時にもつける場合も。

D 点滴

妊婦の状態が悪くなったときなど、緊急に血管を確保して輸血をしなければならないときのために準備されています。

どんなときに使う？

上記の目的のほか、有効な陣痛を起こす際、陣痛促進剤を点滴する場合などに使われます。

お産に関わるスタッフ

病院で出産する場合、たいてい以下の専門家がかかわります。病院によっては医師と看護師、医師と助産師だけのところもあります。

医師

医学知識と技術で、安全なお産に導いてくれます。医学的な処置をするかどうかの判断もします。

助産師

妊娠から出産までをトータル的にサポート。お産に関することは何でも質問できます。

看護師

主に、お産の準備や介助、入院中や産後のママと、赤ちゃんのケアなどを行います。

ポイントを知っておきたい

分娩台でのいきみ方

助産師の指示で上手にいきみましょう

分娩台の上では、基本的にあお向けの姿勢でいきみます。でも、つらくなったり、腰が痛くなったら助産師に伝えて、横向きやうつぶせの姿勢になりましょう。いきみ方の基本は、自然の流れに任せること。自然のいきみがきたら、いきみます。無理にいきんだり、止めたりする必要はありません。

また、赤ちゃんが出口のほうまで下りてきて、「もうひとふんばり」という状況になると、短い間隔でおなかが強く張り、痛みが続きます。痛みによって混乱してしまうこともありますが、そんなときは目をしっかり開いて大きく深呼吸をします。余裕があれば、赤ちゃんの頭をさわらせてもらったり、鏡で見せてもらったりすると、気持ちを落ち着けられます。

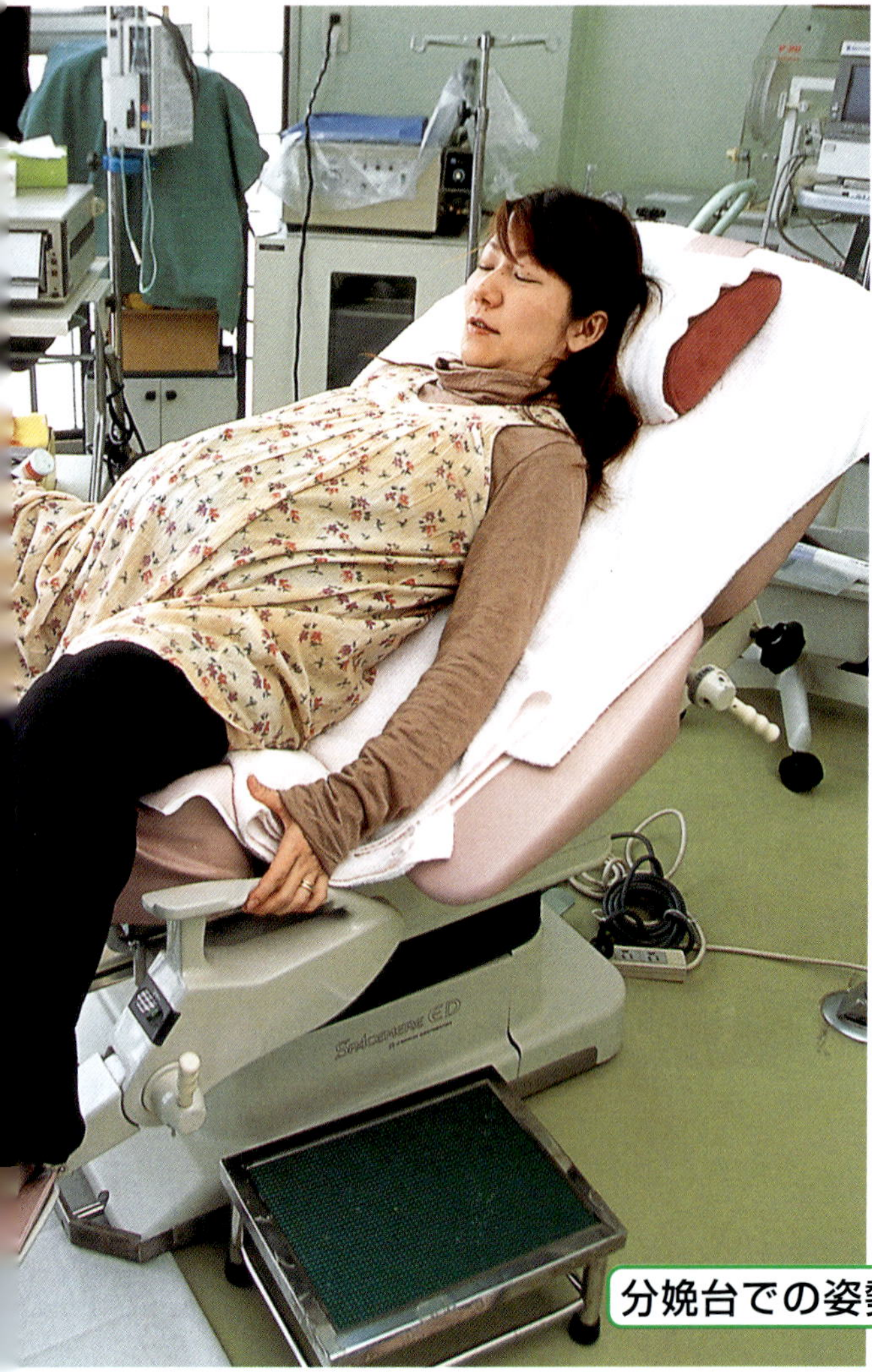

分娩台での姿勢 写真は分娩台に上がったときの基本的な姿勢。ポイントを押さえておくと、お産もスムーズに。

Point 1 あごを引く

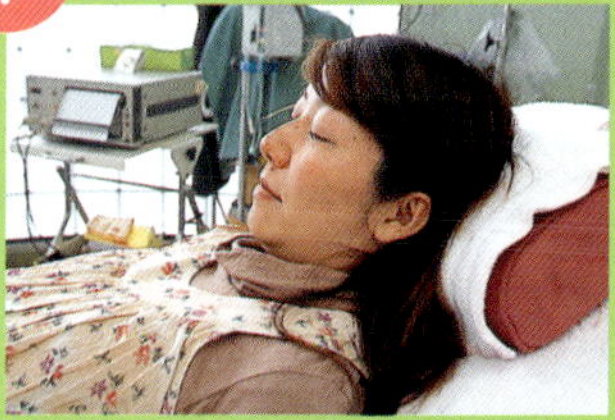

痛みにのけぞって、あごを上げてしまうと、力はなかなか入りません。口を結ぶようにして、あごを引きましょう。

Point 2 おへそを見る

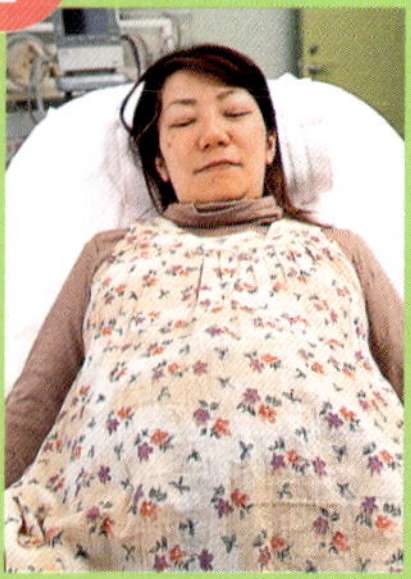

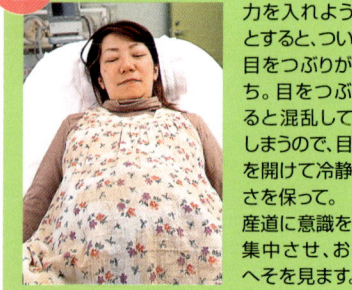

力を入れようとすると、つい目をつぶりがち。目をつぶると混乱してしまうので、目を開けて冷静さを保って。産道に意識を集中させ、おへそを見ます。

Point 3 レバーを握る

ひじを少し曲げてレバーをしっかり握ります。いきむときは、強く手前に引くようなイメージで。ひじを突っ張らないように気をつけます。

産み方によっては

分娩台を使わないお産もあります

フリースタイル出産の場合は自由な姿勢でお産をします

アクティブバースを取り入れている病産院では、自由な姿勢で出産できます。これらを「フリースタイル出産」と呼びます。病院の場合は、分娩台もありますから、分娩台の上で産みたいという人は、利用することもできます。

ただ、アクティブバースを取り入れている施設を希望する妊婦は、もともとフリースタイル出産を希望する人が多いので、分娩台が使われることは、ほとんどないようです。

陣痛から分娩まで、自由な姿勢で過ごせるため、「自分で産んだ」という満足感を得る人が多いといいます。会陰切開などの医療介入もほとんどありません。いってみれば昔ながらの出産法ですが、妊婦の精神面や肉体面にプラスになることが多く、最近では、アクティブバースを取り入れる病産院が少しずつ増えてきているようです。

入院室のベッドの上で、お産ができる施設も。

Point 4 ひざを開く

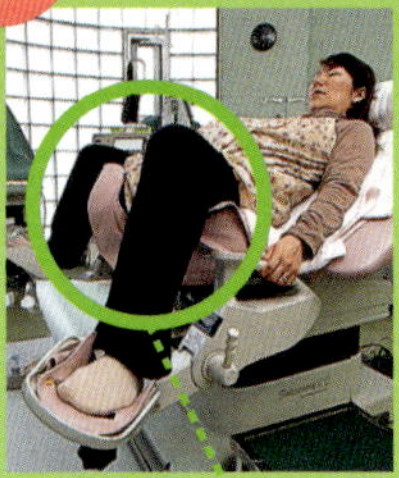

両ひざを外側に向けるようにして、大きく開きます。足を開くと産道もやわらかくなり、お産が進みやすくなります。

ひざを開きやすい姿勢

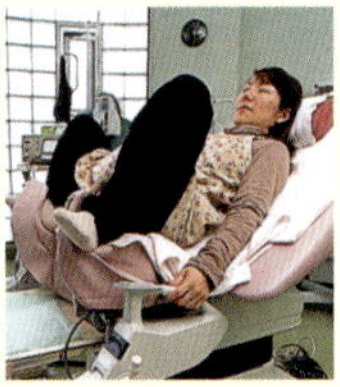

かかとを足のつけ根につける姿勢をとると、自然に両ひざが開きます。いきむときは、太ももを持ち上げるようにしましょう。

過呼吸になったら？

分娩台での過呼吸は両手を口にあてます

お産が進むと、いきんでいるうちに、過呼吸になることがあります。両手を口にあてて、自分で吐いた息を吸い込むと調整されます。

Point 5 背中をつける

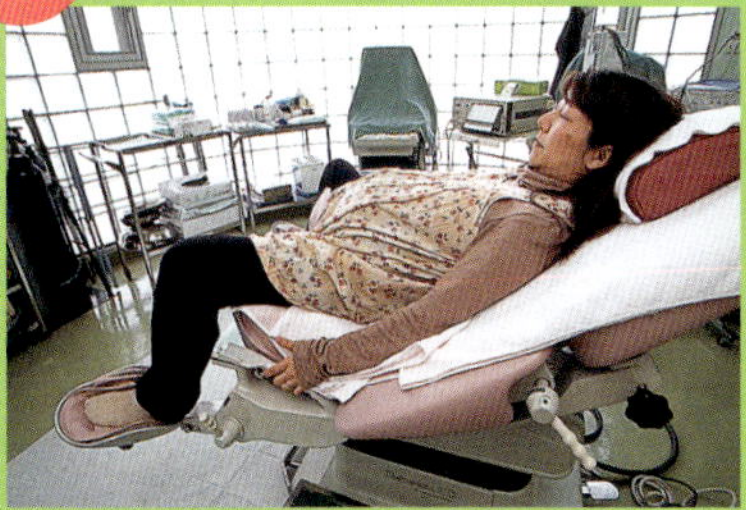

背中とお尻の両方を、分娩台にしっかりくっつけます。背中をよじって離してしまうと、上手にいきめなくなります。

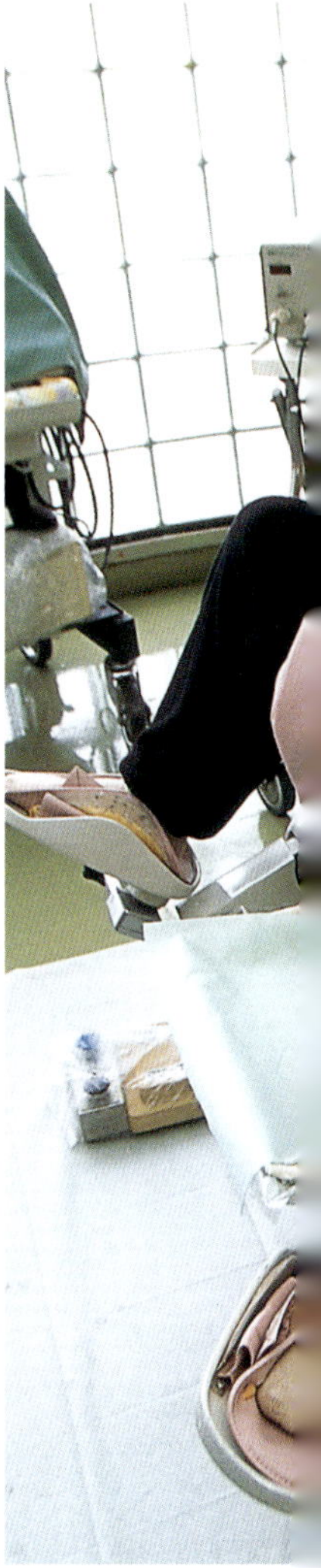

お産本番の プチトラブル 8つの対処法

妊娠中のちょっとした心がけで
お産の「困った!」を解消!

お産本番でのちょっとしたトラブルは、素早い対応で回避できるものがほとんど。今から神経質になる必要はありません。ただ、内容によっては、妊娠中の心がけで予防できるものもあるのです。

「ひざがガクガクする」などの肉体的なことの予防には、積極的に体操（P.146〜参照）などを行い、よく体を動かして関節や筋肉を鍛えておくことが大切です。妊娠中、体を動かさなかった人よりも、よく動いていた人のほうが、実際のトラブルは少ないようです。

また、「パニックになりそう」などの精神的なことは、お産に対する恐怖心が強いために起こりやすくなるのです。陣痛からお産までの流れをよく頭に入れておきましょう。本番で助産師に、自分が今、お産のどの段階なのかを確認できるくらいのゆとりを持って、臨みたいですね。

1 足のつけ根が痛い! ひざがガクガクする!

足を広げたまま力を入れると、足のつけ根がつったり、股関節に力が入らなくなったりすることがあります。少しの間いきみを中止して、助産師にマッサージをしてもらいましょう。もし余裕があれば、上体を起こして、自分でさすってもよいでしょう。

2 上手にいきめなくなっちゃった!

もう一息で生まれそうになったときや、呼吸法に集中しすぎているとき。冷静になれないと、上手にいきめません。どうしてよいかわからなくなったら、大きく息を吐き出して深呼吸をしましょう。気持ちが落ち着きます。

3 足がつっちゃった! どうしたら治せる?

“足のつり”は、足の後ろの筋肉がけいれんすることによって起こります。分娩台の上でなら、助産師に言いましょう。ふくらはぎを伸ばして、足の指を手前に引いてもらいます。余裕があれば、治るまで自分でつま先を引いてみましょう。

4 うんちをしたくなったみたい!?

腸に便がたまっていると、いきんでいるうちにうんちがしたくなることが。とても自然なことで、お産が近づいたしるしでもあります。気づかないうちに便が出ている場合もあるので、気にしないで。事前に浣腸をする病産院もあります。

5 呼吸が苦しい! うまく呼吸ができない!

呼吸法をすることに一生懸命になると、かえって呼吸のリズムが乱れることもあります。こんなときはあせらないで、深呼吸しましょう。酸素の取り込み方のバランスが崩れると「過呼吸」を起こすことにもつながります（P.99参照）。

6 のどが渇いた! 吐き気がする!

お産の最中は、いきんだり呼吸法をしたりで、大量の汗をかき、のども乾きます。助産師に伝えて、お茶やお水を準備してもらい、のどが渇いたら飲ませてもらうようにします。吐き気がしたら膿盆《のうぼん》を用意してもらいましょう（P.88参照）。

7 姿勢を変えたい!

あお向けの姿勢のままいきんでいると、腰や背中が痛くなることがありますが、がまんすることはありません。助産師に伝えて、楽な姿勢を考えてもらうのもよいでしょう。また、痛い部分をマッサージしてもらうと楽になります。

8 パニックになりそう…

お産の最中パニックに！　もしもスタッフの声が聞こえなくなるくらいだったら、すぐに目を開けること。目を開ければ周囲の状況がつかめ、冷静さを取り戻します。声を出したいときは、思い切り出して。落ち着きを取り戻します。

退院日までの過ごし方

お産の当日は、しっかり体を休めて過ごします

お産という大仕事を終えたママは、赤ちゃんに会えた喜びもつかの間、長い陣痛を乗り越え、睡眠不足だったり、体力を消耗していたりと、とても疲れているはずです。**出産の当日は、ゆっくり眠りましょう**。気持ちが高ぶって眠れない場合もありますが、横になっているだけでも体力は回復できるものです。

会陰の傷が痛いときや、後陣痛がひどいときは、助産師に話して、適切な処置を受けましょう。また、産後すぐは膀胱の筋肉が麻痺して、尿意が感じられないことがあります。最後の排尿から6時間以上経過してもおしっこが出ないときは、導尿（P.１０９参照）をしてもらうとよいでしょう。

産後1日目からは、授乳やおむつがえなど、赤ちゃんのお世話も始まります。入院中は、退院後から始まる**赤ちゃんとの生活の準備期間**。無理をせず、困ったことやわからないことは助産師に相談して、退院までに解決しておきましょう。入院中は、母乳の出をよくするためにも、**食事をしっかりとり、体調を整える**ように心がけましょう。

産後すぐの ママの様子

1 産後すぐ～2時間は分娩台の上で休む

分娩台など、お産をした場所でそのまま休みます。出血や体調の急変などがないかも確認されます。子宮の収縮を促すために、少しの間だけおなかに冷却剤を乗せることも。

2 入院室に戻って休む

体に問題がなければ、入院室に戻ってゆっくり休みます。産後すぐの悪露のパッドは、助産師が交換します。ごく親しい家族など以外は、お見舞いも控えてもらいましょう。

3 助産師と一緒にトイレへ

最後の排尿から6時間以内に助産師と一緒にトイレに行き、自力で排泄します。尿が出るか、歩くときにめまいがないかなどを助産師が確認し、尿が出ない場合は導尿も。

4 希望があれば母子同室に

母子同室の場合でも、お産の当日は赤ちゃんを新生児室でケアする病産院が多いようです。歩ければ、新生児室へも見に行けます。体力があれば、母子同室を希望できることも。

産後すぐの赤ちゃんの様子

体重が少ない場合は？

保育器に入って様子を見ます

赤ちゃんの体重が2500g以下の場合は、保育器に入ることがあります。正期産（妊娠37週～42週未満）で生まれていれば、内臓がきちんと形成されているので、長期間入ることはありません。

1 体をふいてもらう

へその緒を切ったら、体や頭をきれいにふいてもらいます。以前は、赤ちゃんをお湯で洗う「産湯」をすることがありましたが、体を冷やしてしまうので、最近ではしない病産院がふえています。

2 計測する

身長・体重・頭位・大横径（頭の幅）・胸囲を測定し、カルテなどに記録されます。このほか、大泉門や陰部の診察、感染を予防するためのおへその消毒、抗生剤の点眼をする場合も。その後、産着を着せてもらいます。

3 ブドウ糖液を飲むことも

病産院によっては、ママが休んでいる間、赤ちゃんに5%ブドウ糖液を飲ませることもあります。母乳だけを希望し、ブドウ糖液を飲ませたくない場合は、事前にスタッフに申し出ておきましょう。

4 ママのもとへ

たいていの病産院では、赤ちゃんの必要な処置が済むとママのところへ。しばらく一緒に過ごした後、新生児室に入ります。

ママと赤ちゃんのファーストスキンシップ

産後すぐの赤ちゃんにおっぱいを吸わせてみます

へその緒がついたままの赤ちゃんでも、ママのおなかの上に乗せ、おっぱいのそばに口を近づけると、乳首を吸い始めます。これは哺乳動物の本能です。産後すぐのスキンシップは、情緒が安定するなどのよい影響を赤ちゃんに与え、ママは、早くから母性を育めると言われています。また、産後の温かいママのおなかは、赤ちゃんの体温を保つのに役立ちます。裸で抱いて、タオルをかけるくらいでよいでしょう。

病産院によっては、ファーストスキンシップを実施していない場合もあります。その場合は、事前に「生まれてすぐ、赤ちゃんにおっぱいをあげたい」と、スタッフに申し出てみましょう。

赤ちゃんとの生活がスタート

出産～退院までにすること

体調を整え、赤ちゃんのお世話を覚えましょう

退院日までにママがすることはたくさんありますが、まずは自分の体のケアが第一です。体を清潔にするためにシャワーを浴び、診察や会陰部の消毒など必要な処置を受けます。

母子同室を希望している場合は、産後1日目（お産の翌日）から赤ちゃんと過ごします。検温、授乳、おむつの交換などスタッフの指導を受けながら覚えましょう。体調を崩したり、疲れたりした場合は、新生児室で赤ちゃんを預かってもらうこともできます。入院中にお世話をマスターできるように、わからないことなどは助産師に聞いて解決しましょう。

期間や指導内容は病産院によります

入院する期間は、お産の翌日から5～7日が一般的ですが、4日で退院になる場合もあります。帝王切開の場合は、さらに数日長くなるようです。入院中に指導される内容は病産院によって異なるので、入院時のパンフレットなどで確認をしておきましょう。

産後1日目

赤ちゃんのお世話がスタート

母子同室を希望している場合、たいていの病産院で産後1日目から母子同室になります。病室に新生児用ベッドが入り、ママの隣で赤ちゃんが過ごします。もし、お産による体力消耗が激しくまだ自信がないなら、申し出て1～2日あとにしてもらいます。

シャワーを浴びる

産後は、汗や乳汁、悪露などで体が不潔になりやすいもの。全身の清潔と陰部の感染予防のために、病産院によりますが、産後1日目からシャワーをします。湯船にはつかれません。

産後の体を整えよう

産後の疲労回復のため体の不調を整えて

お産で体力を消耗しているところに慣れない育児で、ママの疲れはピークです。足がむくんだり、肩こりになってしまうこともよくあります。授乳の合い間や赤ちゃんが眠っているときは、できるだけ体を休めて、疲労回復を心がけましょう。

足のむくみの解消

産後、足がむくんでしまう人は結構います。足を高くして休んだり、マッサージをしたり、足浴をすると効果的です。

肩こりの解消

授乳などで、赤ちゃんをたくさん抱っこするため、肩や腕の筋肉が疲労します。家族にマッサージしてもらうとよいでしょう。

授乳指導・育児指導を受ける

授乳時の赤ちゃんの抱き方、乳首のくわえさせ方、ゲップのさせ方などを教えてもらいます。また、おむつ交換、日常の抱き方、着替えのさせ方などについても、助産師が指導します。母乳で育てる場合は、おっぱいのマッサージなども受けます。

医師による診察や会陰部の消毒などを受ける

子宮の回復や悪露の状態をチェックするため、診察を受けます。会陰を切開した場合は、感染予防のために会陰部を消毒して、傷の状態を見てもらいます。医師による診察は、入院している間毎日行われます。

赤ちゃんも診察を受ける

黄疸のチェックや聴覚検査などの診察。病産院によっては、小児科医が診察します。また、「乳児ビタミンK欠乏症」の予防のために、生後24時間以内に、ビタミンK2シロップを飲みます。

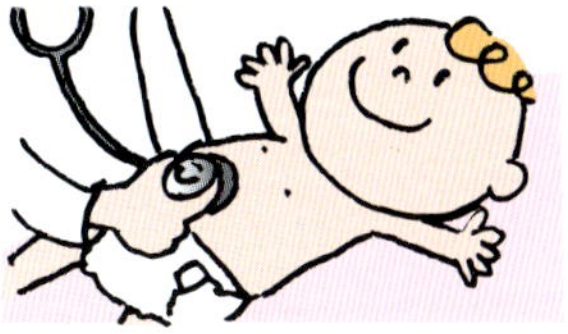

産後1日目に注意すること

●疲れがひどいなら母子同室は無理しない

産後は体力を消耗しています。お産に時間がかかった場合はなおさらです。母子同室を希望していても、無理せず、体力の回復を優先して。

●大量の出血があるなど悪露の状態に注意して

悪露は生理のような色で、ある程度まとまった量が出ます。でも、急に大量の出血があったら、すぐに助産師にみてもらいましょう。

●筋肉痛がある人は湿布などの処置を

お産では全身の力を使うので、腕や足などが筋肉痛を起こすことがあります。がまんしないで、湿布やマッサージをしてもらいましょう。

●会陰の傷が痛いなら鎮痛薬をもらって

会陰切開の縫合部が痛くて、トイレに行けない場合もあります。助産師に申し出て、痛み止めの薬を処方してもらうなど、必要な処置を。

産後の尿モレを体操で予防しよう

産後1日目からの体操で防ぐことができます

妊娠・出産によって骨盤底筋群が引き伸ばされ傷ついてしまい、産後「一時的腹圧性尿失禁」（尿モレ）を起こすことがあります。ほとんどは一時的な症状ですが、一部の人は尿モレが残ることも。

ケーゲル体操は、骨盤底筋を鍛えるためのもの。産後1日目から始めて、尿モレを予防しましょう。

ケーゲル体操のやり方

1. 10秒間、力強く肛門を締めて力を抜く
2. 肛門を締めて力を抜く動作をすばやく3回繰り返す
3. 1分間休む
4. 再度、10秒間力強く肛門を締めて力を抜く
5. ①～④を10回繰り返す

朝・昼・夜の3回行います。運動しやすい姿勢であれば、座りながらでも横になってでも大丈夫です。

産後2日目

貧血検査のための採血をする

出産時に出血が多かった場合は、産後1日目に実施しますが、問題のない人は、2日目にします。検査の結果貧血が認められた場合は、鉄剤を処方されることがあります。

体重と血圧を計る

体重の復元状態と、産後の血圧の変動を調べます。妊娠中に妊娠中毒症を起こした人の場合は、体重測定でむくみの状態を、血圧測定で後遺症を調べるので、特に重要な検査になります。

調乳指導を受けることも

ミルクメーカーの指導員から、指導を受ける場合が多いようです。ミルクの調乳の方法や、母乳とミルクの栄養、母乳育児などについて、説明を受ける場合もあります。

産後2日目のワンポイントアドバイス

面会の機会が増えます

このころからお見舞い客が増えてきます。大部屋の場合は、同室の人の迷惑にならないように注意して。面会室があれば利用しましょう。ママも赤ちゃんも疲れない程度に、面会時間は短めにしてもらうとよいでしょう。

産後3日目

沐浴指導を受ける

助産師による、沐浴の指導が行われます。首のすわらない赤ちゃんをお風呂に入れる手順を教えてもらいます。お湯の温度、抱き方、洗い方、おへその手入れ、体のふき方、着替えの仕方など。赤ちゃんの体を冷やさないよう、段取りよく行うためのコツを覚えましょう。指導を受けた翌日には、実際に自分の赤ちゃんの沐浴を行う病産院もあります。

産後3日目のワンポイントアドバイス

授乳のトラブルを乗り越えましょう

産後3日目ころから母乳が分泌されるようになります。乳汁がたまっているのに出ない「うつ乳」に悩むのもこのころから。つらいときは、助産師にマッサージや搾乳をしてもらいましょう。

産後4日目

実際に沐浴をやってみる

自分の赤ちゃんを沐浴させます。病産院によっては、沐浴指導の際に、実際に行う場合も。両親で受けたい場合は、申し出ておくこと。

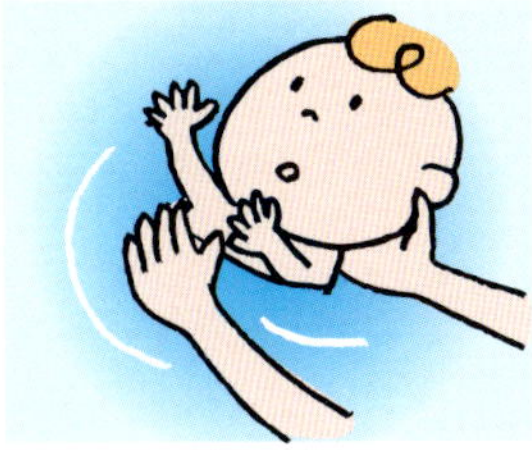

退院後の生活指導を受ける

退院後の過ごし方について、助産師から指導を受けます。食事や家事など生活全般に関することから、赤ちゃんのお世話、ママと赤ちゃんの健康についてなど。わからないことや不安なことは、解決させておくようにしましょう。

おっぱいの状態を見てもらう

退院後、母乳育児がスムーズに進むように、順調に授乳できているか、うつ乳や乳腺炎を起こしていないかなどをチェック。おっぱいの悩みは、どんどん相談して。

退院日

退院健診を受ける

ママが受ける最後の検査。検尿、血圧検査、体重測定を受け、全身状態をチェック。妊娠中毒症だった場合、後遺症が認められれば退院後の指導を受けます。

赤ちゃんは小児科医による健診を受ける

心音、陰部の診察、大泉門の開き具合などの診察です。2回目のビタミンK2シロップを飲み、身長、体重を測って出生時からの成長を調べます。先天性代謝異常の検査のために、足の裏から採血もします。

お世話になったスタッフと記念撮影

お世話になった医師、助産師、看護師に感謝の気持ちを伝えましょう。玄関先などで、スタッフと記念撮影をするのもおすすめです。

産後4日目のワンポイントアドバイス

退院に備えて必要なものをそろえましょう

退院の準備を始めます。ベッドの周囲の荷物をまとめ、退院に必要な親子の洋服などを、家族に持ってきてもらいましょう。分娩費用は、退院当日に持ってきてもらうようにします。

退院日のワンポイントアドバイス

退院後の生活で不安なことはよく聞いておきましょう

育児に対する不安など、心配なことは退院前に聞いておくとよいでしょう。退院後は、助産師外来で、こうした相談を受けています。予約方法や実施日を聞いておくと安心です。

お産本番の気になるキーワード

key word ①

分《ぶん》娩《べん》監《かん》視《し》装《そう》置《ち》

胎児の心拍数などを確認します

超音波を利用しておなかの上から赤ちゃんの心音や心拍数、陣痛の強さや陣痛間隔を診ます。

陣痛曲線や胎児の心拍数などのデータが記録されるので、赤ちゃんが元気かどうかなどが一目でチェックできます。2個の端子をベルトでおなかに固定するだけなので、簡単につけられますが、つけている間は自由に動き回ることができません。

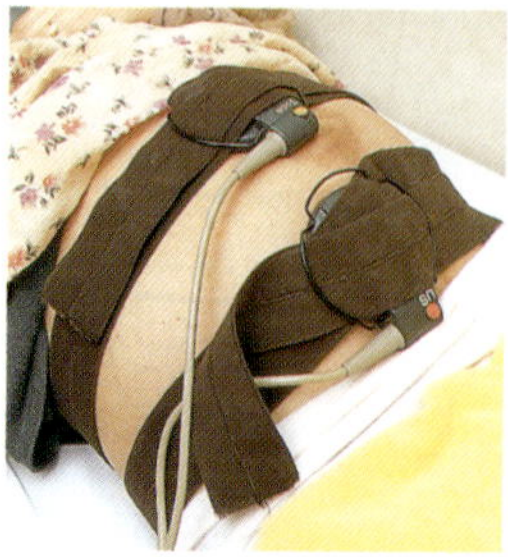

つけている間は自由に動けないのが難点。陣痛がつらく、姿勢を変えたいときは伝えましょう。

状態がよければ使用しない場合も

一般に、自然分娩でお産の経過が順調なら、入院時と子宮口が全開大になるまでの間に数回つける程度ですが、陣痛促進剤を使っている場合や、赤ちゃんの心音が心配される場合などは出産までつけていることも。姿勢を変えることも可能なのでつらいときには伝えましょう。分娩時以外に使うこともあります。

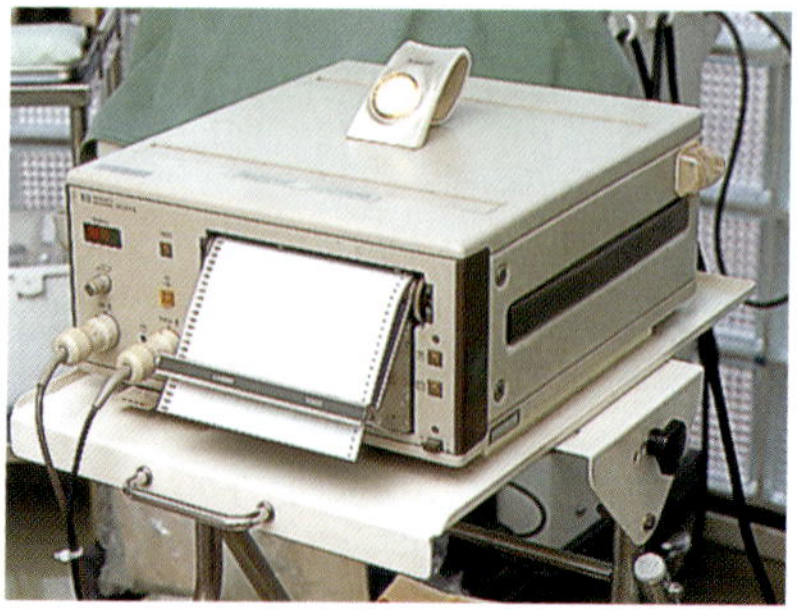

陣痛の強さや間隔、胎児の心拍数などのデータが出てきます。データは、ナースステーションにつながっています。

どんなときに使う?

赤ちゃんの状態を確認するときに使用

「分娩監視装置」という名前がついていますが、お産のとき以外でも、赤ちゃんの状態を調べたいときに使います。

●陣痛が始まったとき

赤ちゃんの心拍数のほか、陣痛の強さや持続時間、間隔をチェック。強すぎる陣痛は赤ちゃんに大きなストレスがかかり、陣痛が弱いとお産が進みません。

●破水したとき

陣痛が始まる前に破水をした場合は、分娩監視装置をつけ、赤ちゃんが元気でいるかどうか調べます。

●なんらかの理由で胎児の安全を確認するとき

赤ちゃんの発育が悪いとき、妊産婦が合併症をもっているとき、予定日を過ぎてもお産の徴候がないときなどは「ノンストレステスト」といって、赤ちゃんの元気さを分娩監視装置で確認し、出産の時期などを判断します。

●切迫流産が疑われるとき

おなかの張り具合や、子宮収縮の様子をチェックします。この結果と内診などの結果を総合して、切迫流産かどうかが判断されます。

key word ②

子宮口を広げる処置

陣痛を人工的に起こします

赤ちゃんの出口である子宮口がかたくて開きにくかったり、産道の伸びが悪いと、赤ちゃんはスムーズに産道を下りてくることができません。お産があまりにも長引くと、赤ちゃんにかかる負担も大きくなります。そこで分娩誘発のひとつの方法として、物理的に子宮の入り口を開く処置をとることがあります。

どんな器具を使う?

ラミナリア、メトロイリンテルを使います

水分を吸収すると膨らむラミナリア桿という海藻でできた棒状の器具を子宮頸管に入れて、少しずつ子宮口を広げていきます。またメトロイリンテルを子宮頸管に入れる方法もあります(P.91参照)。

key word 3

剃《てい》毛《もう》

会陰切開のための処置 最近は疑問視する声も

会陰切開を基本的に行う方針の病産院では、分娩台に上がってから、剃毛を行うことがあります。剃毛とは、陰毛を剃ることで、会陰に近い下半分だけを剃ることが多いようです。

しかし、剃毛がはたして必要なのか疑問視する声も多く、行わない病産院も増えています。

key word 4

導《どう》尿《にょう》

カテーテルで尿を外に出す処置

分娩台で行われる処置。先が細くなったカテーテルを尿道口から入れて、トイレに行かなくても尿が外に排出されるようにします。膀胱に尿がたまっていると、陣痛が弱くなったり、赤ちゃんが下りにくいという理由から行われますが、剃毛と同様、行わない病産院も多くあります。

どんなときにする?

お産の直前に行う処置 行わない病産院もあり

●剃　毛

会陰切開をしたときの感染防止と、切開後の縫合や消毒がスムーズにできるように、お産の前に行います。具体的には、石けんをつけて、看護師がかみそりで会陰周辺の陰毛を剃ります。

●導　尿

おもに、陣痛が強くて、分娩台に上がる前にひとりでトイレに行けない場合や、赤ちゃんの頭で膀胱が圧迫されて、尿意があるのに排泄できない場合などに行われます。

●浣　腸

便がたまっていると赤ちゃんが下りにくくなるという理由のほか、浣腸の刺激で子宮収縮が強くなりお産が進む、産婦が便のことを気にせずいきめる、といった考えも。

key word 5

浣《かん》腸《ちょう》

直腸をカラにして陣痛を促進

直腸に便がたまっていると産道が広がりにくく、赤ちゃんが下りてくるのに邪魔になるために行う処置。あまり有効性がないという理由から、行わない病産院も多くあります。

浣腸を行う場合は坐薬（緩下剤）やグリセリン浣腸などを使って、分娩前に便を出します。

知りたい!

お産に体力は必要ですか?

必要ですが、気力で十分カバーできます

お産は体力を使いますが、大切なのは「自分で産む」気持ちと、心も体もリラックスさせること。お産に消極的な態度でいると、陣痛逃しがうまくできず、体力の消耗が大きいもの。また陣痛がつらくて、満足に食べたり眠ったりできなくても、2、3日ならがんばれるものです。

受けたくない処置がある場合は?

妊娠中に、スタッフと相談しましょう

導尿、浣腸などの処置は、必ずしもお産に必要な処置ではないため、本人の希望があれば行わない病産院も多くなりました。処置の直前に申し出るのではなく、健診時などに医師に伝えて、よく相談をしておきましょう。

key word 6

陣《じん》痛誘《つうゆう》発剤《はつざい》・陣《じん》痛促《つうそく》進剤《しんざい》

陣痛を起こしたり強めたりする薬です

おなかにいる赤ちゃんが、いよいよ生まれる段階になると、自然に子宮が収縮を始めて陣痛が起こります。ところが、妊娠中毒症や過期妊娠などの理由で、胎児や母体に危険が迫り、早く娩出したほうがよいと判断されることがあります。このような場合などのとき、陣痛誘発剤や陣痛促進剤が使われます。

陣痛誘発剤・促進剤を使うときは、必ず医師から説明があります。

使う薬は同じですが、陣痛を起こすために使う場合を「陣痛誘発剤」、陣痛を強めるために使う場合を「陣痛促進剤」といいます。原則的には医学的に必要な場合に使用しますが、計画分娩（P.122参照）の場合にも使われます。

適切に使用されれば安全な薬です

陣痛誘発剤・促進剤は、ときに過強陣痛のような副作用の報告もされています。そのため、医師は薬の量や点滴の速度を調節して、安全に使ってくれるはずです。また、赤ちゃんの心音に問題がなく、産婦の状態もよければ、薬を使わないで経過をみる医師もいます。

陣痛誘発剤や促進剤は、使わずにお産がすすめばそれにこしたことはありませんが、医学的に必要な場合もあることを頭に入れておきましょう。

いずれにしても、陣痛誘発剤や促進剤を使うときには、必ず医師からきちんと説明があるはずです。不安や不明な点があれば、納得できるまで医師と話し合いましょう。

確認すること・気をつけること

医師の説明をきちんと受けることが大切

自然に産みたいと思っていても、お産の途中でどうしても陣痛誘発剤・促進剤を使わなければならない場合も。なぜ使うのかなどの説明をきちんと受け、わからないことがあったら医師に質問をしましょう。

●誘発剤・促進剤を使うと言われたら…

事前に医師から説明があるはずです。もし十分な説明がない場合は、「なぜ使うのか」「使わないとどんな心配があるのか」「いつ使うのか」「副作用の心配があるか」などのことを聞いておくと、安心です。

●実際に使い始めたら…

吐き気や血圧上昇などの副作用が起こることはあります。気分が悪くなったり、急に陣痛が強くなったら、すぐにスタッフに伝えて。また、促進剤の使用は、分娩監視装置などでの十分な監視のもとに行われる必要があります。

どんな薬を使う？

子宮収縮作用のあるホルモン剤です

陣痛誘発・促進の目的で一般的に使われるのは、オキシトシン、プロスタグランディンという薬です。点滴で行う場合と、内服する場合の2つの方法があります。いずれも赤ちゃんへの影響はありません。

オキシトシン

オキシトシンは、産後のおっぱいの分泌や子宮の収縮に作用するホルモン。このホルモンの製剤を、ブドウ糖液などに混ぜて点滴の形で使います。個人差はありますが、点滴開始数分後に効果が出始めます。

プロスタグランディン

プロスタグランディンも人の体にあるホルモンの製剤。子宮の収縮を促す働きがあります。投与の方法は、点滴と内服（錠剤）があります。錠剤の場合は様子を見ながら、1時間ごとに、最高5錠まで内服します。

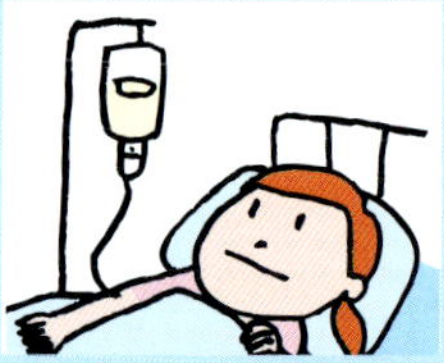

点滴と内服の2つの方法があります。一般的に、点滴を行う施設が多いようです。

ママの状態を観察しながら使います

分娩を起こすために使用する場合は、事前に内診を行って子宮口の開き具合を診たり、超音波検査や分娩監視装置などで赤ちゃんの状態を調べたりします。

このとき、子宮口が開いていなければ、ラミナリアやメトロイリンテルなどの器具を使って、子宮口を広げることがあります（P.108参照）。

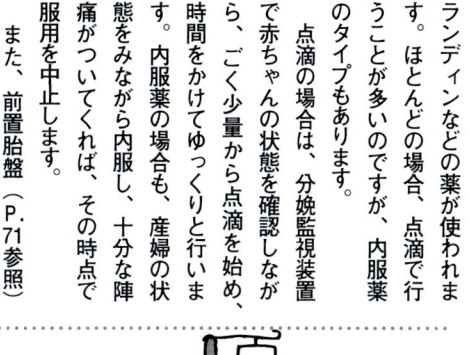

陣痛誘発・促進剤には、一般的にオキシトシンやプロスタグランディンなどの薬が使われます。ほとんどの場合、点滴で行うことが多いのですが、内服薬のタイプもあります。

点滴の場合は、分娩監視装置で赤ちゃんの状態を確認しながら、ごく少量から点滴を始め、時間をかけてゆっくりと行います。内服薬の場合も、産婦の状態をみながら内服し、十分な陣痛がついてくれれば、その時点で服用を中止します。

また、前置胎盤（P.71参照）の場合など、陣痛促進剤を使用できない場合もあります。

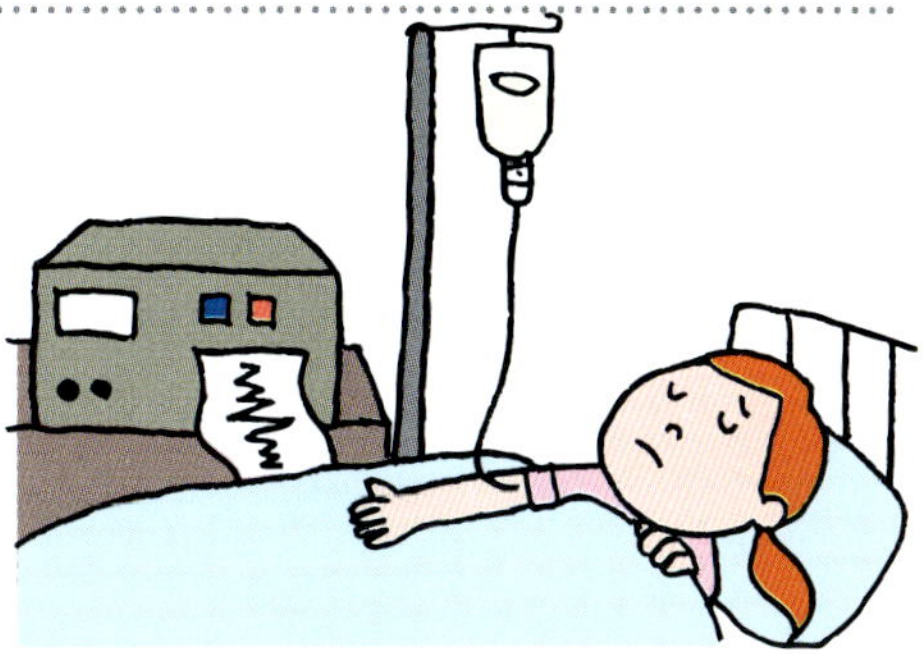

陣痛促進剤を使った後、急に陣痛が強くなったり、気分が悪くなったりしたら、すぐに助産師に伝えて。

どんなときに使う？

お産の自然の流れが待てないときに使います

自然のお産の流れを待っていると、胎児や母体の生命に危険が及ぶと判断されるときに使います。突発的に使うこともありますが、無痛分娩（P.123参照）などでも使われます。

●予定日から2週間過ぎても出産がないとき

予定日を2週間以上過ぎると胎盤の機能が衰え、胎児に十分な酸素や栄養が行きにくくなります。この場合人工的にお産を誘発します。

●前期破水をしたのに陣痛が起きないとき

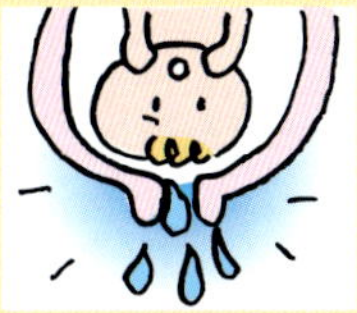

破水後、大半は24時間以内に陣痛がきますが、陣痛がこない場合は、胎児に感染のおそれが出てくるため、人工的に陣痛をつけます。

●母体に妊娠の異常や合併症があるとき

妊娠中毒症や糖尿病などの合併症があって、お産が遅れると母体や胎児に大きな負担がかかると判断されたときに使います。

●そのほかの場合

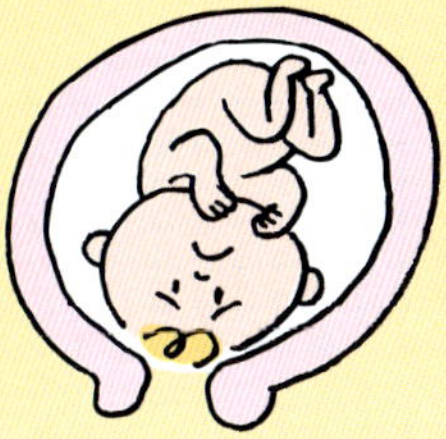

子宮口が全開大になって、数時間たってもお産が進まないときなど。また無痛分娩など、計画的に使用されることもあります。

key word ⑦

誘《ゆう》発《はつ》分《ぶん》娩《べん》

人工的に陣痛を起こす分娩方法

自然な陣痛が来るのを待たずに、陣痛誘発・促進剤などを使って、人工的に陣痛を起こして分娩することを、誘発分娩といいます。

これ以上赤ちゃんが母体にとどまると、母体にも胎児にも危険が及ぶ場合に行われますが、計画分娩などで分娩を誘発する場合もあります。

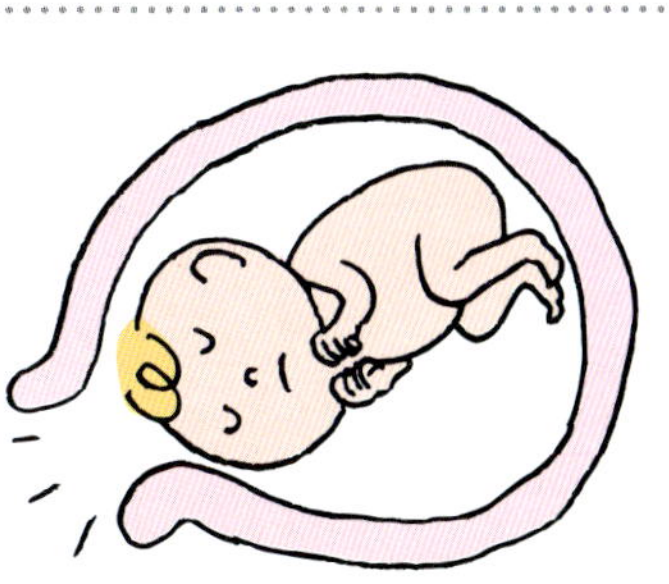

子宮口が十分開いていないと、ラミナリア棹など子宮口を広げる準備をしてお産に臨みます。

key word ⑧

逆《さか》子《ご》

妊娠中期までの逆子は心配いりません

おなかの中の赤ちゃんは、通常頭を下にした状態（頭位）です。それが、何かのひょうしにくるりとひっくり返って、頭を上にした状態でいることを逆子（骨盤位）といいます。また、赤ちゃんの姿勢によっても、いくつかの種類があります。

でも、おなかの赤ちゃんが小さいうちは、羊水の中で自由に動きまわっているものです。妊娠中期くらいまでは、逆子になっていても心配はありません。

逆子対策は27～28週からスタート

妊娠27～28週くらいになっても赤ちゃんの姿勢が頭位にならない場合に、逆子と診断されます。妊娠後期に入って赤ちゃんが大きくなると、以前ほど自由に体を動かすことができなくなり、赤ちゃんの位置が決まってくるからです。

医師の指示に従って、胸膝位などの逆子を直す体操（右イラスト参照）をしたり、チャンスがあればお灸やハリなどを試してみてもよいでしょう。

病産院によっては、外回転術という方法で逆子を直す場合もあります。

お灸やハリは、かならず医師や鍼灸院に相談を。
「三陰交《さんいんこう》」「湧泉《ゆうせん》」「至陰《しいん》」などが逆子に効くツボ。

逆子を直す体操

妊娠28週を過ぎても逆子なら、逆子体操を始めましょう。毎日10分程度が目安。ただし、必ず医師の指導を受けてからにすること（シムスの体位の向きは医師が指導）。注意点をよく聞いておきましょう。

●胸膝位《きょうしつい》

両手両ひざをつき、お尻をできるだけ高く持ち上げます。両ひざは、必ず開いて。この姿勢を10分程度キープ。その後、胎児の背が上になる向きのシムスの体位（P.87参照）でリラックス。そのまま眠ってしまってもOK。

●仰臥位《ぎょうがい》

あお向けに寝て、お尻の下に高さが30cm程度になるように、枕や座布団などをあてます。このままの姿勢で約10分程度キープ。その後、胎児の背が上になる向きのシムスの体位（P.87参照）をとってリラックスします。

●体操をするときの注意点

●切迫早産の危険のある人は、絶対行ってはいけません。
●寝る前に、ガードルや腹帯をとって、無理をしない程度に行います。
●苦しいと感じたり、おなかが張ってくるようならすぐに中止します。

逆子のお産で起こりやすいトラブル

お産がスムーズに進まないおそれが出てきます

逆子の場合、足やひざで卵膜を押すため早期破水を起こしやすくなります。破水をしたらすぐに病産院に連絡して安静にし、指示を受けて入院します。早産にもなりやすいので、おなかの張りにも注意が必要。おなかが張ったら、無理をせず体を休めましょう。そのほか、以下のトラブルが起こりやすくなります。

①微弱陣痛

逆子のお産で問題になるのは、いちばん大きな頭が最後に出てくること。そのため、骨盤で頭がひっかかって、微弱陣痛になったり、分娩時間が長引く傾向があります。

②臍帯《さいたい》圧迫

逆子の場合は、最後に頭が出てくるので、へその緒が産道で圧迫され、血流が途絶えるおそれがあります。そうなると胎児への酸素の供給がストップし、赤ちゃんが仮死状態になる危険が出てきます。

③臍帯脱出

お尻や足が先に出ると、へその緒がすきまをぬって、外に出てしまうのが臍帯脱出です。臍帯圧迫と同様、胎児に危険が及びます。

妊娠後期までに直ることがほとんどです

33週以降は、羊水が減ってきて胎児が動きにくくなります。32週までが逆子を直すチャンスですが、ほとんどの赤ちゃんは、出産までに自己回転と呼ばれる赤ちゃん自身の回転によって、頭を下にした姿勢になります。逆子のまま出産するのは、3～4％程度といわれています。

ただ、32週を過ぎても逆子が直らない場合は、逆子のまま出産をする確率が高くなります。

逆子のままのお産は帝王切開の可能性が大

赤ちゃんの体の中で、いちばん大きいのは頭です。したがって経腟分娩では、赤ちゃんの頭が出れば、あとはスムーズに体まで出てきます。

ところが、逆子の場合は足から先に出てくるので、頭が骨盤にひっかかって難産になりやすいなど、お産にさまざまなリスクが伴います。したがって、水中出産や、自宅出産などはまず無理だと考えてください。単殿位など、逆子の姿勢によっては、経腟分娩が可能ですが、姿勢に関わらず、逆子の場合のお産は、帝王切開で、と考える医師が多いようです。

後期で逆子と診断されたら、早期破水や早産に要注意。体に負担をかけない生活を。

胎児の姿勢

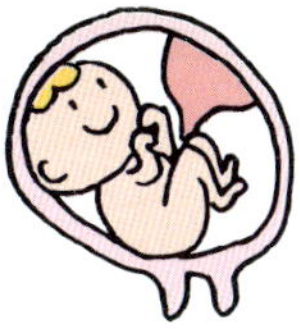

横　位

体が横になっている状態。めったにないが、最終的に横位のままだと、経腟分娩は不可能。

骨盤位（逆子）

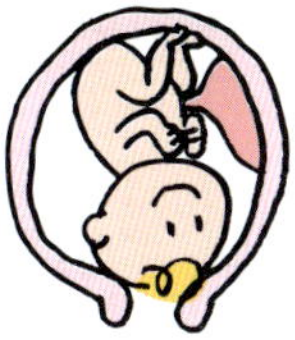

頭　位

胎児の頭が下に向いている姿勢。分娩時は体の中でいちばん大きな頭から出てきます。

逆子の姿勢

不全膝位

両ひざが曲がっているが、片足が前方で、片足が後方にある状態。

全足位

両足がいちばん下にある状態。子宮は狭いのであまりない姿勢。

不全足位

足が下を向き、片足だけ上がっている状態。

複殿位

両ひざが曲がっているため、お尻と足が下にある。場合によって、経腟分娩が可能。

全膝位

ひざが曲がっていて、両ひざが下にある状態。

単殿位

両足が曲がって上を向いていて、お尻が下にある。経腟分娩が可能。

逆子を直すための外回転術

おなかの上から胎児の位置を直します

逆子を直すために、医師や助産師が超音波で見ながら、おなかの上から胎児を回して位置を直す方法。ただ、無理をすると胎盤剥離を起こすなどの危険もあるので、行うべきかどうかは医師の間でも意見がわかれます。

いずれにしても、慎重に行われなければなりません。また、誰にでもできる方法ではないことも知っておいてください。

1 超音波で状態をチェックする

超音波で、胎児の向き、胎盤の位置、羊水量などをチェックして、子宮収縮を抑える薬を妊婦に使います。

2 おなかの上から胎児を回転させる

胎児の心音をモニターで確認しながら、母体のおなかの上から胎児の位置を回転させます。麻酔は使いません。

3 赤ちゃんの様子を観察する

外回転術が終わったあとは、分娩監視装置で、しばらく赤ちゃんの心拍数などを観察しながら、赤ちゃんの様子を見ます。

key word 9

会《え》陰《いん》切《せっ》開《かい》

会陰が伸びるまで待てないときの処置

お産が進んで赤ちゃんの頭が見えてくると、赤ちゃんの頭は出たり入ったりを繰り返します。このとき、会陰（膣の出口と肛門の間の部分）は赤ちゃんの頭に押し広げられることで、紙のように薄く引き伸ばされます。

そのまま会陰がうまく伸び続け、赤ちゃんの頭がくぐり抜けられるまでになれば、会陰切開を受けることもなく、そのまま自然に赤ちゃんを産むことができます。

ところが、会陰がじゅうぶんに伸びていないときに強いいきみが加わったことにより、きちんと伸びていない膣口を赤ちゃんが無理に通りぬけようとすると、会陰裂傷といって会陰が切れてしまうことがあるのです。

あるいは、なんらかの理由で赤ちゃんの心音が落ちて、早く分娩させなければならないときには、会陰がじゅうぶんに伸びきるまで待てません。

このようなときに、会陰部をはさみで切って、赤ちゃんが出やすいようにする処置をすることがあります。これが会陰切開。

局所麻酔をして、先の丸い会陰切開用のはさみで切りますが、陣痛がきているときに、一瞬のうちに切るので、痛みをほとんど感じない人が多数です。しかし、会陰切開は、切るときよりも、むしろその後の傷の痛みをつらいと感じることが多いようです。

会陰切開のときより、むしろその後の傷の痛みに悩むママが多い。

会陰切開は必ずする処置ではありません

会陰切開は、お産で必ずする処置ではありません。会陰切開をするかどうかは、その病産院や医師の考え方にもよります。

医学的に会陰切開が必要な場合は、逆子や吸引分娩などで、赤ちゃんを急いで出さなければならない事態に陥ったときなのですが、現状では多くの病産院や医師が会陰切開をしています。

会陰切開を行う場所

切る部位は3通りあります

切る部位は、図のように3通りあり、いずれか1か所を切ります。切る場所は医師の判断によります。痛みに関して言えば、膣口を真下に切る「正中切開法」がいちばん痛くありません。

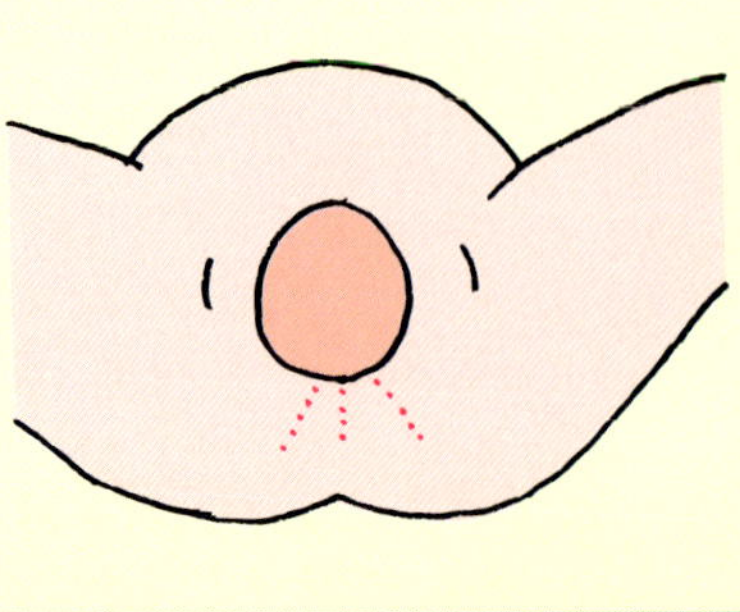

どんなときにする？

会陰切開を行う判断は医師によっても違います

医学的に必要だと考えられるのは、胎児仮死などが心配されたとき。多くの正常分娩では、会陰切開は必要とされません。しかし現実には、正常分娩でも多く行われます。

1 胎児の心音が落ちて胎児仮死の危険があるとき

骨盤位（逆子）などで、お産が長引いたとき。あるいは、なんらかのトラブルが起きて吸引分娩を行うときなどは、会陰がじゅうぶんに伸びるまで待てないので、会陰切開を行います。

2 巨大児で、肩が出にくく心音が落ちたとき

体重が4,000g以上、4,500g未満の赤ちゃんを巨大児といいます。この場合、体が大きいため頭が娩出しているのに肩が出てこない状態になることもあります。肩から下を出やすくするために、会陰切開をします。

3 会陰の伸びが悪く裂傷の心配があるとき

会陰の伸びが悪く、いきみもうまくいかない場合など、そのままいきみを続けても、ひどい会陰裂傷が心配されます。そこで、産道を広げるため、医師の判断で会陰切開を行います。

必ずする処置としての利点は証明されていません

現在多くの病産院で会陰切開を行っている理由のひとつに、会陰切開をするとひどい裂傷が起こらず、産後の尿失禁などを予防できると信じられていたことがあげられます。

また、自然に裂傷する場合より傷が縫合しやすい、産婦の痛みも軽くすむといったことも理由とされています。しかしこれらは、いずれの場合も証明されているわけではありません。

会陰が伸びるまで待ってお産をすれば、ひどい会陰裂傷もなく痛みも少ないようです。

妊娠中のケアで会陰の伸びをよくできます

会陰切開をしないで自然にお産をすることは、そう難しいことではありません。妊娠中から体操をして（P.145～参照）、骨盤底筋を柔軟にします。また、植物性オイルでのマッサージでやわらかくできる場合も。

また、会陰切開をしたくないことをあらかじめ医師に伝えておくことも大切。会陰切開が必要になった場合も、同意を得てから行ってほしいということも伝えましょう。医師の理解を得られないようなら、会陰切開に関して別の病産院で意見を聞くのもひとつの方法です。

どんな方法で行う?

会陰切開用のはさみで切ります

切るのは会陰切開用のはさみですが、局所麻酔をしてから行うので、痛みはありません。縫合は、胎盤が出た後に行います。このときも、局所麻酔をします。

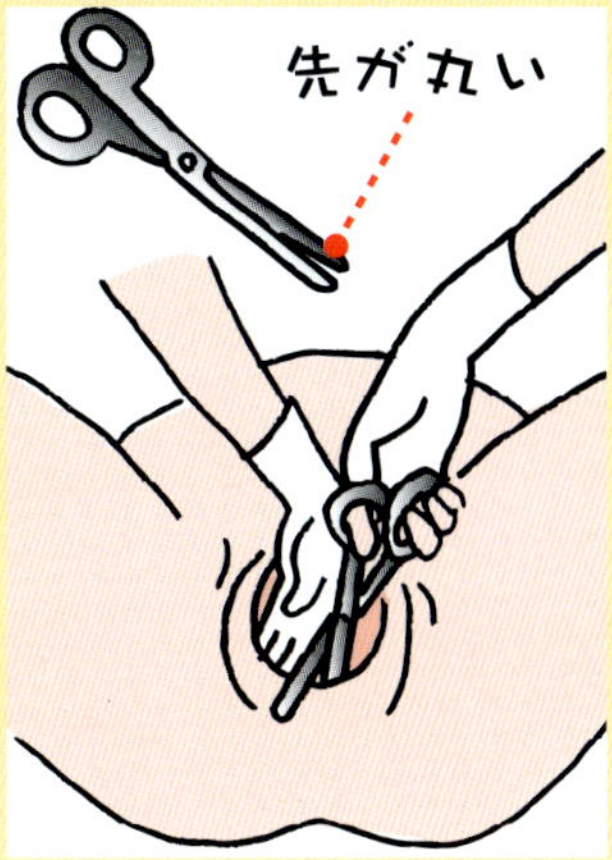

切らずに産むために心がけたいこと

妊娠中から、会陰の伸びをよくする努力を

体操をしたり、ふだんでもあぐらをかくなどして、骨盤底筋を柔軟にしておきましょう。また、太りすぎると皮下脂肪が腟壁や会陰について、会陰の伸びが悪くなります。食べすぎに注意して、適度な運動を心がけましょう。入浴後には、オリーブオイルなどの植物性オイルで、会陰マッサージをするのもおすすめです。

お産本番では、最後までリラックスを忘れずに

お産当日は、最後までリラックスして、いきまないお産をすることが大事。無理ないきみが、会陰裂傷につながります。そのためには、子宮口が全開大になっても、呼吸法をしたり自由な体位をとりながら、上手に陣痛を乗り切っていくことです。赤ちゃんがもう少しで生まれることをイメージしながら、いきみを逃すようにしてください。

会陰切開をした場合の産後の過ごし方

傷口を清潔に保つことが大事です

痛みの感じ方には個人差がありますが、3～4日くらいは、会陰の傷が痛むでしょう。とくに、立ったり起きあがったりするときには、痛みを強く感じるものです。傷を早く回復させるためには、清潔にするのがいちばんです。洗浄式の便座があれば、トイレのたびに洗浄するとよいでしょう。

座るときにはお尻の部分をくり抜いた、クッションなどが役立ちます。備えている施設も多いので借りるようにしましょう。

退院後も違和感が残ることも

会陰縫合のあとは、一般に1週間程度で完全にふさがりますが、退院後もちょっとした動作で痛みや違和感、ひきつれ感などを感じることも。痛みや違和感は、1か月健診でみてもらって問題がなければ、心配はありません。なお、会陰切開をしたからといって、その後の性生活に影響はありません。

key word ⑩

帝王《ていおう》切開《せっかい》

高齢出産だと帝王切開でのお産が増えます

母体や赤ちゃんになんらかのトラブルがあって、経腟分娩が難しい場合、おなかを切開して子宮から直接赤ちゃんを取り出す方法を、帝王切開といいます。

最近では、35歳以上の高齢初産が増えてきましたが、ちょっとした異変でも「帝王切開で産みましょう」と言われることが多いのが現状のようです。高齢初産の場合、一般にお産に必要な筋肉の柔軟性が失われていることが多く、産道がかたいために、分娩時に赤ちゃんがなかなか出られない状況に陥ることがあります。赤ちゃんの安全を確保するため、お産の途中で帝王切開になることがあるのです。

手術にかかる時間は1時間程度です

帝王切開はたいてい、脊椎または硬膜外、あるいはその両方の麻酔で行われるので、赤ちゃんの産声を聞くこともできます。皮膚にメスを入れてから赤ちゃんを取り出すまで、5〜10分ほど。麻酔をかけるところからでも、手術時間は1時間程度です。

わずかですが、手術によって母体に合併症が起きる可能性があり、輸血が必要になる場合も。経腟分娩より、合併症が若干多くなるとも報告されていますが、多くは問題なく退院になります。

2〜3日後からは母乳育児も可能です

術後は痛みがあり、2日間ほど発熱があります。母乳の分泌が遅れるため、赤ちゃんのお世話は産後2〜3日目から。多少遅れますが、それ以降は経腟分娩の場合と変わりません。

歩行許可が出たら、できるだけ動いてみましょう。体を動かすほうが、子宮の回復が早くなります。病産院やママの体調によっても異なりますが、入院期間は1〜2週間です。

帝王切開を行う場所

一般的には2通りのどちらか

麻酔から、手術まで約1時間。おなかの切り方は、横に切る方法と、縦に切る方法があります。どちらの方法にするかは、医師の判断によります。

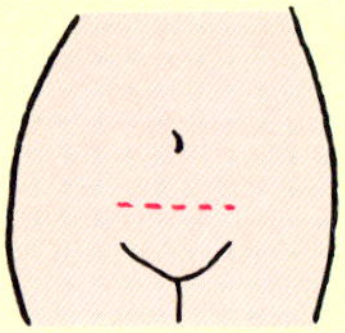

下部横切開

陰毛の上あたりを、真横に10〜12cm切ります。現在主流の方法で、傷跡が目立ちにくいのが特徴。

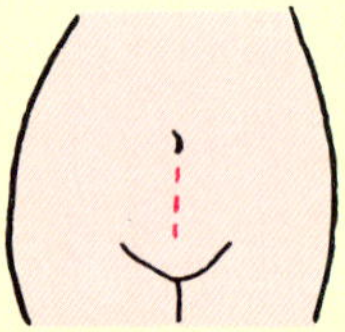

縦切開

おへそのすぐ下から、縦に10〜12cm切ります。このほうが手術はやりやすいのですが、傷跡は目立ちます。

経腟分娩との違いは？

赤ちゃんのお世話を始めるのが多少遅れます

いちばん大きな違いは、次のお産も帝王切開になる可能性があること。帝王切開でも、たいてい赤ちゃんの産声が聞けます。産後の経過も、経腟分娩とさほど違いはありません。

●入院中の過ごし方

- 手術後はカテーテルで導尿します。
- 飲食は、手術後に腸が動き出しているのを確認してから。最初はお茶などの水分をとり、吐き気がなければ通常の食事をとります。
- 1〜2日後に歩行許可が出ます。
- 母子同室や母乳育児も可能です。手術後の痛みが軽くなり、日常生活に支障がなくなれば退院できます。経腟分娩よりも1週間ほど遅れるので、退院は1〜2週間後です。

●母乳

母乳の分泌は産後3日目ころからで、経腟分娩よりも2〜3日遅れます。赤ちゃんに吸われるうちに出てくるので心配いりません。

●悪露

経腟分娩では、産後3〜4週間くらいでなくなります。帝王切開の場合は、1か月以上かかったとしても正常な範囲内です。

●次の妊娠までの期間

帝王切開の場合でも、産後3か月〜半年ほどで生理が再開し、1か月健診で許可が下りれば、性生活もOK。しかし、開復手術をしているので、次の妊娠までは、最低1年あけたほうが安心です。

●次回のお産の方法

次回も帝王切開にある可能性が高くなりますが、帝王切開になった原因によっては、経腟分娩ができる場合も。次回経腟分娩を望む場合は、医師と十分にその可能性やリスクなどについて話し合って。

どんなときに行われるの？

予定帝王切開と緊急帝王切開

予定して行う場合と急きょ行う場合があります

帝王切開には、あらかじめ決まっている「予定帝王切開」と、経腟分娩の途中から、なんらかの事情によって急きょ帝王切開が必要になる場合に行う「緊急帝王切開」があります。

緊急に帝王切開になるのは、急いで赤ちゃんを取り出さないと、赤ちゃんや母体に命の危険や、後遺症などが残るおそれがあるときです。しかし、吸引分娩が可能な場合は、そちらが優先して行われます。

なお、帝王切開の必要がある場合には、必ず医師からの説明があるはずです。その上で、手術同意書に署名・捺印をします。緊急帝王切開の場合も同様で、本人が署名・捺印をできない状態なら、家族がかわりにすることになります。

説明をよく聞いてから署名を。

予定帝王切開になる場合

●骨盤位（逆子）などのとき

逆子の姿勢によっては、帝王切開になる可能性があります。横位では、胎児の頭が骨盤の中に入りにくいので、帝王切開になります（P.112～113参照）。

●糖尿病などの合併症がある産婦

糖尿病、心臓病、腎臓病などの持病があって、妊娠した場合などは、母体が経腟分娩に耐えられない可能性があるので、帝王切開を行います。

●前回帝王切開、子宮の手術（筋腫核出など）の経験者

強い陣痛がきたときに、子宮の傷跡が裂ける危険も心配されます。帝王切開の原因によっては経腟分娩が可能ですが、100%帝王切開になる施設もあります。

●多胎妊娠の場合

2人以上の赤ちゃんの妊娠が多胎妊娠です。双子の場合はケースバイケースですが、三つ子以上は母体の負担も大きくなるので、帝王切開です。

●産婦が感染症にかかっているとき

産婦がヘルペスやエイズなどの感染症にかかっている場合、経腟分娩では、産道感染が心配されます。そのようなときは、予定帝王切開になります。

●そのほか

前置胎盤と診断されたとき、骨盤が狭くて胎児が通過しにくい（児頭骨盤不適合）、体重が4,000ｇ以上の巨大児、高齢初産婦などの場合も行われます。

緊急帝王切開になる場合

●胎児仮死の心配が出たとき

さまざまな原因で、胎児の心音が極端に落ちたときは、一刻も早く出産させなければなりません。そんなときは、緊急な対応が求められます。

●遷延分娩で、母子に危険が及ぶとき

お産が長引いても心配のない場合はたくさんあります。しかし、微弱陣痛などのためにお産が長引きすぎて、母体の負担がかなり大きく、また、胎児の生命にも危険が及ぶときには、お産の途中で帝王切開に切りかえることがあります。

●常位胎盤早期剥離が起こったとき

赤ちゃんが出てくる前に胎盤がはがれてしまうと大出血が起こり、母子ともに危険な状態になります。この場合も緊急帝王切開が必要になります。

●前置胎盤で出血が始まった場合

前置胎盤と診断されれば、予定帝王切開になります。しかし、予定分娩前に、突然出血が起こった場合は緊急に帝王切開が必要です。

●そのほか

破水したのに陣痛がこないまま時間がたって、子宮内感染が心配されるとき。また重症の妊娠中毒症の場合や、過強陣痛で、子宮破裂が疑われる場合などでも行われます。予定日を2週間以上超過している場合（過期産）も、胎盤が衰えて胎児が危険になるので、帝王切開に。

知っておきたい 産み方のいろいろ

多様化しているお産の方法を理解しましょう

出産方法には、大きくわけて「自然の流れにしたがって赤ちゃんを産む」自然分娩と、分娩日を決めるなど、医療が介入して行う方法があります。また、医療が介入される場合でも、無痛分娩や計画出産のように母体の産道を通って赤ちゃんが生まれる場合は、自然の流れにしたがって赤ちゃんを産む場合と合わせて「経腟分娩」と言います。そうでない場合は、子宮を開腹して赤ちゃんを取り出す「帝王切開」と言えます。

医療が介入して行う分娩は、基本的に医学的な処置が必要なケースです。麻酔による無痛分娩など、経腟分娩でも分娩日を決めて行います。

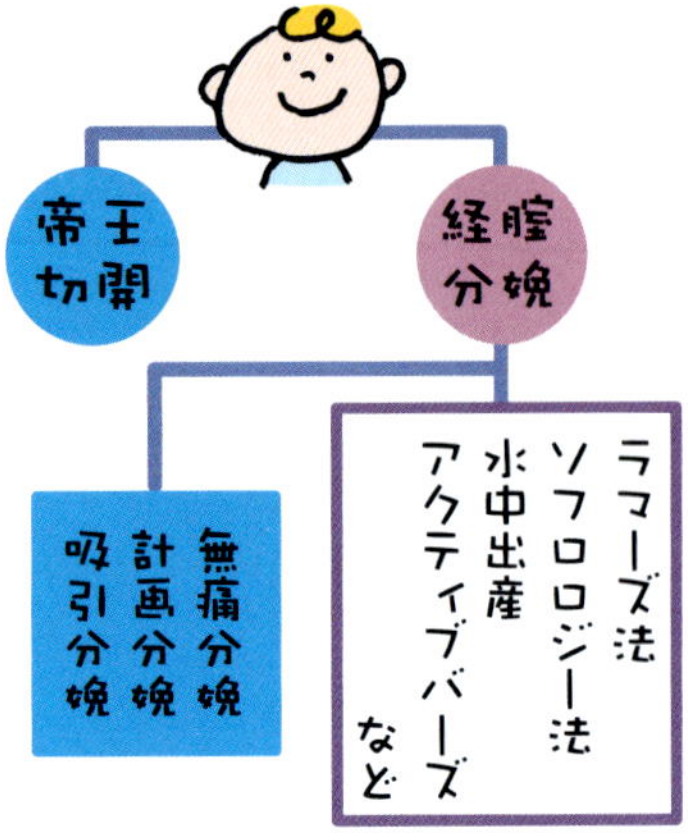

納得のいくお産のために自分に合った方法を選んで

お産はママと赤ちゃんの共同作業。いいお産をするには、何より妊婦がお産の知識を持って、心も体もリラックスしてお産に臨むことが大切です。そのため、自然分娩に含まれる出産法は、独自のリラックス方法を取り入れています。

ひとくちに自然分娩といっても、細かい点で病産院による違いがあります。「お医者さんに産ませてもらったほうが楽」と考える人も、妊婦が主体となってお産をする「アクティブバース」がどのようなものか、知ってみるのもよいでしょう。妊婦自身がどれだけ積極的にお産に関わりたいと考えているかも、出産法を選ぶときの重要なポイントのひとつなのです。

自分がどんなお産をしたいかをじっくり考え、納得のいく方法を選びましょう。

知りたい!

"自然分娩"とはどういうことなの?

"自然分娩"のとらえ方は病産院によって違います

基本的に「経腟分娩で、麻酔を使わず、医療的介入のない、分娩日を決めないお産」を"自然分娩"といいます。しかし自然分娩の解釈はさまざまで、医師や病産院によっても、ずいぶん大きな差があります。

たとえば、同じ自然分娩を行っている病産院でも、会陰切開や陣痛促進剤の使用を、基本の行為としてすぐに行う施設や、会陰切開が慣例化されているところもあります。一方、できるだけ待つお産をして、医療介入は極力控える方針の施設もあります。納得のいくお産をするためにも、知りたいことは、医師に確認しておきましょう。またその病産院で出産した人に聞いてみるのもよい方法です。

医療の介入を控えます
陣痛がくるのを待つお産

アクティブバース
本人の楽な場所や姿勢で産む、主体性のある出産法

ほとんどのお産は、あお向けの姿勢で分娩台の上で産みます。このスタイルは、医師や助産師にとっては、手助けしやすい姿勢なのですが、産婦にとって、決して楽な姿勢とはいえません。

アクティブバースでは、「お産の主役は、産婦であり、赤ちゃんである」ことを重視し、産婦がどのようなお産をしたいかを考え、自分にとっていちばん楽な姿勢で積極的にお産に臨むことが大切とされています。したがって、呼吸法やお産のときにとる姿勢も「こうしなければならない」という決まりごとは、一切ありません。あくまで、お産への意識が重要なのです。

陣痛が始まったら、立ったり、座ったり、歩き回ったり、マッサージをしたり、お風呂に入ったりと、自分にとっていちばんリラックスできる、楽な姿勢や方法で乗り切ります。もちろん産むスタイルもさまざま。座ったままで出産する、夫や家族、助産師につかまって出産する、いすを使って出産するなど、自分にとって楽な場所、楽な姿勢を探しながら、いきみを軽くして出産します。

アクティブバースは、一部の病産院で取り入れていますが、現状ではまだまだ少数。しかし、このようなフリースタイルでのお産に取り組み始めている病産院は少しずつ増えてきているようです。

どんなところで産む？

ベッドや畳のある場所でリラックス出産

分娩台は使いません。ベッドを置く、畳の部屋に布団を敷くなど、施設によってさまざまです。病産院であることを感じさせない、ママがリラックスできる空間であることは共通しています。つまり、ママが居心地よく過ごせ、希望する場所であればどこで産んでもよいのです。

アクティブバースの姿勢

自分がリラックスできる姿勢を選べます

楽な姿勢といっても、人によって違います。アクティブバースでは、自分がもっともリラックスできる姿勢で産むことができます。産婦がリラックスできれば、お産の進みも早くなり、赤ちゃんもスムーズに下りてきて、軽いいきみで娩出できます。

よつんばいで

楽なだけでなく、産道も開きやすく、腰への負担が少ない姿勢です。両ひざを大きく開くのがコツ。赤ちゃんを家族に受けとめてもらうこともできます。

ベッドにつかまって

ベッドの背につかまって体を支えて、立った姿勢で産む産婦も。ぐっと手に力が入っていきみやすいようです。

横向きで足を支えて

横向きの姿勢で産むときは、片方の足をしっかり支えるのが大切。骨盤が広がるので、赤ちゃんも出やすくなります。

和痛分娩

さまざまな呼吸法の基本となる考え方

正しくは、「精神予防性和痛分娩」と言います。妊産婦に、妊娠や分娩のしくみを理解してもらい、分娩に対する不安を取り除き、呼吸法などで陣痛の痛みを和らげる方法です。昔はお産が苦しいものとされていましたが、痛みなどを強調するのは不自然という考えからきたもの。

現在、日本の病産院や保健所の母親学級で取り入れられている、ラマーズ法やソフロロジー法、リーブ法なども、大きくは和痛分娩の流れのひとつと言えます。

知りたい!

呼吸法の違いによるお産

お産に対する基本的な考え方は同じです

ラマーズ法、ソフロロジー法、リーブ法など、各出産法によって呼吸法が違っていますが、共通しているのは、ゆっくりと深く吐く腹式呼吸を行うということ。

ゆっくりと吐く息を中心にした呼吸は、痛みを逃すだけでなく、体をリラックスさせる→産道が開く→お産の進行がスムーズになるメリットが。また、おなかの赤ちゃんに酸素を送る意味もあります。

ラマーズ法

「ヒッヒッフー」の呼吸で陣痛をコントロール

ラマーズ法の目指すお産は、心も体もリラックスして陣痛を乗り越え、自分の力で赤ちゃんを産む意志を持ってお産に臨むこと。陣痛を和らげるために行う呼吸法は、現在ではリラックスするために行う考え方に変わりつつあります。

自然分娩のひとつですが、病産院によっては従来の方法と組み合わせたり、会陰切開を行うところも多くあります。具体的にどんなお産をするのか、医師や助産師とよく話し合っておきましょう。

ソフロロジー法

東洋的なリラックス法とイメージ法で産む喜びを実感

陣痛をあるがままに受け止めて、赤ちゃんの誕生を楽しみに待つ、より自然で積極的なお産を目指した方法です。

ヨガや禅の瞑想を取り入れて、ゆっくりと呼吸をしながら、積極的にリラックスする訓練と、お産にいいイメージを持つイメージトレーニングを行います。たとえば「陣痛は、赤ちゃんを産み出すための大切なエネルギー」と前向きに考えると、不安が取り除かれて痛みが和らぐと言われています。

リーブ法

気功法を取り入れ赤ちゃんと一体になるお産

「リーブ」は、リラックス（R）、イメージング（I）、エクササイズ（E）、呼吸（B）の頭文字。中国の「気功法」の腹式呼吸と、ゆったりした動きを基本にし、おなかの赤ちゃんとコミュニケーションを持ちながら陣痛を乗り切っていきます。それに夫も加わって、家族の絆も深めていきます。

難しい気功の知識は必要ではありませんが、妊娠中からのエクササイズが大切です。

水中出産

ぬるま湯につかって水中で出産する方法

自分が産みたい場所、産みたい姿勢で産むアクティブバースのひとつでもあり、水中で赤ちゃんを産みます。水中といっても、腰くらいの深さのぬるま湯につかって出産します。夫や助産師も一緒に入り、産婦の体を支えます。

この出産法は、生まれてくる赤ちゃんに影響があるのではないかと言われることもあり、まだあまり、一般的に認められてはいません。しかし一方で、赤ちゃんにまったく影響がないとする考え方もあります。

水中出産まではいかなくても、陣痛がつらいときに、お風呂に入ると陣痛が和らいでリラックスすることができます。

水中出産の…

メリット ぬるま湯につかることで、鎮静・鎮痛効果が。羊水の中にいた赤ちゃんも、いきなり外気に触れるより負担が少ないといわれます。

デメリット 感染症や大出血の可能性がある、また緊急態勢がとりにくいなどの心配も。安全対策をしっかりとった施設を選ぶことが大切です。

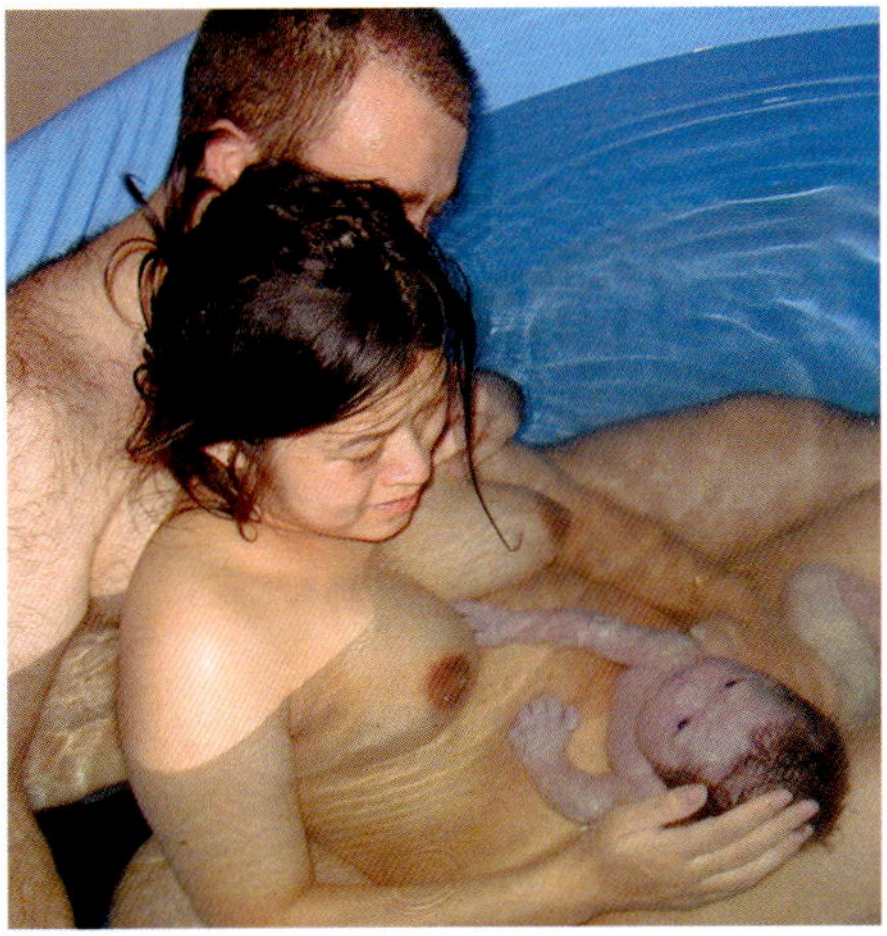

陣痛がピークになってから、腰までの深さのぬるま湯に入って出産（写真は松が丘助産院でのもの）。

座位分娩

重力に逆らわず座った姿勢で分娩

あお向けで産むよりも、座って上半身を起こした姿勢のほうがいきみやすく、腰も痛くなりにくい利点があります。

また、重力に逆らわないので赤ちゃんが産道を通りやすく、お産の進行がスムーズ。母子ともに負担が少ない点がなにより大きなメリット。座位専用の分娩台を設置している病産院もあります。

産む人の希望によっては…

「どこで」「誰と」産むかも産み方のひとつ

出産法と合わせて、お産当日の立ち会いや、部屋の施設について選ぶことができる場合もあります。病産院によっては、出産法と合わせて希望を言える場合があるので、合わせて考えておきましょう。

立ち会い出産

夫など家族の立ち会いは、ラマーズ法出産で広まりましたが、夫だけでなく、最近は、実母が立ち会うケースも増えています。事前に講習が必要なケースや、受け入れ人数が限られている施設もあるので、妊娠中にしっかり確認を。

LDR出産

入院時から陣痛、出産まで移動せずに、ひとつの部屋で過ごせるのがLDR室。医療器具も目立たないようにしてあるので、リラックスしてお産に臨め、分娩室への移動がないので、流れを中断することもありません。

医療の介入が必要です

薬や器具を使う処置をするお産

計画分娩

自然のお産を待たずに分娩日を決めて産む方法

出産日をあらかじめ決めておいて、陣痛誘発剤で陣痛を誘発（P.110参照）、または**帝王切開**（P.116参照）**と決めて産む**方法。おもに、次のような医学的な理由で行われます。

●**ハイリスク出産**…①母体の中で赤ちゃんの発育が悪い②糖尿病などにかかっていて早めに出産したほうがよい③妊娠中毒症などで症状が回復しないとき④双子や多胎の場合、など母体や胎児になんらかのトラブルがあるとき。

●**過期妊娠**…分娩予定日を2週間以上過ぎて、胎盤機能の衰えが推定される場合。

これらの場合は、万一のトラブルに素早く対応できるように、平日の昼間でスタッフが充実しているときに、計画分娩を行います。

そのほか、麻酔を使った無痛分娩を行う場合や、夜間・休日などは病産院のスタッフが手薄になるので、昼間の出産のほうが安全と考える、病院側の理由で行われる場合もあります。

妊婦の希望が受け入れられる場合もありますが、基本的には医学的な理由で行われるもの。たとえば、1か月早く産みたいといった希望は論外です。

計画分娩の場合は、妊娠37週から予定日までの間で出産日が決まり、その前日に入院します。

計画分娩の…

メリット スタッフが充実した、平日の昼間に分娩ができるので、万一、緊急事態が起こったとしても素早い対応ができると言われています。

デメリット お産という自然な営みに、人工的な手を加えることに、抵抗を覚える人も多い。帝王切開以外は、陣痛誘発剤を使って分娩を誘発。過強陣痛になったりする場合も。

吸引分娩

分娩第2期に難産を救う方法として行われます

吸引分娩は、吸引カップを赤ちゃんの頭につけて、赤ちゃんを引き出す方法。分娩第2期に入って、なんらかのトラブルが起こり、胎児仮死が心配されたときに、自然なお産の進行を助ける意味で行われます。赤ちゃんは、カップのあたっていた頭の部分にコブができることもありますが、たいてい自然に治ります。

金属のへら型の鉗子を使って行う方法（鉗子分娩）もありますが、子宮口を傷つけたり、赤ちゃんが高ビリルビン血症になるなどのおそれがあるので、現在ではほとんど行われていません。

吸引分娩に使う器具

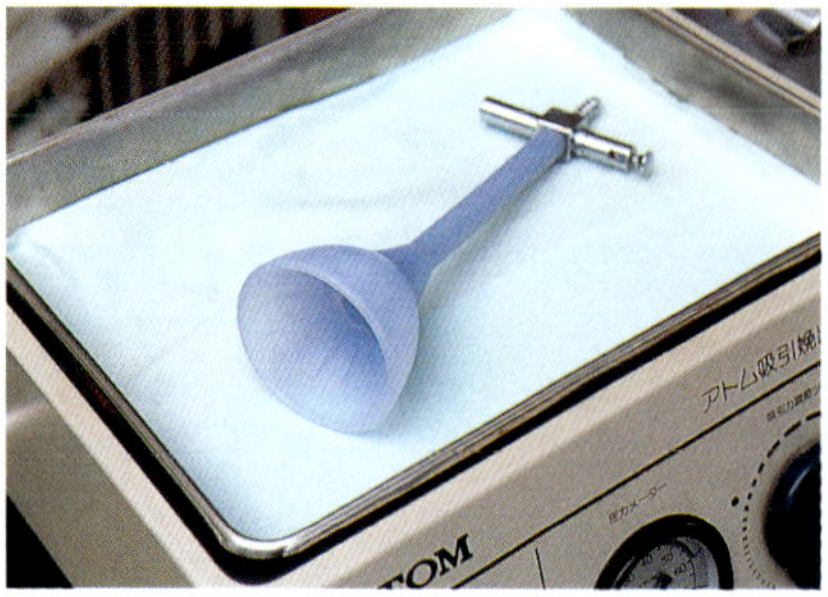
プラスチックやゴムなどでできた、お椀型のカップを赤ちゃんの頭につけ、吸引力で赤ちゃんを引き出します。

帝王切開

おなかを切開して赤ちゃんを取り出す方法

帝王切開は、母体やおなかの赤ちゃんに生命の危険がある場合など、経腟分娩が不可能だと考えられるときに行われる手術です（P.116参照）。

分娩監視装置を使用するようになった時期に、帝王切開の割合が急激に増えたことがありました。赤ちゃんの心拍に少しでも異常が認められると、予防的な措置として帝王切開を行うからです。しかし赤ちゃんの心拍に異常があっても、必ずしも赤ちゃんに危険がない場合があることがわかってきました。現在多くの研究者が、胎児の心拍モニターの解釈を確立させようと努力しています。

帝王切開は、たいてい局所麻酔で行われるので、赤ちゃんの産声を聞くことができます。

無痛分娩

麻酔薬を使って、分娩の痛みを和らげる方法

麻酔薬を使って、お産にともなう痛みを和らげて出産する方法です。

無痛分娩はいろいろな方法が取られており、統一されていませんが、大きくわけると**①会陰部に局所麻酔をする②笑気ガスを吸引する③背中の間の硬膜外という部分に局所麻酔剤を打つ**方法（硬膜外麻酔法）などがあります。

どの方法を使うかは、病院の方針や担当医の得意とするものによっても異なります。現在は、硬膜外麻酔が主流となっています。

いずれの場合も、産婦には意識があるので、自分でいきむことができます。また、赤ちゃんの産声も聞けます。分娩中は、母体の全身状態や麻酔の反応、赤ちゃんの状態も監視しなければいけないので、分娩日を決め、計画分娩で産むことが多くなります。

無痛分娩の…

メリット お産にともなう陣痛が取り除かれるので、お産に対するおそれもなくなり、リラックスしてお産にのぞむことができます。

デメリット 特殊なテクニックと熟練が必要なので、産科医なら誰でもできるというわけではありません。行う施設が限られています。

無痛分娩の流れ（硬膜外麻酔の場合）

1. 健診で出産予定日を決め、当日は栄養剤で血管の確保をしながら、陣痛促進剤を点滴して陣痛を起こします。
2. 規則的な陣痛が始まって、苦痛になってきたら麻酔剤を注入します。注入後5～15分程度で痛みがとれてきます。
3. 麻酔剤の効き目は2時間程度。お産がそれ以上かかりそうな場合は、分娩中に必要に応じて追加注入されます。
4. その後は自然分娩と同じ。助産師や医師の指示に従っていきみます。陣痛の痛みがないので冷静にいきめます。
5. 数回のいきみで赤ちゃんが誕生。赤ちゃんの生まれた瞬間もしっかり意識があるので、産声も聞けます。

麻酔剤の注入の時期は、施設により異なります。麻酔剤が赤ちゃんに影響を与えることはありません。

産後の体と心のケア
1か月健診までの過ごし方

体が元に戻るまで6〜8週間かかります

お産を終えたママの体には、ホルモンの分泌が急激に変わったり、子宮が収縮したりと、さまざまな変化が起こります。体が回復して元に戻るまで、普通は6〜8週間ほどかかります。今後の健康にも大きく影響する大切な時期。無理をしないように過ごしましょう。

最初は赤ちゃんのお世話で大変ですが、1か月が過ぎ、ママの体力も回復すれば、育児も少しずつ楽になってくるはず。疲れたら休むという「ゆっくりペース」をキープしてこの時期を乗り切りましょう。

子宮の回復

産後の子宮は、収縮を繰り返して急激に小さくなって回復していきます。妊娠前の状態に戻るには、約1か月かかります。

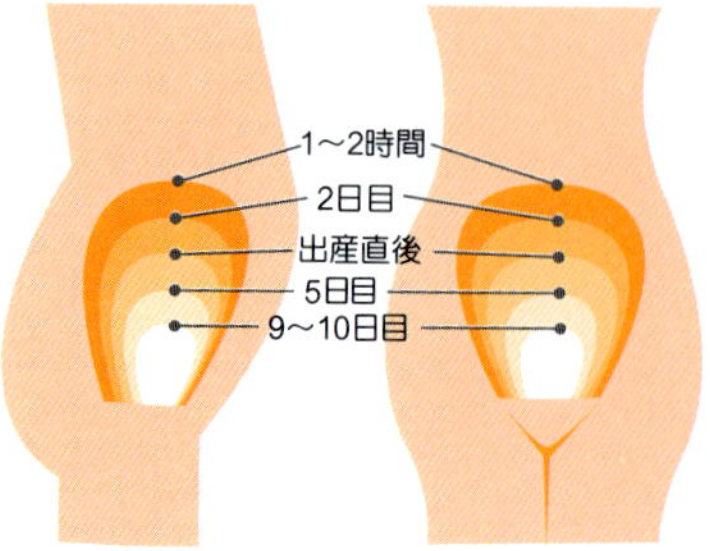

	入院中	産後2週目
体の変化	●出産直後は、子宮収縮の痛み（後陣痛）を感じる人もいる。 ●会陰切開をした人は、3〜4日は傷が痛むが、退院までにはおさまってくる。 ●悪露は血性で量も多い。 ●3日目ころ、急におっぱいが張ってくる。	●会陰切開の傷は、ほぼなくなる。 ●悪露は、入院中に比べると量は減るが、まだ赤色や褐色の人がほとんど。悪露の手当てはきちんと続ける。 ●子宮が小さくなってきて、おなかの上からさわってもわからなくなる。 ●おなかの皮膚がたるんでいるので、腹帯を軽く締める。
気をつけること	**ゆっくり動作を心がけて** ・産後の半日は安静を守り、できるだけ眠るようにする。 ・お産の疲労などから、貧血を起こしやすいので注意する。 ・ベッドからおりるときやシャワーを浴びるときなど、ゆっくりした動作を。 ・母乳の出が悪くても、赤ちゃんに吸わせることが大切。おっぱいのマッサージも。 	**なるべく安静を保ちましょう** ・赤ちゃんとの新生活がスタート。心身ともに緊張が続くことも。 ・体がじゅうぶんに回復していないので、布団は敷いたままにして休養を。 ・睡眠不足は、昼寝をして解消する。 ・甘いもの、脂っこいもの、高カロリーの食事は、おっぱいが張るので控えて。 ・悪露の手当てをきちんと続ける。 

悪露は子宮回復のバロメーターです

産後3～4週間は、子宮内や産道から、子宮内膜や血液の混じったおりものが出ます。これが「悪露」で、子宮の回復の状態を知る大切な手がかりとなります。

悪露の色や量は、日がたつにつれて変化していきます。ところが、日数がたっても血性の悪露が続く、量が増えたといった場合は、子宮内感染を起こしたなどのトラブルが疑われます。健診を待たずにすぐ受診をしてください。

感染を防ぐためには、シャワーを浴びて、外陰部の清潔を心がけて。清浄綿で拭く必要はありませんが、生理用ナプキンや悪露パッドは、まめに取り替えます。

悪露の変化

	色	量
産後2～3日まで	鮮赤～赤色	多い
産後4～7日ごろ	赤～褐色	生理程度
産後2～3週目ごろ	黄色	少ない
出産後4週目以降	無色	ごく少ない

産後３週目

- 悪露の色は薄くなる。無理をすると血性の悪露に戻るので注意を。
- 悪露の量が急に増えたり、血の塊が出るようなときは、細菌感染が心配。健診前でも病院へ。
- 頭痛やイライラは、マタニティブルーの前兆かも。早めに気分転換を。

軽い家事なら始めてもOK

- 食事のしたくなど、軽い家事なら始めても。短時間で休みながらすること。
- 子宮が回復するまで、重いものを持つなど、おなかに負担のかかる姿勢は×。
- 長時間の立ち仕事をしない。
- 母乳を与えているママは、乳腺炎に注意。搾乳をして、おっぱいを空にしておくことを心がけて。

産後４週目

- 悪露は色も薄くなり、少量に。回復の早い人なら、もうこの時期に悪露がなくなっていることも。
- 子宮は、ほぼ妊娠前の状態にまで回復する。
- 性生活の開始は、１か月健診で医師の許可がおりるまで待って。

たまに気分転換も必要

- 体が回復して授乳のリズムが一定になるので、通常の家事をしてもOK。
- イライラや疲れは母乳の出にも影響するので、がんばりすぎは禁物。
- 掃除は目につくところだけにするなど、家事もじょうずに手を抜いて。
- 赤ちゃんを家族に預けて、たまには気分転換を。

健診当日

- 1か月健診では、ママの体が回復しているか、赤ちゃんが順調に育っているかをチェック。ママも赤ちゃんも、脱ぎ着しやすいように前開きのできる服装を。

不安はしっかり質問

- 1か月健診へ。ママの体や育児の不安を解消できるよい機会なので、じょうずに質問を。
- 日ごろから、聞きたいことをメモしておくように心がけて。

母乳で育てるための

産後のおっぱいケア

おっぱいは、赤ちゃんに吸われることで出てきます

母乳には、赤ちゃんに必要なすべての栄養素がバランスよく含まれています。また、親子の絆を強くする不思議な力も備えています。産後5日目ごろまでに出る「初乳（黄色い母乳）」はとくに、アレルギーやウイルス性の病気に対する免疫物質をたっぷり含んでいます。

お産直後は、ほんの少ししかでませんが、この時期は母乳が本格的に出るまでの準備期間。母乳の出が少なくても当然のことと考え、あせらず赤ちゃんにおっぱいを吸ってもらいましょう。

母乳育児のスケジュール

お産当日…赤ちゃんにおっぱいを吸わせてみる。マッサージを開始。母乳の量はほんの少しの場合が多い。

産後3～4日…おっぱいが急に張り、母乳の生産がフル活動になる。

退院までに…授乳やマッサージのコツを助産師に確認しておく。

産後1週間…赤ちゃんは、おっぱいの吸い方がじょうずになってくる。

産後1か月…母乳育児のリズムができる。

母乳を与えることで体の回復も早まります

母乳を出すカギは、赤ちゃんに吸わせること。ほしがったら根気よく吸わせます。何度も吸わせることで母乳の出がよくなり、赤ちゃんの飲み方もうまくなります。また、子宮の収縮が促され、母体の回復が早まります。入院中にコツを覚え、波に乗せて退院するのが理想的です。

とはいえ、日に何度もの授乳は体力を消耗するもの。授乳の間は体を休めましょう。「また、おっぱい？」と思わず、「おっぱいで、ひと休み」と考え、赤ちゃんとの幸せな時間を満喫しましょう。

ミルクでも大丈夫？

自信を持って赤ちゃんとのふれあいを楽しみましょう

産後の出血がひどかったり、疲れていたり。また帝王切開を受けて、産後3日間くらい母乳をあげられないシステムの施設だったりすると、母乳の出が悪く、母乳育児が続けられないこともあるでしょう。でも、母乳もミルクも基本は同じ。自信を持って、愛情たっぷりのコミュニケーションを心がけましょう。

ミルクの時間は、赤ちゃんをしっかりと抱いてスキンシップできる、最高の機会です。テレビを見ながらといった中途半端はタブー。ゆったりおっぱいタイムを楽しみましょう。

Point 調乳のポイント

Point 1 ミルクをつくるときは、清潔第一。つくる前に、必ず手をよく洗っておくこと。

Point 2 哺乳びんは必ず消毒する。専用のバッグに入れて電子レンジにかけるものもある。

Point 3 沸騰後50～60度に冷ましたお湯を使う。また、粉ミルクは正確に計ること。

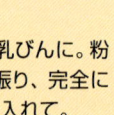

Point 4 先に$^2/_3$量のお湯を哺乳びんに。粉ミルクを入れてよく振り、完全に溶けたら残りのお湯を入れて。

母乳がよく出るための5か条

1 とにかく赤ちゃんに吸ってもらう

母乳量は、赤ちゃんに吸わせていれば、それが刺激になって増えてくるもの。母乳の出が少ない人も、あきらめずに根気よく吸わせましょう。

2 おっぱいの手入れをしっかりと

おっぱいマッサージと、授乳後の搾乳を忘れずに行いましょう。飲み残しがあると、その後の乳汁分泌が悪くなったり、乳腺炎になりやすくなったりします。

3 睡眠時間をたっぷりとる

睡眠不足や疲れ、ストレスは、おっぱいの出を悪くします。夜の授乳で睡眠時間が足りないときは、昼間、赤ちゃんと一緒に昼寝をするなどして補って。

4 バランスのよい食事を心がける

甘いもの、油っこいもの、高カロリーの食べ物は、おっぱいを詰まらせやすいので控えめに。和食を中心にして、バランスよく栄養をとりましょう。

5 不安があったらすぐ相談

おっぱいの悩みを、ひとりで抱え込むのはつらいもの。助産師や保健師、先輩ママなどにどんどん相談するのが、悩み解決への早道です。

授乳前のマッサージ

乳管の通りをよくするマッサージ。授乳前に行って乳汁が出てきたら、赤ちゃんの口に含ませましょう。なお、授乳前に乳首を清浄綿でふく必要はありません。手をよく洗って行えば、OKです。

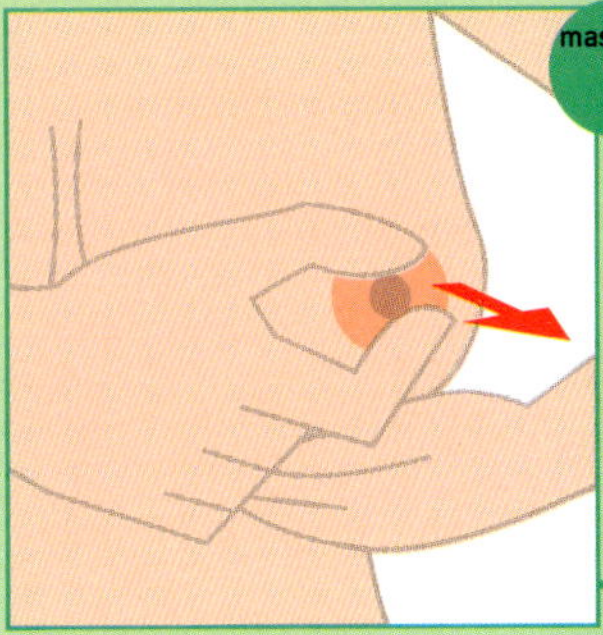

massage 1

指を乳房に直角に当てるような感じで、乳首を上下からつまみます。そのまま、前方へ乳首を引っ張りましょう。10回程度行います。

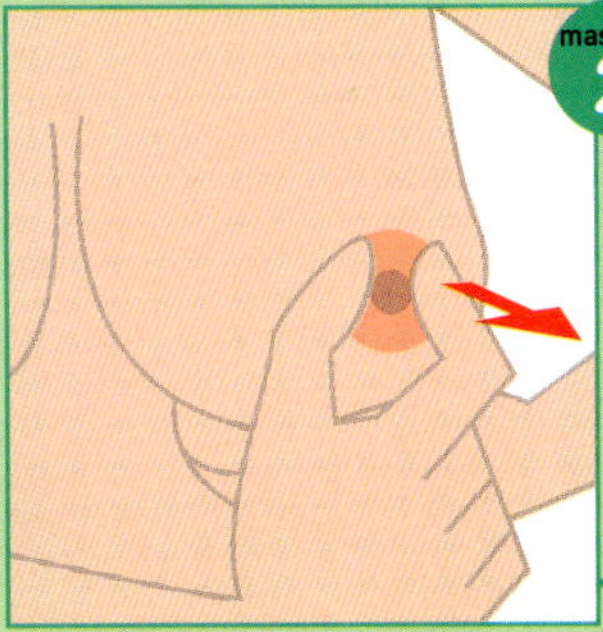

massage 2

次に、①と同じ要領で、左右から乳首をつまんで、前方へ引っ張ります。このとき、爪をたてないように気をつけること。10回程度行います。

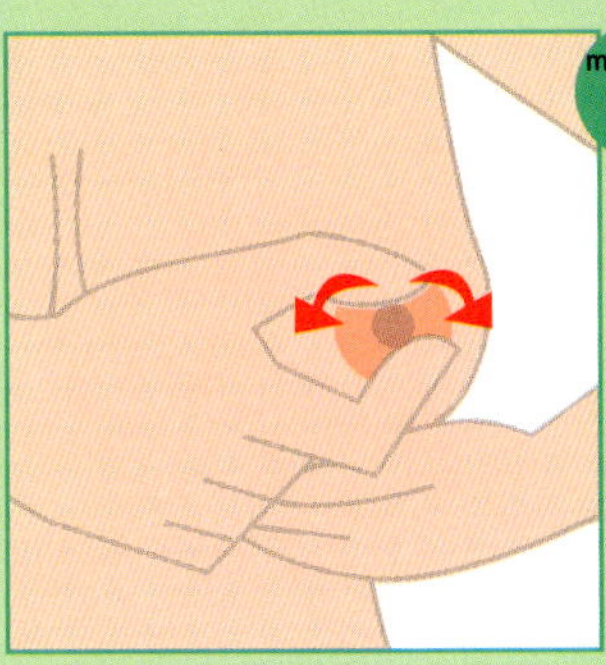

massage 3

指で乳首をつまみ、軽く左右に動かしながらもむようにマッサージします。指の場所を変えて、乳首全体も10回程度マッサージ。

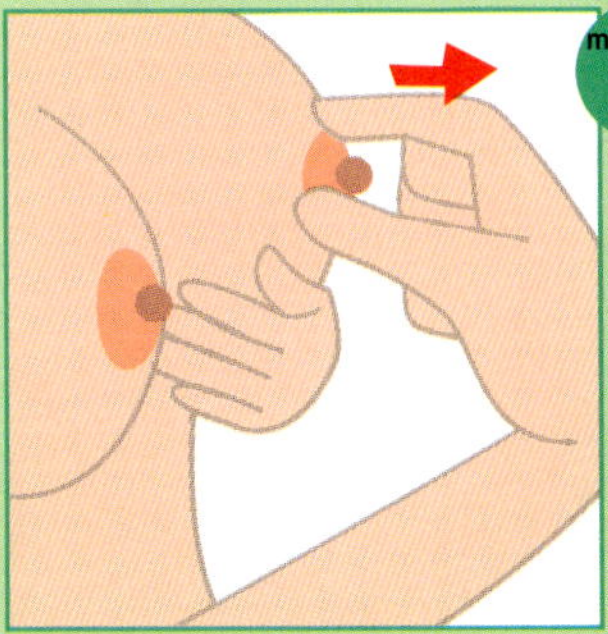

massage 4

指の腹を乳輪部の輪郭にあてます。そのまま、乳房の奥のほうへ押したり引いたりしましょう。これを、10回程度繰り返します。

体の不安を解消しよう

無理をしないことが大切です

体の清潔を心がけて変化にも気を配りましょう

産後1～2か月は、妊娠と出産のために変化した体が、元の状態に戻る大事な時期です。赤ちゃんを産んだ後のママの体は、いろいろな面でダメージを受けています。いつも体の清潔を心がけて、自分の体に気を配りましょう。悪露の様子など、体の異変に気づいたら、健診前でもすぐに受診しましょう。

なお、体が回復すれば排卵も始まります。排卵は生理の前に起こるので、性生活を再開した日から避妊をしましょう。

よくある症状の解決法

●便秘

母乳に水分をとられるため便が硬くなりやすく、また会陰切開の傷が心配だったりして便秘に悩みがち。食物繊維の多い食事や水分をとることを心がけて。市販の便秘薬を購入する場合は、授乳中であることを伝えて。

●痔

妊娠中にできたり、出産のいきみで痔になる人も。便秘解消を心がけ、ウォシュレットやシャワーなどでお尻を洗って清潔に。出産でできた痔は、自然に治ることが多いのですが、2か月たっても治らないときは受診します。

●尿モレ

重いものを持ったときや、くしゃみなどでおなかに力が入ったとき、尿がモレることも。とくに、お産がスムーズだった人や経産婦によくみられます。予防の体操（P.105参照）を毎日行いましょう。一般的に産後数か月でよくなります。

●乳腺炎

乳管につまった乳汁や乳首の傷に細菌感染が起こると、乳腺炎になります。乳房に張れやしこりがあり、痛みや発熱を伴います。炎症を起こしたようなら、病産院で搾乳してもらい、葛根湯や抗生物質などを服用します。

産後のシェイプアップ

産後6週を過ぎたら簡単な運動から始めましょう

産後のシェイプアップは、無理をせず軽い運動から徐々にスタートします。最初から気負うと長続きしませんし、過度な運動は子宮回復の妨げになります。

また、産後は特に赤ちゃんのお世話や家事で体力を消耗しているもの。体の回復に合わせて、少しずつ体操の数や回数を増やしていきます。

産後6週を過ぎたら、気になるウエストやヒップなど、部位別に本格的なシェイプアップをしましょう。

骨盤の矯正

子宮回復や尿モレ防止に効果的な骨盤底筋の運動。立ったまま、お尻をぐっと締めて緩める動作を何度も繰り返します。家事をしながらでもできるので、毎日続けましょう。

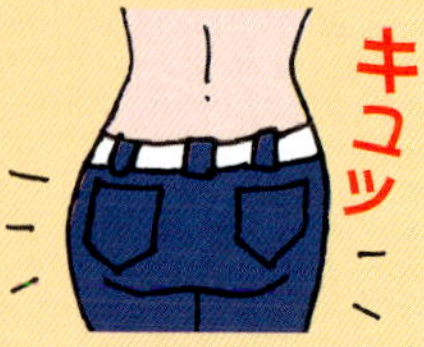

ウエストひねり

ひざを抱えて座り、片手を後ろについて、上体をひねります。体をねじりながら息を吐き、戻すときに息を吸います。片側5セットずつ行います。産後すぐは行わないようにして。

赤ちゃんとの生活を楽しむために

心の不安を解消しよう

完ぺきを目指さず、楽しみながら育児をしましょう

赤ちゃんが生まれて幸せいっぱいのはずなのに、ふとむなしくなったり、涙もろくなったり、イライラしたり…こうした気持ちは、程度の差こそあれ、多くのママが経験します。でもほとんどの場合、赤ちゃんとの生活に慣れてくれば、いつの間にか消えていきます。

気持ちがもやもやしてきたときは、できるだけ赤ちゃんと一緒にいて、おっぱいを飲ませてください。おっぱいを飲ませるうちに、気持ちが安定してくることも多く、ママの体も休まります。

また、この時期は赤ちゃんのおっぱいの要求にこたえられるように、ママの睡眠パターンも変化しているので、2〜3時間のコマ切れ睡眠でも、熟睡することができます。

マタニティブルー撃退法

家族と育児をわかち合う時間を持つ

育児参加ができなくても、相談には乗ってくれるはずです。育児や自分の気持ちなど、1日のできごとを報告する時間を持ちましょう。

育児の不安は、書きとめ健診時に質問を

育児の不安は、その場でメモ書きにしておきましょう。健診時にスムーズに質問することができ、自分を客観的に見ることもできます。

育児仲間をつくっておおいにグチろう

病産院で一緒になったママや、インターネットなどを利用して、育児仲間をつくりましょう。案外同じようなことで悩んでいるかも。

たまには赤ちゃんを預けて気分転換を

ときには、家族に赤ちゃんを預けて外出を。美容院に行ったり、ショッピングをするなど、ひとりの時間を楽しみましょう。

知りたい!

産後うつ病とは?

多くは一過性のもの。つらいときは、早めに医師に相談を

産後のうつには、産後のホルモンの急激な変化が関係していると言われています。そこに、授乳による睡眠不足や慣れない育児の気苦労が重なって、うつ状態に陥ってしまうのです。だれにでもかかる可能性があるものですが、なかでも、神経質で生真面目な人、完ぺき主義の人、依存心の強い人ほど、なりやすいと言われています。

多くは一過性のもので、産後1か月もたてば、本人も気づかないまま自然に治っていきます。ただし、長く続いて情緒不安定がひどくなったり、赤ちゃんのお世話がしたくない、不眠が続くなどの場合は、早めに専門医にみてもらって、軽いうちに治してしまいましょう。

まずは産婦人科を受診したり、保健師に相談を。必要に応じて、専門医を紹介してくれます。

設備、サービス…何が違うの？
病産院選びのコツを知ろう

ポイントをふまえて条件に近い病産院を選ぼう

納得のいく方法で、元気な赤ちゃんを産むためにも大切なのが病産院選び。ひとくちに病産院といっても規模、設備、スタッフ数などはさまざまです。まずはどんなお産を望むかをはっきりさせたうえで、情報収集をスタート。病産院ごとのメリット、デメリットをきちんとふまえて、自分の希望の条件にいちばん近い病産院を選びましょう。

病産院決定までのシミュレーション

1 どんなお産がしたいかビジョンを立てよう

施設や医師、助産師に望むこと、出産方法や費用など、どんなお産を迎えたいのか、紙に書き出してみましょう。あげた項目に優先順位をつけて並べ替えていき、希望する病産院のイメージをはっきりさせます。

2 膨大な数の中から的確な情報収集を

雑誌、書籍、広告、行政窓口、インターネットなど、情報源はいっぱい。大切なのはたくさんの情報に惑わされないようにして、自分に合う情報を選び取ること。また、経験者の体験談も有益な情報源になります。

3 候補をしぼってから電話をして下見へ

いくつかの候補があがったら、わからないことを電話で聞いてみましょう。見学できるところなら直接訪ねてみては？　病産院の方針や医師の対応、院内の雰囲気など、自分の目と耳でしっかり確かめましょう。

選び方のコツ 5大ポイントをチェック

Check 5

Point 1 出産方法

家族の立ち会い、自然分娩、水中出産…。希望のお産ができる、設備と環境の整った施設を選びましょう。

(P.118～123参照)

Point 2 立地条件

急なトラブルを考えると、自宅や職場、実家のいずれかに近く、交通の便がよい病産院が最適。1時間以内で通える距離がベストです。

Point 3 設備

NICUなどの最新の医療設備や、産科以外の診療科があるか。また、緊急時の対応や、家族の同伴入院、産後ケアなどもチェック。

Point 4 費用

病産院によって料金システムは千差万別。また、設備や部屋のタイプによっても違います。出産費用は余裕をもって準備して。

Point 5 周りの評判

医師の腕やキャリアなど、気になることは先輩ママにリサーチ。人によって重視するポイントは違うので、複数の人に聞くと◎。

その他のポイント

- 医師の指名はできるか
- 立ち会い出産はできるか
- トラブルが起きたときや、夜間の対応はしてもらえるか
- 産後のケアや母乳指導は万全か
- 両親学級や母親学級などの講座は開かれているか
- 母子同室か別室か

◆◆◆ 産む場所によってこんなに違う！ ◆◆◆

総合病院

P.132～133へ

規模 ベッドが100床以上の入院設備があり、医師や看護師などの専門スタッフの数も豊富。

出産方法 他科との連携により、合併症などのトラブルが起きても迅速に対応してくれる。

特徴 小児科、内科、外科、麻酔科、眼科など複数の診療科を併設。緊急の際にも安心できる。

産科専門病院

P.134～135へ

規模 ベッド数が20床以上で、一般的に産婦人科のみの病院。小児科を併設しているところも。

出産方法 最新の医療技術で専門スタッフが対応する。個人病院から搬送されてくる場合も多い。

特徴 産科専門の設備、スタッフが充実。産科と新生児科が合体した周産期センターの場合も。

個人病院

P.136～137へ

規模 一般的にベッド数が19床以下の地域に根づいた病院。コミュニケーションがとりやすい。

出産方法 病院によってさまざま。医師の方針や設備・スタッフ数によって大きな差があります。

特徴 初診から出産までを同じ医師がみるケースが多い。設備やサービス内容が充実。

助産院

P.138～139へ

規模 助産師が開業する出産施設。個人宅を使っていることが多いので、規模は小さめ。

出産方法 医療行為はできないため、リスクのある人は出産できない。フリースタイル分娩が多い。

特徴 細かいルールもなく、自宅にいるような環境でお産に臨める。1回の健診時間が長め。

こんなとき 病産院選び相談 どうしたらいいの？

Q 他の病産院へ転院したい

A 里帰りや転居、自分に合わないと感じたときは、転院を考えましょう。時期は早いほうがよいですが、転院先は、慎重に選びたいところ。紹介状を持っていると、転院先の病産院でも対応がスムーズになるので、できれば書いてもらいましょう。

Q 希望を満たす病産院が近くにない

A 家の近くの病産院が希望に合わない場合、少し遠くの病産院に足をのばして、探してみては？　約1時間で移動ができ、毎回の健診を負担に感じなければ、遠くても自分に合った病産院を選んで。

Q 立ち会い出産を希望ですが…

A 通院先の病産院が、パートナーの立ち会い出産に対応していない場合。まずは医師に、希望の旨を相談してみましょう。話をしても、了解が得られないようであれば、思いきって転院を考えるのもひとつの手段です。

Q 高齢出産なので不安です

A 平均初産年齢があがっている現在、年齢が高いから危険と一概には言えません。ただ、異常分娩や帝王切開になる可能性を考えて、設備の整った施設や、個人病院でも搬送システムの整った施設を選ぶことは大切です。

他科との連携で安心の総合病院

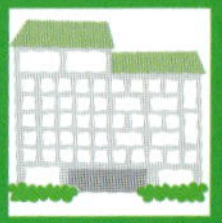

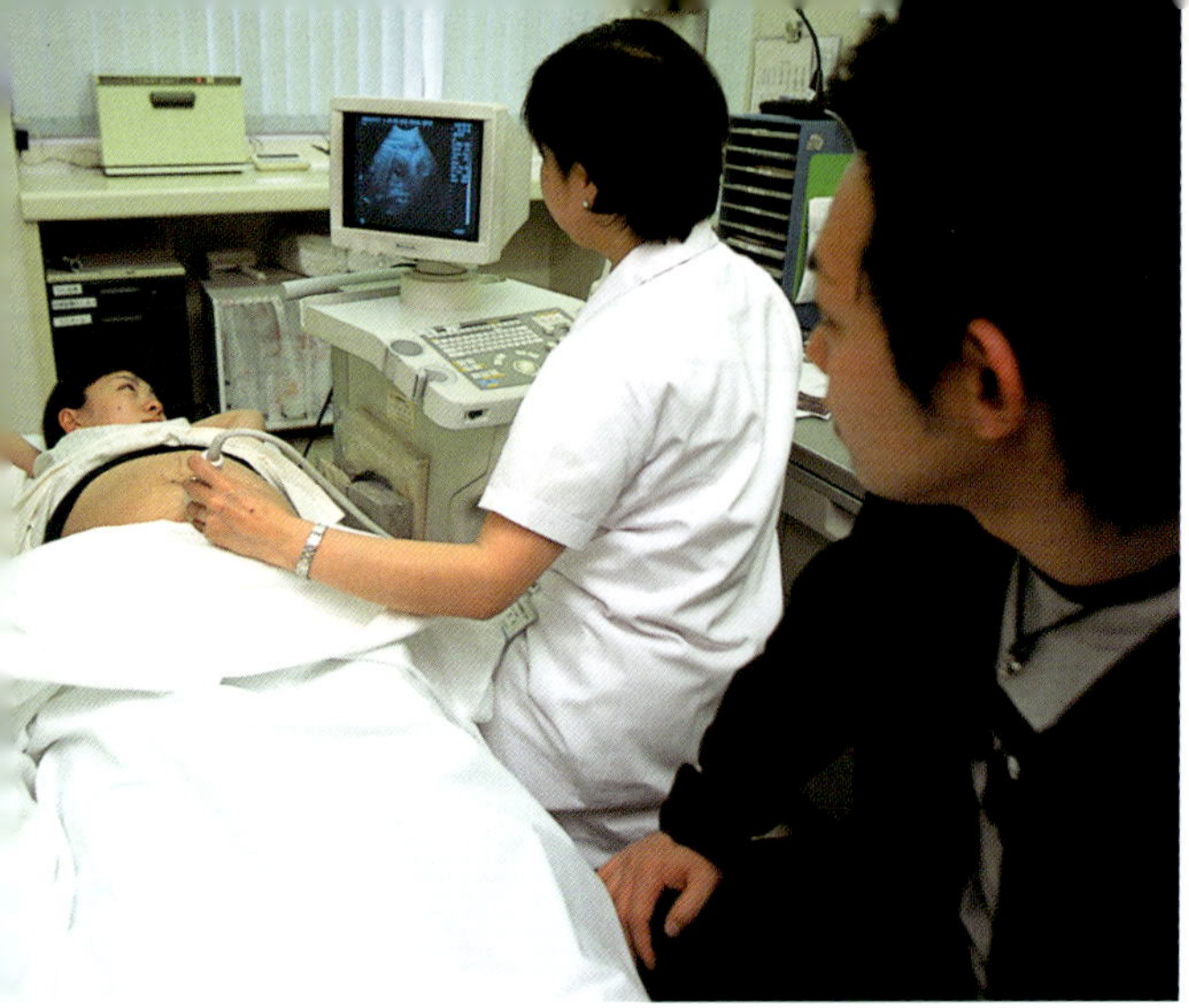

多数の診療科があるから不測の事態への対応もスムーズ

内科、外科はもちろん、消化器内科や整形外科など**複数の診療科**があるのが特徴。持病がある場合など、産科以外の**緊急事態にも対応**してくれます。産後も多分野で長くつき合えるのは、総合病院ならでは。一方、診察時間が短い、待ち時間が長いなどの問題もあるようです。

健診中も安心して子どもを預けられる

通院する人の子どもを預かる保育施設“さくらんぼ”。院内にもプレイルームはありますが、ここでは専門スタッフがついてくれるので安心感が高い。0～6歳未満の健康状態が良好な子どもが対象です。

知っておこう! 総合病院のしくみ

出産時の合併症はそれぞれの科へ、生まれた赤ちゃんに疾患があればNICUや小児外科へ。緊急の場合は、各科の医師と連携します。マイナートラブルも含めた、総合的な力でサポートしてくれるので、ママや赤ちゃんにとって心強い。

タッチパネル式の自動再来受付機。診察券を入れて受診票を受け取り、産科外来受付へ。

さまざまな診療科の受付カウンター

広々とした総合受付カウンター。こちらの産科外来では、2回目からは予約制になっています。大病院に多い、長い待ち時間を削減する工夫がみられます。

? 総合病院と大学病院の違い

最先端の医療技術とスケールの大きさが特徴

大学病院は、医科大学の附属病院として、最先端の医療設備と技術をもっています。複数の診療科があり、合併症や出産のトラブルの際に敏速に対応できます。常に万全の環境を備えているのは、総合病院と同じ。他の病院から、ハイリスクの産婦が搬送されてくることも多いようです。また、健診や分娩のときに大学の研修医が立ち会う場合があります。

万全のチーム医療と充実した診療科のサポートが魅力

日本赤十字社医療センターには、合計29の診療科があります。最新の設備と連携のとれたチーム医療で、常に緊急事態に備えているため、早産や妊娠中毒症になりそうな妊婦が他院から年間２５０例ほど搬送されてきます。医療スタッフも、産科医師14名、助産師１３０名がそろい、突然のお産でも安心。また、バースプランや、母乳育児指導にも力を注いでいます。平成12年には、ＷＨＯとユニセフから〝赤ちゃんに優しい病院〟として認定されました。

赤ちゃんの成長をエコー画面で確認

定期健診では、先生がエコーを使って赤ちゃんの様子を説明してくれます。助産師による健診（マザーケア外来）に切り替えることも可能。

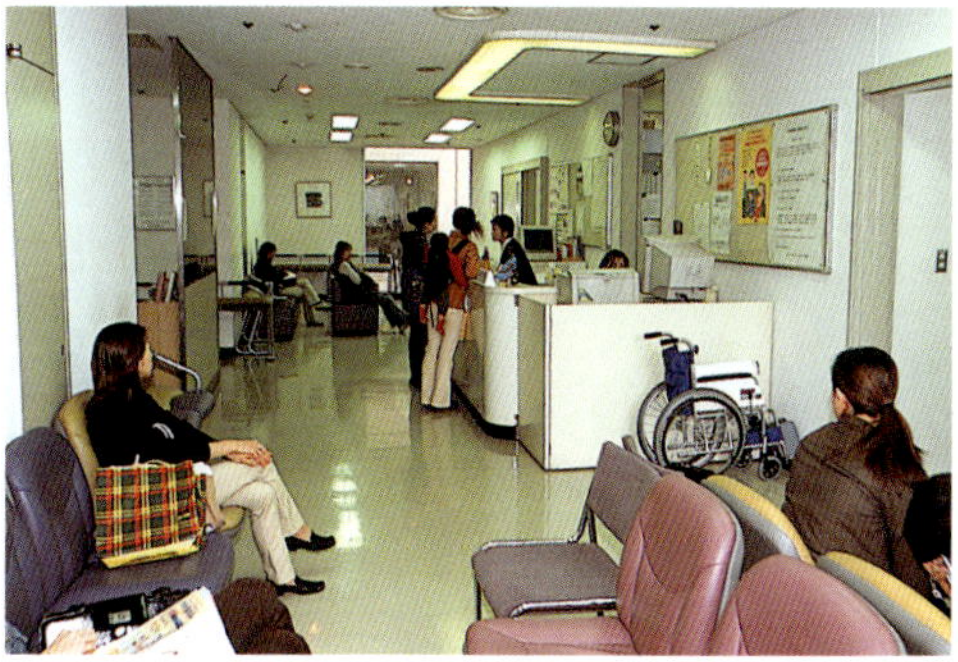

産科外来受付。メンタル面のケアを行うために、助産師の相談コーナーが設けられています。

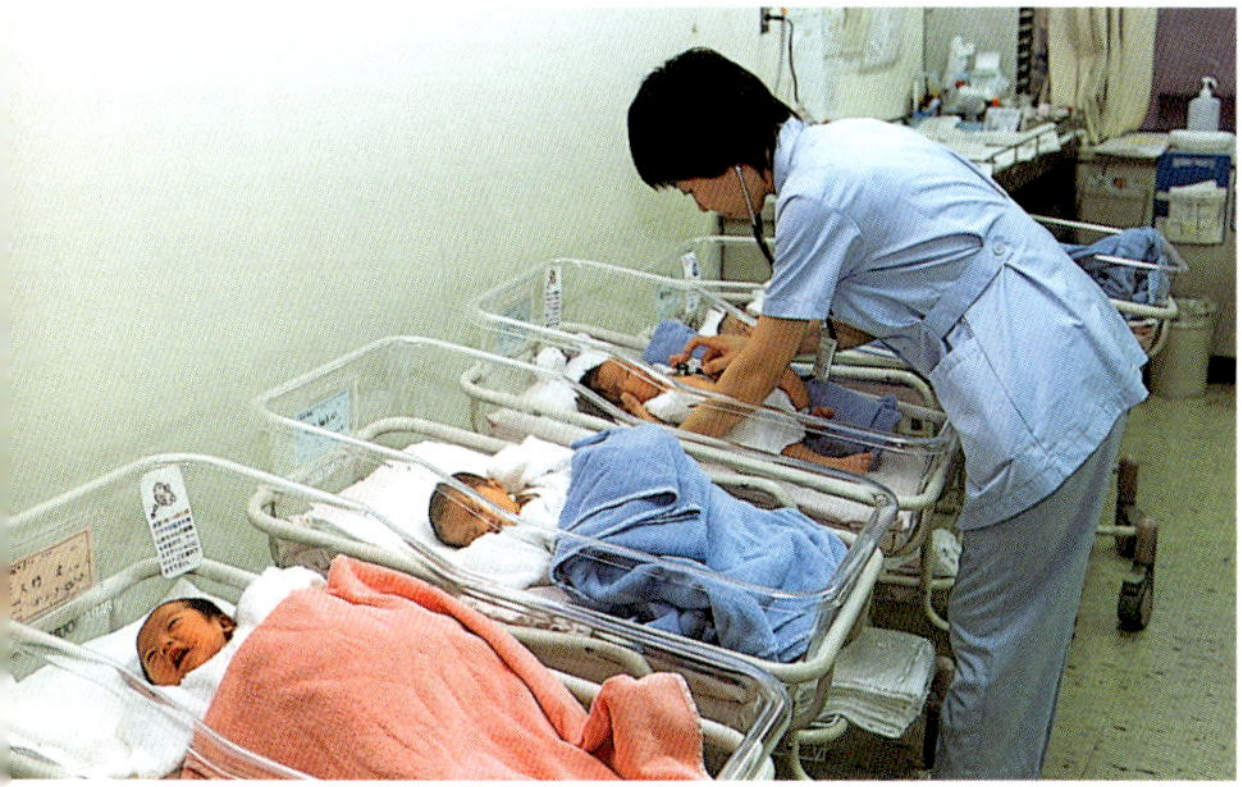

体調不良などで面倒をみられないママのために、赤ちゃんを一時的に預かる場所があります。また、医師や助産師が回診し、密に連絡を取り合っています。

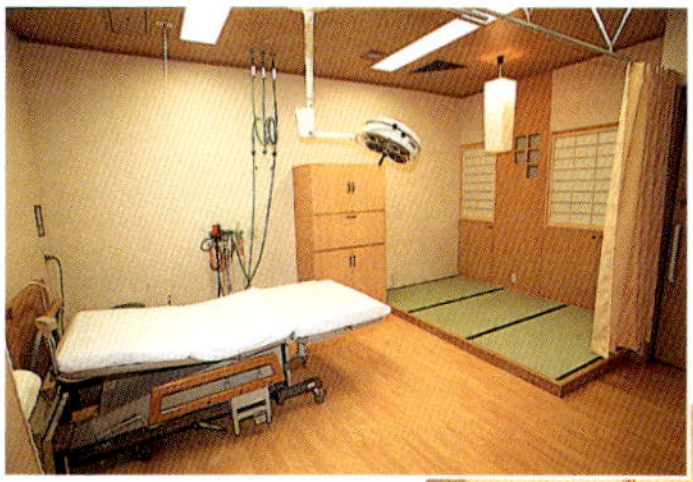

LD分娩室には従来の冷たい雰囲気はなく、家族が長時間でもすごせるスペースや、ゆったりとしたソファが設けられています。

分娩室内にあるトイレは、産婦がゆっくりできるように広めの空間になっています。

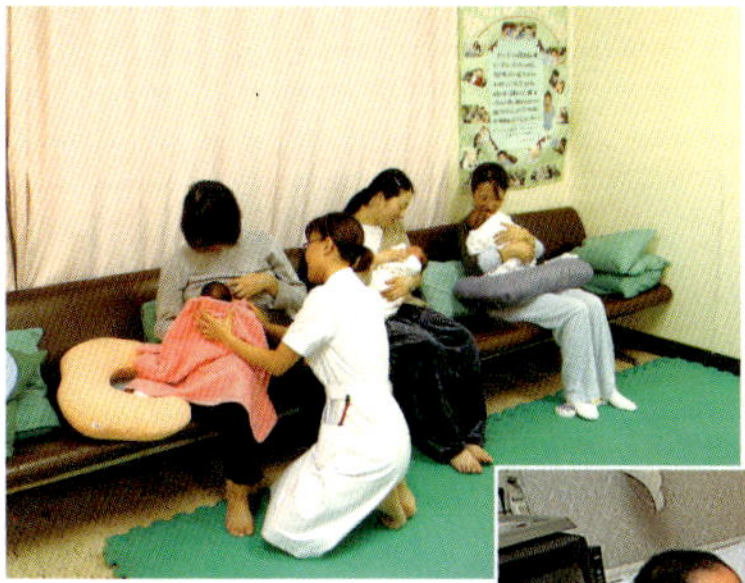

広くて開放的な授乳室では、入院中に助産師から授乳指導を受けます。退院後も母乳のトラブルや相談があれば、夜間でも助産師が対応してくれる“母乳外来”があるので安心。

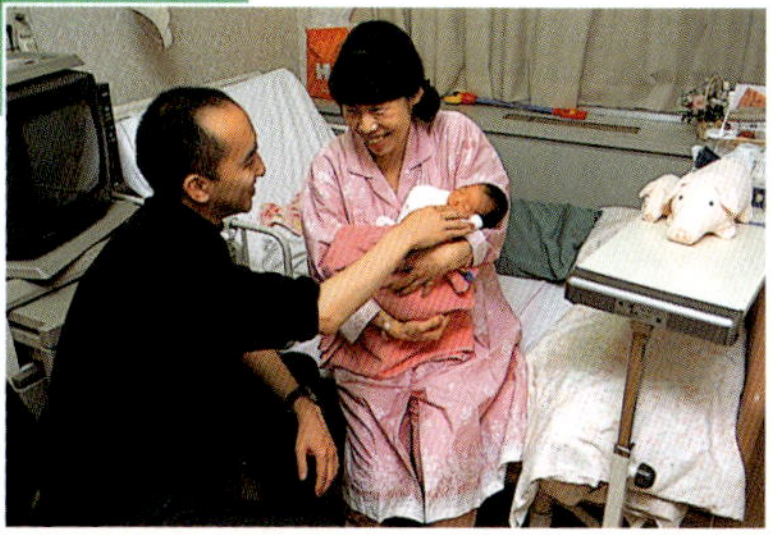

母子ともに健康ならば、出産直後から母子同室に。一般病棟とは離れた“健康棟”で、落ち着いて過ごせる。

取材協力 **日本赤十字社医療センター**

㊟：東京都渋谷区広尾4-1-22
☎：03-3400-1311
URL：http://www.med.jrc.or.jp/
スタッフ数：産科医師14名、新生児科7名、小児科7名、助産師130名
産科ベッド数：106床
外来受付：
初診8時30分～11時
休診日：
土・日・祝祭日、
12月29日～1月3日・
5月1日（創立記念日）

設備とスタッフが充実の産科専門病院

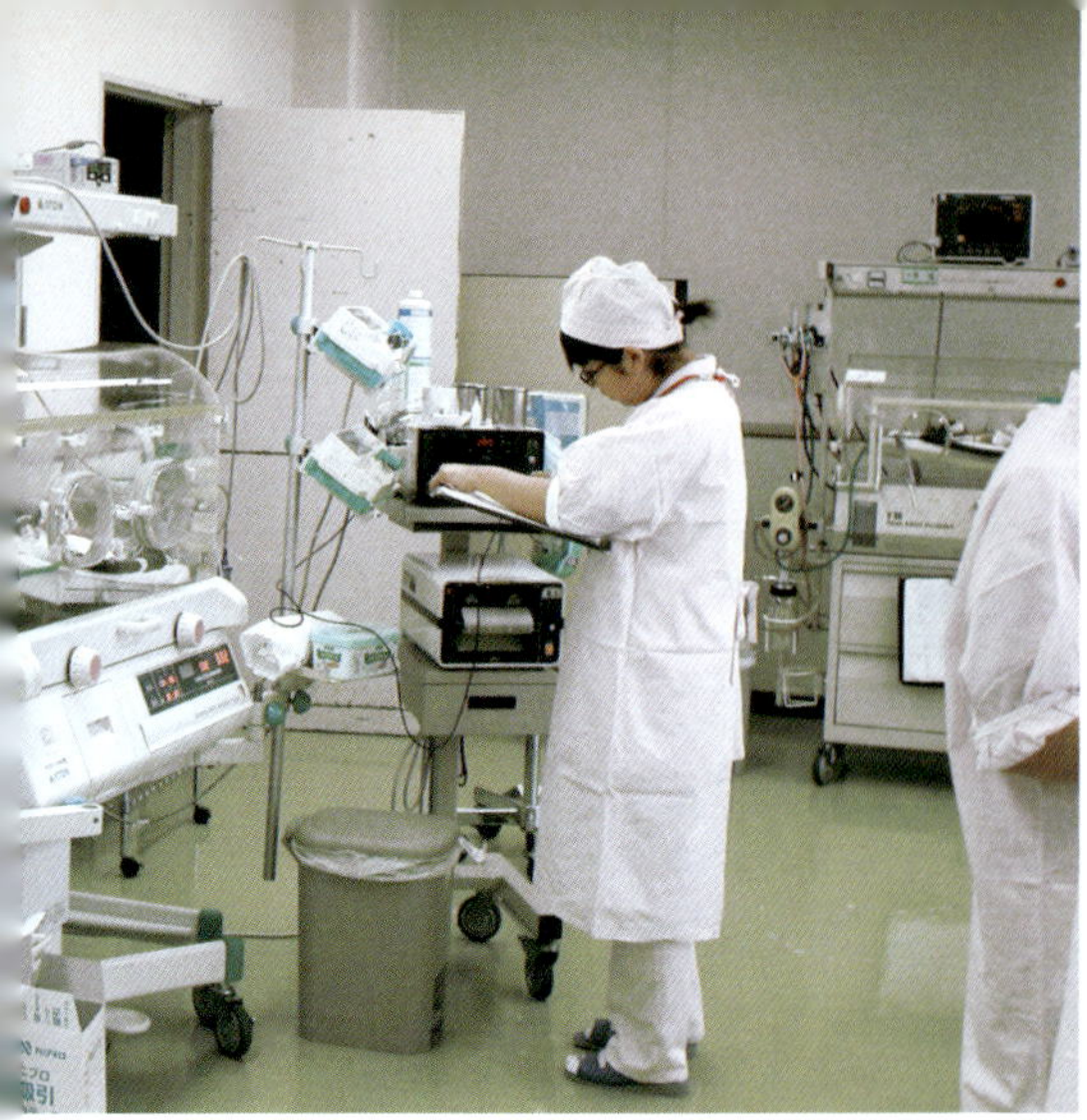

お産のプロフェッショナルならではの細かい配慮

産科または産婦人科の専門病院。ベッド数が20床以上あり、小児科を併設しているところも。個人病院に比べて、より大規模なのが産科専門病院です。中には〝総合(地域)周産期母子医療センター〟といって、産科と新生児科の2つが組み合わされた、最先端の産科医療施設もあります。**お産のための医療環境**と**専門スタッフが充実**しているので、より細密なケアを受けることができます。

知っておこう! 産科専門病院のしくみ

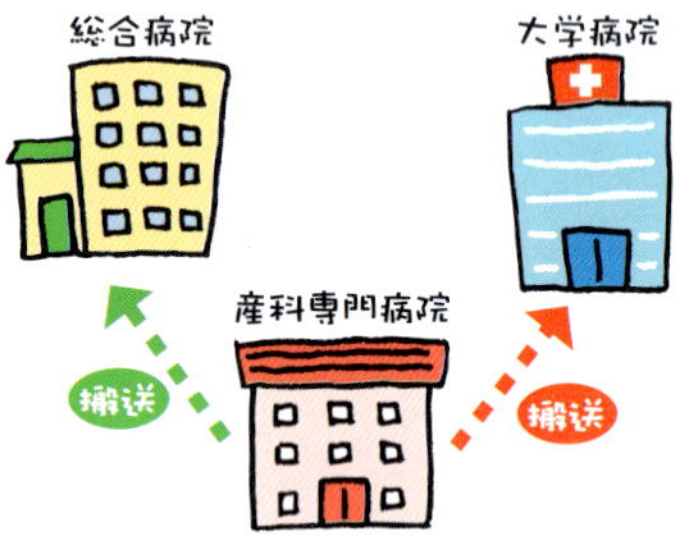

早産や合併症など緊急の場合は、提携先の大学病院や総合病院へ搬送します。総合（地域）周産期母子医療センターでは、赤ちゃん（胎児）と母体を、集中治療してくれます。

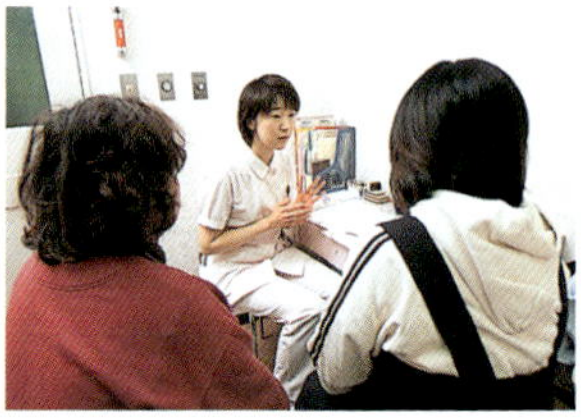

健診とは別に、助産師による保健相談があります。カルテを見ながら妊婦の生活習慣や体重管理、今後のスケジュールについて面談を進めていきます。ママも気軽に相談できる雰囲気。

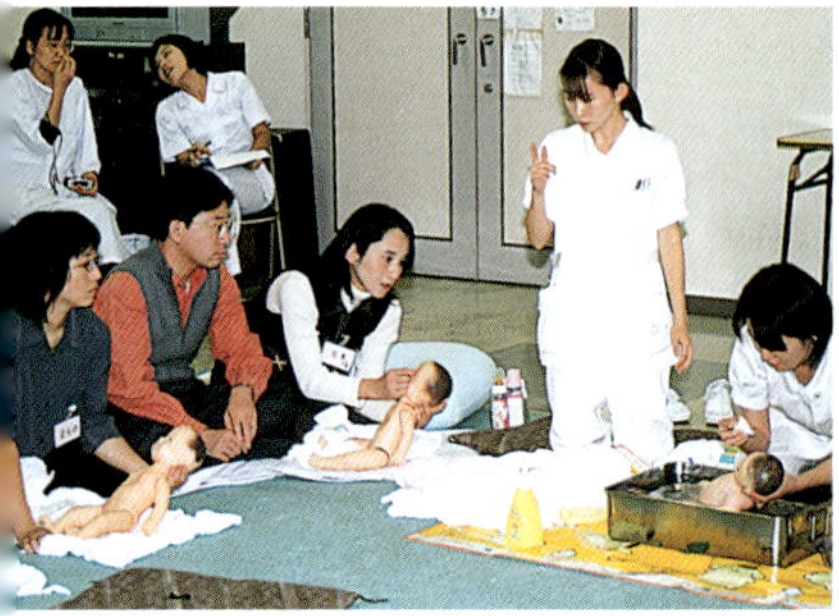

マタニティクラスでは、子宮の模型を使った分娩の説明や、沐浴などをていねいに指導してくれます。そのほかにも多胎妊娠の人を対象にした双胎クラスも好評。

外光が入って明るい1階受付ロビー。子ども向けの絵本がそろった図書スペースも。

出産したママに聞きました!

口コミ情報

Q どこで出産しましたか?

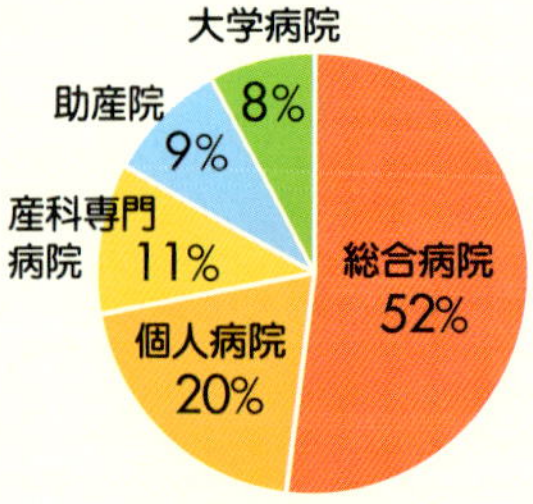

一番多かったのが総合病院。緊急事態のときに対応してくれる、という安心感が大きいみたい。

Q 病産院を決めた理由は?

- 以前、極小未熟児を出産しているのでNICUのある病院に。（dai&meiママさん）
- 病院が産ませてくれるのではなく、「自分で産んだ」と実感できるお産がしたかったから助産院に。（J・Hさん）
- 友人が出産したこともあって、事前に情報が得られたことと自宅から近かったので個人病院に。（ぴかぴかママさん）
- 海外から来る人もいるほど人気で、設備も最新で優秀なスタッフがそろっているので大学病院に。（末吉美紀さん）

周産期センター併設で母子ともにサポート

葛飾赤十字産院は、産科、婦人科、小児科専門の病院です。NICUをもつ、地域周産期母子医療センターなので、周辺地域からも高齢出産や早産などの、リスクの高い妊婦が搬送されてきます。

また、最新の産科医療の一面をもちながらも、ハートフルな診療が行われています。バースプランの提出や、予約制の助産師外来。入院中は、出産日と産後5日目に小児科医が診察するなど。小児科と産科が連携しているので、より正確できめ細やかなケアが受けられます。

新生児科の医師が24時間体制でサポート

早産で生まれた赤ちゃんや、低出生体重児は、NICU（新生児集中治療室）で、厳重に管理されています。保育器が9床並ぶ無菌状態の室内。未熟児として生まれた赤ちゃんが、酸素や栄養をもらいながら治療されています。

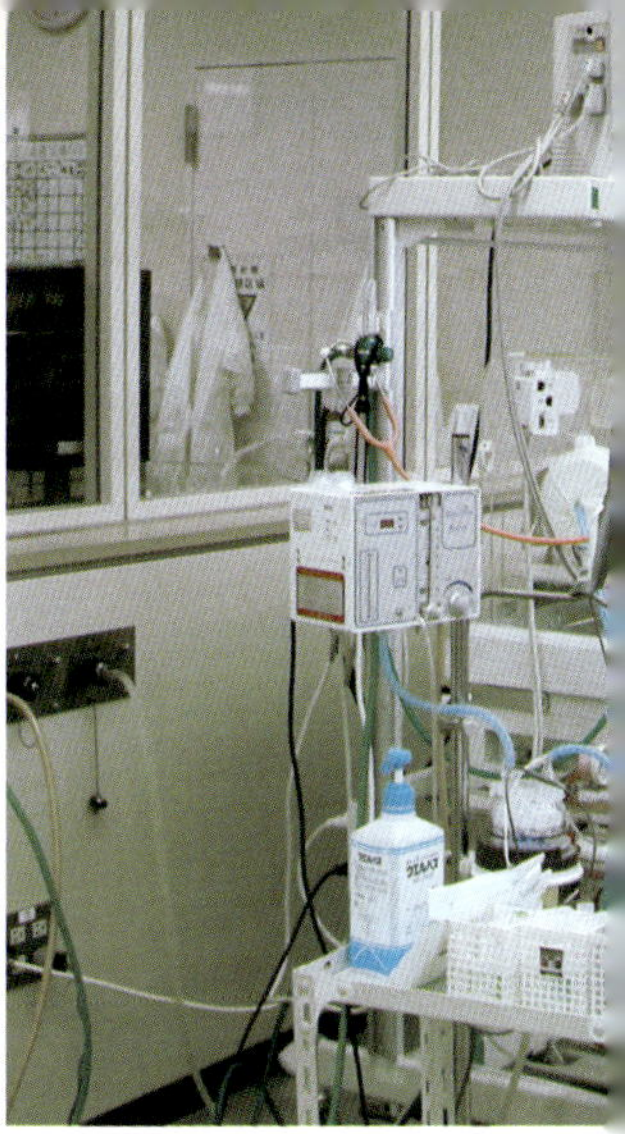

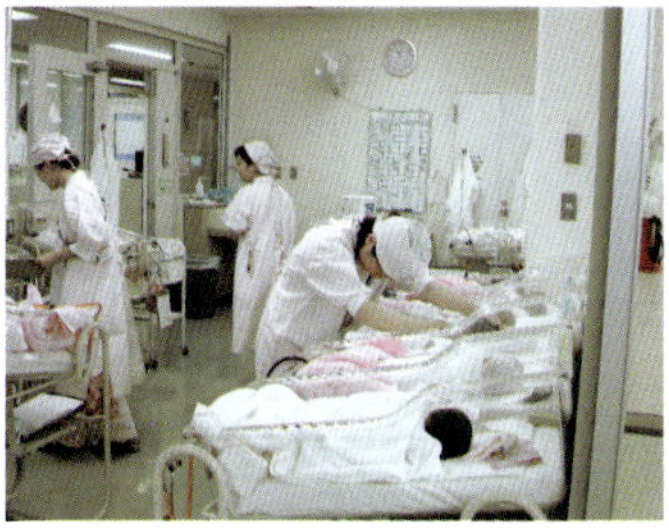

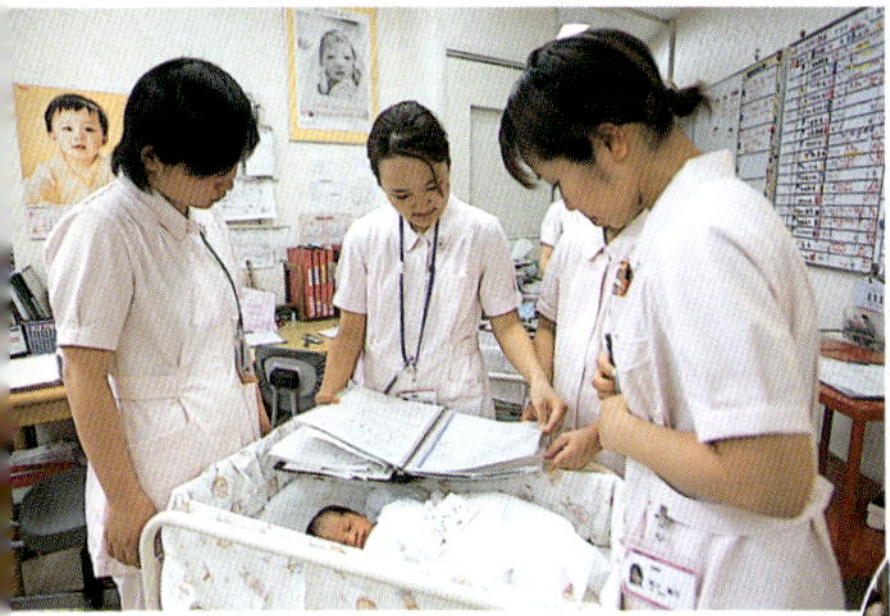

スタッフが連絡を取り合うナースステーション

2交替制勤務のスタッフが常に待機しています。入院中のママのこと、NICUの赤ちゃんの様子など、細かいことまで情報交換をおこたりません。

【下】希望すれば女医の診察が受けられるのも、葛飾赤十字産院の特色のひとつです。お産経験が豊富な、舘岡先生（右）と山田先生。

思い出に残るお産のお手伝いを

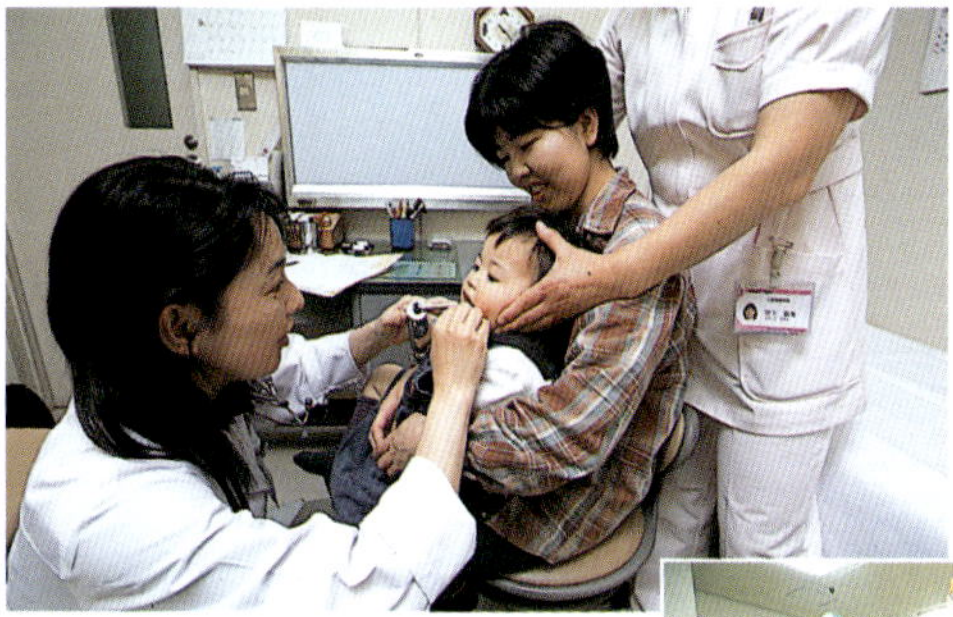

小児科併設なので産後のフォローも万全

【上】産後の赤ちゃんは、出産時の状況や赤ちゃんの体調などを含めて、小児科へ引き継がれます。予約制で、乳幼児健診も行っています。【右】小児科外来の受付の様子。

赤ちゃんとママが、リラックスして過ごせる温かみのある個室。入院中は、看護師が個別に母乳のケアもしてくれます。

定期的にビュッフェスタイルの食事も。栄養士が作った、バランスのいい食事を、入院棟にあるサロンでいただきます。

取材協力 葛飾赤十字産院

㊟：東京都葛飾区立石5-11-12
☎：03-3693-5211
URL：http://village.infoweb.ne.jp/~sanin/
スタッフ数：産科医師6名、助産師69名、看護師31名
産婦人科ベッド数：76床
外来受付：9時～11時（月～土）、13時30分～16時（火、水、金）
助産師外来は月・木の13時～16時（予約制）
休診日：日・祝祭日・12月29日～1月3日

好みの出産・サービスが選びやすい 個人病院

同じ医師がみるので信頼関係が築きやすい

個人で開業している個人病院は、設備やサービスが病院によって実に多彩です。初診から分娩まで**ひとりの医師にみてもらえる**可能性が高いので、**信頼関係が築きやすい**という利点があります。一方、産科（産婦人科）のみの施設なので、分娩時に内科、外科などの治療が必要な場合に対応しきれないことも。

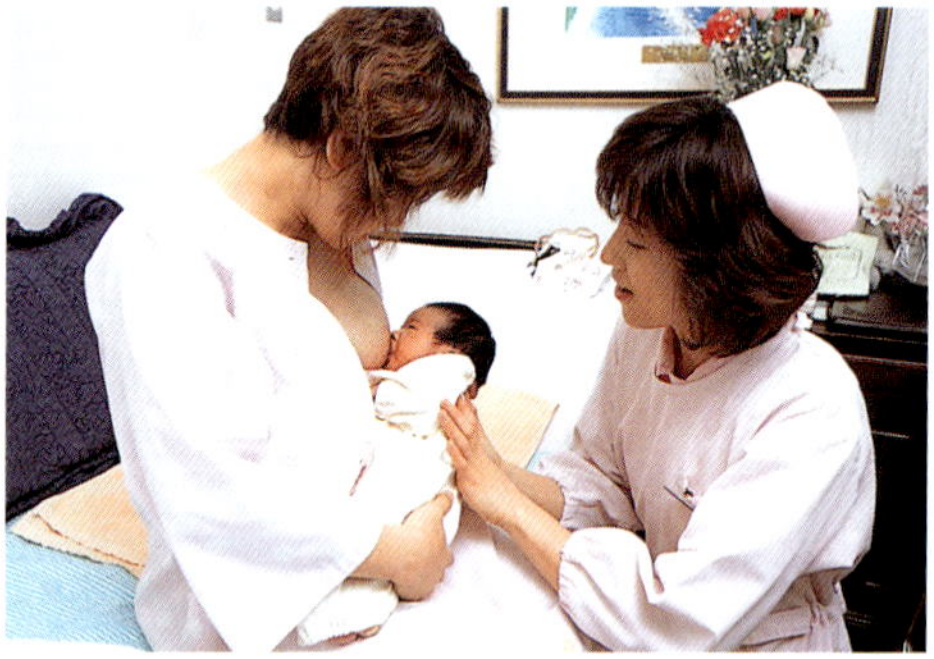

マンツーマンの指導だから わからないことは積極的に聞ける

授乳は産後1日目から。4日目からはスタッフが調乳・沐浴・栄養・退院後の生活について、じっくりと指導。ひとりのスタッフが3〜4人のママの対応にあたります。

知っておこう! 個人病院のしくみ

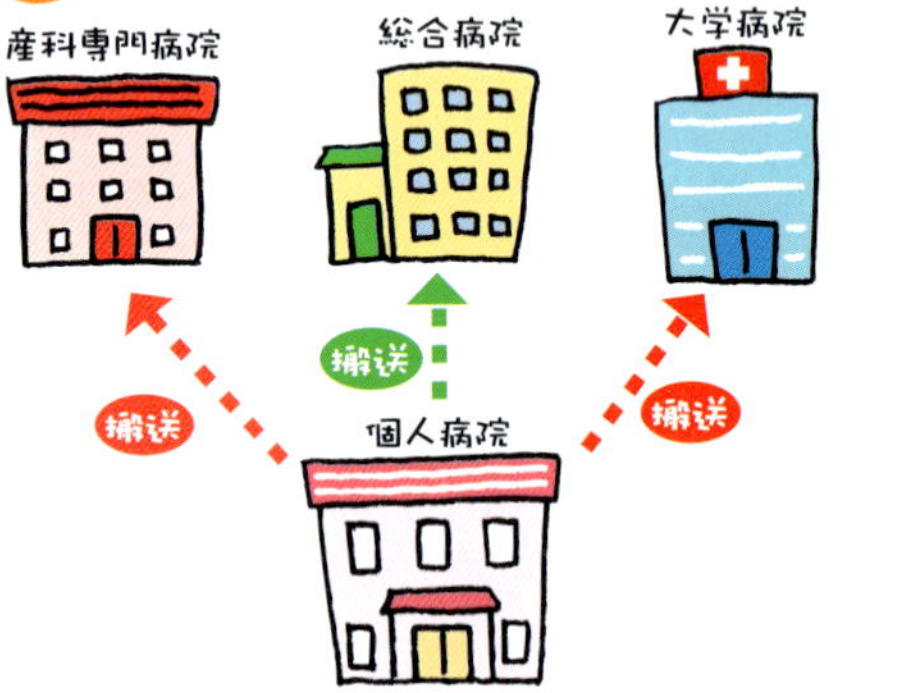

他の開業医とのネットワークや、地域の総合病院などと連携。万が一の事態に備えているので、施設内で対応できない場合は、提携先の病産院に搬送します。

ソフロロジー式出産法を母親学級でしっかり学ぶ

オーク クリニックの母親学級では、分娩方法の解説や、ヨガを取り入れた腹式呼吸のトレーニングを行っています。先輩ママの体験談なども心強いかぎり。

個人病院にはこんなサービスも!

- 入院中の食事は、和食・洋食やビュッフェスタイルなどさまざま
- エステやプール、個室などのサービスが充実している
- ラマーズ法、ソフロロジー法、水中出産などの出産方法が多彩
- マタニティビクスや両親学級など、各種学級が豊富
- 出産・入院準備品が用意されていたり、記念品がもらえる

充実したサービスで出産後の体を癒す

廊下にさりげなく飾られた花や、豪華なインテリアは病院を感じさせない雰囲気。食事はもちろん、授乳、乳房マッサージや育児指導も個別に行うので、基本をわかりやすく教えてもらえます。また、食欲がない、夜眠れないといった妊婦の体調やメンタル面を、臨機応変にサポートしてくれるので、ゆっくりと産後の体を休められます。

一方、医療面では提携先の慈恵病院の小児科医が検診をするので、赤ちゃんにも安心です。

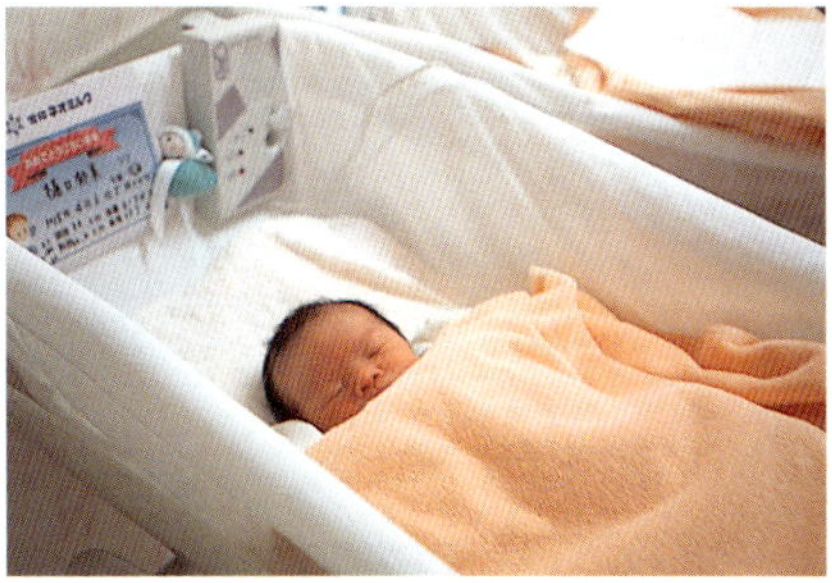

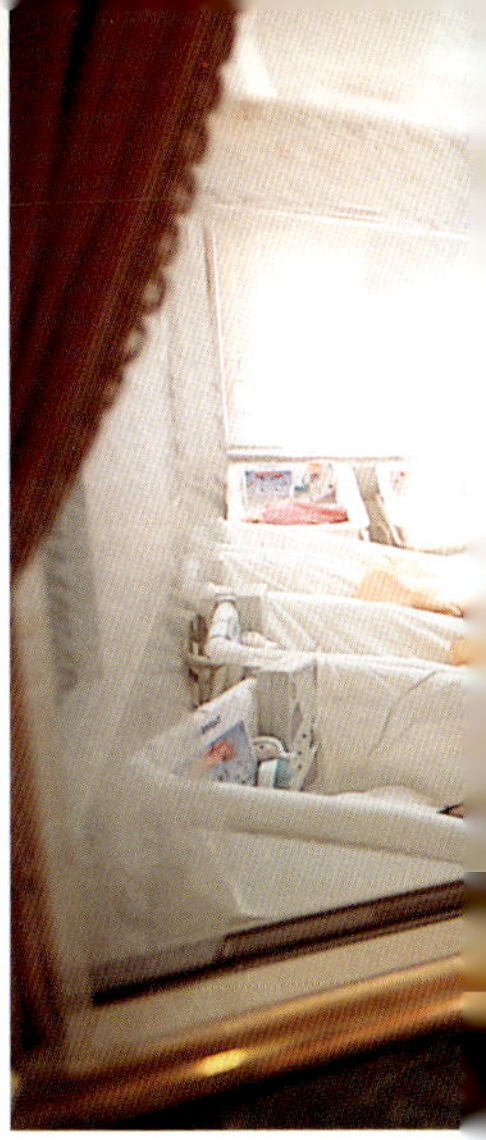

スタッフ全員で赤ちゃんをバックアップ

ガラス張りの新生児室は、面会時間にカーテンが開いて、ママやお見舞いに来た家族にとっての心和むスペースに。また、乳児突然死症候群(SIDS)の予防策として、センサーをつけ、赤ちゃんの安全を24時間見守っています。

栄養士と調理師による手づくりメニューは、目にも鮮やか。フルコースは、温かいものは温かく出されます。

ゆったりとした個室で産後の体を休める

全室個室なので、プライベートな入院生活を送れます。赤ちゃんとの過ごし方は、基本的に自由。退院までの時間を快適に過ごせるように、女性スタッフが気さくに声をかけています。

全室に化粧台とトイレを完備。基礎化粧品やドライヤーなども常備されています。

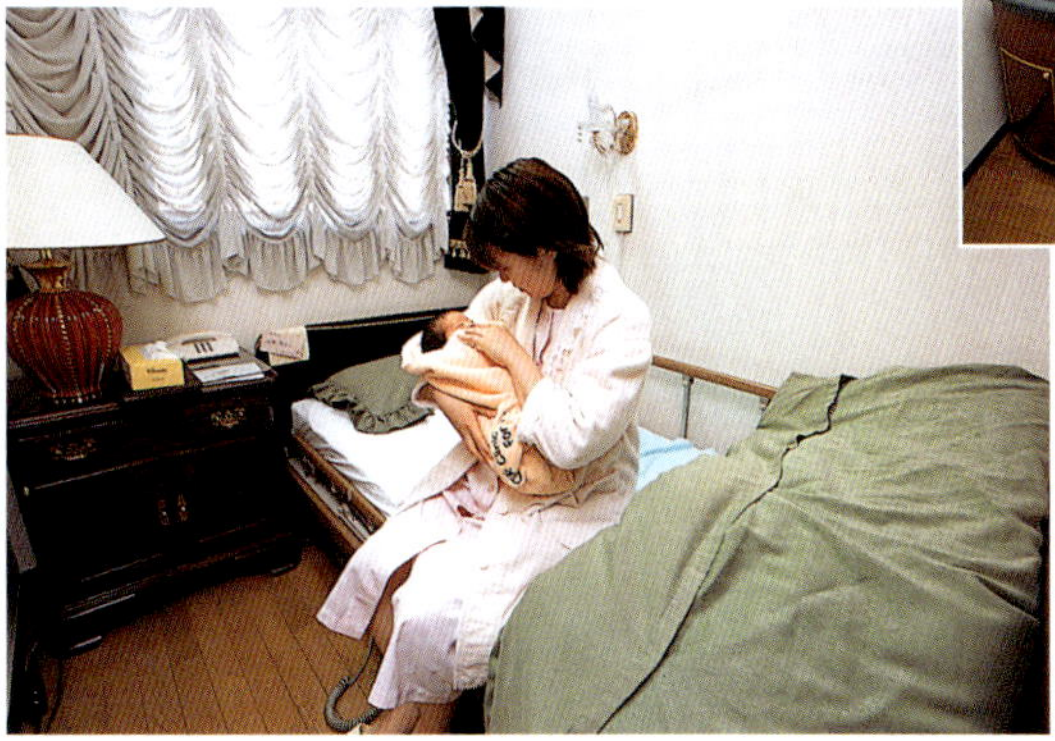

いつでも、体ひとつで来院できるようにとの配慮から、入院グッズがすべて用意されています。タオル、ネグリジェなど。

取材協力 オーク クリニック フォー ミズ

㊟：千葉県柏市松葉町2-1-10
☎：04-7133-1112
URL：http://www.oak-clinic.com/
スタッフ数：産科医師5名、助産師6名、看護師20名　**ベッド数：**19床、LDR1室
外来受付：9時～11時30分、14時～16時(予約制)
休診日：水・日・祝祭日

思い出に残る、各種記念グッズが用意されています。3D写真をはじめ、産声CD、足型、オリジナル母子手帳カバーなど。

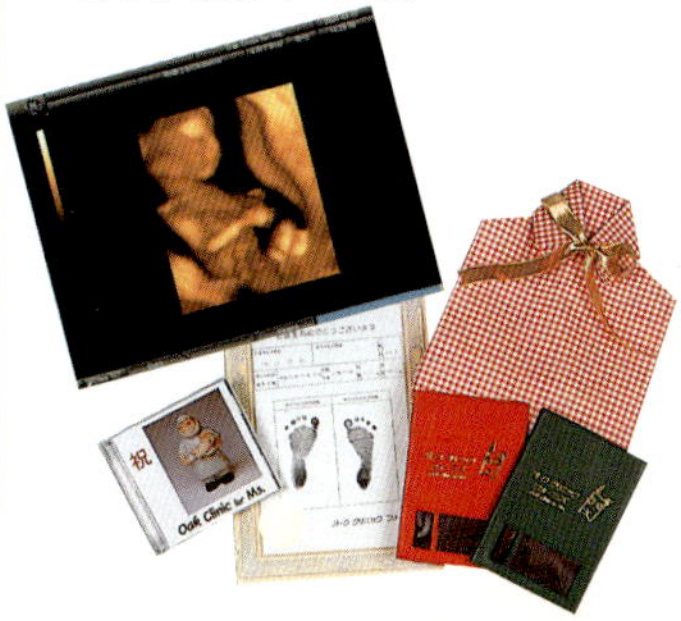

重厚な雰囲気の受付はホテルのロビーを思わせます。1階には、子どもとくつろげるマザーズルームも。

助産師の手厚いケアでアットホームな助産院

自然な姿勢で臨むお産は妊産婦の健康管理がカギ

助産師の資格をもつ人が、開業してお産を介助してくれる施設が助産院です。陣痛促進剤や、帝王切開などの**医療行為はできない**ため、自然分娩のできる妊婦に限定されます。小規模なため、助産師による一貫したケアを受けることができます。**自然なお産**を目指すので、規則正しい生活と自らの体調管理が必要に。

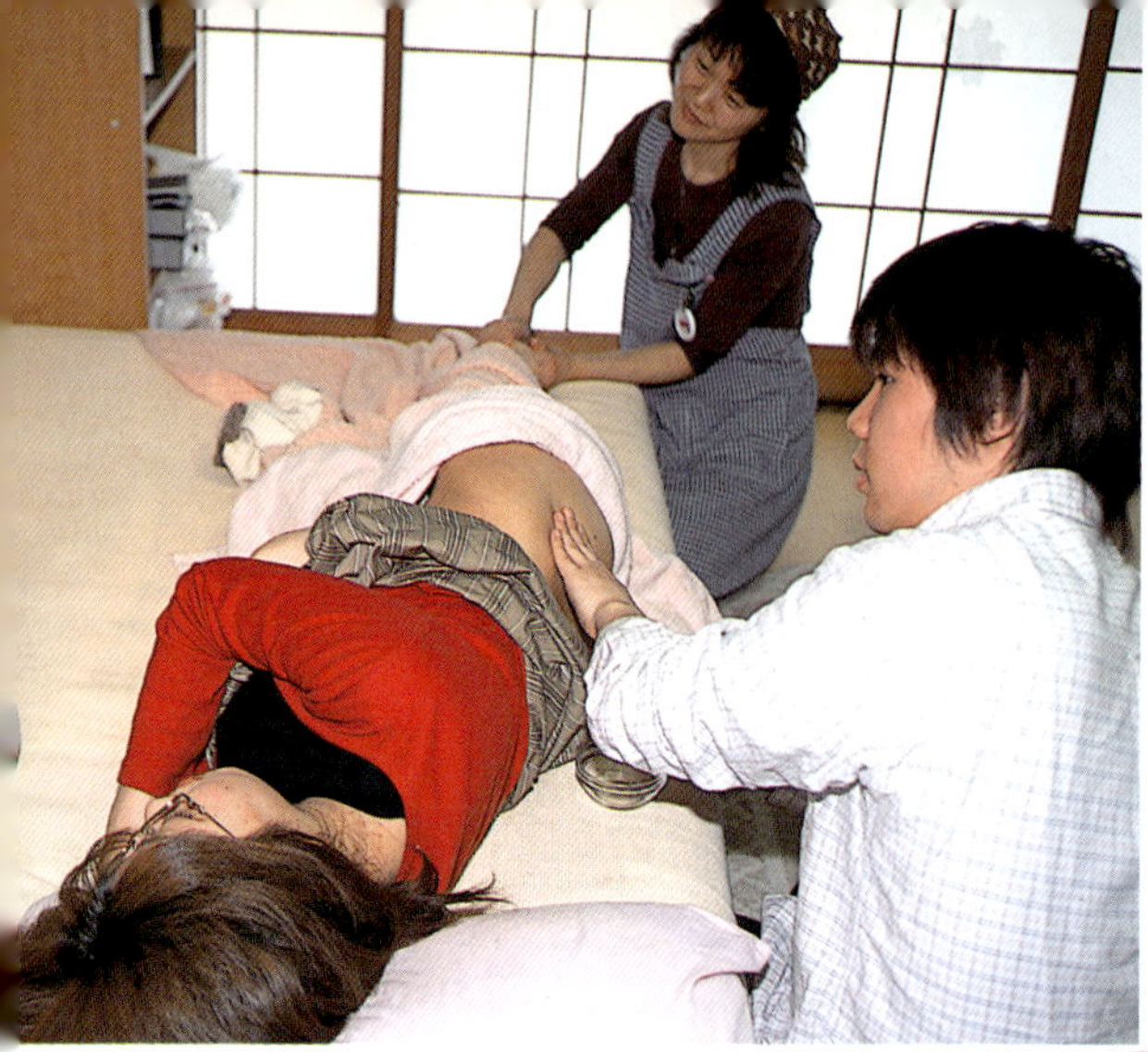

ここで出産したお母さんが記した出産後の体験ノート。「松が丘の歴史と言えるくらい、とっても大事なノートです」

ボードに、退院した人からの手紙や、子どもの成長を知らせる写真が。助産院への信頼の高さがうかがえます。

知っておこう！ 助産院のしくみ

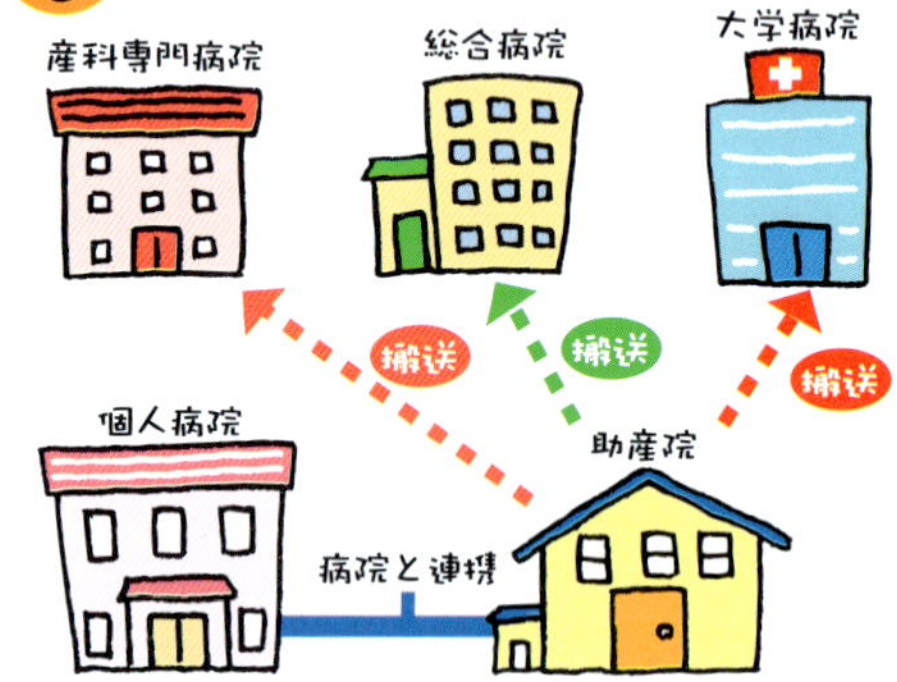

一般的には、出産前に提携先の病院の健診を数回受けます。緊急時は提携先の嘱託医や大学、総合病院に搬送されます。搬送システムについては、事前に必ず確認をしておいて。

健診を待つ間、待合室に置いてある体験ノートに目を通す夫婦。先輩ママの経験談ほど、貴重なアドバイスはありません。

自宅出産ってどんなもの？

より満足度の高い自宅出産はリスクもともなうので慎重に！

医療が進歩した現代では、施設での分娩が主流です。ところがここ数年、自宅に助産師を呼んで出産する人が増えています。病産院の分娩台にしばられずに、リラックスした状態でお産ができる、日常の中でお産ができるなどの点で満足度が高いようです。一方、家族の協力はもちろん、自身の健康管理が必須条件に。また、出張開業助産師か、自宅出産を引き受けてくれる助産院を探すこと、緊急のときの搬送先の確保も重要です。

あくまでも黒子に徹する助産師の心強いサポート

健診では、ベテラン助産師の宗先生がやさしく、かつ厳しく指導。散歩や冷えを防ぐ運動での基本的な体力づくりや、糖分を控えたバランスのよい食事など、安産のための生活に切り替えるように勧めます。

お産は、家族の立ち会いや、水中出産にも対応。ここでは、助産師の介助により、〝自分が産む〟という、主体的なお産を迎えることができます。また、退院後は、赤ちゃんの3週・6週の健診があり、育児相談も気軽に応じてもらえます。

時間をかけた健診では妊娠生活の細かな指導も

健診には、専門スタッフによるアロママッサージを取り入れています。「お父さん（右）が直接触れることで、赤ちゃんとの絆も深まります」と宗先生（左）。赤ちゃんが動くのをイメージして、手のひら全体でマッサージします。

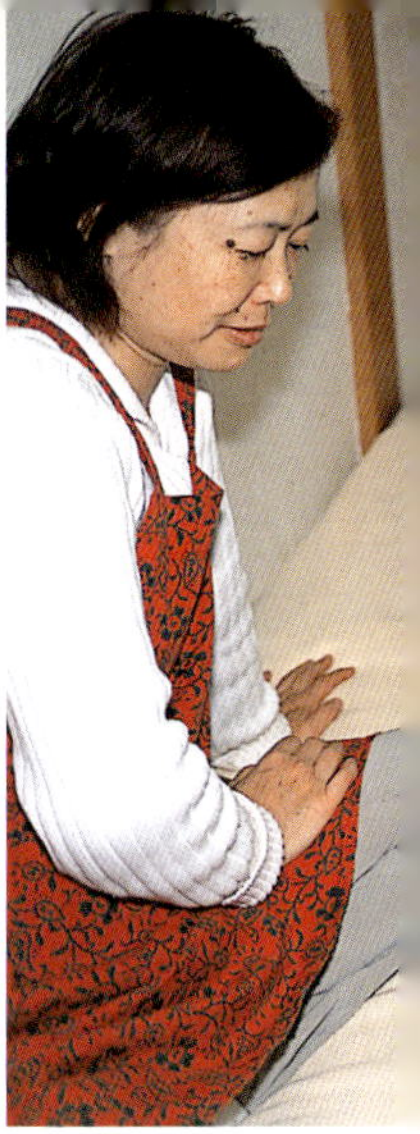

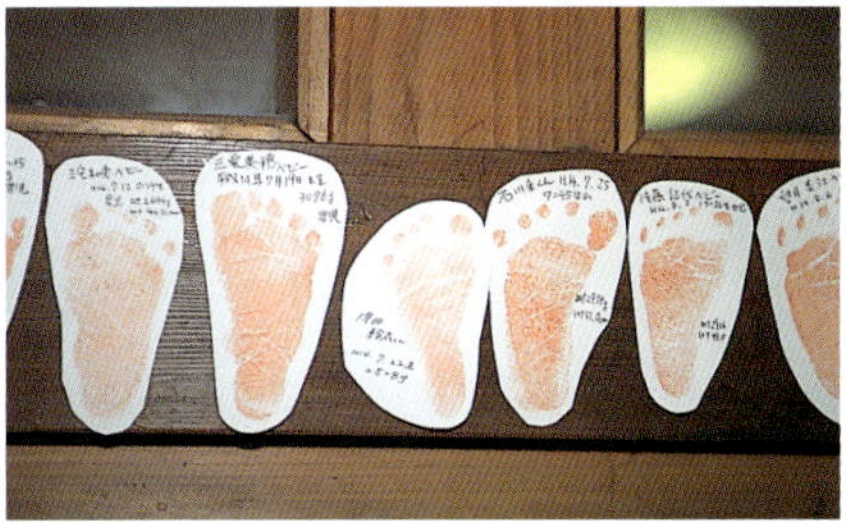

健診室をぐるりと囲むように貼られているのは、松が丘助産院で生まれた赤ちゃんの足型。開院して5年、ここで生まれたすべての赤ちゃんの記録です。

家で過ごすように気兼ねのない入院生活

和室2、洋室3の入院部屋。母子同室で、家族の宿泊も可能なので、自宅にいるようにくつろげます。また、退院前に1度、全身オイルマッサージをしてもらえます。

野菜、海藻類、酵素玄米ごはんなどの和食メニュー。無農薬の野菜、油分と糖分を使用しない食事はヘルシーそのもの。

助産院ごとに違う種類も多い講習会

「食の会」で習う料理は、質のよい母乳のための菜食です。バランスのとれた食事をとって、おいしい母乳を飲ませると、赤ちゃんのトラブルも減り、妊娠後期の貧血やむくみの予防にも効果は抜群とか。

素材選びや下ごしらえ、調味料のこだわりなど、お母さんに教わるような雰囲気の中での調理タイム。

体がほぐれ、リラックス効果も高いと評判のマタニティヨガクラス。お産のときにも役立つ呼吸法や、自宅でできるストレッチを学べます。

取材協力 **松が丘助産院**

㊟：東京都中野区松が丘1-10-13
☎：03-5343-6071
URL：http://www2.odn.ne.jp/~cdk23230/
スタッフ数：助産師5名
ベッド数：6床
外来受付：
9時30分～12時、
13時～14時30分
休診日：水・日

妊娠・出産でかかるお金ともらえるお金

かかるお金

出産は病気ではないので、健康保険がききません。病産院での健診から分娩、入院費のほか、ベビー用品、内祝いなどすべて自己負担。どれぐらいのお金がかかるのかを把握して、妊娠期間中に準備しておきましょう。

健診・検査費

平均 ¥60,000

妊娠＝病気ではないので健診は自己負担

基本的に自由診療なので、病産院によって費用は異なりますが、平均すると1回5000円程度。通常の健診以外に、必要に応じて特別な検査もあり、費用はまちまちですが、初診から出産までの費用は、6万円前後です。多くの自治体では、健診費を助成する制度を設けており、血液検査や超音波検査などが無料で受けられる受診票がもらえます。

分娩・入院費

平均 ¥350,000

入院前にチェック！まとまったお金の準備を

分娩・入院費は病産院ごと、また部屋の種類によっても違いますが、35万円くらいが平均的な料金です。健診と同じく健康保険は使えませんが、帝王切開や切迫早産などトラブルがあった場合は適用されます。とはいえ、入院日数が長引くとそれだけ費用がかかることに。また、通常分娩を予定していても、状況によって変わることがありますので、10万円くらいは余裕を持って準備しておいて。

【アドバイス】山田静江先生（ファイナンシャルプランナー）

いろいろな割増料金と病産院ごとの費用の違いも確認

分娩・入院費は、一般的に私立病院よりも国公立病院のほうが安く、個人病院や助産院は施設によって料金の幅も広いようです。また、個室やLDRなどの部屋や時間外などの診療時間、無痛分娩などの特別な方法で出産した場合も割増の対象に。環境や予算のバランスを考えて、ベストな病産院を選びましょう。

病産院によってかかる費用の違いを知ろう！

大学病院	国公立大学病院で約**25～30**万円、私立大学病院で約**30～40**万円。
総合病院	約**25～30**万円。私立に比べると国公立のほうがやや安い。
個人病院	約**30～40**万円。アロマテラピーやマッサージなどのサービスがつくと、病院によってはやや高めに。
助産院	約**30**万円前後。各助産院で差がありますが、総じて安め。

出産育児用品費

平均 ¥100,000

安く済ませるならリサイクル品やレンタルで

出産で入院するときに必要な出産用品は、最低限必要なものなので吟味してそろえたいところ。また、ベビー用品もお金のかかるもののひとつ。安く済ませたいなら、なるべくリサイクル品や格安ショップを活用して。一時期しか使わないものは、収納スペースを考えてもレンタルを活用したほうがおトクです。授乳用品は、母乳の場合はあまり必要ないので、そろえすぎないように注意。

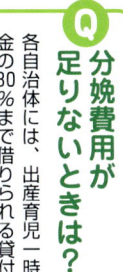

購入とレンタルどっちがおトク？

レンタル情報提供:ベビーリース

	購　入	レンタル（レンタル期間）
ベビーベッド	¥32,000	¥9,000（12か月）
ベビーバス	¥4,000	¥2,000（3か月）
ベビーラック	¥39,900	¥12,000（6か月）
ベビーチェア	¥15,000	¥4,000（6か月）
A型ベビーカー	¥39,900	¥11,800（5か月）
チャイルドシート	¥19,800	¥7,500（5か月）
セレモニードレス	¥16,000	¥8,000（3~5日）
調乳ポット	¥9,800	¥4,000（6か月）
トータル	¥176,400	¥58,300

こんなに差額が！

使う期間が1年以内ならレンタルのほうがおトク。それ以上なら要検討です。

内祝い

平均 ¥2,000~¥5,000

お祝いをもらったら忘れずにお返しを

出産祝いをいただいたら、生後1か月前後に「内祝い」をお返ししましょう。金額はいただいた品物の半分くらいの〝半返し〟が一般的ですが、値段の相場は2000~5000円の物が多いようです。特にお世話になった人には、礼状を添えて贈るのがよいでしょう。また目上の人には、商品券や現金でのお返しは避けましょう。

何を贈れば喜ばれる？

定番アイテムは食器やタオルなどの実用品。最近はカタログギフトも人気です。子どもの名前入りシュガーやアルバムもおすすめ。

表書きは子どもの名前で

お返しする品物には、赤白蝶結びののしをかけて、下段には、赤ちゃんの名前を入れます。写真などを添えても喜ばれます。

Q 分娩費用が足りないときは？

各自治体には、出産育児一時金の80%まで借りられる貸付制度があります。母子健康手帳など出産予定日がわかるものがあれば、出産の1か月前から請求できます。利息がつかないので利用しやすい。

Q 高齢出産は高くつく？

高齢出産という理由で出産費用が高くなることはありません。むしろ、自治体からの健診費用の補助は、一般の妊婦より多くなることも。ただし、羊水検査など特別検査を受けると割増に。

Q 分娩費用は時間帯によってどのくらい違う？

病産院によって、料金設定は異なりますが、一般的に平日の時間外は約1万円、深夜の時間帯は約2万円が上乗せされます。日曜・祝日の場合も通常料金にプラス2万円程度。

Q 実父の戸籍に入っていますが出産育児一時金はもらえる？

お父さんの社会保険か、国民健康保険の支給対象の家族になるのでもらえます。また、出産育児一時金は分娩そのものに対しての経済的な保証が目的なので、未婚や未入籍であっても支給されます。

もらえるお金

何かとかさむ出産費用ですが、申請すればもらえるお金もあります。専業主婦か会社勤めか、ママのタイプによってもらえるお金は違いますが、全員もらえるものも。しっかりチェックして、もらいもれのないようにしましょう！

出産育児一時金（配偶者出産育児一時金）

★だれがもらえる?★

もともと専業主婦のA子さん	出産によって退職するB子さん	共働きのC子さん
○	○	○

★いくらもらえる?★

子ども1人あたり最低30万円。双子や3つ子など多胎出産の場合は、その人数分がもらえます。

★手続き★

申請用紙を提出。社会保険は勤め先か所轄の社会保険事務所へ、国民健康保険は市区町村役場へ。

ここ10年でかなりアップ！最低でも30万円は保証される

健康保険（健保の種類は問わない）に加入している人が出産したときに、かかった費用を健保が補ってくれるもの。本人が被保険者でも、夫の扶養家族になっている場合でもどちらでも支給されます。

給付額は、子ども1人につき最低30万円なので双子なら2倍、3つ子なら3倍の額に。また妊娠4か月以上であれば、死産や流産の場合も対象となります。

児童手当金

★だれがもらえる?★

もともと専業主婦のA子さん	出産によって退職するB子さん	共働きのC子さん
△	△	△

★いくらもらえる?★

2人目までは1人月額5,000円、3人目以降は1万円。6歳になったあとの3月31日まで支給。

★手続き★

申請書と印鑑、通帳を持参して、市区町村役場の児童福祉課などの担当窓口へ申請します。

所得制限をクリアすれば1人あたり5000円支給

6歳未満の子どもを養育しており、所得が一定額未満の人を対象に支給されるお金。育児にかかる費用の援助として、国の年金制度から給付されます。所得制限額は会社員と自営業とで異なり、所得を判断する年の扶養数によっても違います。また、毎年申請が必要で、所得が一定額を超えると支給は打ち切られます。

共働きの場合、通常は世帯主である夫の所得金額が対象に。申請以前の分をさかのぼって請求できないので、生まれたらなるべく早く手続きを行いましょう。

夫が会社員・公務員の場合

扶養数	所得制限額
0人	460万円
1人	498万円
2人	536万円

夫が自営・自由業の場合

扶養数	所得制限額
0人	301万円
1人	339万円
2人	377万円

出産手当金

★だれがもらえる?★

もともと専業主婦のA子さん	出産によって退職するB子さん	共働きのC子さん
×	△	○

★いくらもらえる?★

1日あたりの給料の60%×産前42日分（最長）と産後56日分の計98日分。多胎妊娠の場合154日分。

★手続き★

医師が出生証明を記入した申請書を、出産の翌日から2年以内に、勤務先か社会保険事務所に提出。

仕事を休むママをサポートする休業手当

妊娠・出産にともなって仕事を休むママの、その間の生活を保障する休業手当として、健康保険から支給されるお金です。支給額は、1日あたりの給料の60％×産前42日分＋産後56日分の産休期間にあたる計98日分（最長）。多胎妊娠の場合は、合計154日分（最長）になります。

対象となるのは、会社員で1年以上健康保険に加入している人。産休中の人はもちろん、出産した日が退職後6か月以内なら、退職した人ももらえます。出産日が遅れることも考えて、辞めるタイミングを検討しましょう。また、妊娠4か月以上での死産や流産も給付対象となります。

例えば

月収22万円のD子さんの場合

D子さんの標準報酬日額は7,330円なので、その60%×98日分（最長）で約43万円の出産手当金が給付されます。

最大で43万円もらえる！

育児休業給付金

★だれがもらえる?★

もともと専業主婦のA子さん	出産によって退職するB子さん	共働きのC子さん
✕	✕	○

★いくらもらえる?★

育休中に月給の30%、職場復帰後6か月以上勤務したら、育休期間中の月給の10%が支給される。

★手続き★

本人に代わって会社が行う場合が多い。自分でする場合は、申請書を所轄のハローワークに提出。

正社員はもちろん パートでも支給される

育児休業をもらっている人は、子どもが満1歳になるまで、雇用保険からこの給付金を受け取れます。休む前の2年間に、1か月に11日以上働いた月が12か月以上あり、所定の雇用保険を納めていれば、正社員はもちろん、パートや派遣社員も同じように支給されます。給付金は、「育児休業基本給付金」と「育児休業者職場復帰給付金」の2種類。基本給付金は、産休明けから子どもが満1歳になるまでの育児休業した月数分だけ月給の30％がもらえるもの。職場復帰給付金は、復帰後6か月以上継続勤務した場合、育児休業した月数分だけ月給の10％がもらえます。

例えば

月収22万円のD子さん
10か月休んだ場合

育児休業中は6.6万円×10回、復帰6か月後に2.2万円×10回で合計88万円の育児休業給付金が支給されます。

最大で88万円もらえる!

乳幼児医療費助成

★だれがもらえる?★

もともと専業主婦のA子さん	出産によって退職するB子さん	共働きのC子さん
○	○	○

★いくらもらえる?★

就学前まで医療費が無料のところや、所得制限がないところなど、自治体によって異なります。

★手続き★

乳幼児医療費助成を実施している各地方自治体か、自治体の医療機関に所定の申請書を提出します。

子どもにかかった医療費を自治体が負担してくれる

子どもが生まれてから、一定年齢になるまでにかかった医療費を自治体が助成してくれる制度。自治体の子育て支援の一環で、対象年齢や所得制限の有無、適用方法は、居住地によって異なります。

例えば、〝就学前所得制限なし〟という東京都世田谷区では、子どもが小学校にあがるまで、親の所得にかかわらず、医療費は無料になります。

助成方法は「現物給付」と「償還払い」の2種類。現物給付の〝現物〟とは治療サービスそのもののことを指し、医療機関の窓口で自治体から発行される医療証を提示すれば支払いは不要。償還払いとは、いったん医療費を支払い、後で立て替えた分を自治体に請求して戻してもらう方法です。子どもの医療費は何かとかかるので、自分の住んでいる地域の内容はきちんと確かめておきましょう。

失業給付金

出産退職の場合は延長の手続きを忘れずに

雇用保険の被保険者が失業したとき、次の職に就くまでの間の生活保障をしてくれるもの。支給額は、働いていた期間、退職理由、年齢によって異なります。また〝失業の認定〟を受けるためには、就職活動を積極的にしていることが条件です。出産退職した場合は、産前産後期間は働く能力がないとみなされてしまい、この条件から外れてしまいます。

そこで出産後、再就職したい人のために設けられた特例措置が受給期間延長。退職後30日目の翌日から1か月以内に申請しておけば、本来の受給期間と合わせて最長4年まで延長できるので、子育てが一段落してから就職活動をする際に、失業給付が受けられます。

教育訓練給付金

育児に余裕ができたらチャレンジしたい

資格取得などにかかった学習費用をバックアップしてくれるお金です。対象者は雇用保険の被保険者期間が3年以上ある人、または3年以上あった人で退職してから1年以内の人。支給額は受講料の40%（被保険者期間が3年以上5年未満の人は20%）です。

ママのタイプ別

妊娠～出産後 お金の手続きチェック表

申請時期を逃さずしっかりと確認を

これまで見てきたように、妊娠・出産にともなってもらえるお金はママのタイプによって異なります。

退職して専業主婦になった人は、社会保険の変更の際に失業手当申請中ならば、扶養に入れないこともあります。仕事を続ける人は、育休中の健康保険と厚生年金保険料が免除される制度を忘れずに。また、お金の申請だけでなく出産後の扶養家族の変更も。

下の表を参考に、自分のタイプを確認して手順を把握。申請したものはチェックしておきましょう。

もともと専業主婦のA子さん

出産後なるべく早く

□出産育児一時金の請求
□児童手当金の請求
□扶養家族の異動届の提出

出産によって退職するB子さん

妊娠期間

退職後すぐに

□社会保険の変更
夫が会社員の場合は夫の会社経由で変更を。自営・自由業の場合、国民健康保険は夫の扶養に入り、年金は国民年金に入ります。ただし、失業給付を受ける間は扶養家族に入れない可能性があるので、自分でいったん国民年金に加入します。

退職後30日目の翌日から1か月以内

□失業給付の受給期間の延長申請
(再就職希望者のみ)

出産

育児期間

出産後なるべく早く

□出産育児一時金の請求
□児童手当金の請求
□出産手当金の請求
□扶養家族の異動届の提出
子どもを健康保険の被扶養者として保険証に記載してもらうために、誕生後5日以内に、夫の勤務先か市区町村役場に健康保険の「被扶養者異動届」を提出します。年末調整の「扶養控除等申告書」にも、扶養家族が増えたことを申告すると、税金の控除が受けられます。

再就職前に

□失業給付の申請

共働きのC子さん

妊娠期間

産休に入る前に

□会社から申請用紙などをもらっておく
「育児休業基本給付金の申請書」と「受給資格確認票」をもらっておく。

産休

出産

育児期間

出産後なるべく早く

□出産育児一時金の請求
□児童手当金の請求
□出産手当金の請求
□扶養家族の異動届の提出

出産後57日目から育児休業スタート

□育児休業給付の受給確認の手続き
育児休業開始日から10日以内

□保険料免除の手続き
社会保険の加入者は、育児休業に入ったら早めに、「健康保険・厚生年金保険育児休業取得者申出書」を社会保険事務所に提出しましょう。育休中の健康保険料と厚生年金の自己負担分が免除されます。

育児休業給付金がもらえる

約10か月後 育児休業終了

医療費控除

妊娠中の医療費もきっちり確定申告を

その年の1月から12月までに支払った家族全員の医療費の合計が10万円を超えた場合(または所得の5%を超えた場合)は、確定申告で医療費控除が受けられます。健診費用や分娩費用も入るので領収書の整理を。

【医療費控除額の計算方法】

前年1年間に支払った医療費の総額 － 保険などで補てんされた金額 － 10万円または所得の5%

＝ 医療費控除額〈最高200万円〉

医療費に入る

●健診費用、分娩費、入院費
●健診時の病院までの交通費、出産時のタクシー、駐車場代
●流産の際の入院費、手術費、不妊症の治療費
●治療用マッサージ費

OK

医療費に入らない

●入院のためにそろえた出産用品費やベビー用品費
●里帰り出産で利用した電車などの帰省費
●母親学級、マタニティスイミングなどの受講費

NG

高額な医療費を払った場合は…

高額療養費

同一の医療機関で支払った1か月の医療費が限度額(所得額により違う)を超えていれば(世帯合算可)、超えた分を請求できます。異常分娩などで医療費を多く払った人は要チェック!

第３章

安産のための
体づくりとエクササイズ

- 安定期に入ったら積極的に体を動かしましょう
- ①妊娠中の不快症状予防&解消ストレッチ
- ②安産力を高めるエクササイズ
- ③授乳に役立つエクササイズ
- 体重管理をスムーズにする
  マタニティウォーキングにチャレンジ

指導・お話
日本マタニティビクス協会チーフディレクター
小林香織先生

妊娠中、産後、授乳期など、女性のライフサイクルに合わせたエクササイズ指導のスペシャリスト。一般の方への指導のほか、医療従事者や運動指導者へ向けて指導者養成に携わっている。
ホームページ／http://www.mb-kyokai.com

安定期に入ったら積極的に体を動かしましょう

安定期は体を動かす絶好のチャンス

妊娠13週目を過ぎたら、安定期に入ります。経過が順調で、医師からも運動の許可がおりたら、積極的に体を動かす機会をつくり、運動を始めましょう。

妊娠中は、おなかへの気づかいから運動不足になりがち。また、ホルモンバランスの影響で本来よりも酸素摂取量が減り、体力、持久力が低下します。しかし、お産の本番は、体力勝負。お産に必要な体力や持久力を保つためにも、積極的に運動をすることは大切なのです。

妊娠中のNGスポーツ

おなかに負担がかかる、相手と競うスポーツは×

テニスなど、相手と競うスポーツは、自分のペースを保てないので×。また、乗馬やサイクリングなど、おなかに強い振動が伝わる運動もNGです。

妊娠中の運動は いいことがいっぱい

妊娠中の運動は、マタニティライフを快適に過ごす方法のひとつ。体力づくりのためだけでなく、いろいろな効果があります。

1 体力と持久力を保ってお産への自信を養う

筋力の低下を最小限に抑え、お産に必要な体力と持久力を保てます。体力を保持できれば、本番に向けて自信がつき、余裕を持って当日を迎えることができます。

2 血行を促進して不快な症状を予防・解消

運動をすると、血行がよくなり、筋肉のこりがほぐれるという効果があります。むくみや肩こりなど、血行不良からくる不快症状を予防・解消することができます。

3 産後の体型戻しをスムーズに

どうしてもおなかまわりの筋力が緩む産後。妊娠中から筋力をできるだけキープしておくと、体型戻しの土台に。スタートラインに差がつきます。

4 過度な体重増加を予防

適度な運動量を保つことで、摂取、消費カロリーのバランスがよくなり、無理な食事管理をしなくても、太りすぎを防ぐことができます。

5 心の健康を保ち胎教にも効果がある

運動で得られる心地よさや体調のよさは、心に余裕をもたらします。その余裕はおなかの赤ちゃんにも伝わるので、運動＝胎教となります。

M《マインド》&B《ボディ》ストレッチで心も体も元気になる！

体に心地よい刺激を与えて不快症状を和らげましょう

妊娠中は体や姿勢が変化するとともに、腰痛やむくみなど、さまざまな不快症状が現れます。これらを和らげる効果のある「マインド&ボディストレッチ」は、静かな動きの中で行うプログラム。不快な部分に触れ、その部分がどんな状態かを認識することから始めます。そしてゆっくりと体を動かし、リラックスしながら痛みなどをほぐしていきます。

骨盤まわりのトレーニングで安産力を高めましょう

お産の本番では、体の中心部にある骨盤底筋群の筋肉を軸に、赤ちゃんを押し出すための腹筋力、お産のポーズをとりやすくする下半身の柔軟性が必要です。これら骨盤周囲の力をバランスよく鍛えることは、本来、誰もが持っている安産力を引き出すきっかけになります。また、トレーニングで体をつくっていくことはお産に向けての自信にもつながります。

体に負担をかけない 基本姿勢

立つ 姿勢の崩れは体に負担が大。背骨の弯曲に沿った正しい姿勢をキープして。

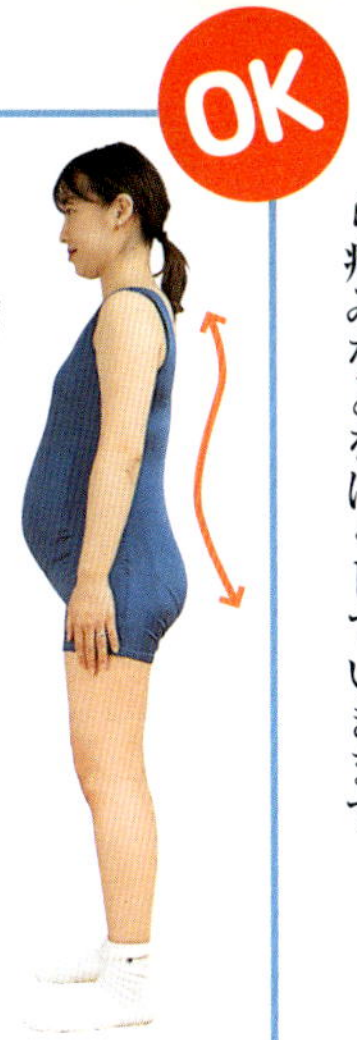

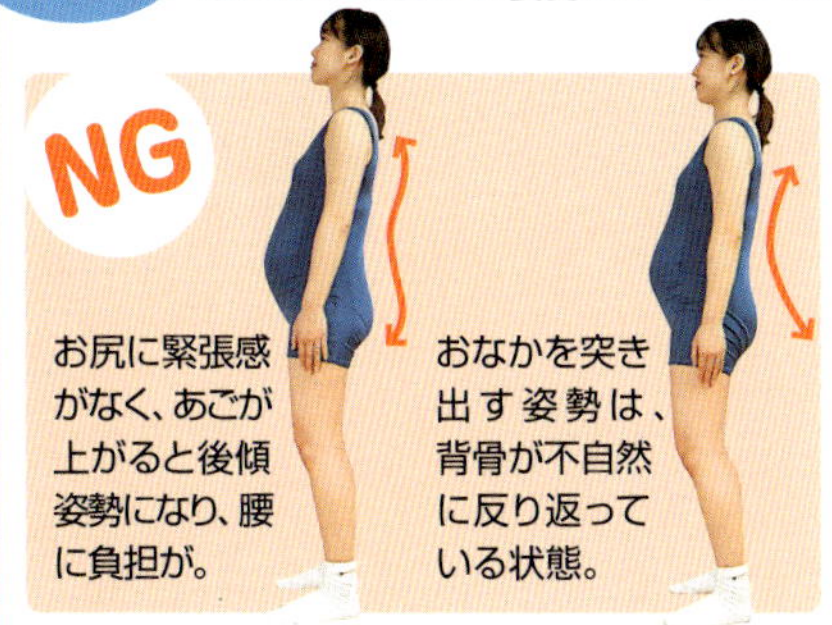

お尻に緊張感がなく、あごが上がると後傾姿勢になり、腰に負担が。

おなかを突き出す姿勢は、背骨が不自然に反り返っている状態。

座る 妊婦にとってラクな姿勢のあぐら座りも人によっていろいろ。負担の少ない座り方を選んで。

手前で足を交差させる、一般的なあぐら座り。

手前に足を投げ出し、お尻をペタンとつく座り方。

お尻からひざまで床につけ、手前で足を崩した座り方。

足を大きく開き、両足の裏を合わせた開脚座り。

運動の効果をアップする環境を整えよう

効果を上げる条件は下記の3つ。どの体操も、ベッドなどの上で行うと体が沈んでしまうため、効果が半減。じゅうたんなど適度な硬さのある敷物の上で行って。

環境作り3原則

- ラクな服装で
- 動くスペースを確保
- 集中できる空間で

これだけは守って 妊娠体操3つの掟

運動は、母体が健康で胎児の経過も順調なときに行えるもの。運動の前に必ず下記のチェックをしましょう。

1 体調チェックを必ず行う
頭が痛い、気分がすぐれないなど、妊娠に伴う不快症状以外の症状があるなら病産院へ行き、体を休めて。また、おなかに張りを感じるときも控えましょう。

2 胎動があるか確認
胎動がある人は、いつも通りの動きがあるか、まずチェック。もし、2、3日胎動を感じない日が続いたらすぐ病産院へ行きましょう。

3 満腹・空腹時は避けて
満腹時、空腹時に運動をすると気持ち悪くなったり、運動が逆効果に。食後は体を休め、胃に少し余裕ができてから始めましょう。

①妊娠中の不快症状予防&解消ストレッチ

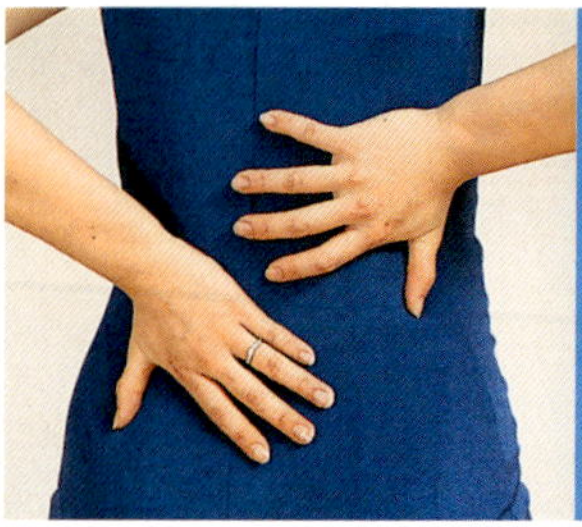

腰痛

姿勢やホルモンの変化で起こる筋肉のこりや関節の緩みが原因。体操は気持ちよく感じるまで繰り返します。

Start 尾骨から背骨までやさしくふれます。

Stretch 1 いすに座って
上半身をひねる

1 いすに浅く腰掛け、上半身が安定する位置まで足を開き、背筋を伸ばします。
2 息を吐きながら背もたれにふれるまで、上半身をゆっくりひねります。
3 息を吸いながら、上半身を元の位置に。反対側へ同様にひねり、左右交互に数回行います。

Point
いすは、腰掛けたときに足裏がつくものを選ぶようにしましょう。

Stretch 2 よつんばいで
腰～背中を動かす

1 手は肩の真下、足は骨盤の真下に置きます。
2 まずお尻に力を入れ、次におなかを持ち上げます。あごを引いて視線をおなかに向け、体を丸めます。
3 視線はそのままお尻の力を抜き、胸を開きながらあごをあげ、3 のように。

Stretch 3 あお向けで
腰まわりをほぐす

1 足を肩幅より広めに開きます。
2 両手を軽く握り、腰のあたりに置きます。
3 腰に置いた握りこぶしで気持ちよいところを刺激しながら、両ひざを左右交互に数回、ゆっくりと倒します。

Close Up
気持ちよいところをグリグリしましょう。

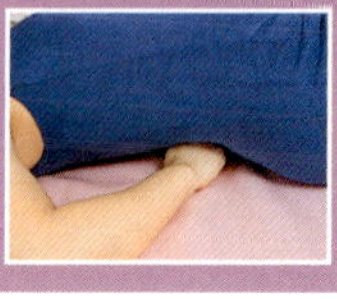

骨盤のどこが痛い？

痛い部分を把握できれば、健診のときに役立ちます

「腰痛」といっても患部は人によって異なります。とくに痛みを感じやすい部分は、仙骨と腸骨の接合部分や恥骨のあたり。患部が把握できれば対処法を導きやすくなります。

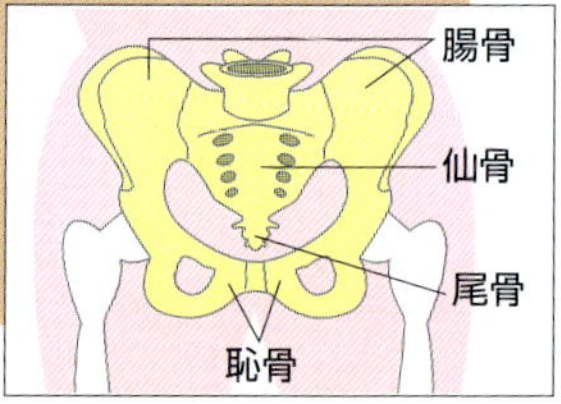

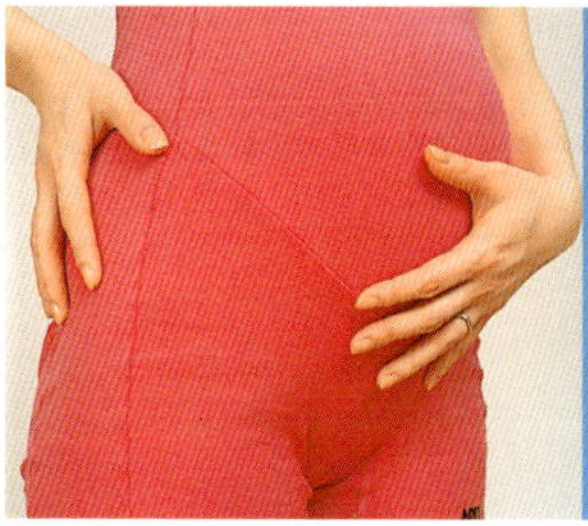

便秘

黄体ホルモンの分泌や、大きくなる子宮に腸が圧迫されることが原因。腰を動かして腸に刺激を与えます。

Start お尻からおなかへ骨盤全体を触ります。

Stretch 1 立って
骨盤を回す

1 つま先を正面に向けて立ち、足を肩幅に広げます。
2 背筋を伸ばし、ひざを軽く曲げ、手を腰骨のあたりに置いて上半身を安定させます。
3 骨盤だけを動かすようイメージしながら、気持ちよく感じるまで一定方向にゆっくりと大きく回します。

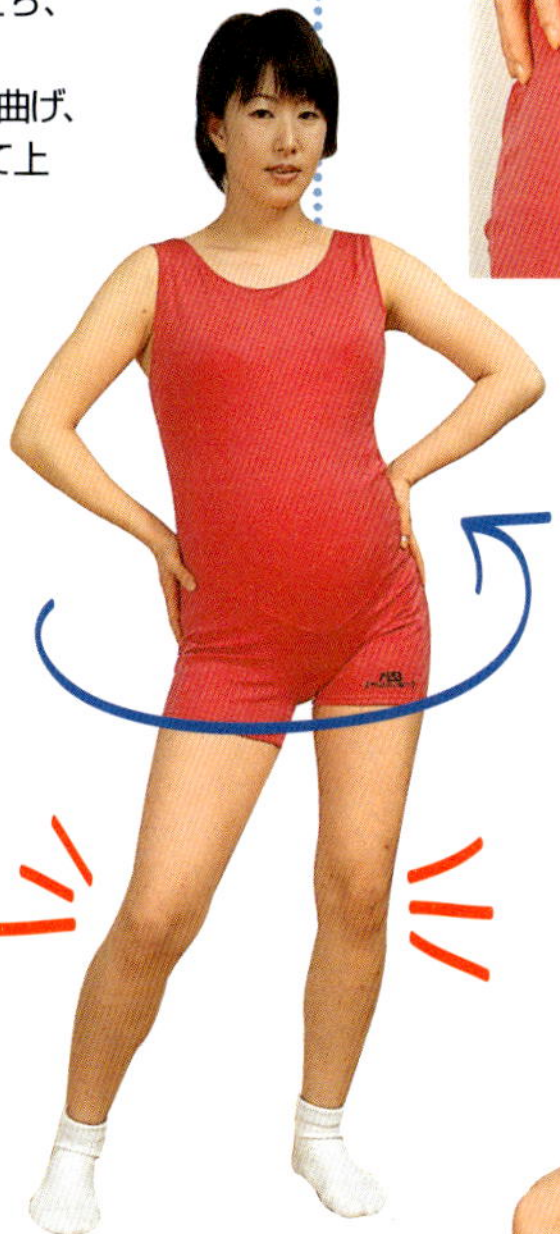

NG

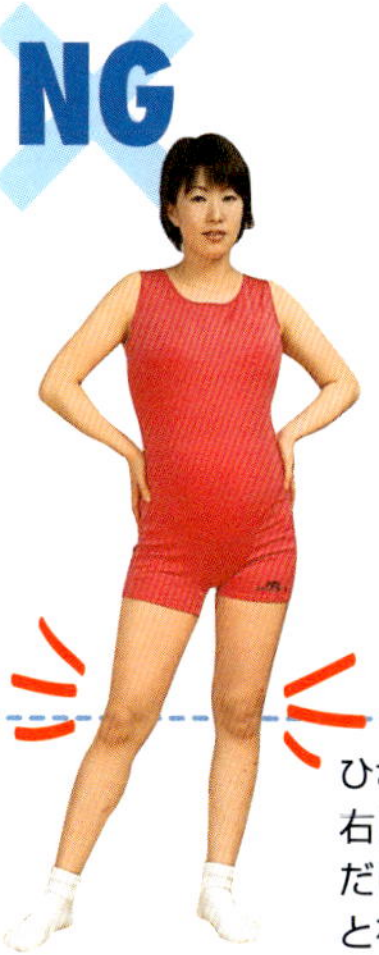

ひざが伸びていては、左右に体重移動しているだけ。骨盤を動かすことを意識して。

Stretch 2 いすに座って
骨盤をタテに動かす

注 息を詰めないよう注意。おなかが張っているときはやらないでください。

1 いすに浅く腰掛け、背筋を伸ばし、上半身が安定する位置まで足幅を広げます。
2 息を吐きながら、背もたれに体を近づけるように腰を丸めます。
3 息を吸いながら 1 に戻ります。呼吸に合わせて数回行います。

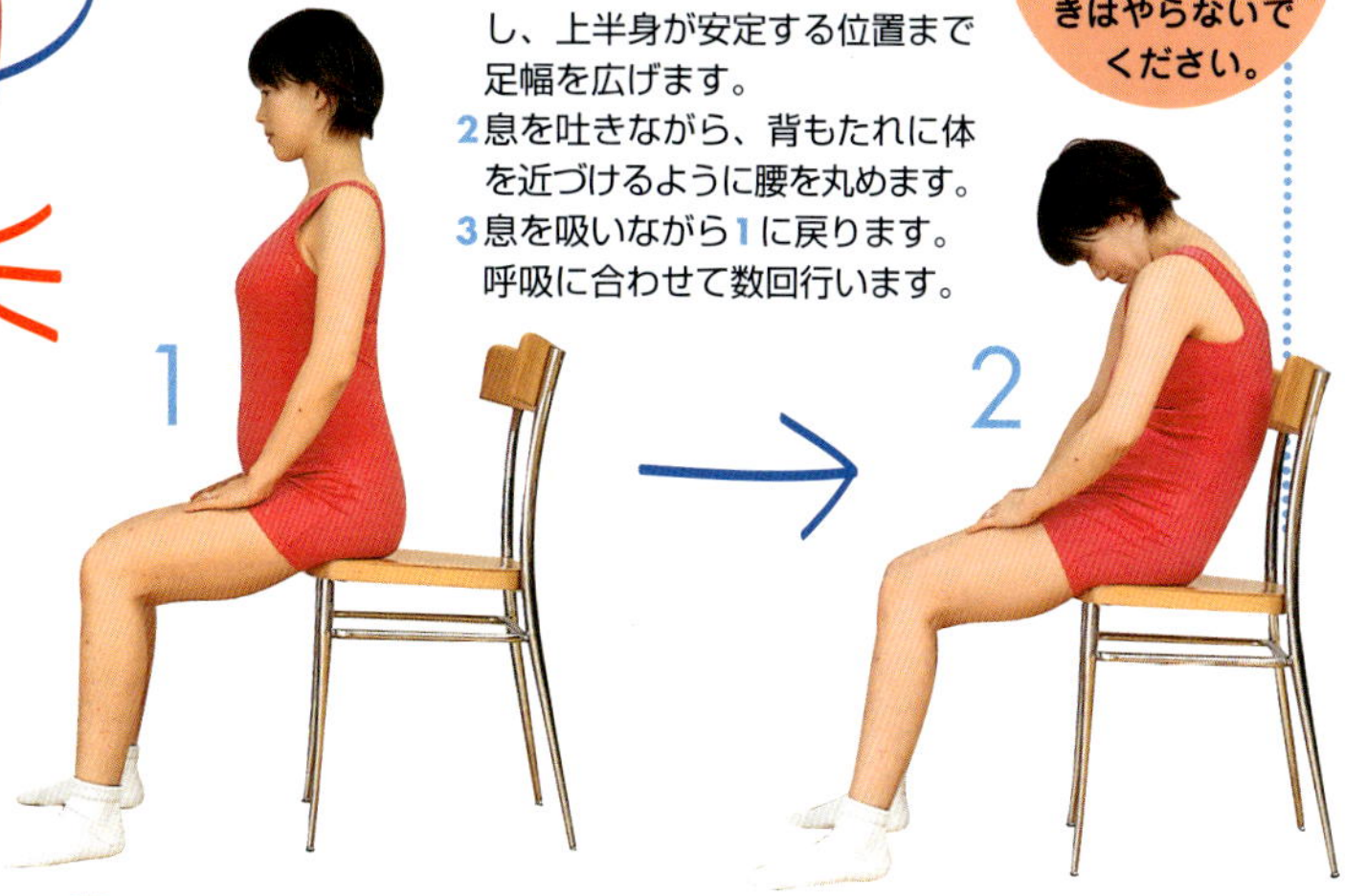

便秘に効くお茶飲んでもOK?

控えたほうが安心 妊婦には不向きな成分も

便秘用にかかわらず、健康茶は控えた方が無難。中には流・早産の危険性を持つ成分を含むものも。ハーブティにも、週数によって飲んではいけないものもあります。

Stretch 3 あお向けで
骨盤まわりをひねる

1 両ひざを立て、手は頭の下に置きます。
2 両ひざはそろえたまま、息を吐きながらゆっくりと倒し、倒しきったらひと呼吸。
1 に戻します。8回を目安に左右交互に行います。

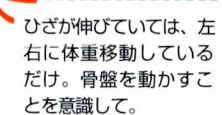

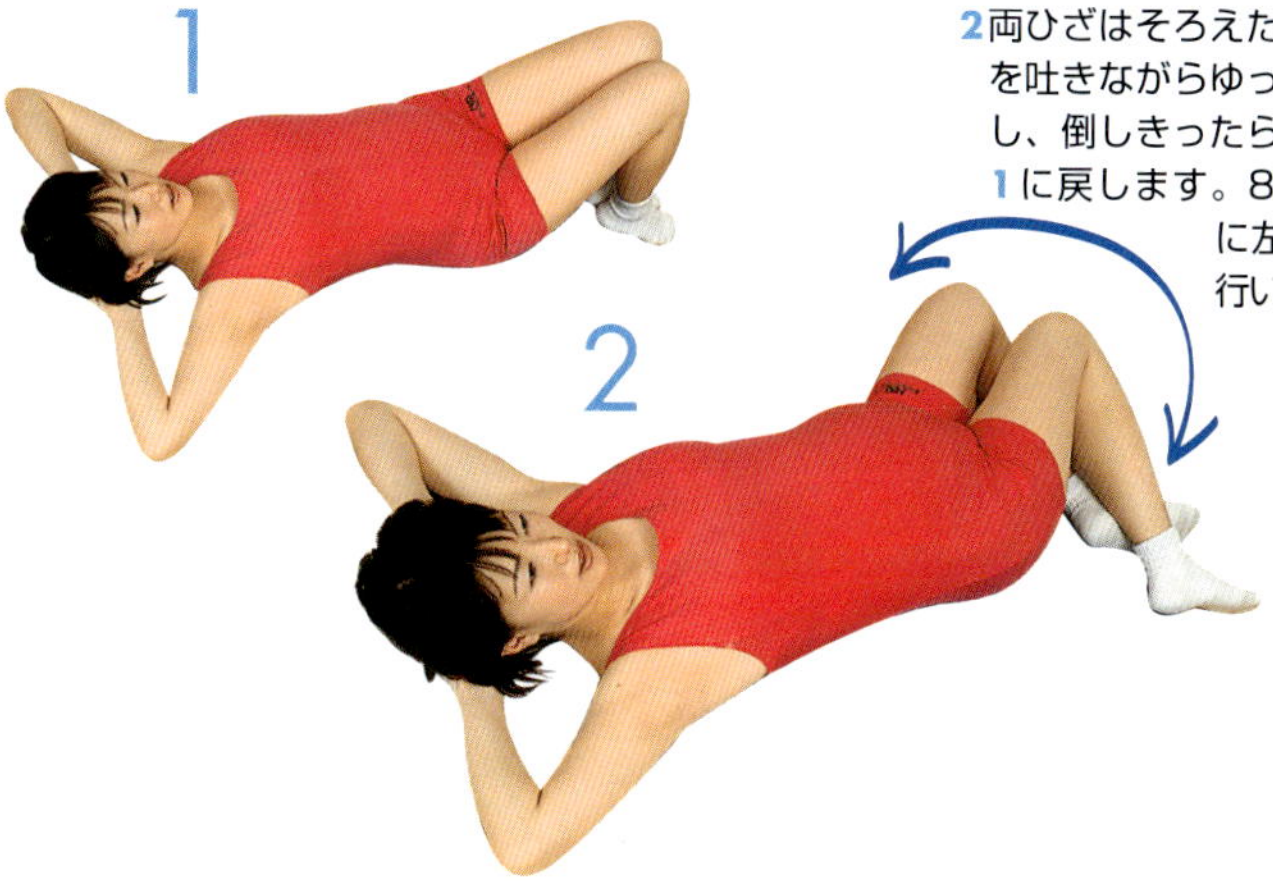

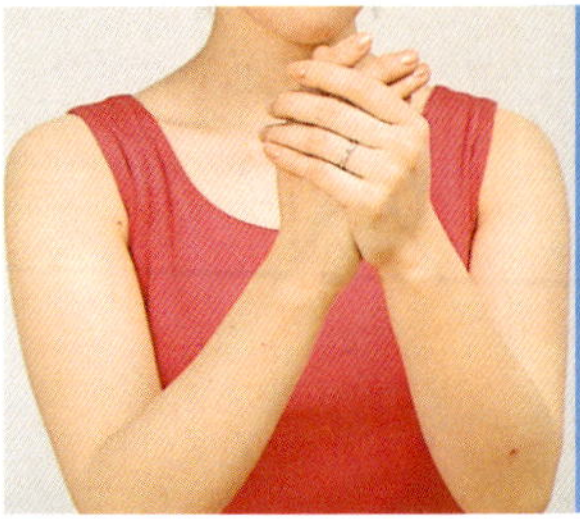

手のむくみ

手のむくみやこわばりを感じやすいのは朝。寝ている間に血液の流れが悪くなるために起こります。

Start 指先から手首まで、握るように触ります。

Stretch 1 手首を軽くシェイク

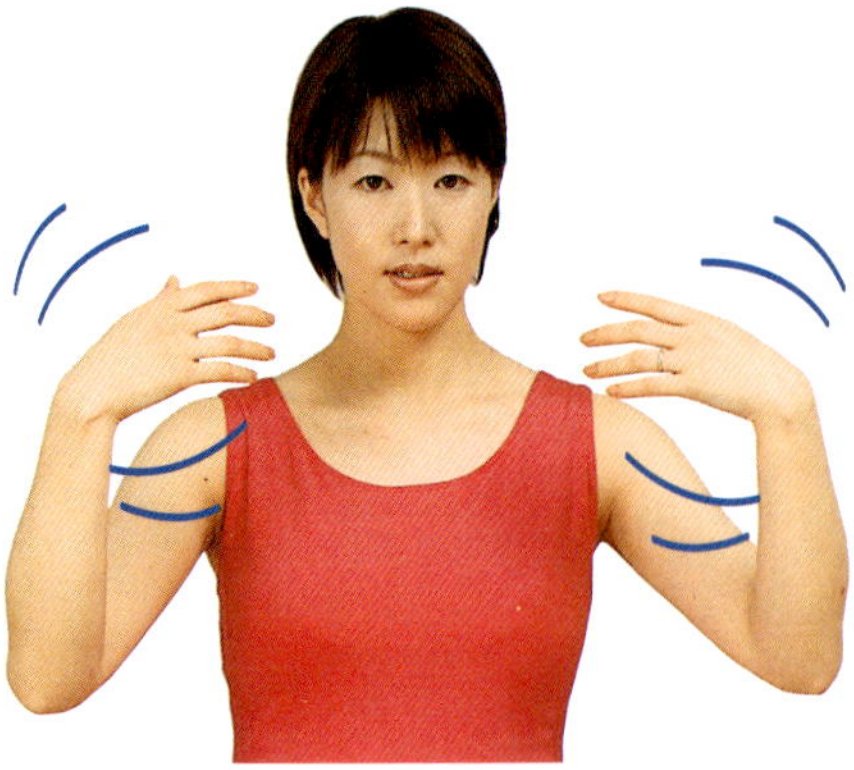

手首に痛みを感じない程度に、やさしくふります。

Stretch 2 指先～手首をグーパー体操

1

基本フォーム

1 ひじを曲げ、手に力を込めてギュッと握ります。
2 パッと勢いよく手を開きます。このとき、指の間をしっかり開くように意識しましょう。
3 指を1本ずつていねいに折り、基本フォームに戻ります。こわばりがほぐれるまで数回リピート。

3

2

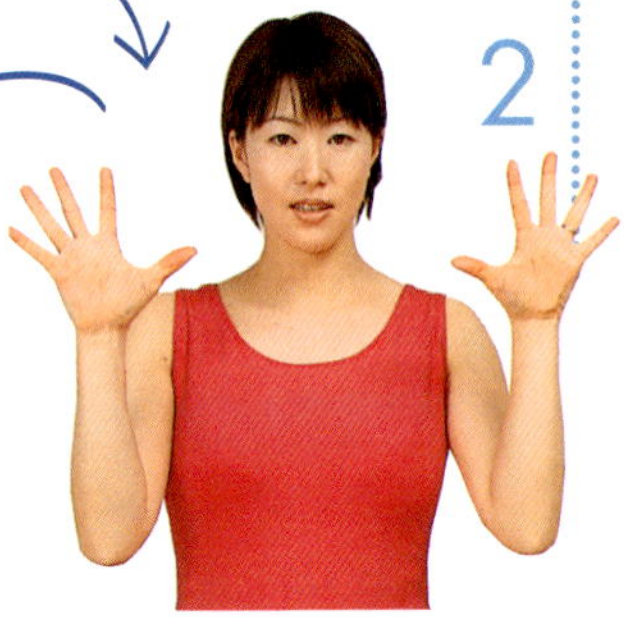

Stretch 3 指先～肩をマッサージ

1 右手の親指から1本ずつ、左手で包み込むように握ります。反対の手も同様に。
2 肩から二の腕にかけて、軽く圧迫しながら、気持ちよいと感じるまでさすります。

1

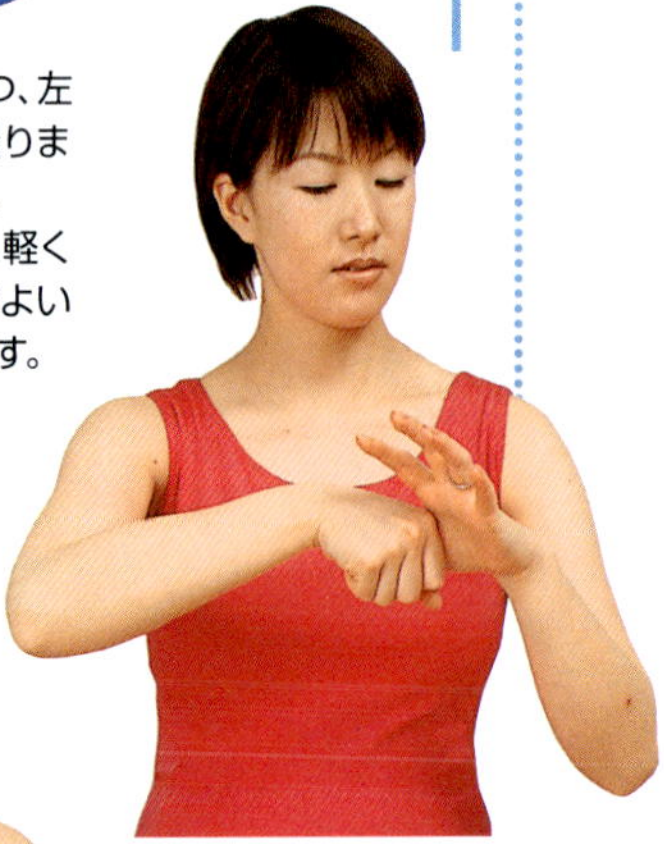

2

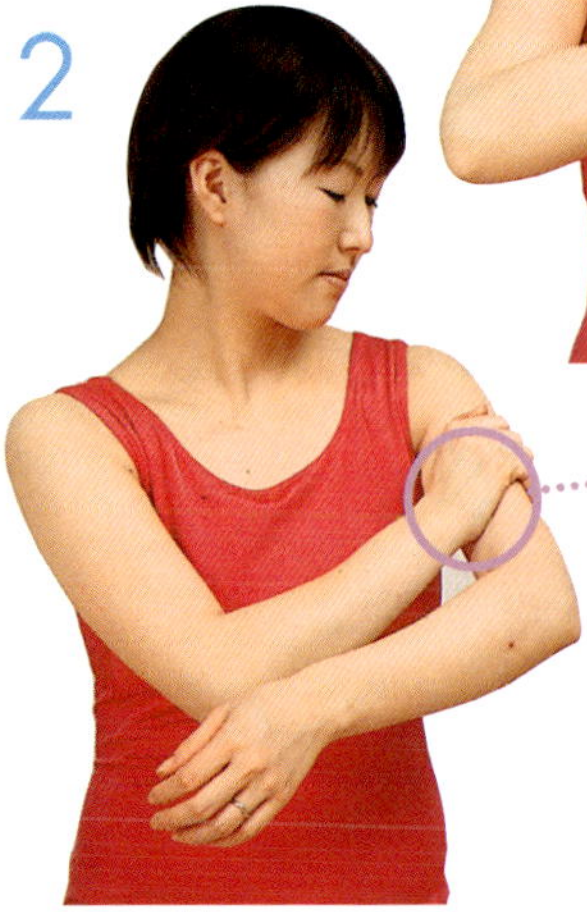

Close Up

軽く押さえるように、全体を触って。

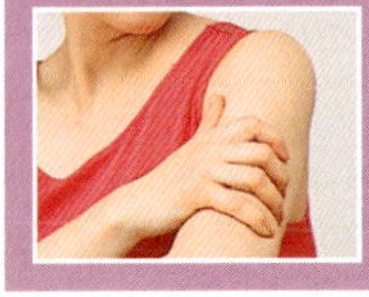

心配なむくみと安心なむくみ

こんな症状があったら注意

- ストレッチをしてもむくみが取れない
- 体重が1週間に500g以上増えている
- ずっとむくんだままの状態が続く

ストレッチで改善されるむくみなら大丈夫

妊娠中はむくみやすくなるのが普通で、ほとんどの場合、体を動かし血行を促せば解消されます。もし、左のような症状を伴う場合は医師に相談しましょう。

足のむくみ

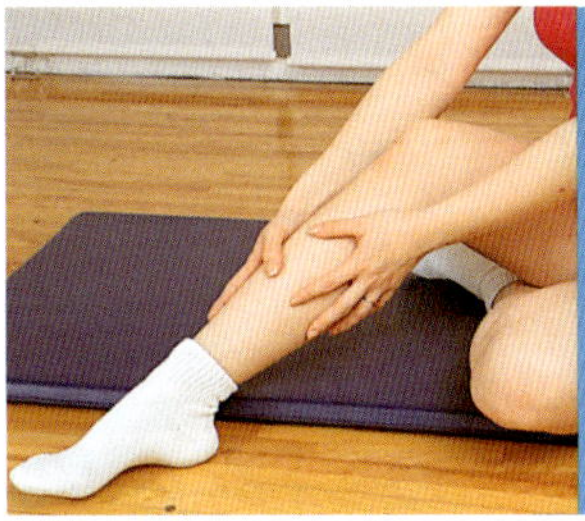

足のむくみを感じるのは夕方から夜。足をマッサージする際は、手のぬくもりで温めながら行いましょう。

Start 足首からひざへ、軽くさすります。

Stretch 1 あお向けで
足首のフレックス

1 片足を上げ、太ももの裏側を同じ側の手で支えます。反対の手は床におき、バランスをとります。
2 すねやふくらはぎが伸びるのを意識しながらつま先を前後に倒します。反対側も同様に行います。

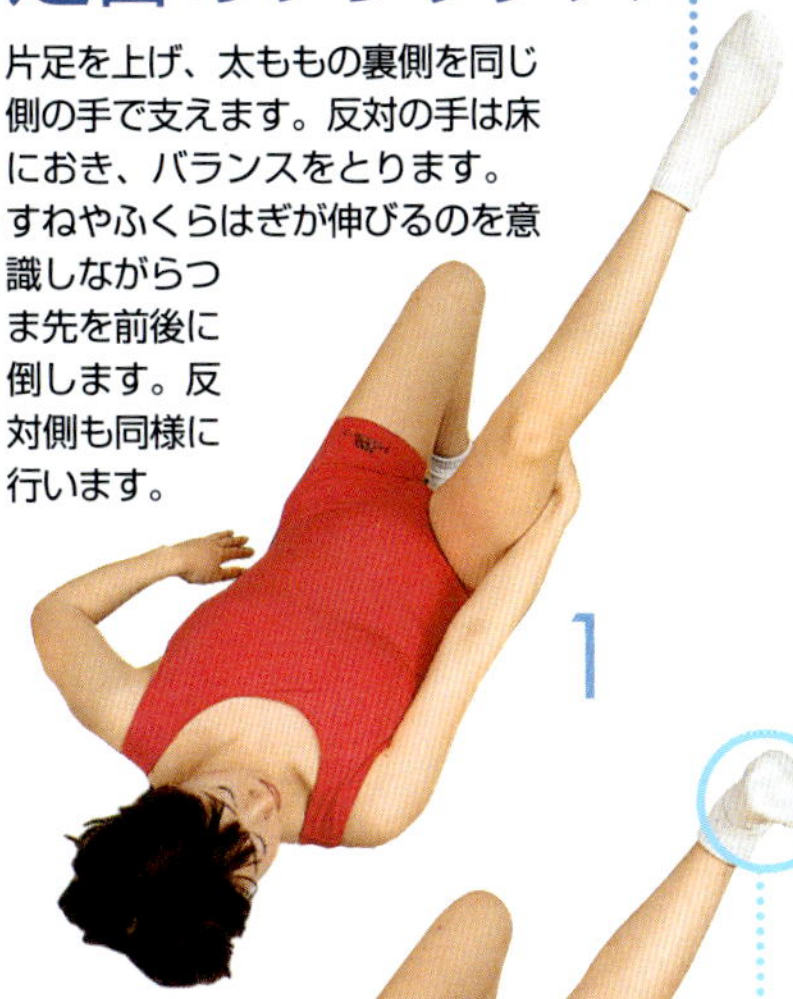

1

2

Point
足先にたまっている血液の流れがよくなるよう意識し、数回繰り返して。

Stretch 2 ラクに座って
ふくらはぎのマッサージ

Close Up
人差し指の側面でやさしくさすります。

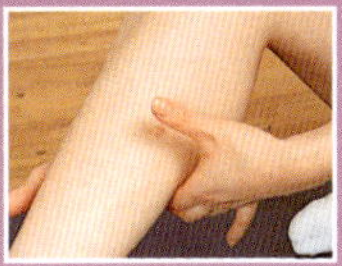

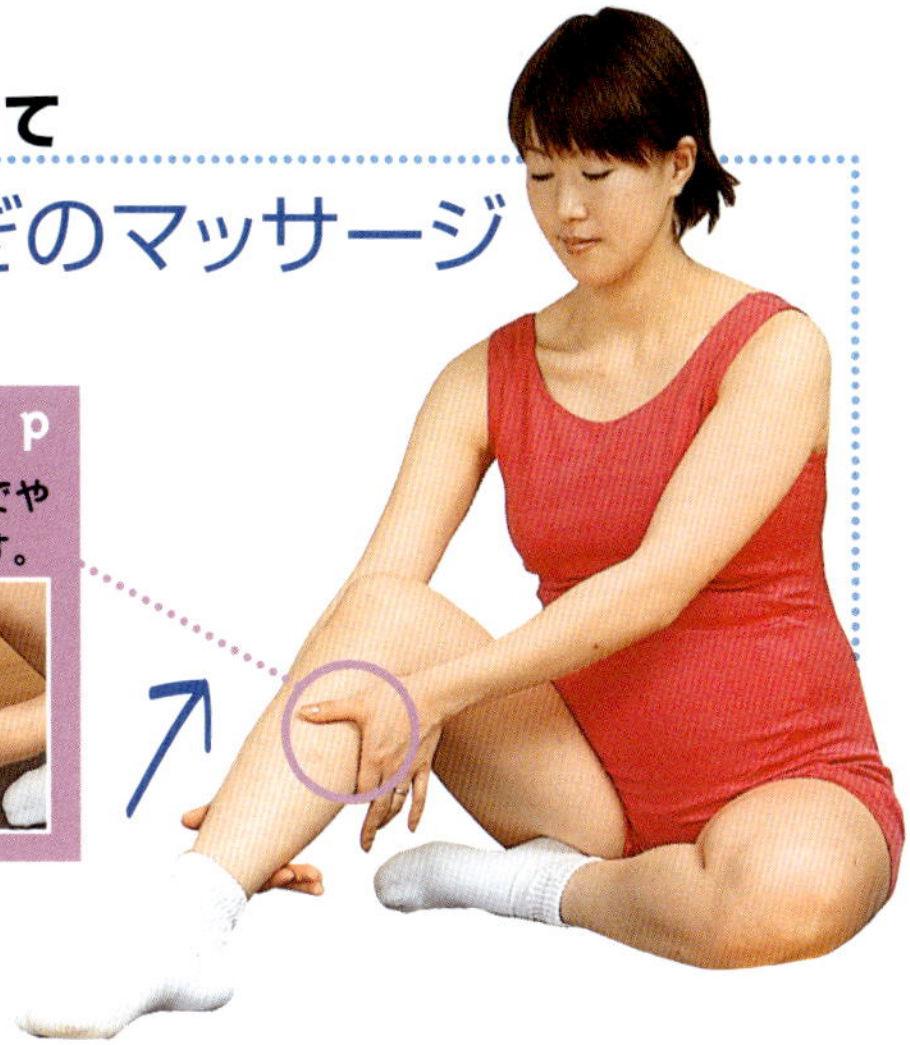

ラクな姿勢でひざを立てて座ります。足首からひざに向かって、ふくらはぎを持ち上げるようにさすります。静脈瘤や足に痛みがあるときは、このマッサージは控えましょう。

Stretch 3 ラクに座って
すねのマッサージ

Close Up
使う指は2本だけ。圧迫しないよう注意。

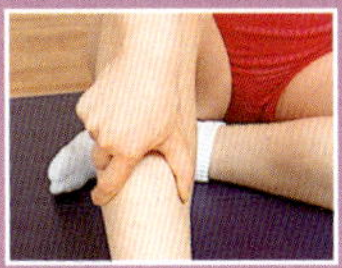

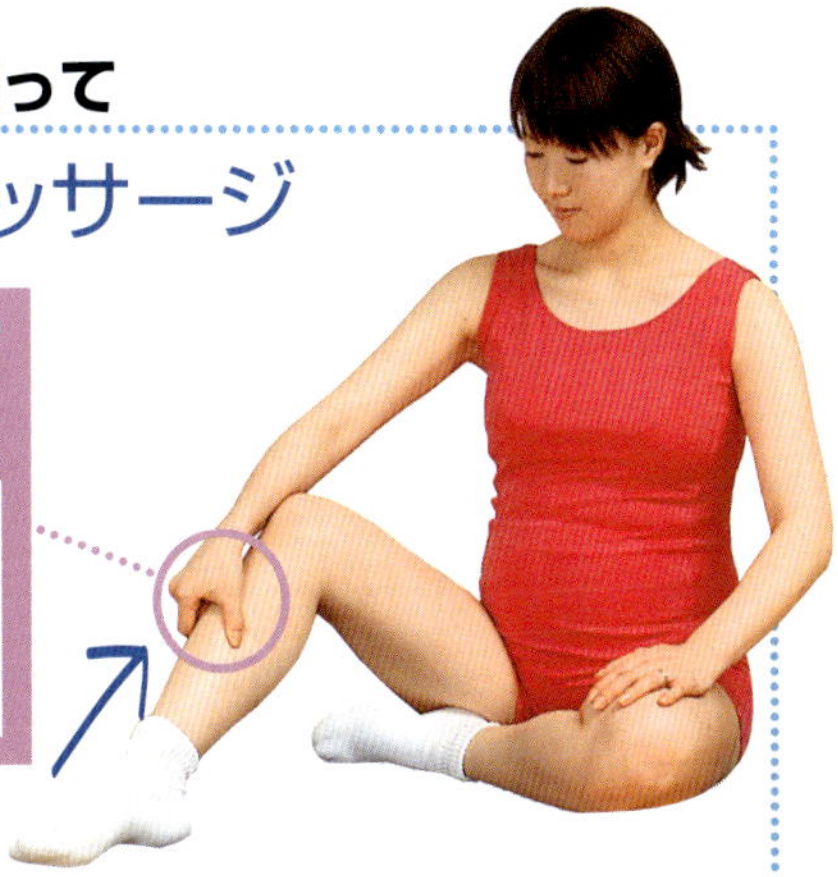

ストレッチ②と同様の姿勢。親指と人差し指ですねをつかみ、足首からひざへ、やさしくさすります。足つりの予防にも効果的です。

むくみに効く！アロマの足浴
動きたくない日は足先を暖めて血行促進

足浴で足先を温めるだけでもむくみ解消に効果があります。ちょっと熱いかなと思うくらいのお湯に両足をくるぶしまで入れ、さし湯をしながら5～10分。ラベンダーや柑橘系の精油を1滴お湯に落とすと、リラックス効果も得られます。

ろっ骨の痛み

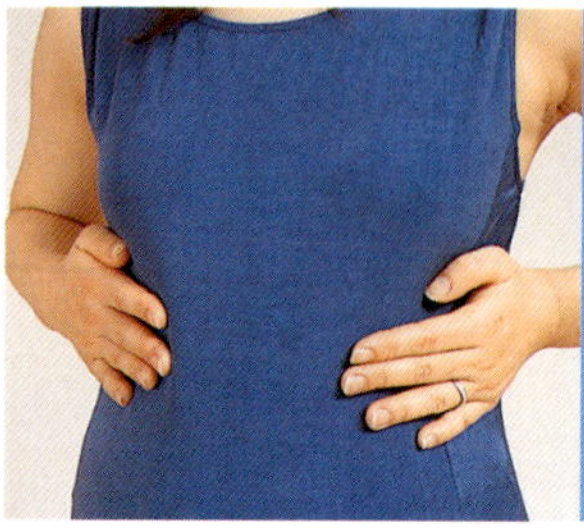

わき腹の筋肉を動かす機会が少ないこと、子宮が胸部を圧迫することから、ろっ骨下部に痛みが起こります。

Start ろっ骨下部に沿って、胸の下を触ります。

Stretch 1 立って

ろっ骨に沿ってマッサージ

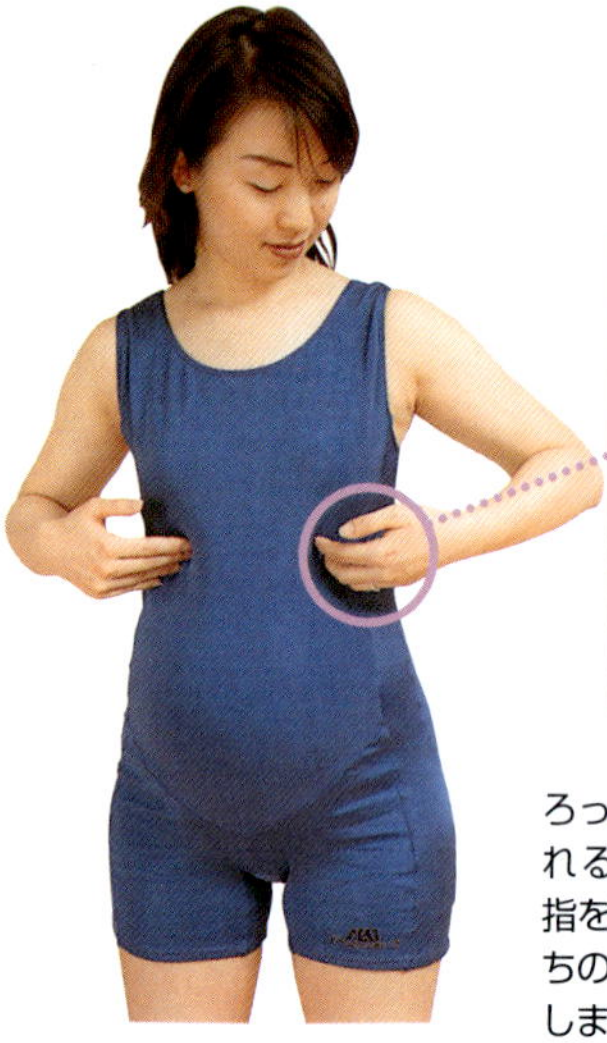

Close Up

骨の下側に指を差し込むように。

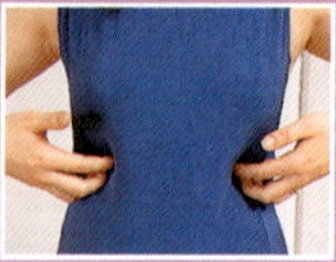

ろっ骨の下側に指を入れるように手を置き、指を動かしながら気持ちのよいところを刺激します。

Stretch 2 座って

わき腹を伸ばす

息を吸って

1

吐きながら

2

1 足を前後に崩して座ります。前足側の手を上に伸ばし、ろっ骨を持ち上げます。

2 体を横に倒し、わきを伸ばします。息を吐ききったら手を下ろします。反対側も同様に、気持ちよいと感じる程度にリピート。

Stretch 3 立って

わき腹から腰を動かす

1

2

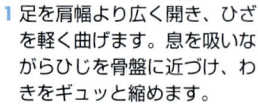

1 足を肩幅より広く開き、ひざを軽く曲げます。息を吸いながらひじを骨盤に近づけ、わきをギュッと縮めます。

2 息を吐きながら、リズミカルにひじを引き上げます。同じ腕で気持ちよいと感じるまで繰り返し、腕をかえて同様に行います。

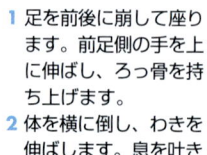

ろっ骨の痛みはどうして起こる？

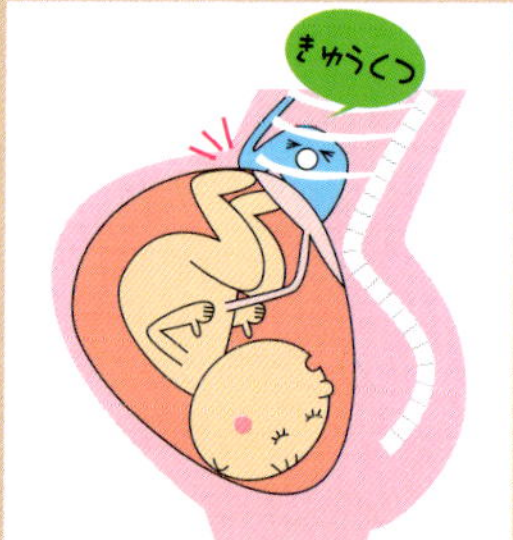

子宮が胸郭を圧迫 呼吸が苦しくなることも

大きくなった子宮は、胸郭も圧迫します。おなかが目立つようになると少し呼吸がつらくなるのはこのせい。軽い体操で血行を促進し、胸郭まわりの筋肉をリラックスしてあげましょう。

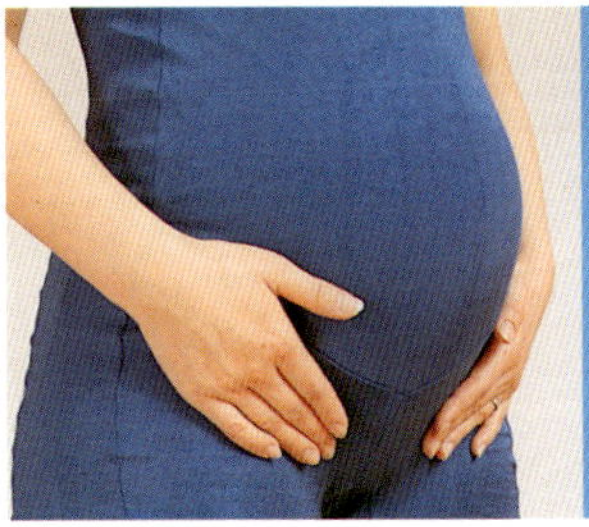

足のつけ根の痛み

子宮を支えている靭帯が伸びるために、足のつけ根に痛みを感じます。恥骨に痛みがあるときは控えて。

Start 足のつけ根全体から恥骨を触ります。

Stretch 1 横になって
足を蹴りだす

1 頭を手で支え、下側のひざを曲げてバランスを取り、上側のひざを肩へ引き寄せます。
2 肩から骨盤のラインが床と並行になるイメージで、引き寄せていた足を遠くに伸ばします。気持ちよい程度に数回リピート。

胸に足を引き寄せるとおなかにあたったり、動きが小さくなってしまうので注意して。

Stretch 2 いすに座って
足のつけ根を動かす

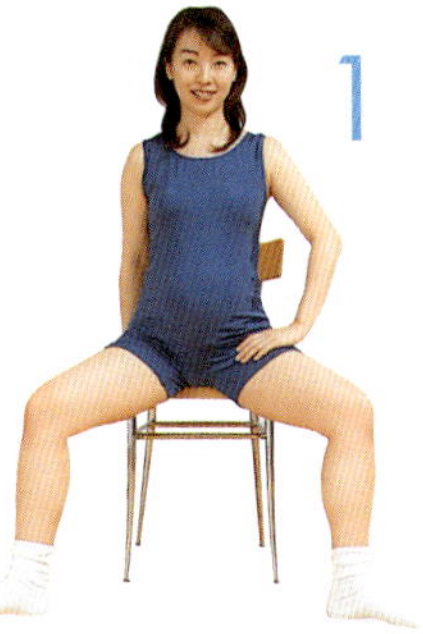

1 いすに浅く腰掛け、片手で座面をつかみ、足を大きく開きます。
2 片足を、内側と外側へ、呼吸のリズムに合わせてリズミカルに動かします。気持ちよい程度に何回か動かしたら反対の足も同様に。

Stretch 3 あお向けになって
足のつけ根を回す

ひざを曲げます。両ひざを手でつかみ、おなかにあたらないよう注意しながら大きく回します。手はひざから離さないよう注意。あお向けがつらいときはこの体操は控えて。

職場での簡単ストレッチ

30分に1回、体をケアする時間を作ろう

妊婦にとってデスクワークや立ち仕事など、同じ姿勢を長時間保つのはつらいもの。30分に1度は伸びをしたり歩くなど、動作に変化をつけて。いすに座ったまま足を伸ばし、つま先を開いたり閉じたりするだけでも、ストレッチ効果があります。

足のつり

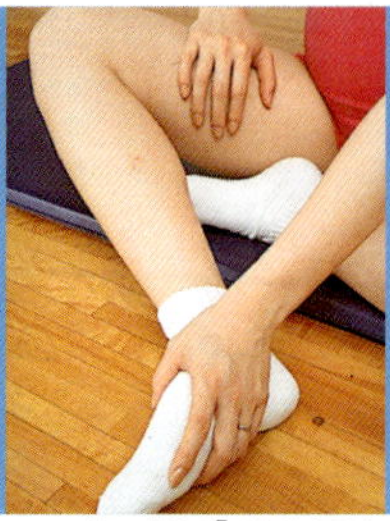

就寝前のストレッチは足のつりの予防に有効。つってしまってもあせらずストレッチをして痛みを解消しましょう。

Start 足裏から太ももまで、足全体を触ります。

Stretch 1 立って ふくらはぎ

1 腰幅に足を開いて立ち、片足を1歩後ろへ引きます。
2 壁に手をついてバランスを取りながら、気持ちよいと感じるところまで上体を前に倒します。

かかとは床から離さないように

Stretch 2 あお向けで 太ももの裏側

ふくらはぎにタオルを引っかけて片足を引き寄せ、太ももの裏側をじっくり伸ばします。このとき、おなかにあたらないよう注意して。また、つま先を前後に動かすと足全体のストレッチにも。反対の足も同様に各1回行います。

+αのストレッチ

足首を回す動きを入れるとストレッチ効果がアップ。

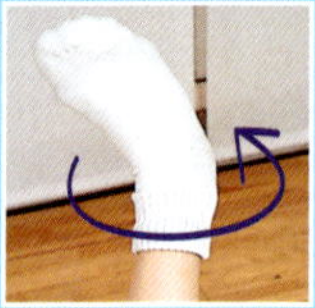

Stretch 3 横になって 太ももの前側

1 ひざを曲げて横になり、ひじに頭を乗せます。

2 足首を持ち、かかとをお尻に近づけます。

Stretch 4 立って すね

バランスが崩れないよう、壁に手をつき、腰幅に足を開いて立ちます。足を軽く1歩引いて甲を床につけます。ゆっくりひざを曲げ、足の甲の全面を床に近づけ、じっくりとすねを伸ばします。

Close Up

足の甲は床と並行におきます。

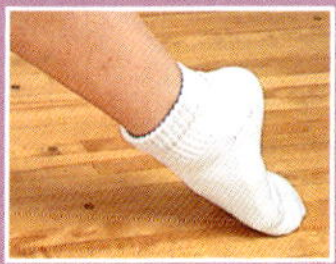

After Stretch ひざ下～足首 やさしくシェイク

1～4までのストレッチの後は、伸ばした筋肉をほぐす動きを行います。

1 あお向けになって両足を上げ、手で両ひざを支えます。
2 ひざ下から足首を軽く振って、筋肉の緊張をほぐします。足が軽くなるまで行います。

OTASUKEGOODS

こりや痛みなどはこれで和らげる!

お助けグッズ

不快症状

腰痛から足のつりまで、血行不良や筋肉のこりから起こる不快症状を解消する便利グッズを紹介。快適な妊娠生活を送るためにぜひ試してみて。

本格的なマタニティ・ビクスを自宅で気軽に

お産への体力作りに役立つマタニティビクス。産後の体型戻しにはアフター、ベビー用のビデオを。／日本マタニティビクス協会

体を温めるハーブティで心も体もリラックス

体を温め、植物の成分が不快症状を和らげるハーブティ。週数に合わせて選びましょう。

足を温めれば全身ポカポカフットバス

気軽に足浴ができるフットバス。ジェットやバブルなどの機能付きがおすすめ。

シムスの体位が取りやすい大きめの抱き枕

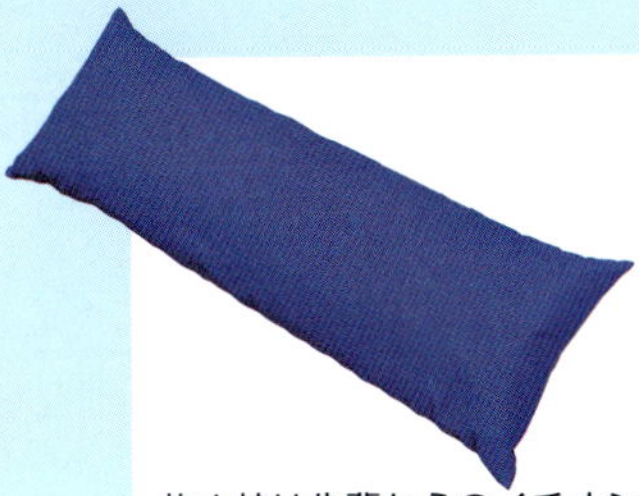

抱き枕は先輩からのイチオシの1品。横になるとき、おなかの重みを支えてくれます。

家事の合い間にできるツボ押しグッズ

腰や肩こりなどは、こった部分を刺激して解消。柄のついたつぼ押しが便利です。

腰の痛みを解消&予防C型クッション

姿勢の崩れを防いで腰をサポートするクッション。授乳クッション／㈱ローズマダム

腰痛の原因! 前傾姿勢を予防するインナー・ソール

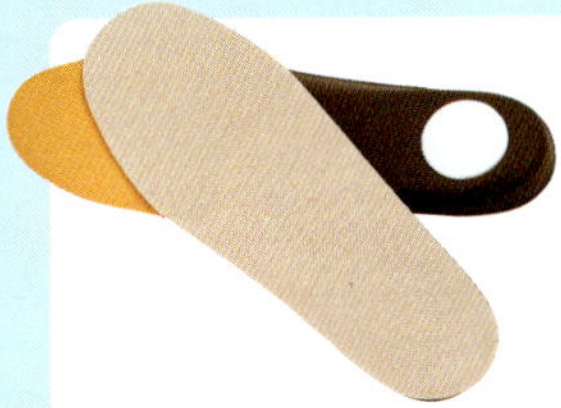

緩やかな曲線と弾力のあるソールで姿勢の崩れを予防。お産歩ちゃん／㈱ローズマダム

壁に手をついてフミフミ土踏まずを青竹で刺激

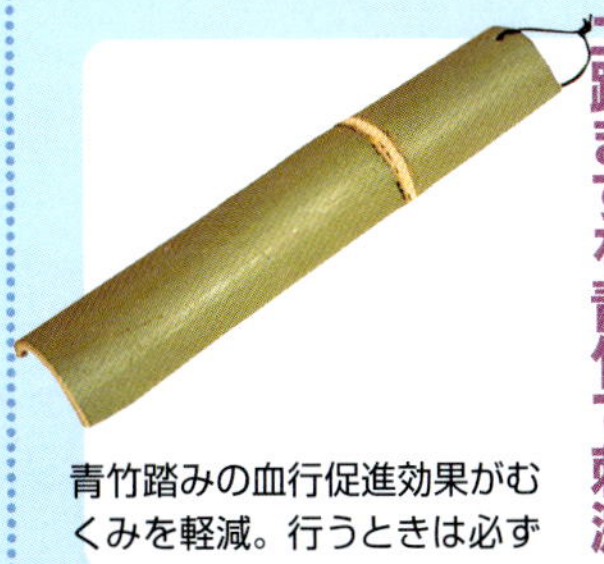

青竹踏みの血行促進効果がむくみを軽減。行うときは必ず手を壁について。

座るだけで腰・わき腹のストレッチができるディスク

クッション型のエクササイズグッズ。ディスク／日本マタニティビクス協会

エクササイズアイデア

ディスクの上で左右に体重移動

ディスクの上に座ると、自然に腰まわりを動かせます。左右に体重移動すれば、わき腹のストレッチに。

問い合わせ　日本マタニティビクス協会　http://www.mb-kyokai.com
㈱ローズマダム　http://www.rosemadame.co.jp

②安産力を高めるエクササイズ

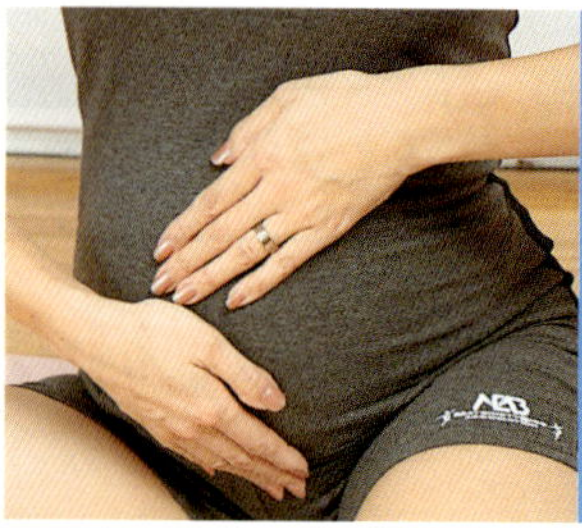

腹筋を鍛える

赤ちゃんを押し出す「いきみ」のときに活躍する腹筋。トレーニング前はおなかに張りがないか確認して。

Start 恥骨から下腹部全体を触ります。

先生からのAdvice 体操を始める前に

P.156～161の体操は、体調に合わせてやりやすいポーズをひとつ選んで行えばOK。体操をする際は、下記の注意事項を守りましょう。

- **体操はリラックスしながら行い、8回を目安に繰り返しましょう。**
- **息を詰めず、自然な呼吸のリズムに合わせて行いましょう。**
- **おなかに張りを感じたらトレーニングを中止し、体を休めましょう。**

Exercise 1 あお向けになって 体を起こす

1

息を吸って

2

息を吐いて

1 両ひざを立てて軽く開き、右手は下腹部、左手は頭の下に置きます。
2 腰から背中は床から離さないよう意識しながら、恥骨→頭の順に持ち上げます。
3 息を吸いながら1へ戻り、数回繰り返します。

NG

腰から背中が床から離れ、お尻が上がってしまうと、お尻の筋肉しか使っていないことに。

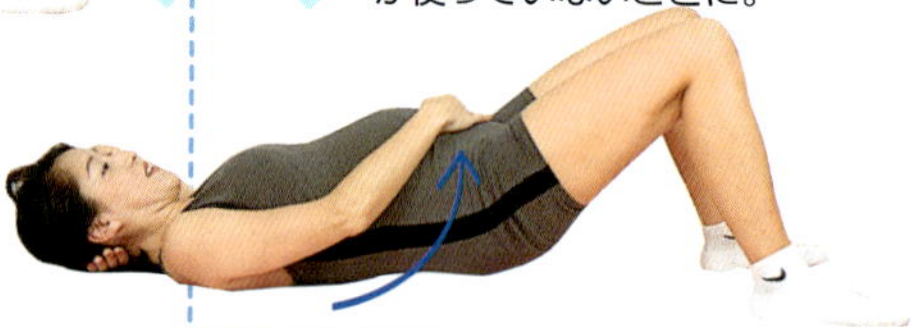

Exercise 2 座って 体を丸める

1

2

息を吐いて

1 クッションを背にひざを立てて座り、肩幅より少し広めに足を開きます。
2 下腹部をのぞき込むように、腰から背中の順に体を丸め、クッションを押しつぶします。
3 息を吸いながら1に戻り、数回繰り返します。

Exercise 3 横になって 背中を丸める

1

2

1 両ひざをそろえて曲げ、ひじに頭をのせます。もう一方の手は床につけてバランスを保ちます。
2 おなかに息を吹きかけながら、ゆっくりひざとおでこを近づけ、背中を丸めます。
3 息を吸いながら1 に戻り、数回繰り返します。

Exercise 4 よつんばいで おなかを持ち上げる

1

2

1 肩の真下に手、腰の真下にひざをつきます。背筋はまっすぐに伸ばします
2 息を吐きながら、おなかを天井に向かって持ち上げ、背筋を丸めます。
3 息を吸いながら1 に戻り、数回繰り返します。

妊娠すると筋力が落ちるのはなぜ？

おなかが大きくなったぶん 腹筋の断面積が小さくなる

子宮が大きくなるとともに腹筋やおなかの皮膚も伸びていきます。そのぶん、腹筋の断面積は小さくなるため、おなかが大きくなるほど筋力は弱まります。お産の本番で上手にいきむためには、筋力の低下を最小限に抑える努力が不可欠です。

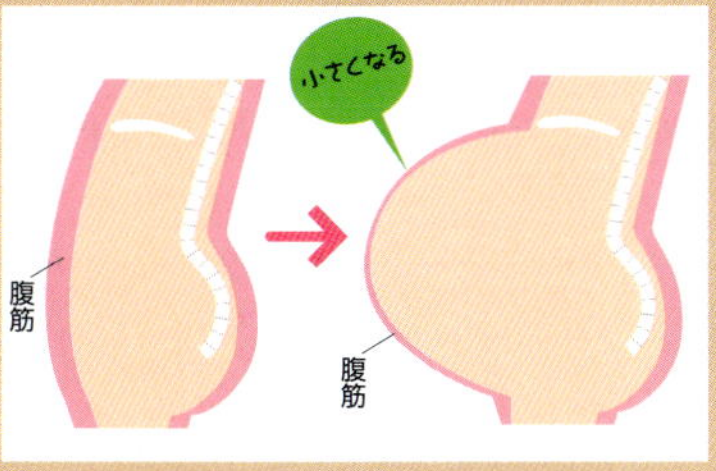

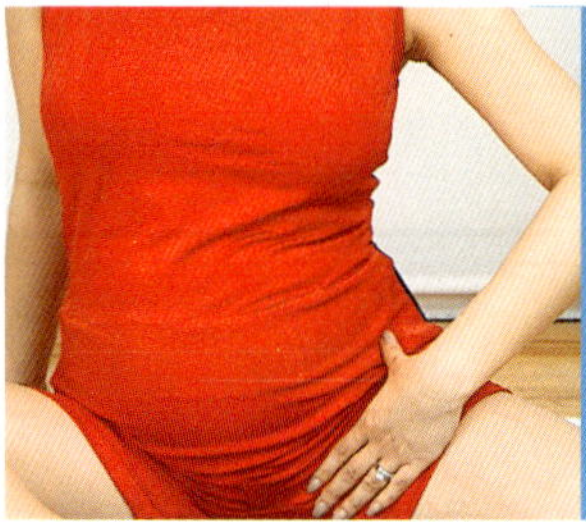

産道を鍛える

赤ちゃんをスムーズに産み出せるよう、産道を締めたり緩めたりする体操で、産道の柔軟性を高めましょう。

Start 肛門から恥骨にかけて触ります。

Exercise 1 立って

1 足を肩幅に開いて立ち、軽くひざを曲げます。腰骨のあたりに両手を置いて背筋を伸ばします。
2 産道の動きを意識しながら、呼吸に合わせて産道を締めたり緩めたりします。

Exercise 2 座って

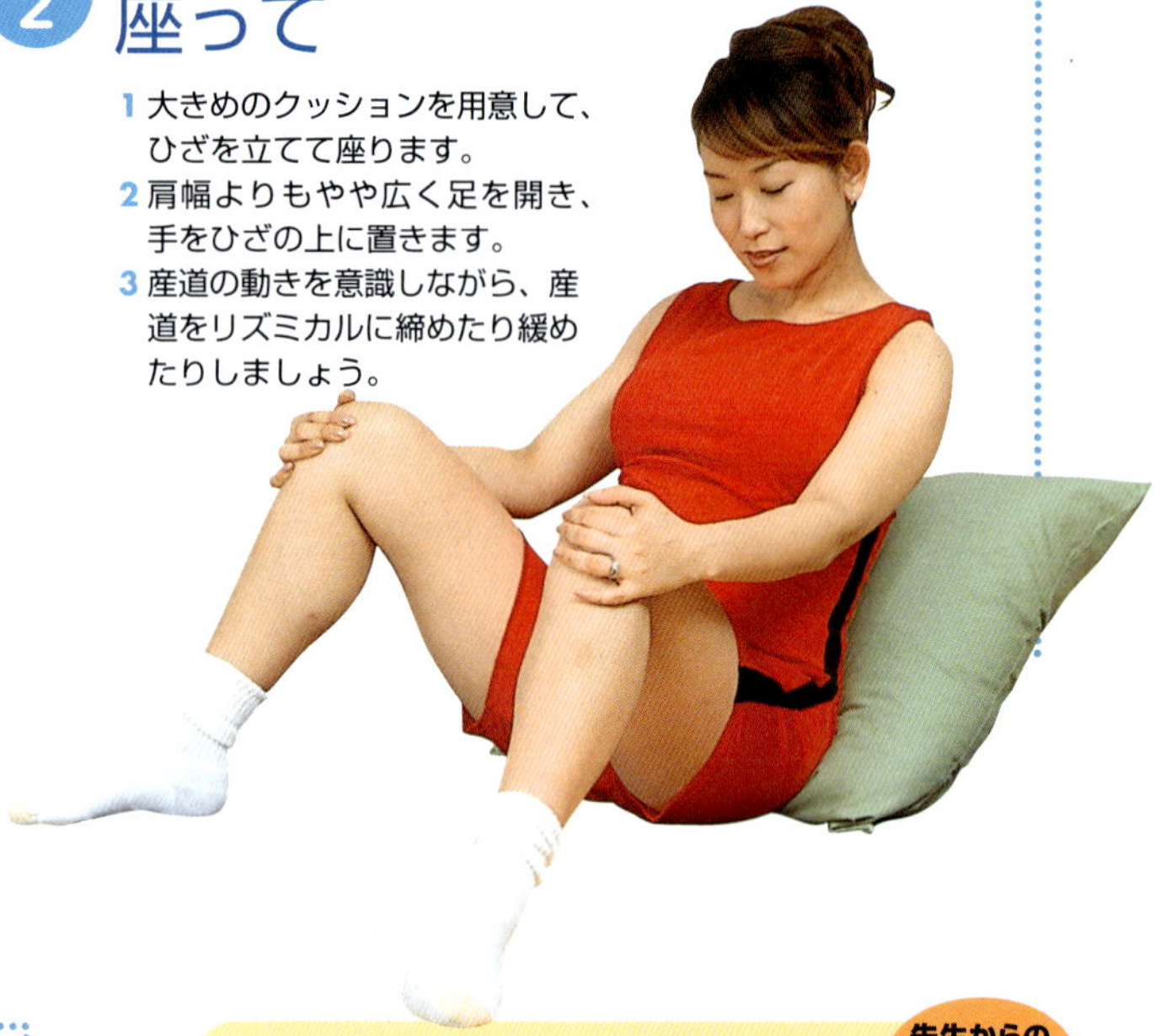

1 大きめのクッションを用意して、ひざを立てて座ります。
2 肩幅よりもやや広く足を開き、手をひざの上に置きます。
3 産道の動きを意識しながら、産道をリズミカルに締めたり緩めたりしましょう。

Exercise 3 よつんばいで

1 両ひじを肩の真下、ひざを腰骨の真下に置きます。
2 頭を床に近づけ、お尻を突き上げるような姿勢をとります。
3 呼吸に合わせて、産道を締めたり緩めたりします。

産道の動きを意識するために 先生からのAdvice

下記のいずれかの動作で、産道の動きがイメージしやすいものを選んで。

- 肛門を締めたり緩ませるようなイメージ
- おしっこやおならを我慢しているようなイメージ
- タンポンを膣壁で包み込むようなイメージ
- 骨盤の底でグー、パーとジャンケンするようなイメージ
- 骨盤の底をエレベーターの床に見立て、地下1階からグッと上階へ上がるイメージ

Exercise 4 横になって

1 横向きに寝て、軽くひざを曲げます。片手で頭を支え、もう片方の手はラクな位置に置きます。
2 太ももの間にクッションをはさみ、太ももをぴったりとつけるようなイメージを持ちながら、産道を動かします。

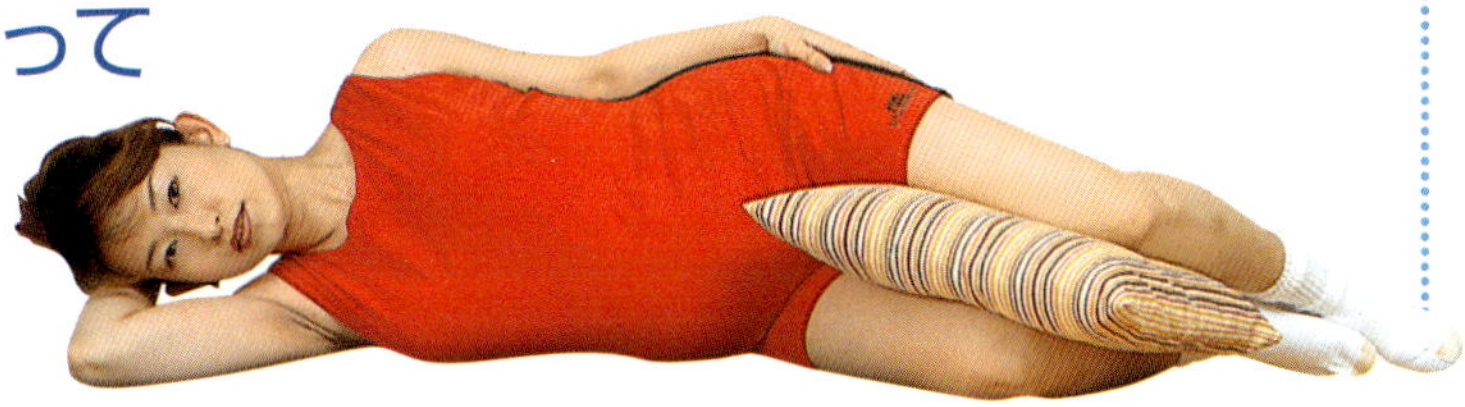

Exercise 5 あお向けになって

1 両ひざを立て、軽く足を開きます。両手はラクなところに置きます。
2 腰が持ち上がらないよう注意しながら、産道を締めたり緩めたりします。

Exercise 5 バリエーション

足を大きく開くと感じやすい人はこっち

5と同様に、あお向けになります。両足の足裏を合わせ、痛くない程度にひざを開き、産道を動かします。

（注）腰痛がある人は、ほかのポーズを選びましょう。

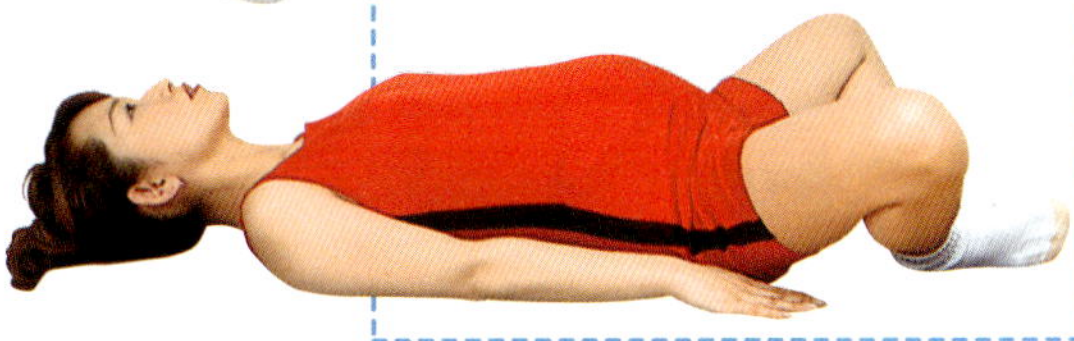

Exercise 6 いすに座って

いすの背もたれを抱くように、足を大きく広げて座り、産道を動かします。骨盤の底全体(膣から肛門の間)が座面につくポジションだと、産道の動きを感じやすくなります。

こんなことにも効く！ 尿失禁、陰部の静脈瘤の予防

骨盤内の筋力と血行のよさが尿失禁や陰部の静脈瘤を防ぐ

妊娠中期から後期に起こりやすい尿失禁や陰部の静脈瘤は、大きくなった子宮に骨盤の底を覆っている骨盤底筋群や、膀胱が圧迫されることで起こります。これらの予防には、産道を鍛える体操が効果的。骨盤底筋群の筋肉を動かして筋力を高め、血液の流れをよくしましょう。

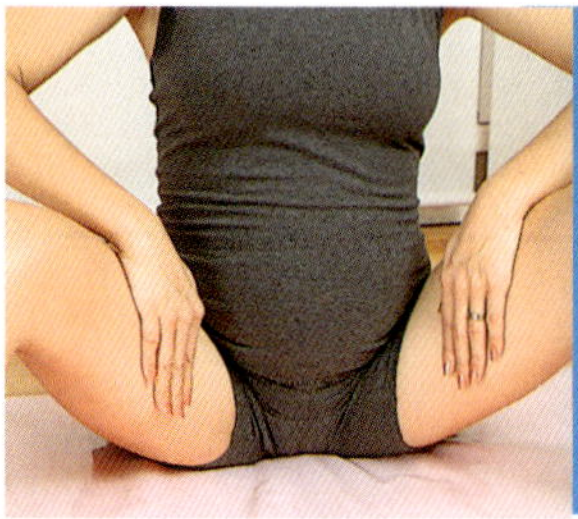

お産の体位をとりやすくする

お産の本番で、長時間足を広く開けられるように股関節をやわらかくしておきましょう。

Start 太ももの裏側から股関節、腰までを触ります。

Warm up 足のつけ根～腰をほぐす

P.161のエクササイズを行う前にウォーミングアップ体操を行ってください。

Step 1 座って 足のつけ根を動かす

1 ひざを立てて座り、足を大きく広げます。手は後ろについて、バランスを取ります。
2 ひざを左右交互に内側に倒し、足のつけ根を動かします。呼吸に合わせて8回くらい行います。

1

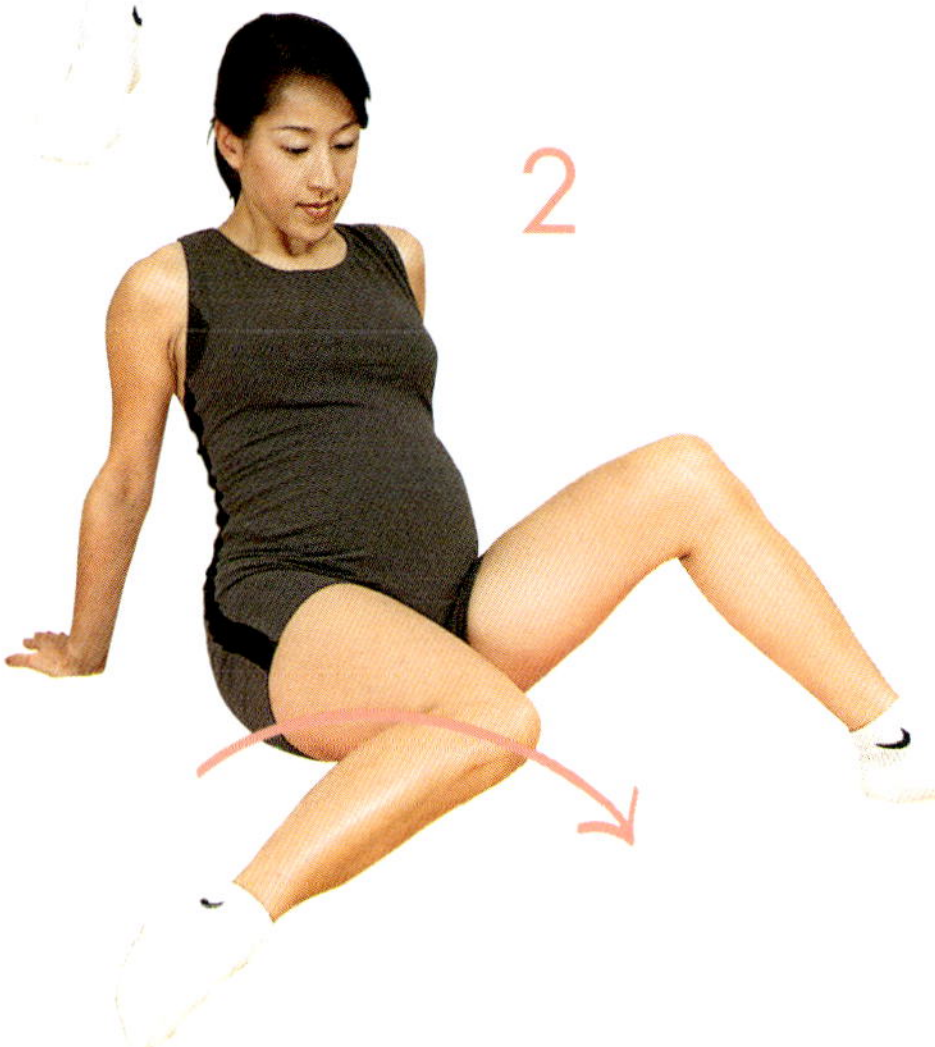

2

Step 2 座って ふとももを伸ばす

Close Up
つま先はまっすぐ上。内側に倒さないで。

あぐら座りをして片足を横に伸ばし、伸ばした足のひざに手を置きます。背筋を伸ばし、太ももの裏側が伸びるまで上体を前へ倒します。反対の足も同様に。

Step 3 よつんばいで 腰全体を動かす

1 手は肩の真下、ひざは腰の真下に置いてよつんばいになります。
2 腰を丸めたり、左右に振ったりして、腰全体を動かします。産道の向きを意識しながら腰を動かすと効果的です。

Exercise 1 あぐら座りで
足のつけ根を上下に動かす

座位でお産をする場合は、このエクササイズを。

1 あぐら座りをし、両足の裏をぴったりとつけ、片手でつま先を押さえます。
2 もう一方の手でひざをゆっくり押します。反対の足も同様に行います。

Exercise 2 横になって
片足を引き上げる

横になった姿勢でお産をする場合はこのエクササイズ。

1 軽くひざを曲げて横になり、頭をひじで支えます。
2 上側のひざ裏に手をかけ、肩の方へ引き寄せます。体の向きを変え、反対側も同様に行います。

Exercise 3 あお向けで
両足を引き寄せる

仰臥位でお産する場合はこのエクササイズ。

両ひざの裏に手を通し、背中の筋肉を伸ばすように、両ひざを肩へ引き寄せます。これを3回くらい繰り返します。

NG

あごを上げると首への負担が大

どうしてもあごが上がるなら枕や座布団を頭の下に敷きましょう。

こんなことにも効く！ 産後の美しい姿勢づくり

股関節の柔軟性が産後の「疲労姿勢」を予防

「疲労姿勢」とは、骨盤が前に突き出した猫背の姿勢。これは腹筋と股関節の柔軟性のバランスが悪いために起こるもので、特に筋力が緩む産後になりやすい姿勢です。予防には、妊娠中から股関節を柔軟にしておくことが大切。やわらかい股関節は緩んだ腹筋を伸ばし、骨盤を正しい位置にキープします。

③授乳に役立つエクササイズ

授乳前のウォーミングアップ

上半身の血液循環を促進し、おっぱいの出をよくする体操です。

Step 1 腕を大きく回す

1 肩幅に足を開きひざを曲げ胸を張ります。
2 腕を大きく後ろへ回します。
3 頭を少し下げて背中を丸め、腕を手前に伸ばし、両手の甲を近づけます。呼吸に合わせて8回くらい行います。

授乳後のクーリングダウン

授乳時に使った肩から腕の筋肉をストレッチでほぐし、体を元の状態に戻しましょう。

Step 1 首から肩のマッサージ

ラクな姿勢に座って、首から肩を軽く押しながらマッサージ。気持ちよいと感じる強さに指先の力を調整しましょう。

Step 2 肩を回す

片手で肩を押さえ、ひじを大きく回します。反対側も同様に、気持ちよいと感じるまで行います。

Step 2 肩甲骨を動かす

基本姿勢

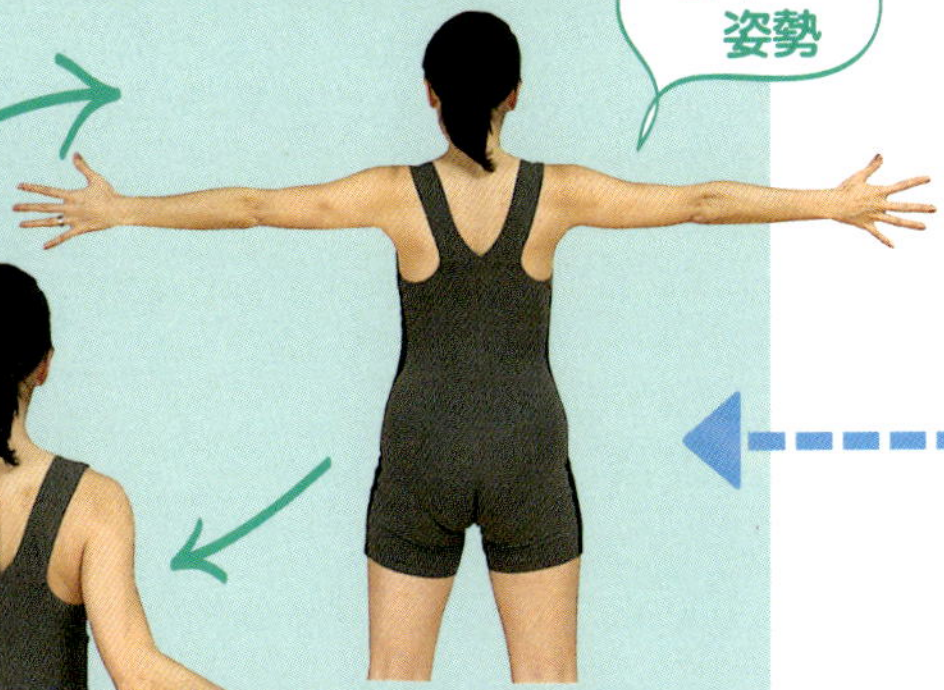

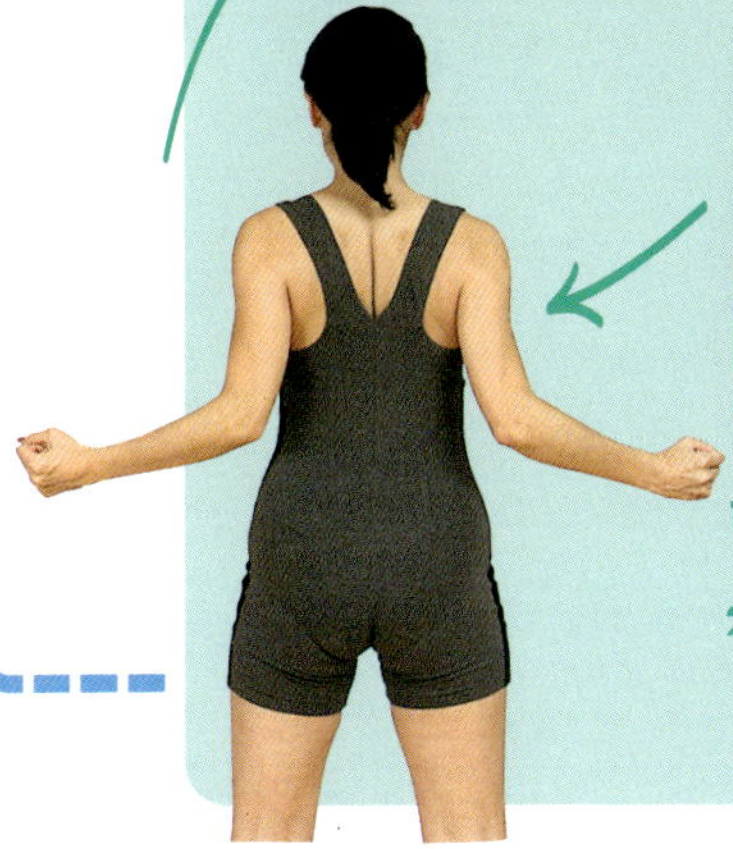

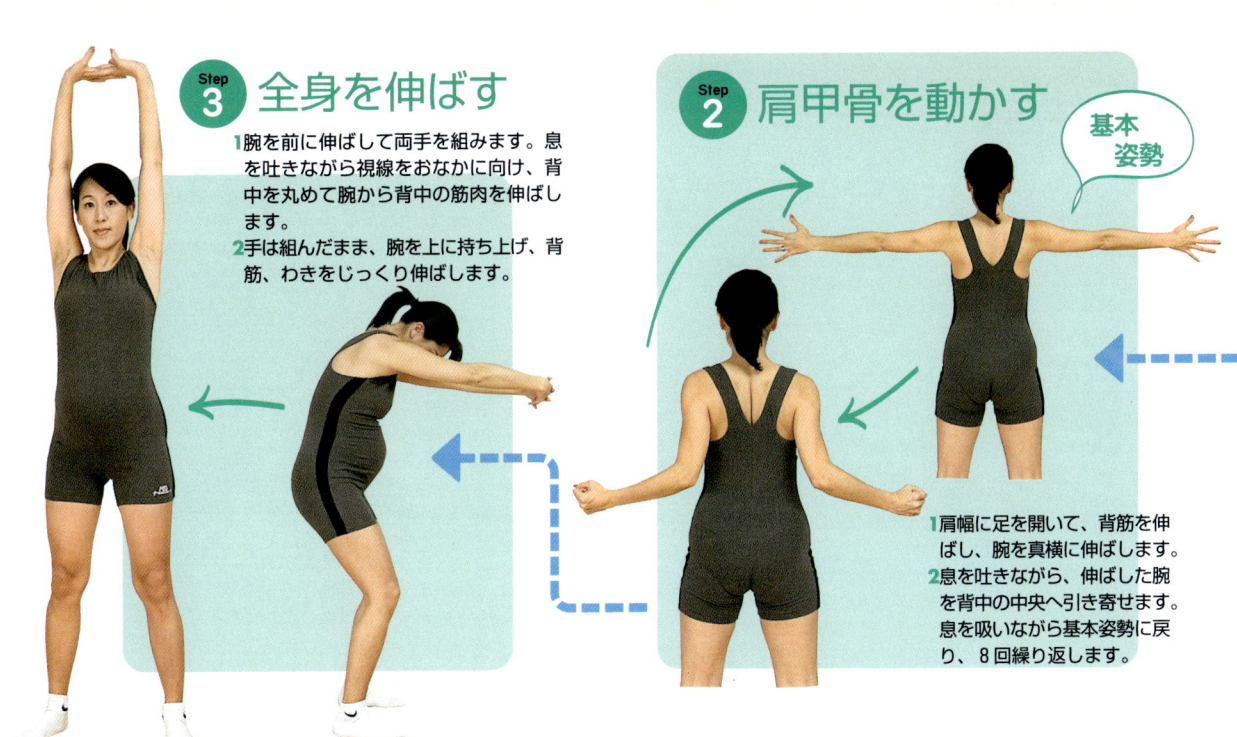

1 肩幅に足を開いて、背筋を伸ばし、腕を真横に伸ばします。
2 息を吐きながら、伸ばした腕を背中の中央へ引き寄せます。息を吸いながら基本姿勢に戻り、8回繰り返します。

Step 3 全身を伸ばす

1 腕を前に伸ばして両手を組みます。息を吐きながら視線をおなかに向け、背中を丸めて腕から背中の筋肉を伸ばします。
2 手は組んだまま、腕を上に持ち上げ、背筋、わきをじっくり伸ばします。

Step 3 肩甲骨をマッサージ

ひじを上げ、手を肩甲骨と背骨の間にあてます。軽く圧迫しながら、ひじを引き下げます。

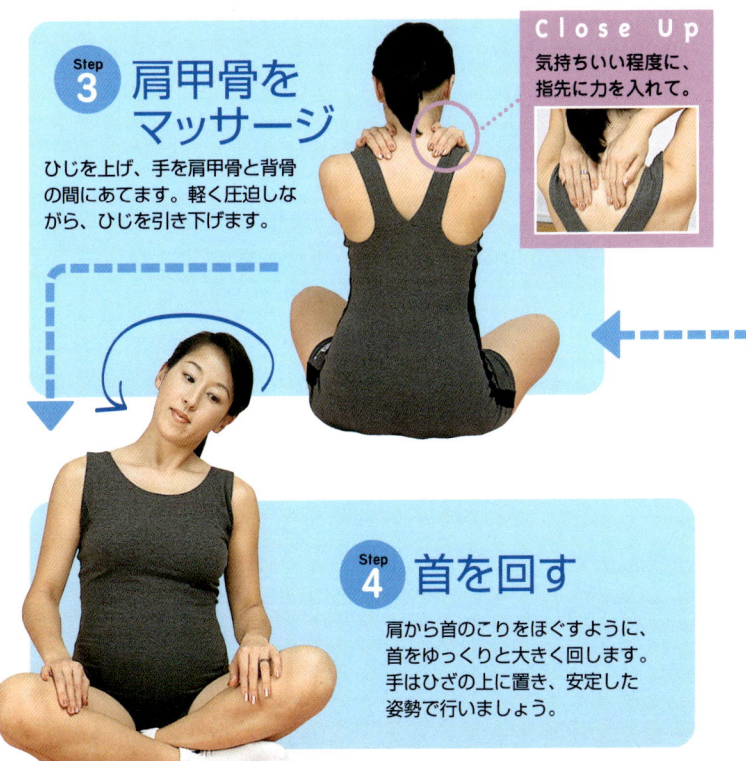

Close Up
気持ちいい程度に、指先に力を入れて。

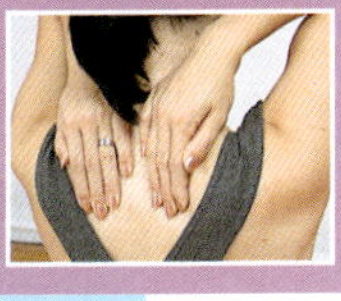

Step 4 首を回す

肩から首のこりをほぐすように、首をゆっくりと大きく回します。手はひざの上に置き、安定した姿勢で行いましょう。

こんなことにも効く！ 肩こり

肩こりの原因は血行不良 改善にはストレッチを

肩こりの原因は、上半身、とくに肩から首にかけての血行不良。この授乳前後のストレッチは、上半身の血行を促して首から肩を温め、筋肉の緊張をほぐすもの。肩こりを予防・解消する効果もあります。

POINT of 10

適度な体重増加に抑える

体重管理10のコツ

上手に体重管理をするコツは、必要以上に増やさないという意識を持ち、毎日の過ごし方をちょっと工夫すること。ここでは、体重管理をスムーズにする10のヒントを紹介します。

1 妊娠前の肥満度をチェックしよう

体重増加の内訳は、①胎児に約3～5kg、②胎盤羊水に約1kg、③乳房子宮に約1kg、④血液や水分に約1kg、⑤皮下脂肪に約2kgの合計約8kg。この目安は、個人差や妊娠前の肥満度(BMI)によって変わります。

下記の計算式で妊娠前のBMIを出してみましょう。BMIの数値が「ふつう」なら8kg前後が目安になります。また、「やせぎみ」や「太りぎみ」の人は、医師と相談してそれぞれの目安を決めてください。

BMIの出し方

妊娠前の体重(kg)÷(身長(m)×身長(m))＝BMI

BMI数値が

20未満	20～24未満	24以上
やせぎみ	ふつう	太りぎみ

2 毎日同じ時間に体重を測ろう

体重管理の第一歩は、毎日体重を測ること。とはいえ、同じ1日の中でも、朝と夜、食前と食後では体重は異なります。正確な推移を把握するには時間などの条件をそろえることが大切。起床後、朝食を食べる前の体重を計測するとよいでしょう。

マタニティ、産後、子どもの3つのモードで、妊娠中から育児までをサポートする体重・体脂肪計。ママみって／（株)タニタ

3 1日の食事量と運動量を日記につけよう

体重管理は食事量と運動量のバランスを管理することから始まります。そのためにも、1日の食事と運動の内容や量がひと目でわかる日記をつけましょう。書き出しておくことで、食べすぎた翌日は少し運動を多くするなど、生活を調整しやすくなります。

4 生活全体をリズミカルに過ごそう

毎日をダラダラと過ごすのは厳禁。医師からの注意がない限り、キビキビとした動作を意識して。例えば、①車で移動していた短距離を歩く②家事をする際は音楽のリズムに乗って行うなど、普段の動作にメリハリをつけてエネルギーの消費量を高めましょう。

問い合わせ　(株)タニタお客様サービス相談室　☎03-3967-9655

5 ストレスのない生活を心がけて

ストレスは妊娠生活の大敵。ストレスをためないためには、妊婦仲間を作ることがいちばん。地域の母親学級に参加するなど、出会いの場には積極的に顔を出して。ちょっとした悩みも、妊婦同士なら共感できることが多く、話すだけで気持ちも軽くなるはずです。

6 有酸素運動で基礎代謝を高めよう

有酸素運動には、P.166で紹介するマタニティウォーキングをはじめ、マタニティビクスなどがあります。これらは、脂肪を燃焼し、基礎代謝を高める効果があり、太りすぎの予防やお通じの改善などに役立ちます。でも、有酸素運動は、一時的にがんばるだけでは効果は半減。毎日少しずつでも、継続することが大切です。

7 ながら食いはNG 熱中できる趣味を見つけて

家にいる時間が長いと、つい食べてしまう「おやつ」。とくに、テレビを見ながら、本を読みながらの「ながら食い」はいけません。「ながら食い」を防ぐには、熱中できる趣味を見つけると○。何かに熱中している間は食欲を紛らすことができます。趣味は、映画鑑賞など、夢中になれるものならどんなことでもOKです。

8 太りやすい時期の油断は禁物

太りやすい時期とは、つわりの後と妊娠後期。つらかったつわりが治まると、食べ物をおいしく食べられるようになり、食欲が高まります。また、妊娠後期、特に10か月に入ると、おなかの赤ちゃんは少しずつ下へ下がるため、それまで圧迫されていた胃に隙間ができて、空腹を感じやすくなります。この両時期は油断をしないよう、気をつけましょう。

9 家族の理解と協力が何より大切

「妊娠中は2人分食べる」というのは昔の話。食生活が豊かになった今は、むしろカロリーオーバーに注意しなくてはなりません。そのためにも、家族の理解と協力は不可欠。家族も同じメニューを食べる、一緒に間食を控えるなどして、食欲を上手にコントロールしましょう。

10 妊娠前の洋服を見て気持ちを引き締めて

体重管理に意外と役立つのが「おしゃれ意識」。妊娠中でも、自分の姿に関心を持ち続けることが大切です。そのためにも、ときには妊娠前に愛読していたファッション雑誌に目を通したり、目に入りやすい場所に妊娠前の洋服を置いておきましょう。これらは産後の体型戻しへのきっかけにもつながります。

体重管理をスムーズにする
マタニティウォーキングにチャレンジ

普段の散歩とは違う ウォーキングを取り入れて

ウォーキングは体重管理に役立つ運動のひとつで、体の脂肪を燃焼する効果があります。特別な道具も必要なく、気軽にできる運動なので、運動が苦手な人でも簡単に取り入れることができます。歩くことで普段使わない筋肉まで鍛えられ、体力づくりに役立つほか、左記のようなさまざまなメリットがあります。

安定期に入ってから始めましょう

手軽にできるウォーキングも、真剣に取り組めばかなりの運動量になります。ウォーキングを始める時期は、13週目以降の安定期に入ってからが原則で、医師からの許可も必要です。また、体調は日々変化しています。そのつど健康チェックをすることはもちろん、健診のたびに医師に確認することを忘れないでください。

ウォーキング4つのメリット

1 脂肪をエネルギーに変える

有酸素運動の特徴は、十分な酸素を体に取り入れながら行うこと。酸素が供給されると脂肪が燃焼されてエネルギーに変わるしくみから、シェイプアップ効果も大。

2 お産に必要な体力と持久力をつける

たくさんの酸素が体に供給されることで心臓や肺の状態がよくなり、呼吸循環器系の働きが促進されます。呼吸循環器系の働きが活発になると体力や持久力が養われます。

3 血行を促進して体の痛みを軽減

全身の筋肉をバランスよく使うウォーキングは血行促進効果があります。血液の流れがよくなると、冷えやこりなどのほか、腰背痛や便秘の改善も促します。

4 リラックスできる体と心をつくる

ウォーキングによって「交感神経」が刺激されると、体の機能調整を担う「副交感神経」の働きも活発に。適度な運動の後は、心身のリラックス感も得やすくなります。

こんな時は無理せず中止

ウォーキング前のチェック

1. おなかに張りを感じたとき
2. 歩いても腰痛などの体の痛みが解消されないとき
3. 空腹、満腹のとき
4. 天気が悪いとき

ウォーキング中のチェック

1. 体調がすぐれないとき
2. おなかに張りを感じるとき

ウォーキング前と後には 必ずストレッチを

ケガをしないためにも、準備体操を習慣にして。筋が伸びて「気持ちよい」と感じる程度でOKです。

1 すねを伸ばす

壁に手をつき、つま先を地面につけ、重心を下にかけます。

2 ふくらはぎを伸ばす

足を軽く一歩前に出し、両足のかかとをつけ、重心を下へ。

3 太ももの筋肉を伸ばす

足を大きく後ろへ引き、かかとをあげ、腰を丸めます。

基本フォームをマスターしよう

視線は10m位先に視界を広くとって

おなかや足元を気にして視線が下向きになると体が前屈みになり、基本姿勢が崩れます。視線はまっすぐ前に向けて。

わきを締めて腕は大きく振る

ひじを曲げて胸の高さくらいまで大きく振ります。ひじが外側に開いてしまうと腕の振りが小さくなるのでNG。

歩幅を大きく踏み出して背筋を伸ばしてあごを引き、テンポよく歩こう

歩幅をいつもより広くとるのがポイント。つま先から蹴り出し、かかとで着地することで、体重移動もスムーズに行えます。

ウォーキングアイテムはこれ！

必需品

水分補給のためのミネラルウォーター、疲れたときに血糖値を上げるキャンディ、携帯電話、お金など。

母子健康手帳

万一のためにも外出の際は必ず携帯して。

あると便利

歩いた距離を把握できる万歩計があると○。最近は消費エネルギーが表示されるものも。

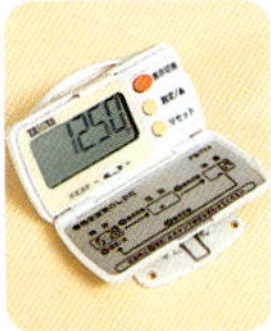

ウエア

帽子、首に掛けるタオルを紫外線対策に。脱ぎ着が簡単な上着も携帯して。

効果を高めるカギは基本フォームを守ること

ウォーキングで大切なのは、基本姿勢をキープすること。ダラダラと歩いていては、せっかくの効果も半減してしまいます。体のパーツはすべて連動していることを忘れないで。上図のように、背筋を伸ばして歩き、全身の筋肉をバランスよく鍛えましょう。

無理なくできる！続けられる！

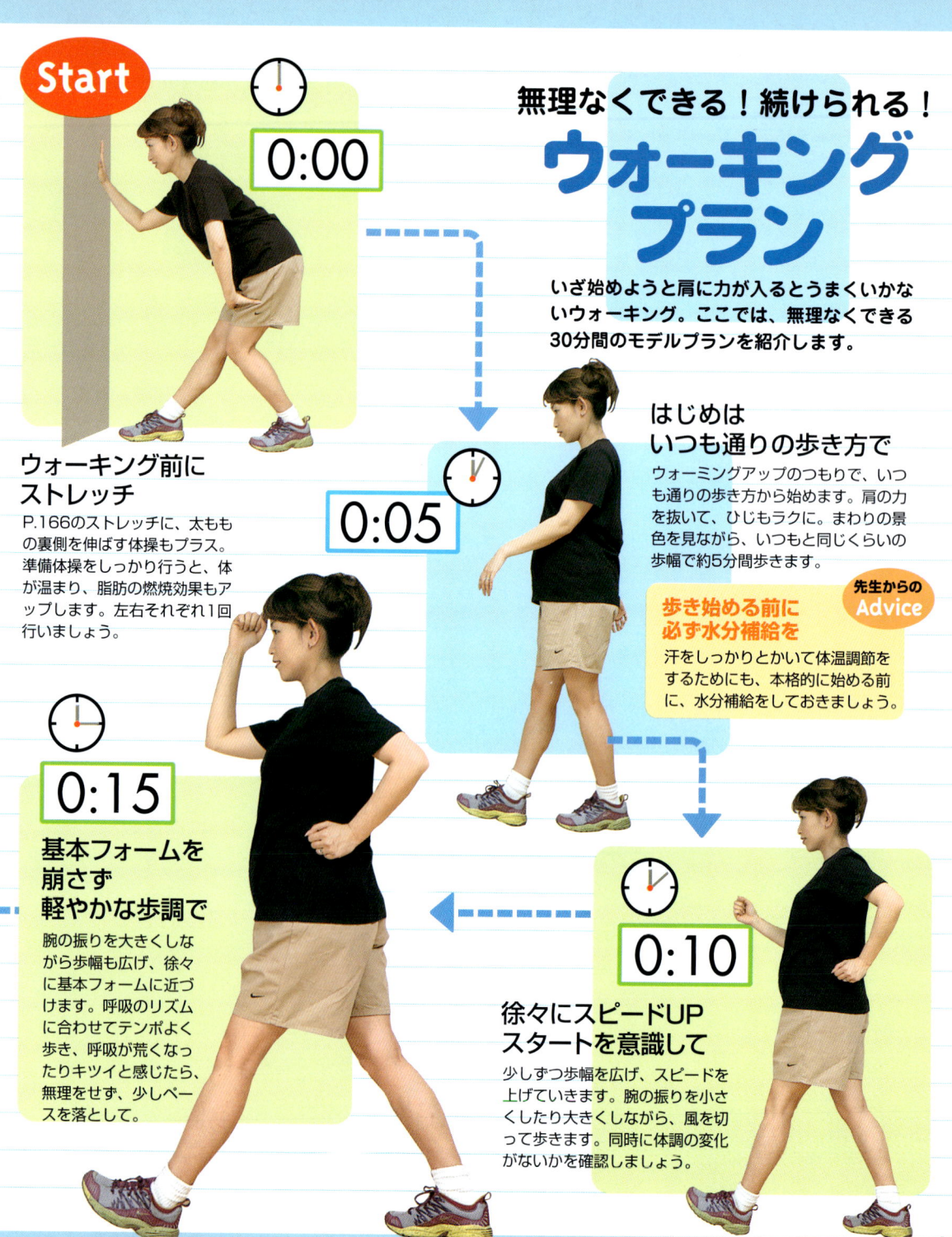

ウォーキングプラン

いざ始めようと肩に力が入るとうまくいかないウォーキング。ここでは、無理なくできる30分間のモデルプランを紹介します。

Start

0:00

ウォーキング前にストレッチ

P.166のストレッチに、太ももの裏側を伸ばす体操もプラス。準備体操をしっかり行うと、体が温まり、脂肪の燃焼効果もアップします。左右それぞれ1回行いましょう。

0:05

はじめはいつも通りの歩き方で

ウォーミングアップのつもりで、いつも通りの歩き方から始めます。肩の力を抜いて、ひじもラクに。まわりの景色を見ながら、いつもと同じくらいの歩幅で約5分間歩きます。

先生からのAdvice

歩き始める前に必ず水分補給を

汗をしっかりとかいて体温調節をするためにも、本格的に始める前に、水分補給をしておきましょう。

0:10

徐々にスピードUP スタートを意識して

少しずつ歩幅を広げ、スピードを上げていきます。腕の振りを小さくしたり大きくしながら、風を切って歩きます。同時に体調の変化がないかを確認しましょう。

0:15

基本フォームを崩さず軽やかな歩調で

腕の振りを大きくしながら歩幅も広げ、徐々に基本フォームに近づけます。呼吸のリズムに合わせてテンポよく歩き、呼吸が荒くなったりキツイと感じたら、無理をせず、少しペースを落として。

0:20

10m間隔で競歩にトライ

歩幅を小さくとり、走る手前くらいのスピードで歩き始めます。10mほど歩いたらペースを落とし、深呼吸。呼吸が落ち着いたらもう一度早く歩きます。

先生からのAdvice

目先にある看板や信号を目標に定めて

リズムに変化をつけることが目的。10mにこだわらず、目先にある目標物に向かって早歩きをして。

0:25

歩きながら軽くストレッチ

深呼吸ができるくらいの早さにスピードを落とします。足は止めずに、肩を回したり、腕を交差するなどのストレッチをしながら、荒くなった呼吸を静めます。

0:30

足は止めずにクーリングダウン

徐々にスピードを落とすとともに、腕の振り、歩幅を小さくし、いつも通りの歩き方に戻します。心拍数が落ち着くまでは足を止めず、深呼吸をしながら足踏みをします。

先生からのAdvice

急に足を止めるのは危険！

急に足を止めてしまうと呼吸が整わず、疲労感が強くなります。

Goal 0:35

ウォーキング後も水分補給とストレッチを

呼吸が落ち着いたら足を止め、ウォーキング終了。水分をしっかり補給したら、ストレッチ（P.166参照）を行い、使った筋肉をほぐしてあげましょう。

ウォーキングを続けるコツ 先生からのアドバイス

1 一度に30分歩こうとせず、小分けにしても効果は同じ

朝、昼、夜に10分ずつと、小分けに行っても効果は同じ。気負わず、ライフスタイルに合わせて歩くのが無理なく続けるコツ。

2 ウォーキング仲間を作って楽しく歩こう

ひとりより仲間がいる方が心強いもの。家族や妊婦仲間を誘って一緒に楽しみながら歩けば、精神的な負担も軽くなるはずです。

快適なマタニティライフとお産のために

アロマテラピーで安産力を引き出そう！

指導／宮川明子先生(「アロマテラピーの学校」・松が丘助産院代表)
URL：http://www.aroma.gr.jp

心と体を癒す アロマテラピーの力

アロマテラピーとは、草花や果実、樹脂などから抽出した精油などを用いて行う自然療法のこと。精油の香りを鼻や肌から取り込むことで、リラックスできたり、妊娠中に起こる不快な症状を緩和させるなど、さまざまな効果があります。

植物の成分が凝縮されている精油の中には、妊婦には適さない成分のものや周期によって使えないものもあります。自己判断での使用は控え、必ず専門店スタッフなどの指示に従いましょう。

アロマテラピーで生活の リズムを整えましょう

アロマテラピーで妊娠中を規則正しいリズムで過ごせば、自然なお産に導かれます。

朝目覚めたときは、熱湯を入れたマグカップにユーカリなどの精油を1滴垂らして芳香浴をしましょう。自律神経が整えられます。日中は積極的に体を動かし、夜は温湿布などをしながら、心身の緊張をほぐす時間として過ごして。リズムのある生活を送ることはストレスや不安を軽減し、よいお産につながります。

マタニティ マッサージにおすすめの精油＆植物性オイル

1〜3か月	この時期は、精油を使わないこと。植物性オイル（ホホバオイル、マカデミアナッツオイル、小麦胚芽オイルなど）
4〜6か月	ネロリ、イランイラン、ティートリー、ユーカリ、サンダルウッド、オレンジなどの精油＋植物性オイル
6か月以降	上記の精油、ラベンダー、カモミール、ゼラニウム、ローズ、 妊娠線の予防にはネロリ＋植物性オイル

recipe 1 目の疲れを癒す 温湿布

目の疲れは、脳に疲労感をもたらし、ホルモンバランスの崩れを招きます。アロマの温湿布を目の上に乗せて、ゆったりと深呼吸を。香りをより敏感に感じながら脳を休め、リラックスしましょう。

熱いお湯を入れた大きめのボウルにラベンダーの精油を1滴垂らします。ハンドタオルのまん中をぬらして絞り、両目の上に乗せます。

recipe 2 夫婦で行う パートナートリートメント

お腹のマッサージを夫に任せて、夫の育児に対する意識を高めましょう。男性も、胎動を感じれば自分が親になる実感がわくはずです。また、夫婦間の安定は、子どもの情緒を安定させます。

ホホバオイルなどの植物性オイルをたっぷり手に取り、右下腹部からゆっくりと時計回りにマッサージ。力を入れず、やさしく。

精油＆植物性オイルを正しく使うために

- **アロマテラピーには、精油、植物性オイル、またはそれらをブレンドしたオイルが使われます。**
- **100％ピュアな精油を選ぶこと**
  香料など、不純物が混ざっている合成オイルは使わないで。
- **精油は必ず、植物性オイルで1％以下に薄めること**
  マッサージの場合、植物性オイル30mlに対し、精油は合計で6滴までが目安。
- **精油の原液は、絶対塗布しないこと**
  飲食も厳禁。冷暗所で保管し、開封後は早めに使い切って。

第 4 章

安産のための
ヘルシー食生活

- 妊娠中の栄養の基礎知識
- 安産のための
  妊娠中の食生活アドバイス
- 5大栄養素が1品でとれる満点レシピ
- 塩分ひかえめ健康レシピ
- 低カロリーレシピ

料理栄養指導
管理栄養士
中田紀子先生

女子栄養大学卒。素朴なパンと料理の教室“ル・フール”を主催している。料理雑誌や書籍、料理の特集ページなどで活躍中。プライベートでは、一児の母でもある。

妊娠中の栄養の基礎知識

毎日の食事から、胎児の骨や血液がつくられます

　妊娠中は、通常時より摂取エネルギーが350キロカロリー（ごはん軽く約2杯分）増えるとともに、栄養所要量も同時に多くなります。基本的には、カロリーは抑えつつ、栄養バランスを優先した食事をとるようにします。

　母体から栄養を吸収して胎児の骨や血液がつくられていきます。質のよい食生活をこころがけましょう。

妊娠中に栄養が不足すると…

●母体への影響は

貧血、妊娠中毒症（詳しくはP.55）、
肥満（詳しくは「妊娠中の体重管理」P.164）

●胎児への影響は

発育不足、貧血

母体が摂取する栄養は、胎盤を通して胎児へ送られています。胎児が発育、成長する時期に必要な栄養が不足すると、深刻な病気につながる恐れがあります。

栄養バランスのとれた食事が大切

　胎児の細胞を形成する必須アミノ酸は、体内でつくることができないため、食事からとらなければなりません。卵、牛乳、魚、肉などに多く含まれています。

　また、妊娠中は鉄分、カルシウムは不足しがちな栄養素の代表選手。特に多くとるようにしましょう。その他、普段聞きなれない〝葉酸〟や〝DHA〟など、あらゆる栄養素が妊娠中の大切な役割をします（左ページ参照）。

バランスのよい食事と適度な運動は、妊娠中にも必要です。からだを動かすことによって、血液の流れがよくなったり、栄養の吸収もよくなるからです。

■妊娠中の栄養素

	初期	中期	後期
特に多くとりたい栄養素	胎盤が形成される時期なので血液の需要が増えます。不足しがちな鉄分、ビタミンの豊富な食事を。左ページの5大栄養素もバランスよく。	胎児の骨格ができあがってくる時期です。食事だけでなく、間食でもカルシウム、良質なたんぱく質をとるようにします。塩分はひかえめに。	胎児の成長が急速に進みます。より栄養バランスのとれた食事をこころがけましょう。カロリー、塩分にはさらに注意することを忘れずに。

非妊娠時にくらべ、妊娠中の摂取カロリーは増えます。でも、カロリーにとらわれすぎるのではなく、あらゆる栄養素をとることのほうが重要です。日ごろ、不足しがちな栄養素を積極的にとり入れましょう。

■妊娠中の栄養所要量

第6次日本人の栄養所要量より

栄養素	成人女子（20代・30代）	妊婦	授乳婦
※エネルギー1(kcal)	1550/1500	+350	+600
※エネルギー2(kcal)	1800/1750	+350	+600
たんぱく質(g)	55	+10	+20
ビタミンA(IU)	1800	+200	+1000
ビタミンC(mg)	2.5	+10	+40
ビタミンD(μg)	100	+5	+5
ビタミンB_6(mg)	1.2	+0.5	+0.6
カルシウム(mg)	600	+300	+500
鉄(mg)	12	+8	+8

※エネルギー1は生活活動強度低い　エネルギー2は生活活動強度やや低い

妊娠中に特にとりたい5大栄養素

胎児の骨をつくる カルシウム

カルシウム

成人女子は1日600mg
妊婦は1.5倍900mg

赤ちゃんの骨や歯をつくるカルシウムは、妊娠中には通常の1.5倍はとりたい大切な栄養素です。また、赤ちゃんが成長するための細胞分裂を促す働きもあります。

母体の機能を高める 鉄分

鉄分

成人女子は1日12mg
妊婦は1.7倍20mg

赤ちゃんは自分の血液の鉄分を胎盤から吸収しています。野菜より、動物性の鉄分の方が吸収がよいと言われてます。妊娠中、鉄分が不足していると鉄欠乏症になりやすいので注意を。

赤ちゃんの遺伝子をつくる 葉酸

葉酸

成人女子は1日200μg
妊婦は2倍400μg

ビタミンB群のひとつ。血液の成分であるヘモグロビンやたんぱく質の合成に必要な栄養素です。

新陳代謝を活発にする 亜鉛

亜鉛

成人女子は1日10mg
妊婦は1.3倍13mg

細胞の増殖に必要不可欠な栄養素です。胎児の発育、成長に影響するので、しっかりとりましょう。

カルシウムの働きを助ける ビタミンD

ビタミンD

成人女子は1日2.5μg
妊婦は3倍7.5μg

ビタミンDは、吸収が悪いと言われているカルシウムの吸収を助け、骨に沈着させる働きがあります。

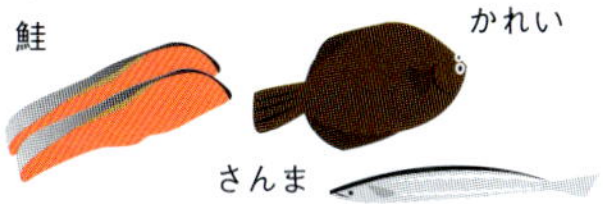

※ カルシウム 鉄分 葉酸 亜鉛 ビタミンD のマークはP.176～181のお料理のページに表示されています。

DHAって？

脳を育ててくれる大切な栄養素

青魚に多く含まれているDHA（ドコサヘキサエン酸）は、脳を活性化し、機能を高めてくれる大切な栄養素。血液の循環もよくしてくれるので、妊娠中毒症の予防にもよいと言われています。さば、いわし、さんま、あじなどに多く含まれていて、干物でもOKなので、朝食の1品に加えてみて。その他、真鯛、鮭にもDHAが多く含まれています。

そのほかにも必要な栄養素

たんぱく質

血液や筋肉など体の組織の源をつくる

赤ちゃんの血や肉をつくるために必要な栄養素がたんぱく質。妊娠中は、大豆や肉、魚などからアミノ酸を多く含んでいる良質のたんぱく質をとるようにしましょう。

肉、魚はたんぱく質。レバー、卵はビタミンB_6。

ビタミンB_6

不足すると不快な症状につながりがちに…

妊娠中毒症の人はビタミンB_6が欠乏している場合が多いと言われています。葉酸と同じく、ビタミンB_6やビタミンB_{12}はヘモグロビンづくりを促進する大切な栄養素です。

安産のための妊娠中の食生活アドバイス

妊娠中の食生活の3大ポイントを守って

食事を上手にとることは、妊娠中毒症の予防や安産、産後の産褥期や授乳期の準備につながってきます。大切なポイント、回数や献立のたて方のコツをつかんで、安産を目指しましょう。

妊娠中の食事のとり方3大ポイント

Point 1 栄養バランス （P.173「5大栄養素」参照）

１日30品目を目標に、それぞれの量は少なくても、できるだけ多くの食品をとり入れるようにすることが大切です。

Point 2 塩分をひかえる　妊娠中毒症が心配な人へ

1日10g以下

基本的には、食事は手づくりをこころがけ、薄味にしましょう。塩分のとりすぎは、妊娠中毒症にもつながるおそれが。

Point 3 カロリーオーバーしない　肥満ぎみの人へ

1日2150kcal以下

妊娠中の肥満ぎみは、母体にも胎児にも悪影響をおよぼします。5か月を過ぎたら、適度な運動もしていきましょう。

量の目安

主食5：主菜2：副菜3

栄養バランスのとれた主菜と副菜をこころがけて

1回の食事の目安

- **主食5**（ごはん、パン、麺類など）
- **主菜2**（肉や魚など）
- **副菜3**（サラダやおひたしなど）

1回の食事は、主食5：主菜2：副菜3と覚えておきましょう。主食が炭水化物だけの場合は、5以下におさえて、主菜、副菜を充実した内容のものに。

食事の回数

3食＋2間食

栄養を補う目的の間食を上手にとるようにしましょう

例えば…

朝 660kcal ＋ 昼 660kcal ＋ 夕 660kcal

間食 90kcal　間食 80kcal

＝2150kcal

1日の食事を何回かにわけてとります。3食＋2間食にわけて、1食分のカロリー目安を計算しておきます。でも、妊娠中の間食はあくまでも栄養を補う目的で。

献立例

6つの食品グループから

各グループからバランスよく食品を選んで

6つの食品グループ

食品	グループ
魚、肉、大豆	たんぱく質
牛乳、乳製品、海藻	カルシウム
緑黄色野菜	カロテン
淡色野菜、果物	ビタミンC
米、パン、麺類	炭水化物
ごま油、バター	脂肪

栄養バランスのよい献立にするには、たんぱく質、カルシウム、カロテン、ビタミンC、炭水化物、脂肪の6つの食品グループからバランスよく食品を選んで。

そのほかの食生活ポイント

●香辛料やスパイスは適量なら問題ありません

こしょうやカレー粉など辛いものは、食欲増進効果がある場合もあれば、上手に使えば減塩にも役立ちます。でも、どんなものでもとりすぎには注意して。

●コーヒー、紅茶などのカフェインは1日3杯まで

少量であれば問題はありません。できれば薄めを1日3杯まで。ちなみに、ウーロン茶や緑茶にもコーヒーの1/3～1/4のカフェインが含まれています。

- ●妊娠中の飲酒は、できればひかえて。1回ワイン1杯程度に。
- ●外食の食事やお惣菜などは、塩分が多いので回数をひかえて。
- ●清涼飲料水は、糖分が多く含まれています。麦茶などに。

妊娠中にできれば避けたい食品

●アレルゲン食材

体によい食品でも同じものばかり食べることはよくありません。卵や牛乳のなど、過剰なとりすぎはアレルゲンとなる可能性もあるので注意しましょう。ひとつの食品の過剰摂取はNGです。

●添加物、農薬

加工食品の添加物や、野菜や果物の農薬は避けたいものです。加工食品の使用は最小限にとどめて手作りを。野菜などはよく洗うことが必要です。

添加物、農薬を減らす調理法

野菜 水でよく洗う、または水にさらすなど。皮を厚めにむいたり、ゆでるなど火を通してから食べること。

肉 脂肪部分に添加物などがたまりやすいので、脂身を取り除く、脂身のすくない部位を選ぶ。よく火を通してから食べること。

魚 肉と同じく脂肪部分を避けることが必要。脂がのった魚はできるだけ避ける、できれば天然ものを選びましょう。

練り食品 ハムやソーセージには添加物が多い。湯通しすることで添加物が溶け出します。さらに包丁で切れ目を入れると効果大。

同じ食品ばかりをとりすぎないことが大切

胎児に悪い影響のある食品は避けたいものですが、食べる食材や食品を制限しすぎてしまうほど神経質になる必要はありません。やはり、バランスのよい食事が最も大切なことと言えるでしょう。

●とりすぎ注意食材

食物連鎖の上位に位置するかじきまぐろ、キンメダイなどは、有害なメチル水銀が体内に蓄積されている可能性があるため、妊娠中は週2回程度にひかえるようにしましょう。

おやつの上手なとり方

間食は、1日の栄養バランスを補うものと考えて!

カルシウムがとれるヨーグルト、ビタミンなら果物など、どんな栄養があるのかを考えてとるようにしましょう。

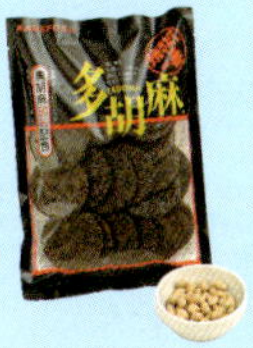

お菓子は1日160キロカロリーが目安。できれば添加物の少ないものを選びましょう。

覚えておこう! こんなときの食事のとり方

つわり 胃にやさしくて、さっぱりしたものがおすすめ

つわりのひどい時期は、無理に食べる必要はありません。食べられるようなら、P.182〜185の酸味、風味をいかしたレシピなどがおすすめ。

便秘 食物繊維はもちろん適度な脂分、十分な水分も

便秘は食生活が大きく影響してきます。野菜がたっぷり食べられるP.186からのレシピがおすすめ。食物繊維の多い食品はP.191の表を参考にして。

むくみ なんといっても減塩!! 手づくりをこころがけて

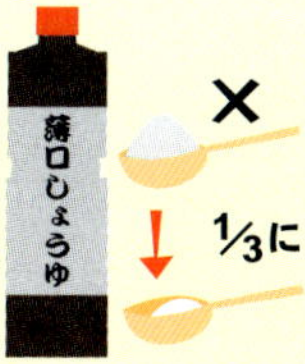

日ごろからの塩分ひかえめの食事が大切です。何気なく食べている食品にも、意外と塩分が多く含まれている場合も。P.184の表を参考にチェック。

眠れない 体があたたまる根野菜などをたっぷりとって

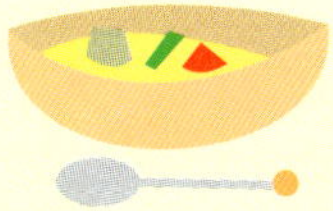

眠れない、イライラと不快な症状がでる妊婦さんも。血液の循環がよくなるような食材、食事をとりましょう。根野菜、温かいスープなどが◎。

脳を育てる栄養素が
たっぷりの大豆ごはん!!

鮭と大豆の混ぜごはん

カロリー	塩分	カルシウム	鉄分	亜鉛	ビタミンD	葉酸
646kcal	1.9g	126mg	3.9mg	3.9mg	16μg	68μg

※レシピは2人分、栄養等の表示は1人分です

材料（2人分）

- 米……1.5合
- 塩鮭……1切
- 水煮大豆……1カップ
- 青のり……適宜
- いりごま……適宜
- 塩……適宜

作り方

❶米は普通に炊き、鮭は焼いて、ほぐしておく。
❷米が炊けたら①の鮭、水煮大豆を加え10分蒸らす。
❸蒸らしたら、全体をざっくりと混ぜ、茶わんによそい、青のり、ごま、塩をふる。

発芽玄米は洗米されているので、白米を研いでから入れます。

発芽玄米を使ってみませんか？

『発芽玄米』は、良質な玄米をわずかに発芽させたお米のこと。白米や玄米よりも栄養価が高く、食物繊維、ミネラル、ビタミンE、ビタミンB_1などの栄養がバランスよくとれます。白米に混ぜて、炊飯器で普通に炊くだけなので手軽です。バランスよく栄養をとりたい妊娠中におすすめです。

5大栄養素、カロリー、塩分表示の見方

カルシウム 1日の摂取目標は900mg（牛乳200cc＝230mg）胎児の骨をつくる。

鉄分 1日の摂取目標は20mg（小松菜100g＝2.8mg）胎児の血液をつくり、母体機能を高める。

葉酸 1日の摂取目標は400μg（オクラ3本＝26.4μg）胎児の遺伝子をつくる。

亜鉛 1日の摂取目標は13mg（かき3個＝5.28mg）新陳代謝を活発にする。

ビタミンD 1日の摂取目標は7.5μg（さんま焼き1尾＝19μg）カルシウムの働きを助ける。

カロリー 1日の摂取目安は2150kcal（ごはん茶碗1杯＝252kcal）

塩分 1日の摂取目安は10g（濃口しょうゆ大さじ1杯＝2.6g）

※詳しくはP.173にあります。

おすすめ 優良食品の調理法

ビタミンたっぷりの
大豆

水煮の缶詰などを利用して、手軽に取り入れてみて。

良質のたんぱく質、ビタミンBが豊富で低エネルギーなのが特徴。レシチン、オリゴ糖なども含まれているから毎日でもとりたい優良食品のひとつ。

◆大豆の調理法◆
一晩つけてからゆでる

❶大豆の3～4倍の水に一晩つけておく。❷大豆のしわが完全にのびてきたら、ゆでて各料理に使う。

特長 ゆでた大豆をそのままサラダに混ぜる、鶏肉などと一緒に炒め煮る、五目煮にするなど、手軽に使える。

DHAもとれちゃう
鉄分強化ごはん

ひじきたっぷりまぐろ丼

カロリー	塩分	カルシウム	鉄分	亜鉛	ビタミンD	葉酸
452kcal	1.9g	90mg	4.2mg	1.9mg	4μg	29μg

※レシピは2人分、栄養等の表示は1人分です

材料(2人分)

まぐろなかおち……150g
ひじき……10g
A［しょう油……小さじ2
　おろしにんにく……少々
B［みりん……小さじ2
　しょう油……小さじ2
ごはん……400g
青ねぎ(刻み)……適宜

作り方

❶ひじきは水で戻してから、Bを煮立てた鍋で炒める。まぐろは、Aを加え混ぜておく。
❷小丼にごはんをよそい、ひじきを等分してのせ、その上にまぐろを盛りつける。青ねぎを散らす。

おすすめ **優良食品の調理法**

カルシウムたっぷりの
小松菜

和洋中とあらゆる料理に使える野菜のひとつ。

小松菜は、ほうれん草の3倍以上のカルシウムを含む、栄養満点の青菜。油とあわせて調理するとカロテンの吸収を高める効果があるので、炒めものに◎。

◆小松菜の調理法◆　下ゆでの手間なし！

❶根を切ってよく洗う。
❷沸騰した湯で、サッとゆでたら、ザルなどに上げ、水にさらす。水気をよくきり、各料理に使う。

特長　意外にアクが少ないため、下ゆでなどの手間がなく、そのまま煮る、ゆでる、炒めるなどにも利用できる。

鉄分＆カルシウム満点！
さっぱりパスタ

小松菜ときくらげの和風パスタ

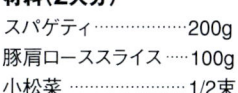

カロリー	塩分	カルシウム	鉄分	亜鉛	ビタミンD	葉酸
548kcal	2.4g	161mg	7.8mg	3.4mg	9μg	101μg

※レシピは2人分、栄養等の表示は1人分です

材料(2人分)

スパゲティ……200g
豚肩ローススライス……100g
小松菜……1/2束
きくらげ(乾燥)……大さじ1
A［だし汁……300cc
　みりん……大さじ1
　しょう油……大さじ2

作り方

❶きくらげは水で戻し、スパゲティはたっぷりの湯に塩を加え、表示より1分短めにゆでる。
❷鍋にAを注いで火にかけ、煮立ったら豚肉、ザク切りにした小松菜、食べやすく切ったきくらげを加え、ひと煮立ちさせアクを除き、火からおろす。
❸スパゲティがゆであがったらザルにあげ、器に盛る。上から②を具ごと注ぐ。

ミネラル豊富なおかひじきを
肉で巻いて、ごまで風味づけ

おかひじきの肉巻きと しいたけのしょうが焼き

カロリー	塩分	カルシウム	鉄分	亜鉛	ビタミンD	葉酸
273kcal	1.4 g	100 mg	1.6 mg	3.0 mg	1 μg	61 μg

※レシピは2人分、栄養等の表示は1人分です

材料(2人分)

- 豚しゃぶしゃぶ用肉 …… 150g
- おかひじき …… 1パック
- しいたけ …… 3〜4枚
- A ┌酒 …… 大さじ1
- A │しょう油 …… 大さじ1
- A └おろししょうが …… 小さじ1
- サラダ油 …… 大さじ1弱
- いりごま …… 適宜

作り方

❶おかひじきはさっとゆで、ザルにあけて冷ます。しいたけは2等分する。
❷豚肉を広げ、おかひじきを豚肉の枚数分に等分してのせ、クルクルと巻く。
❸フライパンに油を熱し、②を巻きおわり側から焼きつけ、転がしながら全体を焼きつけ、いったん取り出す。
❹しいたけを加えてソテーし、肉巻きを戻し入れ、Aをまわしかけからめる。

おすすめ 優良食品の調理法

カルシウムたっぷり
おかひじき

若葉をさっとゆでるだけだから簡単。最近は、一年中スーパーで見られます。

ミネラル豊富で調理も手軽な「おかひじき」は、名前の通り、陸に自生するひじきに似ている野菜です。カルシウムが多く、ビタミンCやカロテンも豊富。中でもカルシウムとカロテンの含有量は、ほうれん草よりも多いので、ぜひとり入れましょう。

◆おかひじきの調理法◆　**若葉をサッとゆでる**

❶おかひじきは若葉と茎のやわらい部分を食べる。沸騰した湯にサッとくぐらせ、冷ます。❷冷めたら食べやすい大きさに切る。　**特長**　サラダに混ぜたり、おひたし、みそ汁の具にもと、幅広い用途がある。

鉄分がたっぷりとれる おすすめ 献立

小松菜ときくらげの和風パスタ ＋ **たこと香味野菜のマリネ風サラダ**

カロリー 696kcal
鉄分 9.0mg

小松菜からはカルシウム、ビタミンA、Cがとれ、きくらげには鉄分、カルシウムが豊富で、それぞれに低カロリーな優良食品。

レバニラチャンプルー ＋ **えびと野菜のアジアン風サラダ** ＋ **小豆入り黒ごまごはん**

カロリー 693kcal
鉄分 10.2mg

鉄分が豊富なレバーがポイント。ごはんに入っている黒ごまは、鉄分のほかカルシウム、ビタミン、食物繊維も豊富なのでおすすめ。

魚プラス青野菜で
カルシウムたっぷりメニュー

白身魚とプチトマトのソテー チンゲン菜添え

カロリー	塩分	カルシウム	鉄分	亜鉛	ビタミンD	葉酸
210kcal	1.8g	269mg	1.8mg	1.0mg	10μg	81μg

※レシピは2人分、栄養等の表示は1人分です

材料（2人分）

白身魚 …… 2切
塩 …… 小さじ1/3
プチトマト …… 100g
チンゲン菜 …… 2株
サラダ油 …… 大さじ1
塩、こしょう …… 適宜
スライスにんにく …… 1片分
白ワインor酒 …… 1/4カップ

作り方

❶白身魚に塩をふり、プチトマトは1ヶ所包丁で切り込みを入れておく。チンゲン菜は、塩ゆでしザルにあける。
❷フライパンに油とにんにくを入れて、火にかける。香りが立ってきたら、白身魚を加え両面に焼き色がつくようにソテーし、プチトマトと白ワイン（or酒）を加える。
❸時々フライパンをゆすりながら火にかけ、プチトマトがくたっとなったら、塩、こしょうで味を調え火からおろす。
❹器に白身魚を盛り、プチトマトと汁をかけ、チンゲン菜を添える。

おすすめ **優良食品の調理法**

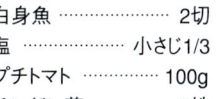

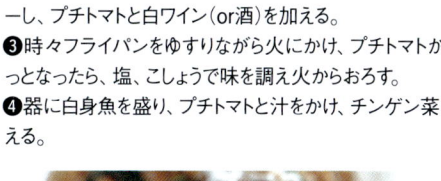

カルシウム豊富な
モロヘイヤ

カルシウムが豊富なだけでなく、葉酸、カロテン、ビタミンC、鉄分、食物繊維なども豊富に含まれている、緑黄色野菜の王様。カロテンの含有量は野菜の中でトップクラス。まさしく優良食品です。

主に葉の部分を食べる夏野菜。貧血や便秘にもよいと言われています。

◆モロヘイヤの調理法◆　水にさらさない！

❶おひたしなど、ゆでて使うときは、沸騰した湯にサッとくぐらせ、ザルなどに上げて冷ます。❷保存するときは、下ゆでしてから密閉容器に入れて、冷蔵庫へ。1～2日が保存期間の目安。

栄養満点の納豆と
野菜の王様の最強コンビ！

モロヘイヤの納豆しらす和え

カロリー	塩分	カルシウム	鉄分	亜鉛	ビタミンD	葉酸
90kcal	0.9g	171mg	1.6mg	2.0mg	3μg	164μg

※レシピは2人分、栄養等の表示は1人分です

材料（2人分）

モロヘイヤ …… 1袋
納豆 …… 小2パック（60g）
しらす …… 大さじ2
A［だし汁 …… 1/4カップ
　しょう油 …… 大さじ1/2

作り方

❶モロヘイヤは沸騰した湯でさっとゆで、ザルに広げて冷ましておく。
❷納豆、しらす、Aを混ぜ、冷めた①にからめる。

アーモンドの香ばしさが食欲をそそる

パリパリトッピングの煮魚

カロリー	カルシウム	鉄分	亜鉛	ビタミンD	葉酸
261kcal 塩分 2.0g	65mg	2.0mg	1.0mg	3µg	160µg

※レシピは2人分、栄養等の表示は1人分です

材料（2人分）

銀むつ ……………………… 2切
A［酒 ………………… 1/4カップ
　みりん ……… 大さじ11/2
　しょう油 ……… 大さじ11/2
　砂糖 …………… 大さじ1/2］
ほうれん草 …………… 2/3束
大根 ………………… 4〜5㎝
スライスアーモンド（乾煎りしたもの）………… 大さじ1/2

作り方

❶鍋にAを煮立て、銀むつを加え弱火で煮る。
❷ほうれん草は柔らかめにゆで、水にさらし、大根は千切りにして氷水にさらしておく。
❸①は時々煮汁を魚にかけながら10分ほど煮る。ほどよく煮汁にとろみがついたら火からおろす。
❹③を器に盛り、水気を絞ったほうれん草をたっぷり添える。ザルにあけて水気をきった大根、スライスアーモンドをのせる。仕上げに煮汁をまわしかける。

1日の1/4のカルシウムがとれる1品

豆腐と豆苗《とうみょう》の じゃこがけサラダ

カロリー	カルシウム	鉄分	亜鉛	ビタミンD	葉酸
135kcal 塩分 1.5g	205mg	2.1mg	1.4mg	2µg	97µg

※レシピは2人分、栄養等の表示は1人分です

材料（2人分）

木綿豆腐 ……………………… 1丁
豆苗 …………………………… 1袋
ちりめんじゃこ …… 大さじ1
A［しょう油 ……………… 大さじ1
　にんにく ………………… 少々］

作り方

❶豆腐は水切りし、豆苗はさっとゆで、ザルに広げ冷ましておく。
❷器に豆腐を盛り、冷めた豆苗をのせ、じゃことAをかける。

おすすめ

優良食品の調理法

葉酸たっぷりの 豆苗

もともと中国野菜の豆苗。旬は春から初夏くらい。

えんどうの若芽とつるを摘み取ったのが豆苗。カロテン、ビタミンB群、葉酸やビタミンEなどが豊富。

◆豆苗の調理法◆

火を通しすぎない

❶沸騰した湯にさっとくぐらせ、ザルなどに上げ水にさらす。❷水気をよくきって、おひたしやサラダなどに使う。❸炒める場合は、洗って、生のままサッと火を通す程度にする。火を通しすぎないよう注意。

おすすめ

優良食品の調理法

カルシウムたっぷりの しらす

しらすは、イワシの稚魚のこと。手軽にとれるカルシウムとして◎。

カルシウム、ビタミンD、E、B群などが豊富。カルシウムは酢と一緒にとると吸収がよくなるのです。

◆しらすの調理法◆

そのまま使える

❶「しらす」は、通常沸騰した湯でゆでて売っている。それを天日干ししたものがいわゆる「じゃこ」。❷「しらす」を軽く炒り、いろいろなものにトッピングしたり、サラダなどに混ぜ込んで。酢のものなどにもよい。

鉄分豊富なあさりのヘルシーグラタン

魚介とコロコロ野菜のスープグラタン

カロリー	塩分	カルシウム	鉄分	亜鉛	ビタミンD	葉酸
202kcal	2.3g	184mg	2.6mg	1.8mg	2μg	55μg

※レシピは2人分、栄養等の表示は1人分です

材料（2人分）

甘塩たら	1切	水	1カップ
あさり（砂ぬき）	1カップ	塩	ひとつまみ
にんじん	1/2本	パン粉	大さじ4
玉ねぎ	1/4個	ピザ用チーズ	30g
グリンピース（冷凍でOK）	1/2カップ	バター	小さじ1
		塩、こしょう	各適宜

作り方

❶にんじん、玉ねぎは1cm角くらいに切り、たらは4等分しておく。

❷鍋にバターを熱し、玉ねぎ、にんじん、塩を加え入れ、さっと炒める。

❸玉ねぎがすき通ってきたら、水を加えフタをして15分程煮る。

❹たら、あさり、グリンピースも加え、さらに煮、あさりの口が開いたら火からおろし、塩、こしょうで味を調える。

❺④を耐熱皿に移し、パン粉をふりチーズをのせ、高温のオーブントースターで焼き色がつくまで焼く。

カルシウムがたっぷりとれる おすすめ 献立

おかひじきの肉巻き ＋ **焼き厚揚げのしょうがじょうゆ** ＋ ごはん（150g）・わかめのみそ汁

カロリー 699kcal　カルシウム 370mg

おかひじき、わかめにはカルシウムが豊富に含まれています。厚揚げは、焼くことで脂を落とし、しょうがじょうゆでさっぱりいただきます。

白身魚とプチトマトのソテー ＋ **豆腐と豆苗のじゃこがけサラダ** ＋ ごはん（150g）

カロリー 597kcal　カルシウム 474mg

白身魚、豆苗はカルシウムの宝庫。豆腐も原料の大豆にカルシウムがたっぷり含まれています。これで1日の半分のカルシウムがとれます。

おすすめ 優良食品の調理法

手軽なカルシウム ヨーグルト

たんぱく質、カルシウムが手軽にとれるほか、腸内環境を整える乳酸菌が豊富です。そのまま食べるだけでなく、料理にもうまく利用しましょう。

砂糖や果肉入りなど、種類も豊富なヨーグルト。できればプレーンを使いましょう。

◆ヨーグルトの調理法◆　プレーンのまま

できるだけプレーンのものを、ドレッシング、ソース、カレーなどに利用。甘みを加えて食べるときは上白糖ではなく、はちみつやメープルシロップ、きびさとうなど、ビタミン、ミネラルの多いもののほうがベター。

※レシピは２人分、カロリー等の表示は１人分です

風味　カロリー 204kcal　塩分 1.7g

レバーもカレー風味で食べやすく
レバニラチャンプルー

材料（2人分）

	鶏レバー	100g
A	塩	ふたつまみ
A	カレー粉	小さじ1
	ニラ	1束
	木綿豆腐	1丁
	塩	小さじ1/2弱
	ごま油	大さじ1/2

作り方

❶鶏レバーは流水で血ぬき後、水気をよくふき一口大に切り、Aをもみこんでおく。豆腐はしっかり水きりをし、ニラは4～5cm幅に切っておく。
❷フライパンにごま油を熱し、鶏レバーをソテーする。
❸表面に焼き色がついたらニラも加え炒め、水1/3カップを注ぎ入れる。
❹食べやすく切った豆腐と塩を加え、時々ゆすりながら水気がほとんど無くなるまで火にかける。

優良食品の調理法

鉄分が豊富な
レバー

レバーは、ビタミンA、鉄分が豊富。牛にくらべ、豚や鶏のレバーは比較的くせがなく、やわらかいです。とくに豚レバーは鉄分が多く、牛レバーの3.2倍もあります。

レバーの下処理は、水をはったボウルなどにレバーを入れ、流水で血抜き後、各料理に使う。水の代わりに牛乳に浸す方法も。

覚えておこう!
身近な調味料に含まれている塩分

塩	15g
濃口しょうゆ	2.6g
みそ	2.2g
ウスターソース	1.5g
トマトケチャップ	0.5g
マヨネーズ	0.3g

※それぞれ大さじ1杯分に含まれている塩分です。

1日10g以内に抑えたい塩分。塩分のとりすぎは、妊娠中毒症につながる場合もあるので、特に注意したいものです。日常的に使う調味料にも必ず塩分は入っています。知っておけば、調理するときの分量の目安として役立ちます。

塩分ひかえめ 味つけ 調理 の5つのポイント

1 天然の旨味を生かす

生でそのまま食べるものは、新鮮なものを選び、天然のそのものの味を生かすようにします。

2 スパイス、薬味類を使う

香りを楽しむ調理をします。しそ、しょうが、三つ葉などの香味野菜や、ごま、カレー粉などの香辛料を使います。

3 酸味を利用する

酢、ポン酢、レモン、かぼすなどの酸味を利用した料理にすることで、ほかの調味料の入れすぎをおさえられます。

4 みりん、砂糖をひかえる

味つけのとき、みりんや砂糖を多く使うと、必然的に塩やしょうゆの分量も増えます。甘みを抑えめにすること。

5 焼いて食べる

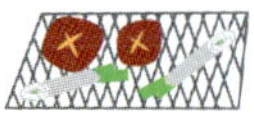

焼くことで香ばしさを出します。肉、魚、しいたけ、野菜などを焼いて、少しの味つけだけでおいしく食べます。

おすすめ 優良食品の調理法

ミネラルならコレ ひじき

とにかく鉄分やカルシウムなどミネラルが豊富なひじき。そのほかにも、食物繊維、カロテンが多いので、妊娠中の食生活には欠かせない食品です。サラダやごはんなどに混ぜたり、たくさんとる工夫を。

水を入れたボウルに20～30分ほどひたし戻す。戻したひじきは、ザルにあけしっかり水気をきること。

旨味 カロリー 269kcal 塩分 1.5g

※レシピは2人分、カロリー等の表示は1人分です

ひじきをたっぷり入れて栄養アップ！

ひじき入りミニハンバーグ ねぎみそかけ

材料（2人分）

鶏ひき肉	200g
芽ひじき	大さじ1/2
塩	ひとつまみ
ししとう	10～12本
A みそ	大さじ1
A みりん	大さじ1/2
A ねぎ（刻む）	3cm分
サラダ油	大さじ1

作り方

❶ひじきは水で戻し、Aは混ぜ合わせておく。
❷ひじきが戻ったら、ひき肉、塩といっしょにボウルに入れ、よくこねる。
❸②を8～10等分し、成形し、サラダ油を熱したフライパンで片面3分ずつ焼く。
❹中まで火が通ったら取り出し、ししとうを焼き、器に盛る。Aのねぎみそをかける。

チーズとはちみつで調味料は必要なし

※レシピは2人分、カロリー等の表示は1人分です

旨味 カロリー 100kcal 塩分 0.2g

ふかしかぼちゃのカッテージハニー

材料（2人分）

かぼちゃ	1/4個
カッテージチーズ	大さじ2
はちみつ	大さじ1/2

作り方

❶かぼちゃは種とワタを除き、切らずに、水を1cm加えた鍋で15分程、蒸しゆでにする。
❷火からおろし、5分程蒸らしてからフタをあけ、冷ます。
❸②が冷めたら、食べやすい大きさに切り、カッテージチーズとはちみつをかける。

風味 酸味 カロリー 225kcal 塩分 1.4g ※レシピは2人分、カロリー等の表示は1人分です

好みの薬味でヘルシーに食べる肉料理

さっと焼き肉のたっぷり薬味添え

材料(2人分)

	牛もも焼き肉用肉	200g
	青じそ	10枚
	みょうが	2〜3個
	長ねぎ	10㎝
	すだち	2個
A	しょう油	大さじ1
A	酒	大さじ1/2
A	酢	大さじ1/2
A	おろしにんにく	少々
A	おろししょうが	少々
	サラダ油	少々

作り方

❶青じそはよく洗い、みょうがはスライス、ねぎは5㎝長さの千切りにし、冷水にさらしておく。Aは合わせておく。

❷フライパンもしくはグリルパンを熱し、油をうすくぬり、牛肉を両面さっと焼く。

❸器にしそ、みょうが、水気をきったねぎ、牛肉、2等分したすだちを盛り、Aを添える。

覚えておこう!

身近な食品に含まれている塩分

インスタントラーメン	1袋	5.9g
はんぺん	1枚	1.5g
ロースハム	2枚	1.0g
ツナ缶	100g	0.9g
食パン(6枚切)	1枚	0.8g

麺類には、思っている以上に塩分が含まれていることがあるので要注意。練り加工食品などにも多いので、できるだけひかえるようにしましょう。

おすすめ

優良食品の調理法

風味づけの代表選手

薬味類

にんにく、かぼす、ゆず、あさつきなどもおすすめ。

しょうが

しょうがには独特の風味があるので、くさみをおさえたり、風味を出したりする薬味として使われます。味つけをひかえたいときの薬味としたて使って。しょうがのピリッとする辛味成分には殺菌作用や食欲を増進させる働きもあります。

すだち

酸味を添えたいときに。ビタミンCが豊富。体内の塩分を排出させるカリウムも含まれてる。

みょうが

独特の香りで薬味として使われています。甘酢漬けにして、常備しておいても。

授乳期の食生活と栄養

出産後は、産褥期、授乳期に入ります。母乳の質はお母さんの食事で大きく変化するといってもいいでしょう。とくに、良質のたんぱく質、ビタミン、ミネラル豊富な食品をとるようこころがけます。また、不足しがちといわれている鉄分は、積極的にとるようにしましょう。母乳の9割は水分なので、水分補給も大切。妊娠後期以上に、栄養バランスのとれた食事が必要です。

良質のたんぱく質は、肉や魚、乳製品や大豆に。ビタミン、ミネラルは野菜や果物から。

風味

カロリー 385kcal
塩分 0.5g

※レシピは２人分、カロリー等の表示は１人分です

栄養満点、最強ごはん！

小豆入り黒ごまごはん

材料（2人分）

- 胚芽米 …… 1合
- 小豆 …… 大さじ1
- 黒いりごま …… 大さじ3
- 塩 …… 少々

作り方

❶小豆は水に8時間程浸しておく。

❷さっと洗った胚芽米に、浸水した小豆を加え、分量通りの水を入れ30分置いてから普通に炊く。

❸炊きあがったら、黒ごまを加え混ぜ、茶わんによそう。塩を少々ふる。

おすすめ

優良食品の調理法

かんたん風味づけ

ごま

鉄分、カルシウム、ビタミンE、B群、食物繊維などがたっぷり。すりごまにしたほうが消化吸収がいい。香りを活かし、料理の風味づけにも。

ごはんやサラダ、煮物、おひたしなど、あらゆる料理にトッピングできるすぐれものです。

おろししょうがでさっぱり食べる

※レシピは２人分、カロリー等の表示は１人分です

風味

カロリー 157kcal
塩分 0.9g

焼き厚揚げのしょうがじょうゆ

材料（2人分）

- 厚揚げ …… 1枚
- 刻みねぎ …… 大さじ1
- A しょう油 …… 小さじ2
- A おろししょうが …… 小1片分

作り方

❶厚揚げはフライパンかオーブンで両面をこんがりと焼く。Aは合わせておく。

❷器に切り分けた厚揚げを盛り、刻みねぎを散らし、Aをかける。

ソース ドレッシング たれを使った
野菜がたっぷり食べられる
低カロリーレシピ

トマトの酸味で
ソテーもあっさり

※レシピは2人分、
カロリー等の表示は
1人分です

カロリー 304kcal
塩分 1.7g

チキンソテーのトマトソース野菜添え

材料（2人分）

鶏むね肉 ……………… 1枚（200g位）
塩 ……………………………… 小さじ1/2
こしょう ………………………… 少々
とうもろこし …………………… 1本
オクラ ………………………… 10〜12本
トマトソース ………………… 1/2カップ
油 ……………………………… 大さじ1/2

作り方

❶鶏肉は塩、こしょうをする。
❷フライパンに油を熱し、①を皮側から焼きつけ、皮がキツネ色に焼けたら返し、1分弱焼き、火からおろし、フタをして5分おく。
❸とうもろこしは2〜4等分してゆで、オクラは塩ゆでしておく。
❹鶏肉に火が通ったら、食べやすい大きさに切り、③といっしょに器に盛り、トマトソースをかける。

ソース

焼く、ゆでただけの料理にかけるだけ。味つけに困ったときにも、ストックしておいたソースが大活躍。

トマトソース

材料（約500cc分）

トマト（ザク切り） …… 3個分（500g）
玉ねぎ（みじん切り） ………… 1/4個
にんにく（みじん切り） ………… 1片
塩 ……………………………… 小さじ1/2
オリーブオイルor
　サラダ油 ………………… 大さじ1/2
バジル ………………………… 2〜3枚

作り方（冷蔵保存で4〜5日）

❶鍋に油とにんにくを入れて火にかけ、香りが立ったら玉ねぎを加え炒める。
❷続いて、トマト、塩も加え、時々混ぜながら10分程煮る。
❸トマトが煮くずれ、トロリとなったら、バジルの葉を加え火からおろす。

カロリーをひかえる調理のポイント3

① 揚げ物は素揚げor片栗粉で！
衣の分だけ脂を吸収しているので、素揚げにするのがいちばんカロリーを抑えることができます。

② 肉、魚の脂は網焼きがいちばん！
脂分の多い肉や魚は、油を使わずに調理できる網焼きで脂を落とすとカロリーを抑えられます。

③ 煮物の脂分はすくい、煮汁は残す！
肉や魚を使った煮物の場合、表面に浮いてくる脂はすくうようにしたり、煮汁も残すようにしましょう。

ヨーグルトマヨソース

材料(約120cc分)

ヨーグルト …… 1/3カップ
マヨネーズ …… 1/4カップ
塩、砂糖 ………… 各少々

作り方(冷蔵保存で2〜3日)

❶ヨーグルトとマヨネーズをなめらかに混ぜ合わせ、塩、砂糖で味を調える。

カロリー 59kcal
塩分 0.6g

※レシピは2人分、カロリー等の表示は1人分です

酸味がさわやか さっぱり温野菜

豆野菜のヨーグルトマヨソース

材料(2人分)

いんげん …… 100g
スナップエンドウ …… 100g
ヨーグルトマヨソース …… 大さじ1

作り方

❶いんげん、スナップエンドウは筋を除き、いんげんは約2分、スナップエンドウは約1分塩ゆでにし、ザルにあけて冷ます。
❷いんげんは2等分し、スナップエンドウといっしょに器に盛り、ヨーグルトマヨソースをかける。

酢みそソース

材料(約130cc分)

みそ …… 大さじ4
みりん …… 大さじ4
酢 …… 大さじ1

作り方(冷蔵保存で1週間)

❶みりんは小鍋に入れて火にかけ、ひと煮立ちさせたら、火からおろす。
❷保存容器にみそを入れ、①と酢を少しずつ加え混ぜ、なめらかにする。

ソースはひかえめにかけて 野菜の旨味を楽しむ

カロリー 95kcal
塩分 0.7g

※レシピは2人分、カロリー等の表示は1人分です

根菜サラダの酢みそソース

材料(2人分)

れんこん …… 100g
ごぼう …… 100g
にんじん …… 1/3本
酢みそソース … 大さじ1 1/2

作り方

❶れんこんは皮をむき、うす切りにし、ごぼうは皮をこそぎ、斜めうす切りにし、それぞれ酢水にさらしておく。
❷にんじんは皮をむき、うす切りにしたら沸騰した湯で1分程ゆで、あみなどですくい、ザルにあけて冷ます。
❸同じ鍋に酢(分量外)少量を加え、ごぼうを加え、10分程ゆでたら、れんこんも加え、さらに1〜2分ゆで、合わせてザルにあけ冷ます。
❹にんじん、れんこん、ごぼうを器に合わせ盛り、酢みそソースをかける。

ドレッシング

野菜料理だけじゃなく、肉や魚料理にも使えるドレッシング。低カロリーに抑えるには、ノンオイルで。

和風ノンオイルドレッシング

材料（約200cc分）

梅肉……………大さじ1 1/2
しょう油…………1/4カップ
みりん……………1/4カップ
酢……………………1/4カップ
だし汁……………1/4カップ

作り方（冷蔵保存で2〜3日）

❶梅肉（なるべく塩漬タイプのものを）はなめらかにすりつぶし、みりんはひと煮立ちさせ、アルコールをとばしておく。

❷梅肉からだし汁までのすべての材料を合わせ、よく混ぜる。

和風ノンオイルだから
肉も野菜もヘルシーに！

※レシピは２人分、カロリー等の表示は１人分です

カロリー 232kcal
塩分 1.4 g

豚しゃぶとアスパラのサラダ

材料（2人分）

豚肩ロースうす切り肉 ………………150g
グリーンアスパラ ………………………1束
トマト ……………………………………2個
和風ノンオイルドレッシング …… 大さじ3

作り方

❶豚肉は沸騰した湯にさっと通しザルにあける。アスパラガスは2等分して、塩ゆでにする。

❷器にスライスしたトマトをしき、その上に①を盛り、ドレッシングをかける。

覚えておこう！

意外に高カロリーな身近な食品

サラダ油　大さじ1……111kcal
カレールー　1かけ（20g）··102kcal
バター　大さじ1 ……89kcal
マヨネーズ　大さじ1 ……80kcal
生クリーム　大さじ1 ……65kcal

バターはパンやケーキなどに使用されていることが多いので、記載されているカロリーの表示を確認するようにしましょう。

おすすめ

肉類のヘルシーな食べ方、選び方

豚肉

脂身が多いロースやバラを避け、低脂肪部位のヒレやももがおすすめ。ロースなどは脂身を取り除いたり、ゆでたり、焼いたりして脂を落とします。

鶏肉

鶏皮や黄色い脂肪の部分はカロリーが高いので、取り除いてから調理するようにしましょう。

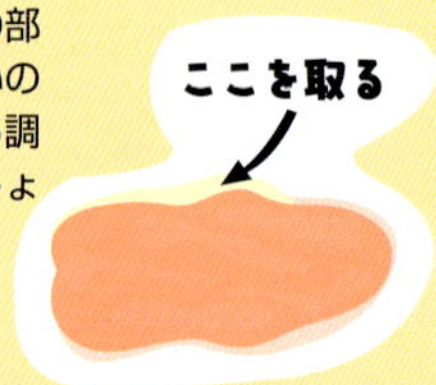

牛肉

国産より輸入のほうが脂身が少ないことも多い。ロースの脂身は取り除く、霜降り状はサッとゆがいて、脂分を溶かすことができます。

中華風ドレッシング

材料（約140cc分）

しょう油	大さじ2	みりん	大さじ1
砂糖	小さじ1	ごま油	大さじ1 1/2
酒	大さじ1	酢	大さじ4

作り方（冷蔵保存で1週間）

❶酒、みりんは小鍋に入れ、ひと煮立ちさせ、アルコールをとばす。
❷しょう油からごま油までのすべての材料を合わせ、よく混ぜる。

カロリー 104kcal 塩分 1.4g

※レシピは2人分、カロリー等の表示は1人分です

えびの旨味とごま油の風味がおいしい

えびと野菜のアジアン風サラダ

材料（2人分）

むきえび	100g	わかめ（戻して）	50g
A［酒	小さじ1	ニラ	1/3束
A［塩	ふたつまみ	中華風ドレッシング	大さじ2
大豆もやし	100g		

作り方

❶えびは背側に切り込みを入れ、Aをもみ込んでおく。もやしはさっとゆでザルにあける。わかめは食べやすく切り、ニラは刻んでおく。
❷えびを少なめの湯で蒸しゆでにし、火が通ったら、ザルにあけ冷ます。
❸すべての材料をボウルに入れて混ぜ合わせ、器に盛る。

洋風マスタードドレッシング

材料（約130cc分）

酢	1/4カップ	塩	小さじ1/2弱
サラダ油	1/4カップ	こしょう	適宜
マスタード	大さじ1		
酒	大さじ1		
砂糖	小さじ1		

作り方（冷蔵保存で1週間）
❶すべての材料を合わせ、よく混ぜる。

魚介や野菜にかけるだけのかんたんマリネ

※レシピは2人分、カロリー等の表示は1人分です

カロリー 148kcal 塩分 0.8g

たこと香味野菜のマリネ風サラダ

材料（2人分）

ゆでだこ	100g	プチトマト	5～6個
セロリ	1/2本	洋風マスタードドレッシング	大さじ3
玉ねぎ	1/6個		
クレソン	1/2束		

作り方

❶セロリ、玉ねぎはスライスし、ドレッシングで和え、15分程置いておく。
❷ゆでだこはスライスし、クレソンは葉を摘み、プチトマトは2等分する。
❸①②をざっと和え、器に盛る。

たれ

料理にかけたり、焼きだれとしても使えます。甘すぎたり、辛すぎる市販のものより、ぜひ手作りで。

にんにくしょうゆだれ

材料（約1/2カップ分）

しょう油 ……………… 1/2カップ
おろしにんにく ……………… 1片分
ごま油 ……………… 大さじ1

作り方（冷蔵保存で4〜5日）

❶材料すべてをよく混ぜ合わせる。

にんにくが食欲を増進させてくれる！

※レシピは２人分、カロリー等の表示は１人分です

カロリー 174kcal
塩分 1.5g

きのことほたてのソテー にんにくしょうゆ

材料（2人分）

ほたて貝柱 ………… 150g
しいたけ ………… 3〜4枚
エリンギ ………… 1パック
バター ………… 大さじ1 1/2
にんにくしょうゆだれ ………… 大さじ1
刻みパセリ ………… 適宜
レモン ………… 適宜

作り方

❶貝柱は2〜4等分し、きのこ類は石づきを落とし、食べやすく切っておく。
❷フライパンにバターを熱し、①を加えソテーする。
❸全体に火が通ったら、にんにくしょうゆだれ半量をまわし入れ、火からおろす。
❹③をスライスレモンを敷いた器に盛り、刻みパセリを散らし残りのにんにくしょうゆだれをかける。

むくみが気になるときの おすすめ 献立

ひじきバーグ ねぎみそがけ ＋ ふかしかぼちゃのカッテージハニー ＋ ごはん（150ｇ）

カロリー 621kcal
塩分 1.7g

塩分ひかえめの料理を組み合わせます（レシピはP.178参照）。体を温める効果のある根菜やかぼちゃもとるようにすれば完ペキ！

さっと焼き肉のたっぷり薬味 ＋ モロヘイヤの納豆しらす和え ＋ ごはん（150ｇ）

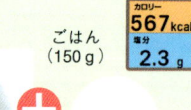

カロリー 567kcal
塩分 2.3g

肉は血をつくる食品なので、血行をよくしてくれます。野菜の王様モロヘイヤの豊富な栄養も効果的です。

むくみが解消できる食生活！

食生活でのむくみの予防＆解消の第一のポイントは、減塩です。1日10gを目標に、塩分をひかえた料理（P.182参照）をこころがけましょう。

もし、塩分をとりすぎたと思ったら、塩分を体内から排出してくれるカリウムの多い食品、さつま芋、バナナ、納豆、ほうれん草などをとります。（※妊娠中毒症が原因のむくみの場合は、医師及び助産師の指導を受けましょう）

食物繊維たっぷりのおすすめ献立

鮭と大豆の混ぜごはん

根菜サラダの酢みそソース

カロリー 741kcal
食物繊維 9.5 g

れんこん、ごぼうはゆでることで、食物繊維総量がアップします。大豆は、良質のたんぱく質が豊富な滋養強壮食品です。

魚介と野菜のスープグラタン

豚しゃぶとアスパラのサラダ

カロリー 686kcal
食物繊維 7.0 g

ごはん（150ｇ）

にんじんはもちろん、グリンピースにも食物繊維がたっぷり。冷凍や缶詰などもあるので、さまざまな料理に使ってみては。

便秘解消できる食生活！

食物繊維の1日の摂取量目安は20～25g。ごぼう100gには5.7g、切干し大根20gには4.1gの食物繊維が含まれている。

便秘解消の心得

- 野菜をたっぷりとる
- 朝起きたら、水、牛乳、果汁など水分をとる
- 脂分も適度に必要
- ヨーグルト（ビフィズス菌）を適度にとる

食物繊維の多い食品

◆野菜類◆
かぼちゃ、ごぼう、れんこん、ブロッコリー、セロリ

◆芋類◆
さつまいも、こんにゃく、しらたき、さといも

◆きのこ類◆
しいたけ、しめじ、きくらげ

◆果実類◆
バナナ、りんご、プルーン、キウイ、オレンジ

◆豆類◆
いんげん豆、大豆、小豆、おから、納豆、えだ豆

◆海草類◆
ひじき、わかめ、昆布、のり、かんてん、ところてん

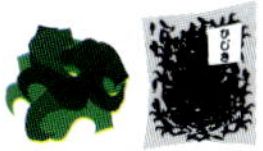

ごまだれ

材料（約200cc分）

白いりごま ………… 1/2カップ
砂糖 …………………… 大さじ3
しょう油 ………………… 大さじ3
酢 ……………………… 大さじ1 1/2

作り方（冷蔵保存で4～5日）

❶いりごまをすり（すりごまを利用してもOK）、砂糖、しょう油、酢を加え、さらにする。

カロリー 85kcal
塩分 0.5 g

※レシピは2人分、カロリー等の表示は1人分です

ごまだれがあれば栄養満点メニューに早変り

キャベツとささみのごまだれ

材料（2人分）

キャベツ ………… 大2～3枚（約150g）
ささみ ……………………… 2本
ごまだれ ………… 大さじ1

作り方

❶キャベツはざく切りにして、さっとゆでザルに広げて冷ます。

❷ささみは沸騰した湯に入れ、すぐに火を弱め静かに6～7分ゆで、取り出し冷ます。

❸キャベツと食べやすく切ったささみを合わせて器に盛り、ごまだれをかける。

エクササイズ指導・お話　小林香織（日本マタニティビクス協会）
料理・栄養指導　中田紀子（管理栄養士）
マネーアドバイス　山田静江（ファイナンシャルプランナー）

企画・編集　（株）スリーシーズン
本文デザイン　竹下千代子、アイシーブレイズ、ライラック
本文イラスト　北村友紀、chao、前村佳恵、宮崎道子
撮影　安藤佐也加、冨永智子、西村春彦、藤牧徹也、吉原朱美
取材・文　池田純子、小林洋子、中出三重、西宮三代
ＤＴＰ　（株）創基

取材・撮影協力　池川クリニック、オーク クリニック フォー ミズ、葛飾赤十字産院、
済生会神奈川県病院、湘南鎌倉総合病院、日本赤十字社医療センター、松が丘助産院、
日本マタニティビクス協会、アロマテラピーの学校、カワサキスイミングクラブ、
（株）ベビーリース、（株）ローズマダム

モデル　山内順子さん、清水晶子さん、田中純子さん、田中 晋さん、野崎望子さん、
野崎勝聡さん、日本マタニティビクス協会（新井博子さん、泉 英美子さん、
永茂優子さん、マックギャリー由佳さん）

いちばんわかりやすい妊娠と出産

監　修　池《いけ》川《がわ》　明《あきら》
井《いの》上《うえ》　裕《ひろ》美《み》
発行者　深見　悦司
印刷所　株式会社東京印書館

発　行　所
成美堂出版

ISBN4-415-02269-3
落丁･乱丁などの不良本はお取り替えします
●定価はカバーに表示してあります